U0519979

段德智 主编
莱布尼茨文集
第 5 卷

认识论文集

段德智 编译

商务印书馆
创于1897 The Commercial Press

目　录

编译者前言 …………………………………………… 1

致托马斯·霍布斯 …………………………………… 151
论假设真理与言说现实存在事物的真理
　　——致西蒙·傅歇的信及有关批注 …………… 165
关于与斯宾诺莎讨论的两条备忘录 ………………… 189
论事物与语词的关系
　　——与霍布斯的对话 …………………………… 197
何谓观念？ …………………………………………… 209
论推证、事实真理与假设
　　——致赫尔曼·康林 …………………………… 218
第一真理 ……………………………………………… 241
对知识、真理和观念的默思 ………………………… 263
论偶然真理的源泉 …………………………………… 285
真理的本性 …………………………………………… 301
必然真理与偶然真理 ………………………………… 310
论区别实在现象与想象现象的方法 ………………… 338
论洛克先生的《人类理解论》 ………………………… 356

论实体的"神秘性"与思想能力
　　——致托马斯·伯内特 ……………………… 377
关于《人类理解论》的一些摘要和评论 ………… 399
论不依赖感觉与物质的东西
　　——致普鲁士王后索菲·夏洛特的一封信 … 424
论天赋观念与同一性概念
　　——致托马斯·伯内特 ……………………… 459
论有思想能力的物质
　　——致玛萨姆夫人 …………………………… 468
评巴克莱的《原理》 ……………………………… 474

索引 ………………………………………………… 480
编译者后记 ………………………………………… 489

编译者前言

莱布尼茨在西方近代哲学史上是一位极其重要的、无以替代的人物。黑格尔在谈到近代西方形而上学时,曾经颇为中肯地指出:"笛卡尔和斯宾诺莎提出了思维和存在,洛克提出了经验,提出了形而上学的观念,并且论述了对立本身。莱布尼茨的单子,是集这类世界观之大成。"[1] 黑格尔的这一评价显然大体上也适用于莱布尼茨的认识论。莱布尼茨极其重视认识论研究,将认识论视为"所有学术研究中最重要的题目",是"理解和解决所有其他问题的关键",[2] 并在这一领域取得了一系列颇具特色的重要研究成果。我们在本论文集中马上就会看到:莱布尼茨不仅是西方近代大陆理性派认识论的主要代表人物或主要代表人物之一,而且还是西方近代经验论和大陆理性论的集大成者。

毋庸讳言,莱布尼茨的认识论思想在其《人类理智新论》中得到了相当全面的阐述,但无论是在《人类理智新论》写作之前,还是在写作之后,莱布尼茨都极其重视认识论研究,写下了一系列重要论著。可以说,本文集收录的19篇论文和书信从另一个维度比较集中地展现了莱布尼茨的认识论思想,无疑是我们全面了解和理解莱布尼茨认识论思想的又一个重要窗口。本序将主要依据本论文集的内容(同时也不时参照《人类理智新论》)从天赋观念学说、知觉理论和真理学说三个方面对莱布尼茨的认识论思想作出较为全面、较为系统的说明。此外,为了帮助读者更好地了解和理解莱布尼茨的认识论思想,我们还打算论及莱布尼茨认识论的理论渊源、学术背景、理论得失及其时代性和超时代性。

一、莱布尼茨认识论的理论渊源与学术背景

莱布尼茨在他那个时代,可以说是个特立独行的学者。我们知道,莱布尼茨时代是一个新的机械论哲学家激烈批判旧的古代哲学或经院哲学的时代,一个哲学家藉讨伐古代哲学或经院哲学刷存在感的时代。激烈批判乃至一笔抹杀古代哲学和经院哲学不仅形成了一股潮流,而且还俨然成了一种时尚。例如,英国经验派的始祖弗兰西斯·培根(1561—1626)差不多全盘否定西方古代哲学和经院哲学,将其视为科学复兴的大敌:一方面攻击希腊哲学"能够谈论,但是不能生育",另一方面,攻击亚里士多德及其追随者经院哲学家以其"逻辑""毁坏了自然哲学"。[3] 再如,大陆理性派的创始人笛卡尔(1596—1650)将普遍怀疑视为其哲学的起点和首要方法,宣布:"如果我要想在科学上建立一些牢固、经久的东西,就必须在我的一生中有一次严肃地把我从前接受到心中的一切意见一齐去掉,重新开始从根本做起",[4] 其锋芒显然直指整个传统哲学。但另一方面,那些守旧派哲学家则竭力为古代哲学和经院哲学辩护,千方百计诋毁新哲学,仿

佛新哲学会将我们引向"一个新的野蛮时代"似的。例如，赫尔姆施泰特大学教授康林（Herman Conring，1606—1681）所持守的就是这样一种守旧立场。[5]

在这样一种学术情势下，莱布尼茨并没有像多数同龄年轻学者那样，简单地选边站队，而是取一种"中道立场"（qui medii esse volunt），对争论双方均取一种分析态度，"不太过分地倾向于站到争论双方的任何一边"。[6]一方面，对于革新派，他在肯定其学术方向的同时，对其粗暴否定传统哲学的做法进行了谴责。莱布尼茨揭发说，那些革新者尽管一直在口诛笔伐传统哲学家，但他们的思想却差不多都源自传统哲学。例如，1678年，在谈到笛卡尔的形而上学思想时，莱布尼茨就非常明确地指出："他的形而上学的大部分内容部分地可以在柏拉图和亚里士多德那里找到，部分地可以在经院哲学家那里找到。"[7]甚至到了1696年，莱布尼茨在致瓦格纳（Gabriel Wagner）的信中，还对包括笛卡尔在内的"现代名流"对亚里士多德逻辑的无端鄙视愤愤不平，予以"抗议"。[8]另一方面，莱布尼茨也谴责了守旧派哲学家关于新哲学的盛行会导致时代倒退的无端指责，说这无非是"杞人忧天"。[9]在莱布尼茨看来，现代哲学（即我们现在所说的近代哲学）与传统哲学并非像革新派和守旧派所说的非此即彼，而是一种兼容关系，一种"应当配为夫妻"的东西，我们只有赞赏和推崇传统哲学，才能更好地构建和推动现代哲学，用莱布尼茨的原话说，就是："这样两种哲学应当相互配为夫妻，在古老哲学止步之处，新的哲学便应当起步"。[10]莱布尼茨还现身说法，强调他的"个体性原则、连续体的组合和上帝的协助"就是他在批判继承经院哲学的基础上创造性地提出来的。[11] 不仅如此，莱布尼茨在《新系统》（1695年）一文中更是明确地将他的"实在的单元"概念的提出归因于他对"目前已身价大跌"的亚里士多德的"第一隐德莱希"和中世纪经院哲学家的"实体的形式"的"重新召回"和"改造"。[12]

由此看来，莱布尼茨在当时确实是一位与众不同的学者，一个在空间思维定于一尊的时代里洋溢着"历史思维"和"时间思维"的学者，一个不仅注重"究天人之际"而且还注重"通古今之变"的学者，一个不懈推陈出新的学者。他的这样一种历史思维和时间思维在其认识论的思考中自然也有鲜明的体现，使其认识论思想扎根于西方认识论历史的沃土，不仅洋溢着时代气息，而且还充满了历史感。

莱布尼茨极其重视对古代认识论思想的继承和借鉴。既然哲学的基本问题即在于思维与存在究竟何者第一性及其同一性，则西方哲学自其产生之日起，便内蕴有认识论一维。有谁能够说，泰勒斯的"始基"概念以及赫拉克利特的"逻各斯"概念的生成与经验主义的归纳法毫无关系？有谁能说巴门尼德的"真理之路"不是西方先验主义认识论的早期表达？至于德谟克里特的"影像说"、柏拉图的"回忆说"和亚里士多德的"白板说"，不仅构成了希腊认识论路线的三种典型形态，而且还可以说构成了整个西方认识论路线的三种基本模式：在一个意义上，我们完全可以将西方认识论史视为德谟克里特的"影像说"、柏拉图的"回忆说"和亚里士多德的"白板说"既相互冲突又相互借鉴的历史。莱布尼茨对此不仅有深刻的认知，而且在其与洛克的论战中，还展现了高度的对号入座的理论自觉，明确地以柏拉图"回忆说"的继承人和捍卫者自居，而将洛克视为亚里士多德"白板说"的继承人和捍卫者。莱布尼茨在《人类理智新论》的"序"中,不无公正地指出:"事实上,虽然《理解论》的作者说了许许多多很好的东西,是我所赞成的,但我们的系统却差别很大。他的系统和亚里士多德比较一致,而我的系统则与柏拉图比较一致,虽然在许多地方我们双方的学说离这两位古人都很远。"[13] 不仅如此,莱布尼茨还进一步结合西方认识论史对自己认识论的理论渊源作了说明。他接着写道:"我们的差别是关于一些相当重要的主题的。问题就在于要知道:灵魂本身是否像亚里士多德和《理解论》作者所说的那样,是完完全全空白的,好像一块还没有写上任何字迹的板,是否在灵魂中留下痕迹的东西,都是仅仅从感觉和经验而来;还是灵魂原来就包含着多种概念和学说的原则,外界的对象是靠机缘把这些原则唤醒了。我和柏拉图一样持后面一种主张,甚至经院学派以及那些把圣保罗(《罗马书》第 2 章第 15 节)说到上帝的法律写在人心里的那段话用这个意义来解释的人,也是这样主张的。斯多葛派称这些原则为设准(Prolepses),也就是基本假定,或预先认为同意的东西。数学家称之为共同概念。近代哲学家又给取了另外一些很美的名称,而斯卡利杰(Julius Caesar Scaliger,1484—1558)特别称之为 Semina aeternitatis,item Zopyra(永恒的发光火花的种子),好像说它是一种活的火、永恒的闪光,隐藏在我们内部,感官与外界对象相遇时,它就像火花一样显现出来,如同打铁飞出火星一样。认为这种火花标志着某种神圣的、永恒的东西,它特别显现在必然真理中,这是不无道理的。"[14] 在莱布尼茨的认识论著作里,包括经院哲学在内的古代哲学不仅构成了其认识论思想的佐证资料,而且还构成了其认识论思想的生长点。莱布尼茨在一一枚举了柏拉图、斯多葛派、斯卡利杰、《圣经》和经院哲学家这些精神资源之后,紧接着指出:"由此就产生了另外一个问题:究竟是一切真理都依赖经验,也就是依赖归纳与例证,还是有些真理更有别的基础。"[15] 不难看出,莱布尼茨从传统认识论引申出来的这一问题不仅构成了其天赋观念学说的中心议题,而且在一个意义上也构成了其知觉理论、语词理论和真理学说的中心议题。换言之,莱布尼茨就是在回应这一认识论问题的过程中不断超越笛卡尔、斯宾诺莎、霍布斯、洛克和巴克莱,将西方认识论思想推向新高度的。"在古老哲学止步之处,新的哲学便应当起步。"莱布尼茨的这句格言不仅向我们展示了他"为往圣继绝学"的苦心,而且也向我们展示了他与时俱进,继往开来,把西方认识论提升到新水平的雄心。

在讨论莱布尼茨认识论的理论渊源时,还有一点是需要读者留意的,这就是:莱布尼茨特别注重对《圣经》和基督宗教神学家认识论思想的借鉴和引申。基督宗教及其神学既然在相当长的一个历史阶段里,在西方意识形态领域里一直处于"万流归宗"的地位,它就势必对西方认识论思想打上自己的烙印,产生深广的影响。事实上,无论是奥古斯丁和波那文都的"光照说",还是托马斯·阿奎那的"上帝存在的宇宙论证明",无一不是基督宗教认识论思想的理论表达。[16] 更何况,即使在《圣经》里即内蕴有极其丰富的基督宗教认识论内容,这些无不为莱布尼茨的认识论思想提供了种种理论预设或理论依据。例如,莱布尼茨在论证我们具有天赋的道德原则或实践原则时,就援引了《罗马书》。他在《人类理智新论》第 2 章写道:"道德科学(超乎那些如使人趋乐避苦的本能之上)也和算术并无两样地是天赋的,因为它也同样依赖于内在的光所提供的推证。由于这些推证并不是一下跳到眼前来的,所以,如果人们不是永远立即察觉到那些自己心中具有的东西,并且不是很快就能读出照圣保罗所说上帝刻在人们心里的那些自然法的字迹,这并没有什么好大惊小怪的。"[17] 对于西方学者,特别是对于基督宗教徒来说,在这里,莱布尼茨可谓言之凿凿。既然《保罗书》明明说道:"上帝的事情,人所能知道的,原显明在人心里。""原来在上帝面前,不是听律法的为义,乃是行律法的为义。没有律法的外邦人,若顺着本性行律法上的事,他们虽然没有律法,自己就是自己的律法。这是显出律法的功用刻在他们心里,他们是非之心同作见证,并且他们的思念互相较量,或以为是,或以为非",[18] 则尽管我们对道德科学的观念一时难以察觉,又有何妨呢?

毋庸讳言,莱布尼茨作为大陆理性派的一位代表人物,总的来说,对基督宗教神秘主义是持批判立场的。例如,在《对知识、真理和观念的默思》(1684 年)一文中,他就批判了马勒伯朗士"在上帝之中看一切"的观点,坚定指出:"即使我们在上帝之中看到了一切,我们自己具有观念照旧必要,这不是在我们具有上帝观念的微型拷贝的意义上而言的,而是就这些观念乃我们的心灵对应于我们在上帝之中所知觉到的对象本身的属性或变形而言的。因为无论何时,只要各种思想相互连续,我们的心灵中便会发生某种变化。我们的心灵中也有一些我们未曾现实思考过的事物的观念,就像未经加工过的大理石上所具有的赫尔库勒的图像那样。"[19] 但这并不意味着莱布尼茨的认识论思想与基督宗教神学思想毫无瓜葛。事实上,倘若我们离开了基督宗教神学思想,我们对其认识论思想便很难有一个本真的和透彻的理解。例如,在莱布尼茨的有关论著里,他有时将事实真理说成是一种后验真理,而有时却又将其视为一种先验真理,倘若不考虑到其认识论思想的基督宗教神学背景,就会使人无所适从。例如,在《第一真理》(约 1680—1684 年间)中,莱布尼茨在宣布同一真理为第一真理后,随即又强调指出:"所有别的真理借助于定义或借助于概念分析都可以还原为第一真理。所谓先验证明即在于此,先验证明并不依赖经验。"[20] 读到这里,我们不免产生疑惑:莱布尼茨这里所说的"所有别的真理"所意指的恐怕只是"推理真理"或"必然真理"吧?!难道在莱布尼茨看来,"事实真理"或"偶然真理"也能够像"推理真理"或"必然真理"那样"借助于定义或借助于概念分析可以还原为第一真理"?!不过,莱布尼茨就像是预见到读者会萌生出这样一类疑惑似的,在后文中明确指出:"在每个肯定真理中,无论是在普遍真理中还是在个别真理中,是在必然真理中还是在偶然真理中,不管其词项是内在的名称还是外在的名称,事情都是如此。"[21] 但是,倘若我们设想莱布尼茨这里所说的认知者并非我们这样一些庸人而是全知的上帝,我们的疑惑便烟消云散了。且不要说离开了莱布尼茨认识论思想的基督宗教神学背景,我们便很难吃透莱布尼茨的上述思想,即使对我们作为口头禅说起的莱布尼茨的"充足理由律"也会大惑不解。因为倘若离开了造物主上帝以及上帝即是真理的理念,[22] 我们便很难理解上帝之为万物存在终极理由这样一个观念,但对于一个基督宗教徒来说,这几乎是一种不言而喻的事情。

至于莱布尼茨认识论的学术背景,我们不妨用下述两句话予以概括,这就是:莱布尼茨的时代是认识论取代本体论开始成为哲学的中心问题或中心问题之一的时代,是大陆理性派与英国经验论并存且激烈斗争的时代。

首先,莱布尼茨时代是认识论取代本体论开始成为哲学的中心问题或中心问题之一的时代。在古希腊时代,哲学家们虽然已经对认识论的许多问题开展了多方面研究,并取得了一些重要成果,但总的来说,认识论是作为本体论的一种隶属成分而存在和发展的。所谓哲学,归根到底是一种本体论。亚里士多德在系统总结先前哲学的基础上,提出了"第一哲学"概念,断言:他所谓第一哲学乃"一门研究所是的东西自身以及出于它的本性的属性的科学",[23] 可以说是对希腊哲学的一个比较中肯的概括。因为整部古希腊哲学史差不多可以说就是一部本体论史,亦即一部从研究"始基"、"数"、"存在"、"原子"到研究"理念"和"是"的历史。其实,当人们用"原子论"和"理念论"来概述古希腊哲学史的时候,其所着眼和强调的正是古希腊哲学注重本体论探究的理论品格。至中世纪,情况虽然发生了变化,但本体论的中心地位却依然如故,因为充当完满存在者或"自有存在者"角色的无非由"理念"或"是"(即"所是的东西自身")换成了人格化的上帝。《圣经》云"我是自有永有的",即是谓此。[24] 但是,至 17 世纪,情况却发生了根本性的变化。大多数哲学家思考的不限于存在问题,而是开始进而思考我们如何才能够认识到存在这样一个问题,或者说开始思考思维与存在的同一性或统一性问题。黑格尔将近代的这样一种思维称作"自为思维",断言:"我们在这里应当考察近代哲学的具体形式,即自为思维的出现。这种思维的出现,主要是随同着人们对自在存在的反思,是一种主观的东西,因此,它一般地与存在有一种对立。

所以全部兴趣仅仅在于和解这一对立,把握住最高度的和解,也就是说,把握住最抽象的两极之间的和解。这种最高的分裂,就是思维与存在的对立,一种最抽象的对立;要掌握的就是思维与存在的和解。从这时起,一切哲学都对这个统一发生兴趣。"[25] 弗兰西斯·培根"知识就是力量"的口号可以说就是对这个认识论时代的报晓。因为它典型不过地表达并满足了人们在新时代对于人与自然或思维与存在统一或和解的渴望。在培根看来,我们的知识之所以能够形成力量,最根本的就在于:我们为要"命令自然"就要"服从自然",为要"服从自然"就要"认识自然"。"因为只要不知道原因,就不能产生结果。……在思考中作为原因的,就是在行动中作为规则的。"[26] 可以说,自培根起,西方哲学便步入了以认识论为其主题内容的时代。

这首先就表现在自培根以来,哲学家们自觉不自觉地将认识论视为自己的主要研究课题,从而涌现了一系列以认识论为主题内容的学术著作。一方面,培根的《学术的进展》(1605年)和《新工具》(1620年)、洛克的《人类理解论》(1690年)和巴克莱的《人类知识原理》(1710年)都可以说是他们的代表作。另一方面,笛卡尔的《方法谈》(1637年)、斯宾诺莎的《知性改进论》(1677年)和莱布尼茨的《人类理智新论》(1704年)即使算不上他们最主要的著作,无论如何,也是他们的代表作之一。此乃古代哲学和中世纪经院哲学从未有过的气象。不仅如此,这一时期即使阐述本体论思想的著作,也明显地具有认识论的性质和意义,也服从于处理认识论问题的鹄的,尤其是服从于思维与存在统一与和解以及为事物存在提供理由这一鹄的。例如,笛卡尔的主要著作之一《第一哲学沉思集》(1641年)虽然从标题上看,讲的是第一哲学,但其所阐述的第一哲学与亚里士多德的却大不相同;如果说在亚里士多德那里,所谓第一哲学主要是一门研究"所是的东西自身"的学问,在笛卡尔这里,其第一哲学则成了一门研究"所是的东西自身""何以存在"的学问,具体地说,就是一门研究自我和上帝何以能够存在的学问,用笛卡尔自己的话说,就是一门为"灵魂和上帝"提供"哲学理由"的学问。[27] 尽管笛卡尔用"我思"证明"我在",用"上帝的本质"证明"上帝存在"的做法值得商榷,但在他这里,其理论重心由"我"和"上帝"这些"所是的东西自身"向这些"所是的东西自身""何以能够存在"这样一种追问或这样一种认识的转移则是值得注意的。因为他的这种做法本身就自然而然地把认识论问题提升到了首位,使之成为本体论必须依赖的东西。这就从根本上颠倒了古希腊哲学中本体论与认识论的关系,使本体论降格为隶属认识论的内容。需要指出的是,笛卡尔的这种做法不只是一种私人行为,而具有时代标识的意义。这使我们不由得想到了"理性时代"的说法以及恩格斯以"理性法庭"注释理性时代的做法。有人把中世纪以来的西方历史区分为"信仰时代"(中世纪)、"冒险时代"(文艺复兴时期)、"理性时代"(17世纪)、"启蒙时代"(18世纪)、"思想体系时代"(19世纪)和"分析时代"(20世纪)。[28] 这样一种概括是否精当有待商榷,但它把莱布尼茨所在的17世纪定义成"理性时代"倒是比较贴切的。因为顾名思义,所谓理性时代即是一个以人类理性为"衡量一切唯一尺度"的时代,是"一切都必须在理性的法庭面前为自己的存在作辩护或者放弃存在的权利"的时代。[29] 倘若自我和上帝这些历来被认为不证自明的东西都需要为其存在提供理由的话,那还有什么东西不需要我们提供理由为其存在进行辩护呢?无怪乎莱布尼茨总是不厌其烦地强调"如果没有一个理由,就不会有任何事物存在"。[30]

事实上,这一时期的多数本体论著作不仅像笛卡尔的《第一哲学沉思集》那样旨在为自我和上帝这些"所是的东西自身""何以能够存在"提供理由,而且还往往承担着为思维和存在何以能够统一或和解提供理由的使命。例如,笛卡尔在《第一哲学沉思集》中就提出了以上帝的全能和全善(即诚实无欺)来确保思维与存在统一或和解的举措。[31]斯宾诺莎在《伦理学》(1677年)中提出了以其实体学说和属性学说,亦即以其身心平行说或心物平行说来确保思维与存在统一或和解的举措。[32]而莱布尼茨在《新系统》(1695年)和《单子论》(1714年)中则提出了以前定和谐系统和普遍联系原则来确保思维与存在统一或和解的举措。[33]这就进一步表明,在17世纪哲学中,认识论具有明显的逻辑在先性。

莱布尼茨时代既是认识论取代本体论开始成为哲学的中心问题或中心问题之一的时代,也是大陆理性派与英国经验论并存且激烈斗争的时代。这是不难理解的。正如在以本体论为哲学中心问题的古希腊时代,哲学曾经依照本体论问题上的分野区分为原子论派和柏拉图派(理念论派)一样,既然自17世纪起,认识论取代本体论开始成为哲学的中心问题或中心问题之一,哲学便依照认识论问题上的分野而区别为英国经验派和大陆理性派。英国经验派的代表人物有弗兰西斯·培根、霍布斯(1588—1679)、洛克(1632—1704)和巴克莱(1685—1753)。[34]毋庸讳言,他们的认识论学说,在许多方面差别很大甚至正相对立。例如,他们中有的持唯物主义立场,有的持唯心主义立场;有的持比较彻底的可知论立场,有的可知论立场则不够彻底;有的吸收了较多的理性主义成分,有的则保持了较为纯正的经验主义形态。但无论如何,他们有一个共同点,这就是:他们都承认知识和观念起源于经验这样一个原则(尽管他们对经验的理解也不尽相同)。正因为如此,他们不仅从总体上一脉相承,而且还形成了反对大陆理性派的一致立场,从而属于同一个认识论派别或哲学派别。另一方面,大陆理性派的主要代表人物有笛卡尔、斯宾诺莎(1632—1677)和莱布尼茨。他们的哲学在许多方面也同样差别很大甚至正相对立,例如他们中有的持唯心主义立场,有的持唯物主义立场;有的持二元论立场,有的持一元论立场;有的理性主义认识论形态比较纯粹,有的则接受了较多的经验主义观点。但他们有一个共同点,那就是:他们都承认凡具有普遍必然性的知识都不可能来自感觉经验,而只能来自理性本身这一原则。正因为如此,他们不仅在认识论重大问题上一脉相承,而且还形成了反对英国经验派的一致立场。但既然这两个认识论派别在认识起源这一认识论根本问题上相左,它们也就只能在相互冲突和相互论战中向前发展。在一定意义上,我们可以说,自 17 世纪中叶至 18 世纪初的西方认识论发展史就是一部英国经验派与大陆理性派的相互论战史。这场论战大体经历了三个相互衔接而又逐步深入的阶段。在第一阶段,无论就论战的阵营还是就论战的内容来看,都相当庞杂。就论战的阵营看,它可以说是以霍布斯、伽森狄(1592—1655)与笛卡尔的相互辩难为主体,但同时也包含着笛卡尔和培根之间的对立以及斯宾诺莎的理性主义对经验主义的否定。就论战的内容看,它不仅涉及认识的方法、起源、途径问题,而且还涉及认识主体、认识对象和真理观等问题。这一阶段的论战虽然在一些问题上深度略显不足,但却为第二阶段更深层次的论战作了铺垫。至第二阶段,论战的内容相对集中,主要集中在认识的起源和途径这些认识论的根本问题上,尤其是集中在普遍必然性知识的起源和途径这些问题上。这一阶段的论战主要包括两个方面的内容:一是洛克对笛卡尔的批驳,二是莱布尼茨对洛克的回应。莱布尼茨的《人类理智新论》就是对洛克《人类理解论》逐章逐节分析批判的结果。至第三阶段,情况发生了重大变化,其所争论的中心问题不再是普遍必然性知识的来源,而成了普遍必然性知识的可能性问题,换言之,所争论的中心问题转换成了普遍必然性知识的可知与不可知问题。巴克莱在其代表作《人类知识原理》(1710年)中完全否认普遍观念("抽象观念")的可能性,否认普遍必然性知识的可靠性和实在性。[35]这就势必遭到莱布尼茨的批评。[36]另一方面,巴克莱对普遍必然性知识可能性的否定(即他对抽象观念的否定),既有反对大陆理性主义的理论性质,也有否定洛克经验主义的理论性质。因为洛克虽然是英国经验派的主要代表人物,但他却并不完全否认抽象观念的可能性及其认识价值。在《人类理解论》中,洛克在谈到抽象观念或抽象名词时,曾经明确指出:"人心有一种能力可以抽象它的观念,使它们成为概括的本质,用以区分各种事物。"[37]这就使大陆理性派与英国经验派的论战与英国经验派的内战有机地交织在一起,从而使得莱布尼茨与巴克莱在抽象观念说方面的论战不仅内蕴了更加丰富的意涵,而且也获得了更加重大的意义。

总之,莱布尼茨时代既是认识论取代本体论开始成为哲学的中心问题或中心问题之一的时代,又是大陆理性派与英国经验论并存且激烈斗争的时代。莱布尼茨就是在这样的学术背景下,开展其认识论研究,逐步提出并逐步深化其认识论体系的。

二、莱布尼茨的天赋观念学说

在对莱布尼茨认识论的理论渊源与学术背景作出初步考察之后,主要结合本论文集的内容对其认识论思想作一番介绍和说明就是一件比较必要也比较适宜的事情了。鉴于莱布尼茨认识论思想内容比较丰富,本序拟从莱布尼茨的天赋观念学说、知觉理论和真理学说等三个方面予以说明。

天赋观念说并非莱布尼茨的发明,其源头可以一直上溯到古希腊时代的苏格拉底和柏拉图。苏格拉底作为一位西方大哲,其最根本的贡献即在于他提出了"认识你自己"的哲学口号,将其作为人类认识外部世界"最健全的原则",[38] 开辟了西方人藉心灵的内在原则认识外在世界的认识论路径,从而从根本上扭转了古希腊哲学的发展方向。他的学生柏拉图继承和发展了他的这一哲学观念,进而提出并论证了灵魂"回忆说",断言:"灵魂在取得人形之前,就早已在肉体以外存在着,并且具有着知识。""那些所谓学习的人后来只不过在回忆,而学习只不过是回忆。"[39] 柏拉图的回忆说长期以来一直以这样那样的形式主导着西方认识论。斯多葛派据此提出了"前观念"术语,将其视为事物的本性(理性)在心灵上的自然印记,故而他们又称之为"理性印象"、"共同观念"或"天赋观念"。[40] 此后不久,柏拉图的回忆说和斯多葛派的"前观念"(天赋观念)在奥古斯丁那里得到了神学化的处置。奥古斯丁将作为理性规则的真理视为上帝之光压在我们心灵之上的"印迹",断言:"规则除了写在我们称作真理之光的书上还能写在哪里呢?一切真理的规则都铭刻在这里,并从这里被移置到正直的人的心灵,但这种转移是无形的,犹如印章的图形被压在蜡上而无损图章自身,这些规则在人的心灵上留下自身的印记。"[41] 至近代,笛卡尔重拾"天赋观念论"。在《第一哲学沉思集》中,笛卡尔宣布有一些观念是"天赋"的,而这样一种天赋观念即是那种既不可能"来自外界"也不可能"由我自己制造的"观念。笛卡尔在谈到"上帝"观念这一天赋观念时解释说:"我不是通过感官把它接受过来的,而且它也从来不是像可感知的东西的观念那样,在可感知的东西提供或者似乎提供给我的感觉的外部器官的时候,不管我期待不期待而硬提供给我。它也不是纯粹由我的精神产生出来或虚构出来的,因为我没有能力在上面加减任何东西。因此没有别的话好说,只能说它和我自己的观念一样,是从被创造那时起与我俱生的。"[42] 可以说,笛卡尔的整个哲学体系都是由"我"("我在")和"上帝"("上帝存在")这两个天赋观念推演出来的。

笛卡尔的天赋观念说一问世,就遭到了霍布斯的批判。霍布斯指出:事实上,"我们心里好像根本没有上帝的观念",人们所谓上帝观念只不过是人们设定的万物变化的"永恒原因"罢了。霍布斯还进而批评笛卡尔言不及义,断言:"现在既然笛卡尔先生从这个假设(即我们在我们心中有上帝的观念)做出来上帝(也就是说,一个全能、全智、宇宙的创造者等等的存在体)存在这个定理,那么他本来最好应该解释这个上帝观念,然后再从那上面不仅要推论出上帝的存在,而且要推论出世界的创造。"[43] 但笛卡尔却反唇相讥,说霍布斯连"观念"这个词都不懂,根本没有资格谈论上帝这个"天赋观念"。笛卡尔写道:"用观念这个名称,他只让人在这里指任意描画为物体性的物质东西的影像;这样一来,他就不难指出人们不能有任何真正的上帝观念,也不能有任何真正的天使观念。不过我经常提醒过,主要是就在这个地方我用观念这个名称指精神所直接领会的东西说的。"[44] 事实上,笛卡尔的天赋观念说非但没有因霍布斯的批判而销声匿迹,反而不仅在欧洲大陆,而且在大不列颠都赢得了一些"信众"。例如,英国哲学家亨利·莫尔(1614—1687)就曾在其《无神论的消毒剂》(1653年)一书中为柏拉图和笛卡尔的天赋观念说辩护。[45] 正是在这种情势下,洛克挺身而出,在《人类理解论》里对笛卡尔的天赋观念说开展了全面、系统的清算。[46] 按照洛克的说法,他的《人类理解论》有破有立,但其基本旨趣却在于证明天赋观念说的"虚妄"。他写道:"据一些人的确定意见:理解中有一些天赋的原则、原始的意念同记号,仿佛就如印在人心上似的。这些意念是心灵初存在时就禀赋了,带到世界上来的。不过要使无偏见的读者来相信这个假设之为虚妄,我只向他指示出下述的情形好了。因为我希望我在这部论文的下几部分可以给人指示出,人们只要运用自己的天赋能力,则不用天赋印象的帮助,就可以得到他们所有的一切知识;不用哪一类的原始意念或原则,就可以达到知识的确实性。"[47] 此外,鉴于笛卡尔在《第一哲学沉思集》里对上帝观念天赋性质的特别强调,[48] 洛克在《人类理解论》里用了很大的篇幅,特别论证了上帝观念不是天赋的,并且强调指出:"如果上帝的观念不是天赋的,则没有别的观念可以成为天赋的。"[49] 由此看来,无论是笛卡尔对霍布斯的批判,还是洛克对笛卡尔的批判,都生动地表明,他们围绕着天赋观念所展开的论战本质上是大陆理性派和英国经验派所主张的两条认识论路线的斗争。而莱布尼茨也同样是带着这样一种理论自觉投入对洛克对笛卡尔天赋观念说的批判的再批判之中的。

正是出于这样一种理论自觉,莱布尼茨始终旗帜鲜明地站在柏拉图和笛卡尔一边,极力维护他们的天赋观念学说。例如,在《人类理智新论》中,莱布尼茨不仅直言他的认识论系统"比较接近柏拉图",而且还宣布:"我一向是并且现在仍然是赞成由笛卡尔先生所曾主张的对于上帝的天赋观念,并且因此也认为有其他一些不能来自感觉的天赋观念的。"[50] 事实上,莱布尼茨不仅是柏拉图和笛卡尔天赋观念说的继承者,而且也是他们的天赋观念说的革新家。[51] 其革新主要体现在下述几个方面:论述和强调了所有观念的天赋性质,完全否定了天赋观念的经验来源,提出并阐述了天赋观念潜在说。

莱布尼茨的革新首先体现在他论述和强调了所有观念的天赋性质。我们知道,笛卡尔在谈到我们心中的观念时,曾将其分为三类,这就是:"我天赋的","从外面来的"和"我自己制造出来的"。这三类观念分别对应着三种心理功能,其中"从外面来的"观念依赖于感觉,"我自己制造出来的"观念借助想象,天赋观念则出自纯粹理智。感觉和想象依赖于身体和外部对象,但纯粹理智则与身体和外部对象毫无关联。莱布尼茨则断然宣布,我们心中只有一种观念,这就是天赋观念。莱布尼茨之所以要这样做,最根本的缘由就在于,在莱布尼茨看来,要澄清究竟有无天赋观念和究竟何谓天赋观念的问题,首先就必须澄清天赋观念的上位概念,亦即究竟何谓观念这样一个问题。因为对观念意涵的理解不同,天赋观念的有无和来源的答案也就势必不同。诚然,一如我们在前面指出的,笛卡尔本人虽然对此也有所意识(例如他批评霍布斯将观念理解为感觉心像),但他并未深究这个问题,而照旧坚持他的三类观念说,坚持存在有"从外面来的"观念和"我自己制造出来的"观念。这样一来,唯理论者非但不能有效地反驳英国经验论对天赋观念的否定,反而给其以口实。这就使莱布尼茨意识到为阐述天赋观念说,首先必须澄清"何谓观念"这样一个问题。也许正是出于这样一种考虑,莱布尼茨于 1678 年写下了《何谓观念?》一文。在这篇短文中,莱布尼茨主要谈了下述六点:(1)观念是"存在于我们心灵中的某种东西";[52] (2)我们心灵中的"各种思想、知觉和各种情感"虽然因观念而出现,但其本身却非观念;(3)"一个观念并不在于某个思想活动,而是在于思想能力";(4)"我们被说成具有关于一件事物的观念",不管我们现在是否"想到这件事物",都是如此;(5)我们不仅"有一种思想所有事物的远程能力",而且还有"一种思考一件事物"的"近程能力";(6)"我们心中的事物的观念所意指的并非任何别的东西,而无非是这个既是事物造主同样又是心灵造主的上帝曾经将一种思想能力赋予了心灵,以至于它能够藉它自己的运作获得与事物本性完全一致的东西"。其实,莱布尼茨在这里主要强调了下面四样东西,这就是观念的内在性、本体性、先天性和合理性。首先,如所周知,古希腊的认识论学说,除柏拉图的观念天赋说外,还有德谟克里特的"影像说"和亚里士多德的"白板说"。德谟克里特的影像说把我们的知识和观念视为外物流射出来的有形的影像，显然属于一种朴素的唯物主义认识论学说。亚里士多德的白板说与德谟克里特的影像说不完全相同，它强调的不仅有外在事物对人的感官的作用，而且还有人的感官与人的灵魂的联合活动或联合作用，显然不仅考虑到外物的物理作用，还进而考虑到作为认识主体的人的生理作用和心理作用。英国经验派哲学家霍布斯和洛克的观念说显然继承了德谟克里特的影像说和亚里士多德的白板说。霍布斯将观念说成是"心像"。他的这种做法虽然有追随德谟克里特"影像说"的倾向，但也明显具有亚里士多德白板说的印记。洛克在将观念说成是"思维对象"的同时，又将其说成是"标记"，显然更加接近亚里士多德的白板说。[53] 很显然，无论是将观念理解成"心像"，还是理解为"标记"，我们都不可能藉其获得上帝的观念，上帝的观念之为天赋观念因此就是一件根本不可能的事情了。所以，莱布尼茨在讨论观念时，一开始就否定了观念的外在性，而强调了观念的"内在性"，从而强调了观念的精神性或非物质性与非感觉性。也正因为如此，莱布尼茨在说过"我将'观念'这个词理解为存在于我们心灵中的某种东西"之后，紧接着便强调说："因此，加盖到人脑上的各种印记并非观念。因为在我看来，心灵乃某种并非脑子的某种东西，是人脑实存中更为精妙的部分。"莱布尼茨在这里想要强调的第二点在于观念的深层次性或本体性。在莱布尼茨看来，观念虽然是心灵中的东西，却不属于心灵中表层的东西，而是心灵中深层的东西，它不在于某个特殊的"思想活动"，而在于一种"思想能力"，一种能够"思考一件事物"的"近程能力"，一种具有本体论意蕴的东西。莱布尼茨想要强调的第三点在于观念的先天性。因为他将观念说成是我们因"上帝曾经将一种思想能力赋予了心灵"而有的东西。莱布尼茨想要强调的第四点在于观念的合理性,在于它将观念说成是合乎理性的东西,亦即"与事物本性完全一致"的东西。1684年,莱布尼茨在《对知识、真理和观念的默思》一文中,特别强调了观念真假的认识论意义,断言:"观念真假不仅是一个事关理解真理的意义重大的问题,而且还是一个连笛卡尔都不曾公正对待的问题。"在这篇重要论文中,莱布尼茨不仅将直觉知识宣布为"最完满的知识",而且还强调我们唯有藉直觉知识才能够本真地"知觉"到事物的"观念",断言:"即使对于那些我们已经清楚认识到的事物,我们也知觉不到其有关观念,除非我们运用直觉思想。"这就将观念的内在性和天赋性再次鲜明地宣示出来了。此外,这篇论文还进一步强调了观念的合理性或可能性,断言:"真假观念之间的区别也就变得明白了。当一个观念是可能的时候,这个观念就是真的;当其蕴含有矛盾的时候,它就是假的。"1696年,莱布尼茨在《论洛克先生的〈人类理解论〉》中进一步从本体论的高度来审视天赋观念说,断言:"我们的观念,甚至那些可感事物的观念,都来自我们自己的灵魂内部,……都是从我们自己的心灵内部产生出来的。"1703年,莱布尼茨在《论天赋观念与同一性观念》一文中,用我们心灵的"知识倾向"来解释天赋观念或天赋知识的起源,断言:"在我的心灵中,不仅有一种官能,而且还有一种知识倾向,天赋的知识就是由这种倾向产生出来的。"1704年,莱布尼茨在《人类理智新论》中断言,他的认识论"新体系"比笛卡尔的上帝观念天赋说向前"走得更远",其根本标志即在于,在他看来,不仅上帝的观念是天赋的,而且我们灵魂中的一切观念都是天赋的:"我甚至认为我们灵魂的一切思想和行动都是来自它自己内部,而不能是由感觉给予它的。"[54] 由此看来,包括感觉观念在内的所有观念全都是天赋观念不仅是莱布尼茨一以贯之的思想,而且也是莱布尼茨天赋观念说中最具独创性的内容。

莱布尼茨天赋观念说的独创性不仅体现在他首次明确提出了我们的包括感觉观念在内的所有观念都是天赋的观点,而且还体现在他在西方哲学史上第一个明确提出和系统阐述了天赋观念潜在说。毋庸讳言,此前柏拉图和笛卡尔都曾有意无意地提及这一话题。例如,柏拉图在《斐多篇》中就曾经以一个人看到他的情人的乐器,心里就会想起其主人这样一种事情为例,来说明感觉具有"唤醒"心中"理念"的认识论功能。[55] 再如,笛卡尔在回应霍布斯关于一个睡得很深的人其心里不可能有上帝观念的诘难时,也曾说道:"当我说某种观念是与我们俱生的,或者说它是天然地印在我们灵魂里的,我并不是指它永远出现在我们的思维里,我指的仅仅是在我们自己心里有生产这种观念的功能。"[56] 但无论是柏拉图还是笛卡尔都未曾使用过天赋观念"潜在"这样一个术语,也从未对这种现象做深入的探究。莱布尼茨则不同,不仅明确提出了天赋观念"潜在"这样一个术语,而且还对天赋观念潜在问题做过长期的探究和阐释。莱布尼茨之所以如此重视天赋观念潜在说不是偶然的,在一定意义上,也可以说是出于无奈。因为洛克批判天赋观念说的一项重要根据即在于凡在心中的观念都应当知觉得到。他断言:"要说心灵中印有一些真理,同时心灵又不能知觉或理解它们,在我看来,那只近似一种矛盾,因为所谓'印有'二字如果尚有意义,则它们的含义一定在使一些真理为人心所知觉。因为要说把一件东西印在人心上,同时人心又不知觉它,那在我认为是很难理解的。"[57] "因为'在理解中'这四个字如果有任何适当的意义,则它们一定是指'被理解的'四字而言。因此,要说'在理解中'而'不被理解',在'人心中'而'不被知觉',那就无异于说,一件事物同时在心中或理解中,同时又不在里边。"[58] 这就像是向天赋观念说的辩护者设立了一道可越而不可绕的坎:倘若你不能回答这个问题,你就应当收回你的主张。莱布尼茨的天赋观念潜在说要回应的正是这样一个问题:既然天赋观念原本是潜在的,则它之不被人觉知便丝毫不妨碍它自身的存在。早在 1678 年,莱布尼茨在《何谓观念?》一文中就提出了"机缘"说,断言:"我们……具有关于一件事物的观念,即使我们现在并未想到这件事物,但只要有了机缘,我们便能够想到它。"不难看出,莱布尼茨在这里提出的"机缘"说本身即蕴涵了或预设了天赋观念"潜在"说。因为如果有了"机缘",我们就能知觉到天赋观念的存在,这个说法本身即意味着倘若没有机缘,我们便知觉不到天赋观念或天赋观念的存在,在这种情况下,天赋观念便不是"显在"而是"潜在"了,而一旦有了机缘,这一天赋观念便由潜在转而成为显在了。后来,莱布尼茨在《对知识、真理和观念的默思》(1684 年)中,将这种"潜在"的天赋观念称作"我们未曾现实思考过的事物的观念"。他还形象地用"未经加工过的大理石上所具有的赫尔库勒的图像"来比喻天赋观念的潜在形态。赫尔库勒作为希腊神话中的大力神,业绩显赫,在西方近乎家喻户晓。用赫尔库勒图像的雕琢来解释天赋观念的潜在性显然极其容易引起西方广大读者的共鸣。而且,以雕琢前的"未经加工过的大理石上所具有的赫尔库勒的图像"同经过雕琢加工形成的赫尔库勒的图像的比较也极其有助于读者对于潜在天赋观念的领会。可以说,莱布尼茨的这一比喻非常得体且富有效果。1703年,在《论天赋观念与同一性概念》一文中,莱布尼茨在强调我们心中的"天赋知识"都是由我们心灵之中的"知识倾向""产生出来的"的同时,再次指出了"感觉经验"对于我们思想天赋的观念或"必然真理"的"机缘"功能。在《人类理智新论》里,天赋观念潜在说更成了莱布尼茨不时论述的一个问题。在该著的"序言"里,莱布尼茨使用了"有纹路的大理石"这个说法来比喻我们的心灵潜在地具有天赋观念,即使"由于我们的分心和我们的需要",我们并不会"时刻察觉"它们,但它们却依然存在无疑。他写道:"我也曾经用一块有纹路的大理石来作比喻,而不把心灵比作一块完全一色的大理石或空白的板,即哲学家们所谓的白板。"[59] 不难看出,莱布尼茨用"有纹路的大理石"来比喻心灵,显然意在说明我们的心灵中存有潜在的天赋观念,其所论证的正是他的天赋观念潜在说。在莱布尼茨看来,把心灵说成是一块"有纹路的大理石",具有潜在的天赋观念要比把我们的心灵说成是白板或"完全一色的大理石"合理得多。这是因为如果我们的心灵像一块白板,则真理或观念之在我们心中就会像赫尔库勒的像之在这样一块板上的情形一样,从而这块大理石无论是刻上赫尔库勒的像还是别的像都无所谓。这样一来,雕刻家也就根本不存在选料的问题了,也就是说,我们的心灵对于我们之具有任何观念也就不起任何作用了。但如果我们的心灵具有潜在的天赋观念,情况就完全不同了。因为"如果在这块石头上本来有些纹路,表明刻赫尔库勒的像比刻别的像更好,这块石头就会更加被决定用来刻这个像,而赫尔库勒的像就可以说是以某种方式天赋在这块石头里了,虽然也必须要加工使这些纹路显出来,加以琢磨,使它清晰,把那些妨碍其显现的东西去掉。"[60] 莱布尼茨由此得出结论说:"观念和真理是作为倾向、禀赋、习性或自然的潜能天赋在我们心中,而不是作为现实天赋在我们心中的,虽然这种潜能也永远伴随着与它相应的、常常感觉不到的某种现实。"[61] 在这篇"序言"里,针对洛克关于"在我们心中没有任何潜在的东西,甚至没有什么不是我们永远现实地察觉到的东西"的见解,莱布尼茨重申和论述了他的"机缘"说。他写道:"虽然获得的习惯和我们记忆中储存的东西并非永远为我们所察觉,甚至也不是每当我们需要时总是招之即来,但是我们确实常常一有使我们记起的轻微机缘就可以很容易地在心中唤起它,正如我们常常只要听到一首歌的头一句就记起这首歌。"[62] 莱布尼茨的这个说法使我们不由得想到了柏拉图的"回忆说"。

莱布尼茨不仅在《人类理智新论》的"序言"里,而且在正文里,特别是在第 1 卷的各章中,也针对洛克对天赋观念潜在说的诘难,不失时机地阐述他的潜在说和机缘说。例如,在《人类理智新论》第 1 章里,莱布尼茨针对洛克关于天赋观念"在人心中"却"不被知觉"是一种矛盾的诘难,反驳道:"我倒很奇怪您怎么就没有想到,我们有无数的知识是我们并不总是察觉到的,甚至当我们需要它们时也还觉察不到;这就要用记忆来保持它们,并且用回忆来把它们重新向我们呈现出来,就像有需要时常常所做的那样,但并不永远总是如此。"[63] 值得注意的是,在《人类理智新论》的第 1 章里,莱布尼茨虽然在批驳洛克对天赋观念说的非难时也借鉴和援引过柏拉图的回忆说,但对其取分析的态度,极力剔除其中内蕴的经验论因素,从而使其不仅得以比较有效地反驳了洛克,而且也使得他的天赋观念潜在说获得了一种比较纯粹的"唯"理论形态。

首先,在《斐多篇》和《美诺篇》中,柏拉图不仅用回忆说解读了必然真理(几何学真理)的先天性,而且还解读了事实真理("乐器的主人")的先在性,但莱布尼茨则强调指出:他所谓的天赋观念所意指的只是普遍必然真理或理性真理,只是"和感觉到幻象相对立的纯粹观念"以及"和事实真理相对立的必然真理或理性"。[64] 很显然,一个人由于见到乐器的主人曾经使用过的乐器而能够想到乐器的主人这件事中所涉及的"乐器的主人"的存在当属于事实真理,并不在天赋观念之列。

其次,莱布尼茨的天赋观念潜在说与柏拉图的灵魂转世说毫无关联。我们知道,柏拉图的回忆说是建立在其灵魂转世说基础之上的。柏拉图诘问道:"如果是我们在出世前获得了知识,出世时把它丢了,后来又通过使用各种感觉器官能重新得到了原来具有的知识,那么,我们成为学习的这个过程,实际上不就是恢复我们固有的知识吗?我们把它称为回忆对不对呢?完全对。"[65] 莱布尼茨则认为,天赋观念,作为普遍必然真理,是永恒不变的,是超时间的,它在任何时代都一样,从而,天赋观念之为天赋观念与年代的久远毫无关联。他批评说:"柏拉图派的意见认为我们的一切认识都是回忆,并且因此灵魂随着人的出生而带来的被叫作天赋的那些真理,应该是一种先前的明确认识的一些残余。但这种意见是毫无根据的。因为我们很容易认定灵魂在前世(如果有前世的话)就应该已经有天赋知识了,不管它可能多么遥远,全部情况就像这里的一样。……如果有人硬说每一前世都从更在先的前世得到点什么而它并没有留给来世,我们将答复他说:很清楚,某些显然的真理应该是灵魂在所有这些时代都有的,而不管采取什么方式,在灵魂的所有各个时代的状态都是很清楚的,必然真理是天赋的并且是靠内在的东西来证明的,而不能是像我们建立事实真理那样靠经验来建立的。"[66]

第三,莱布尼茨将感觉之为"唤起"天赋观念的"机缘"与天赋观念的"起源"严格区别开来,突出和强调了天赋观念的内在性和先验性。柏拉图在论述回忆说时大谈灵魂转世说也不是偶然的。他在《美诺篇》中写道:"既然心灵是不死的,并且已经投生了好多次,既然它已经看到了阳间和阴间的一切东西,因此它获得了所有一切事物的知识。因此人的灵魂能够把它以前所得到的关于美德以及其他事物的知识回忆起来,是不足为奇的。"[67] 由此看来,柏拉图之所以在论证他的回忆说时要援引灵魂转世说,其根本的原因在于想借以提供我们在出生时即具有丰富知识的理据,说明我们既然有丰富的阅历和经验,我们便势必具有丰富的知识。但这样一来,他便陷入了南辕北辙、自相矛盾的境地:他的回忆说旨在说明我们知识的先验性,但他的回忆说的理论前提却是我们知识的后验性,是丰富的经验或阅历使我们获得了丰富的知识,是我们的知识起源经验的经验论。正因为如此,莱布尼茨在批判洛克的经验论路线时,事实上也批判和剔除了柏拉图回忆说中的这样一种经验论杂质。在莱布尼茨看来,柏拉图将感觉经验视为在我们心中唤起天赋观念的"机缘"虽然不无道理,但他将感觉经验视为普遍必然真理的理论"起源"则是毫无道理的。莱布尼茨在谈到普遍必然知识的起源时,强调指出:"心灵不是只能认识它们,而且还能够在自身之中找出它们，而如果它只有单能接受知识的能力或对此是被动的能力，就像蜡块接受印迹或空白板接受字迹的能力一样不能确定任何东西，那么它就不会是必然真理的源泉，……因为无可争辩的是感觉不足以使人看出真理的必然性，而因此心灵有一种禀性（既是主动的也是被动的），来自己从自己内部把这些必然真理抽引出来；虽然感觉也是必需的，为的是来给心灵这样做的机会和注意力，使它把注意力放在某些方面而不放在另外的方面。"[68] 莱布尼茨由此得出的结论是："必然真理的原始证明只能来自理智，而别的真理则来自经验或感觉的观察。我们的心灵能够认识两种真理，但它是前一种真理的源泉；而对于一个普遍的真理，不论我们能有多少关于它的特殊经验，如果不是靠理性认识了它的必然性，靠归纳是永远也不会得到对它的确实保证的。"[69] 这就不仅从根本上否定了洛克关于普遍必然真理（即天赋观念）源于感觉经验的认识论路线，而且也彻底排除了柏拉图回忆说中所蕴含的经验论因素。

最后，与柏拉图和洛克不同，莱布尼茨不仅看到了理智与感觉、"起源"与"机缘"的差异，而且看到了它们的一致和统一，看到了它们在"前定和谐"系统内的一致和统一。洛克漠视了理智与感觉之间存在的质的差异，有将理智归结为感觉的嫌疑，柏拉图看到了理智与感觉之间的质的差异，但对它们之间质的差异缺乏始终如一的态度和立场，不是将它们绝对对峙起来，就是有意无意地模糊它们的界限。莱布尼茨与洛克不同，反对其将理智归结为感觉的努力，将必然真理和事实真理的源头分别追溯到理智和感觉，将理智视为天赋观念的唯一源泉。莱布尼茨与柏拉图也不同，一方面反对其将事实真理的源头追溯到心灵内部或理智本身,强调我们只应将心灵或理智视为普遍必然真理的源头,另一方面他又反对其将感觉对象与理智对象、感觉活动与理智活动简单对置起来,漠视了它们之间的对应性或一致性。在莱布尼茨看来,我们的感觉活动与理智活动以及我们的感觉对象与理智对象虽然分属于两个不同的领域或不同的世界(亦即分属于事物世界和观念世界),但它们之间却相互对应、相互平行和相互一致:不仅从身心之间的关系看是如此,而且从心物之间的关系看也是如此;这也就是莱布尼茨所说的前定和谐。在谈到身心之间和心物之间的关系时,莱布尼茨写道:"因为由于大自然的一种可赞叹的经营结构,我们不会有什么抽象的思想是不需要某种可感觉的东西的,即使这可感觉的东西不过是一些记号,就像字母的形状以及声音那样;虽然在这样的武断的记号和这样的思想之间,并无任何必然的联系。而如果这感觉的形迹是不必要的,那么灵魂和身体之间的前定和谐,……就无从发生了。"[70] 用前定和谐系统来解释感觉活动、感觉对象和事物世界与理智活动、理智对象和观念世界的对应、一致和协调,无疑是莱布尼茨的一个发明。

总之,莱布尼茨的天赋观念学说不仅比较有效地批驳了洛克的经验论,捍卫了从柏拉图到笛卡尔的理性主义认识论路线,而且还进一步丰富和发展了他们的天赋观念思想,使其获得了一种比较彻底的唯理论形态:一方面,他修正了笛卡尔的"三类观念"说,使得天赋观念得以覆盖整个观念世界,在"外延"方面得到了它所能达到的极致;另一方面,他修正了柏拉图的回忆说,将"机缘说"与"起源说"严格区分开来,剔除了混进柏拉图回忆说的经验论杂质,使其得以纯化天赋观念的"内涵",获得其名副其实的先天性质。所有这些都是前无古人的,都是莱布尼茨对理性主义认识论的卓越贡献。

三、莱布尼茨的知觉理论

莱布尼茨的知觉理论是一门涵盖我们认识全过程且具有本体论意蕴的大知觉理论。正如莱布尼茨的"大天赋观念说"是他在认识起源问题上的一项创新一样,他的大知觉论同样可以说是他在认识功能和认识过程理论上的一项创新。

在心理学中,知觉作为人的大脑的一项重要"机能"和"心理生活"的一项重要"现象",历来受到心理学家的普遍重视。作为"对感觉信息的整合和解释",人们通常认为知觉具有"整体性"、"选择性"、"理解性"、"恒常性"等基本特征,是人类认知活动的一个重要环节。[71] 在西方古代,尽管没有现代意义的心理学,但对这样一种心理现象的研究却一直受到重视。可以说,心理学,作为一门研究灵魂的学问,一向是西方哲学,特别是西方认识论的一项基本内容。[72]

无论在柏拉图的哲学中,还是在亚里士多德的哲学中,灵魂学说都享有崇高的地位。在柏拉图那里,灵魂问题不仅与其理念论密切相关,[73] 而且还与其道德观和社会观密切相关。[74] 在亚里士多德那里,其灵魂学说不仅与他的自然哲学(物理学)和形而上学密切相关,而且也与他的伦理学和政治学密切相关。从亚里士多德将灵魂视为一项特殊运动原则(亦即生物运动原则)的角度看,他的灵魂学说与他的自然哲学密切相关。从灵魂被视为生命实体的形式的角度看,亚里士多德的灵魂学说与他的实体学说和第一哲学密切相关。从人的灵魂作为人的实体的形式和人的以善为目的的目的因的角度看,亚里士多德的灵魂学说与他的伦理学和政治学密切相关。因为亚里士多德的伦理学探究的无非是个人之善,而他的政治学探究的无非是公众之善或国家之善。[75]

尤为重要的是,无论是柏拉图,还是亚里士多德,都对现代心理学所说的知觉现象进行过比较认真的探究。就柏拉图来说,这突出地体现在他的认识等级的四分法上。我们知道,在认识论领域,巴门尼德曾提出了非常著名的二分法,这就是他所谓的"真理之路"和"意见之路"。他所谓真理之路其实即是一条理智之路,这是一条通向"存在"的"光明之路";而他所谓意见之路其实即是一条感觉之路,这是一条通向"非存在"的"黑暗之路"。这就没有给处于理智和感觉之间的"知觉"留下余地。[76] 柏拉图则不同,他不仅将我们的认识区分为"意见"和"知识"两个大的等级,而且还进而又对"意见"和"知识"进行了再区分。一方面,他将意见进一步区分为"幻想"和"信念"两个等级。另一方面,他又将知识进一步区分为"数学推理"和"理智"。这就在简单感觉和纯粹理智之间留出了一个相当开阔的认知区间或中间地带,从而为知觉活动留下了足够的空间。因为柏拉图的幻想意指的是个人关于感觉对象的想象和印象,人们藉此认识到的只能是感性事物对自己的显现,即影像,而非实际的可感事物。[77] 信念乃人们关于可感事物的共同知觉。与幻想不同,它所意指的并非事物的影像,而是变动不已的个体事物本身。物理学或自然哲学讨论的即是这样一种信念。[78] 数学虽然也被柏拉图称作知识,却是一种"介乎意见和理智之间"的低级知识。其中介地位表现在：首先，数学研究的数量和形状虽是普遍的、不变的性质和关系，但往往借助可感图形和事物来说明感觉不到的数的规定性，而心灵也正是利用这些图形和事物来把捉数的型相的。[79] 其次，数学方法的特点是从前提到结论的推理；而作为最高前提的那些公理和定义虽被想当然地视为自明的原则，但实际上却具有假设的性质。理智则是纯粹的知识，也就是哲学知识。与数学推理不同，作为哲学方法的辩证法，不是从假设下降到结论，而是由假设上升到原则。它虽然也把假设"当作梯子和跳板，临时搭一脚"，但当其到达自己的目标之后，就不再需要假设的"梯子"了。同时，哲学的纯粹理智思辨摈除了数学尚保留的感性色彩。辩证法运作的"全过程不掺和任何可感事物，只在理念之中移动，最后达到理念"。[80] 由此看来，在柏拉图的认识四等级学说中，信念，甚至数学或数学推理，都内蕴有显而易见的知觉要素。然而，在突出和强调认知活动中的知觉因素方面，相对于柏拉图，亚里士多德可谓有过之而无不及。[81] 这首先表现在亚里士多德在西方认识论史上第一次比较认真地讨论了"通觉"问题。在亚里士多德看来，我们不仅有简单感觉，而且还有复合感觉以及与之相关的通觉。我们的各种简单感觉都是相通的，往往结合在一起，形成种种复合感觉。例如，我们的味觉和触角、听觉和视角就往往同时发生且结合在一起。[82] 通觉虽然也必须伴随简单感觉而发生，但却能够将各种简单感觉统一起来，形成复合感觉。而且，正如各种简单感觉都有相应的感觉器官一样，通觉也有自己的感觉器官，这就是"心脏"。也正是在这个意义上，亚里士多德将心脏称作"感官的统一主宰"。[83] 不难看出，亚里士多德在这里所说的通觉或复合感觉其实也就是我们通常所说的知觉。其次,亚里士多德讨论了想象问题,把想象理解成一种既不同于感觉(外感觉)又不同于理智,而是介于两者之间的一种认识能力。他将想象设想为一种内感觉或内在的光,断言"想象(phantasia)这词就是源于光(phaos)而形成的"。[84] 在亚里士多德看来,想象虽然是"由感觉功能实际活动引起的一种心理运动效应",[85] 但却与外感觉不同,一方面它"蕴含于我们的与诸感觉器官相应的内部",[86] 另一方面,它不再是一种纯粹消极的接受能力,而是一种对种种感觉印象进行加工使之得以成为想象印象,使我们可望从中抽象出"可感形式"的能力。这就是说,借助知觉和想象,我们虽然尚得不到事物的可知形式和普遍概念,但却可以进一步摆脱事物的质料,达到事物的可感形式或可感性质的印象(想象印象),从而向认识事物的可知形式、获得事物的普遍概念迈进一步。[87] 这就将知觉的认知功能比较清楚地揭示出来了。

毋庸讳言,尽管知觉理论在柏拉图和亚里士多德那里业已取得了上述成就,但与其后来的发展相比,柏拉图和亚里士多德的知觉理论只不过构成了后来西方知觉理论的一个历史起点和逻辑起点而已。知觉理论在中世纪,特别是在近代取得了长足的进展。至中世纪,亚里士多德的知觉理论,不仅被托马斯·阿奎那重新发现,而且也被他进一步向前发展了。托马斯的努力主要体现在下述几个方面:首先,他明确地将感觉区分为"外感觉"和"内感觉"。其次,他进一步将内感觉区分为"通觉"、"辨别"、"想象"和"记忆"四种。第三,他特别强调了想象的"抽象"功能,将其视为我们理智思维的初级阶段。认为唯有凭借想象,我们才能使感觉印象中的可感性质与可感质料分离开来,获得事物的可感形式,进而抽象出事物的无形的具有普遍意义的可知形式或本质。[88] 至莱布尼茨时代,近代心理学和近代经验论,特别是近代知觉理论,在近代实验科学思潮的推动下取得了长足的发展。英国哲学家霍布斯不仅将近代力学原则引进了近代认识论,断言:"感觉是一种心像,由感觉器官向外的反作用及努力所造成,为继续存在或多或少一段时间的对象的一种向内的努力所引起",[89] 而且,还对想象进行了系统的探讨。[90] 霍布斯从感觉论的立场出发,将想象界定为"渐次衰退的感觉"。[91] 他认为,我们无论在清醒时还是在入睡后都可能具有想象。他解释说:人在清醒时感觉的衰退,原非感觉中所发生的运动在衰退,"只不过是被障蔽而已",犹如阳光掩盖过星光一样,其实星的可见性质在白天发生的作用绝不比夜间差。"睡眠中的想象称为梦,这类的想象和其他想象一样,也是以往就已经全部或部分地存在于感觉之中。"只是由于在感觉方面大脑和神经等必要的感受器官在睡眠中都是麻木的,不容易被外界物体的作用驱动,"所以睡眠时,除开人体内各部分的骚动所引起的现象以外,就不能出现现象,因之也就没有梦"。[92] 霍布斯甚至将想象称作理解,断言:"语言或其他意志符号在人或任何其他有构思能力的动物心中所引起的想象通称为理解。"人所特有的理解在于人"不仅理解对方的意志","而且还能根据事物名称的顺序和前后关系所形成的断言、否定或其他语言形式理解对方的概念和思想"。[93] 在讨论想象的序列或系列时,霍布斯指出:"在感觉中一个紧接一个的那些运动,在感觉消失之后仍然会连在一起。由于前面的一个再度出现并占优势地位,后面的一个就由于被驱动的物质的连续性而随着出现,情形就像桌面上的水,任何部分被手指一引之后就向导引的方向流去一样。"⁹⁴ 霍布斯的这样一种知觉思想,尤其是他的想象理论,虽然从认识论的角度看,其所强调的无非是他的经验还原主义,但却对18世纪风靡一时的联想主义提供了理论基石,成了哈特利(David Hartley,1705—1757)联想主义学说的理论先驱。

霍布斯之后,另一个英国哲学家洛克进一步在经验主义基础上发展了近代知觉理论。洛克的贡献主要在于:(1)系统清算了天赋观念论,重申和论证了亚里士多德的白板说,重申和强调了一切知识源于经验的认识论立场。(2)将"反省"视为我们观念的一个重要来源,断言"知觉"、"思想"、"怀疑"、"信仰"、"推论"、"认识"和"意欲"等观念都属于反省观念。(3)将观念二分为"简单观念"和"复杂观念",并进一步将复杂观念又三分为"情状观念"、"实体观念"和"关系观念",断言所有的复杂观念都可以还原为或归结为简单观念。(4)将知觉界定为"人心运用观念的第一种能力",宣称"知觉不仅是趋向知识的第一步和第一级,而且还是知识的一切材料的进口"。⁹⁵在考察这一认识能力时,洛克还注意到了知觉活动的"被动性"和"主动性"。一方面,洛克强调:相对于自动的思想,"在赤裸裸的知觉中,人心大部分是被动的,它所知觉的是它所不能不知觉的"。另一方面,洛克又认为我们的知觉活动也具有一定的能动性。他写道:"在知觉方面,我们还可以进一步说,我们由感官所得到各种观念在成年人方面常常不知不觉地被判断所改变。"他举例说,我们所获得的感觉观念"本来是一个平面的圆形",但我们却能够依据其"参差的颜色"而将其判定为一个球体。⁹⁶(5)除知觉能力外,洛克还比较全面、系统地考察了与知觉能力相关的认知能力,如"把握力"(记忆能力)、"分辨"、"组合能力"、"命名"和"抽象作用"等,不仅普遍强调了这些认知能力的能动性,而且还特别强调了我们藉抽象作用能够把"由特殊物像得来的那些特殊观念造成概括的"。[97] 不难看出,洛克的知觉学说差不多涵盖了此前西方哲学家所列举的知觉活动的方方面面。[98] 但我们在这里要特别指出的是,尽管如此,莱布尼茨的"大知觉理论"无论在内涵方面还是在外延方面都远远超出了包括洛克在内的所有此前西方学者的知觉理论的范围。

首先,莱布尼茨将知觉和知觉活动提升到了本体论的高度,将其视为实体(即单子)的基本规定性。如上所述,无论在柏拉图、亚里士多德和托马斯那里,还是在霍布斯和洛克那里,知觉都不过是我们的感觉器官和心灵的一种功能,而非我们的感觉器官和心灵本身,甚至也说不上是我们心灵的一种基本规定性,但在莱布尼茨这里,知觉则构成了实体(任何一个单子)的基本规定性。诚然,莱布尼茨在《以理性为基础的自然与神恩的原则》第1节中,曾将实体界定为"一个能够活动的存在",但他却将知觉视为实体活动的基本样式。在莱布尼茨看来,实体总是处于活动状态之中,总是处于从一种知觉状态向另一种知觉状态的"过渡"中,亦即总是处于知觉活动之中。诚然,单子,作为单纯实体,没有任何部分,从而没有任何窗户,但它却能够像上帝一样,"包含和表象"整个宇宙,其所以如此,靠的就是知觉。正因为如此,莱布尼茨强调说:"这种包含并表象一个单元或一个单纯实体里面的一种'多'的过渡状态,不是别的东西,就是所谓知觉。"[99] 早在古希腊时期,德谟克里特就提出了"流射说",来解说感觉和知觉的起源,亚里士多德和中世纪的托马斯曾经针对德谟克里特的流射说,试图以"可感形式"来解释知觉的认知功能。至近代,随着机械论的流行和泛滥,包括霍布斯和洛克在内的西方哲学家,尽管对德谟克里特的原子论和流射说持保留态度,但依然用外在的"机械的原因"来解释知觉的起源。针对知觉起源的这样一种机械唯物主义倾向,莱布尼茨坚定指出:"我们必须承认,知觉以及依附知觉的东西,是不能用机械的理由予以说明的,也就是说,是不能用形状和运动予以说明的。……所以,我们应当在单纯实体中而不应当在复合物或一台机器中去寻找知觉。更何况在单纯实体中所能找到的也只有这个,也就是说,只有知觉和知觉的变化。各个单纯实体的所有内在活动也只能在于此。"[100] 这就明白无误地告诉我们:知觉及其变化并非单子的一种规定性,也非单子的一种基本规定性或本质规定性,它就是单子的基本规定性或本质规定性本身。而且,也正因为如此,莱布尼茨才得以突破西方传统知觉学说的局限,不仅将知觉视为人的一种认知能力和认知活动,而且断言所有的单子或实体都具有一定的知觉能力和知觉活动,破天荒地宣布,不仅动物而且植物乃至所有的无机物都具有一定的知觉能力和知觉活动。而且,也正因为如此,莱布尼茨才得以仅仅依照知觉的清楚程度来区分或划分单子的等级。[101] 也正是基于这样的知觉观,他甚至破天荒地宣布上帝和受造单子的根本区别只是在于其知觉清楚程度方面的差异,甚至断言人的知觉表象能力"最大限度接近上帝",不仅能够"表象整个宇宙",而且还能够"表象上帝",从而堪称一个"小神"。[102] 诚然,欲望也是单子的一个基本规定性,但对于莱布尼茨来说,他之所以要讨论欲望主要是为了更好地解释"知觉及其变化"。既然实体即是一个活动主体,既然单子的变化状态其实也就是单子知觉的不停顿的"过渡状态",则在他提出知觉及其变化之后,也就必须进而解释知觉及其变化何以可能的问题。其实,在莱布尼茨的哲学里,单子的欲望所表达的无非是一种力,一种原初的力,一种为进行知觉活动的单子所固有的力,一种为单子知觉活动本身所内蕴的力。[103] 也就是说,欲望并不孤立地存在于进行知觉活动的单子之外,也不孤立地存在于单子的知觉活动之外,而是内在地存在于进行知觉活动的单子之中的东西,或者说是内在地存在于单子的知觉活动之中的东西。从这个意义上,我们可以说,莱布尼茨的欲望理论所阐述和强调的无非是单子知觉活动的自主性或自生成性。莱布尼茨之所以将欲望界定为"致使一个知觉变化或过渡到另一个知觉的内在原则的活动",[104] 即是谓此。由此,我们可以得出结论说,在莱布尼茨这里,欲望理论的提出丝毫无损于知觉及其变化乃单子的基本规定或本质规定这样一种判断的正确性。综上所述,在莱布尼茨这里,知觉不再只是我们的感官和心灵的一种官能,而是实体或我们的心灵的基本规定性或本质规定性。从这个意义上,我们可以说,莱布尼茨的这样一种知觉学说可谓前无古人,实乃西方认识论史上的一个创举。

莱布尼茨知觉学说的第二个独创性在于它将知觉范畴的外延推向极致,使之不仅涵盖所有的实体,而且涵盖人的心灵活动的全程,一句话,在于它导致知觉对实体活动和人的心灵认知活动全覆盖。

首先,莱布尼茨的知觉学说导致了知觉对实体活动的全覆盖。也就是说,在莱布尼茨这里,知觉并不是像柏拉图、亚里士多德、托马斯、霍布斯和洛克等哲学家所主张的那样,只是人类心灵的一种认知能力和认知活动,而是一种凡实体都具有的认知能力和认知活动。关于这个问题,可以从两个方面加以说明:一是动物究竟有无知觉能力?二是其他更低层次的事物究竟有无知觉能力?对于动物究竟有无知觉能力这个问题,莱布尼茨的回答相当明确。我们知道,笛卡尔曾从机械唯物论的立场提出过动物是机器的主张,否认动物具有意识活动和知觉能力,他甚至用机器人的例子来对此加以论证。[105] 莱布尼茨则批评说:动物不仅有身体,而且还有灵魂,从而不仅具有知觉能力和知觉活动,而且还具有比较清楚的、有意识的知觉。他写道:"自然将一些高级知觉赋予了动物,出于关怀,给它们配备了一些器官,收集各种光线或收集各种气波,以便将它们集结在一起使其更加奏效。类似的事情也发生在嗅觉、味觉和触觉中,甚至还发生在我们并不知道的大量其他感觉中。"[106] 莱布尼茨还强调动物具有记忆,并且因此而得以将特定的知觉联系在一起形成惯性的联想,使其行为具有与理性相类似的"连续性"。他写道:"我们注意到,如果动物有了打它们的东西的知觉,如果它们此前就有了有关那个东西的类似的知觉,则它们便凭借着其记忆中的表象,预料此前知觉中伴随着那个东西而发生的事情即将发生,并且因此而产生出与此前它们曾经产生过的感觉相类似的感觉。"[107] 他举例说,当我们向狗举起一根棍子的时候,它们就会回忆起棍子曾经给它们带来的疼痛,从而很快便逃跑了。正如在阐述动物具有知觉能力这个问题时,莱布尼茨批评了笛卡尔动物是机器的观点一样,在阐述其他更低层次的事物也具有知觉能力问题时,他也同样批评了笛卡尔。笛卡尔曾经断言:

"灵魂只能在人脑中发生知觉。"他写道:"我们已经明白证实,灵魂之从事知觉,并不在于身体的各个部分,而只在于人脑。因为外界各种物体在刺激了神经所在的身体的各部分以后,其所发生的各种动作都藉神经的运动传入脑中。"他举例说,有一个人手部长了恶疮,被医生割断了小臂。由于整个手术过程都是在其眼睛被遮住的情况下进行的。所以在手术后他还一直叫痛,一会儿说是这个手指痛,一会儿又说是另一个手指痛。笛卡尔由此得出结论说,"手部痛觉之为人的灵魂所知觉,不是因为它在手上,而是因为它在脑中"。在笛卡尔看来,据此,没有人脑的动物尚不可能具有知觉,遑论更低层次的事物!莱布尼茨认为,最低层次的事物确实既没有我们人所具有的自我意识,也没有动物所具有的那种伴随着记忆的知觉,但这并不意味着它们没有任何知觉。因为我们可以把知觉区分为两种:一种是有意识的知觉,另一种是无意识的知觉。而那些最低层次的事物所具有的正是那种无意识的知觉,这也就是莱布尼茨所说的"纯朴知觉"。[108]这样一种知觉是客观存在的,是我们在我们自己身上即可以"体验到"的一种知觉状态:"在这种状态下,我们什么都不记得,也没有任何清楚的知觉;当我们陷入昏迷或是酣睡而进入无梦的睡眠时,就与此相类似。"[109]这就是说,知觉并非唯有某种特殊存在方能具有的一种能力和活动,而是为任何一种实体所具有的一种能力和活动,是一种"遍及整个自然界的东西"。[110]

莱布尼茨的知觉学说不仅导致了知觉对所有实体活动的全覆盖,而且还导致其知觉范畴对人的心灵认知活动的全覆盖。诚然,莱布尼茨曾经将受造单子区分为三个等级。这就是:单纯实体、灵魂和心灵或精神。其中,单纯实体只有"纯朴知觉";灵魂(动物灵魂)则有感觉、记忆和想象;而人的心灵或精神则具有理性,故而有理性灵魂之说。但这并不意味着人的心灵或精神并不具有纯朴知觉,更不意味着人的心灵或精神不具有感觉、记忆和想象。事实上,莱布尼茨虽然在认识论方面与亚里士多德相左,但在质型观方面却追随亚里士多德,主张单型论。而所谓单型论是说,一件事物或一个实体虽然只有一个形式,但这一形式却不仅具有这一形式所固有的各种功能,而且还同时具有所有低层次形式所具有的全部功能。这就是说,在莱布尼茨看来,我们人虽然只有心灵或理性灵魂这样一种形式,但我们的心灵或理性灵魂却不仅具有理性功能,而且还同时具有动物灵魂和单纯实体的知觉功能,换言之,我们的心灵不仅具有感觉、记忆和想象的功能,而且还同时具有单纯实体所具有的纯朴知觉的功能。在《单子论》中,莱布尼茨用了较大的篇幅来解释我们的心灵所具有的这样一种知觉现象。莱布尼茨写道:"我们在自己身上体验到一种状态,在这种状态下,我们什么都不记得,也没有任何清楚的知觉;当我们陷入昏迷或是酣睡而进入无梦的睡眠时,就与此相类似。在这种状态下,灵魂与一个纯朴单子并无任何显著的区别。"这就是说,我们在陷入昏迷或是酣睡时所具有的是不清楚的知觉,然而这里涉及的并非知觉的有无,而是知觉的清晰程度,因为无论如何,不清楚的知觉也是一种知觉。只是由于我们在陷入昏迷或是酣睡时所具有的知觉不清楚,以至于我们根本意识不到,莱布尼茨才将其称作"没有任何清楚的知觉"的知觉、"纯朴知觉"或"微知觉"。这样一来,在莱布尼茨这里,我们人的心灵或理性灵魂便不仅具有自我意识或统觉,具有动物灵魂所具有的感觉、记忆和想象,而且同时还具有低级单子所具有的纯朴知觉或微知觉,从而实现了人类心灵知觉活动的全覆盖。从西方知觉学说史的角度看,无论是古希腊时代柏拉图和亚里士多德以及中世纪的托马斯·阿奎那,还是近代的笛卡尔、斯宾诺莎、霍布斯和洛克,尽管都对人类知觉活动进行过多维研究,但都不曾对人类的知觉活动做过如此大范围的考察,对人类心灵知觉能力和知觉活动的全景审视,无疑是莱布尼茨知觉学说的一项特殊贡献。

莱布尼茨的大知觉理论的第三项特殊贡献在于他不仅在西方认识论史上首次提出了"纯朴知觉"或"微知觉"概念,而且还对其做了比较全面、深入和系统的考察。可以说,早在青年时代,莱布尼茨就开始思考其纯朴知觉或微知觉问题。早在1670年,莱布尼茨在《致托马斯·霍布斯》的那封短信中就论及微知觉问题:一方面,他将感觉区分为"真正的感觉"和"表面上的感觉",另一方面,他要求从心灵和心灵本性的高度,而不是从物体的机械运动的角度来理解我们所经验到的"真正的感觉"。他写道:"如果考虑到一切因素,我们必定说,在野兽身上,根本不存在任何真正的感觉,而只有一种表面上的感觉,与我们说沸腾的水中存在有同感并无二致。"这就是说,不仅我们人类具有感觉,而且动物身上,乃至无机物身上(如"沸腾的水")也同样存在有感觉;只是相对于我们所具有的感觉,动物、植物和无机物身上所具有的那些感觉的档次低了一些罢了。但是,这并不意味着他认同霍布斯用物体的机械运动解释感觉起源的做法。[111] 莱布尼茨批评说:"在我们自己身上所经验到的那种真正的感觉仅仅靠物体的运动是解释不清的;既然您如我所知,从未推证出您如此频频使用的其大意为凡推动者都是一个物体这样一个命题,事情就更其如此了。"因此,在莱布尼茨看来,为要解释清楚感觉,我们就必须从我们"心灵的本性"出发思考问题,从"几何学或位置哲学"达到"运动和物体哲学",再进而达到"心灵科学"。[112] 唯其如此,才能将感觉和微知觉等认知活动同我们人类的心灵的知觉能力与知觉活动关联起来。1671年,莱布尼茨在《抽象运动论:基本原理》一文中,进而提出了"记忆的心灵"和"没有记忆的心灵"这样的说法,断言:"每一个物体都是一个瞬间的心灵,或者说都是一个没有记忆的心灵。因为它并不保持它自己的努力,而另外相对立的东西结合在一起却能够保持不止一个瞬间。因为两件东西对于感官的快乐或痛苦是必要的,这就是作用与反作用,对立与和谐,倘若没有它们便不会存在有任何感觉。因此,物体没有记忆,它没有关于它自己的活动与受动的知觉;它没有思想。"[113] 在这里,莱布尼茨虽然认为物体没有自我意识和思想,甚至没有记忆和感觉,但既然他将其称作没有记忆的"心灵"和瞬间的"心灵",就给人留下了其具有"纯朴知觉"或"微知觉"的遐想。1684年,莱布尼茨在《对知识、真理和观念的默思》一文中,在用"未经加工过的大理石上所具有的赫尔库勒的图像"来比喻天赋观念的潜在形态时,便在事实上提出了"微知觉"的观念。他写道:"当我们知觉到颜色或气味时,我们所具有的不是别的,无非是对各种图像和运动的一种知觉,但这些图形和运动如此复杂和微小,致使我们的心灵在现存状态下根本不可能清楚地知觉到每一个,从而看不到其知觉是由诸多单个极其微小的图像和运动组合而成的。所以,当我们将黄色和蓝色粉末混合到一起而知觉到一种绿色时,其实除了完全混合到一起的黄色和蓝色外,我们什么也没有感觉到。但我们却并未注意到这一点,从而假定出现了某种新的本性。"诚然,莱布尼茨的这段话直接谈论的是第二性质观念和第一性质观念的关系,但事实上却已经内蕴了他后来明确提出的微知觉范畴。1696年,在《论洛克先生的〈人类理解论〉》一文中,莱布尼茨在阐述柏拉图回忆说的优越性时,再次论及他的微知觉学说,并且首次使用了"海洋声音"这一后来他多次使用过的例证。[114]他写道:"我一点也不赞成亚里士多德的白板说,而在为柏拉图称作的回忆说中,倒是有某种实实在在的东西,甚至还有更多的东西。因为我们不仅可以回忆到我们过去的全部思想,而且还可以预感到我们全部未来的思想。的确,这些观念在我们的心灵中是混乱的,我们的心灵是不能把它们区别开来的。这种混乱就如同我们听到海洋的声音时一样:我们听到的是由所有个别波浪的声音组合而成的一个作为整体的声音,我们虽然混乱地听到了构成这海洋声音的所有的波浪,但是我们却分辨不出其中的这个波浪与那个波浪。"

但真正说来,莱布尼茨是在其《人类理智新论》和《单子论》里才对其微知觉学说作出系统深入阐释的。在《人类理智新论》里,莱布尼茨显然是站到认识论和本体论的高度来审视和阐述他的微知觉学说的。而他之所以这样做,也不是偶然的,而是由他那个时代英国经验论(洛克)与大陆唯理论(笛卡尔)论战的情势决定的。从洛克《人类理解论》的角度看,双方争论的问题主要集中在两个方面:一是我们的知识究竟是源于天赋观念还是源于经验(感觉和反省),一是人类心灵是否永远在思想。至少在莱布尼茨看来,这两个问题都与他的微知觉学说密切相关。首先,在知识起源问题上,笛卡尔强调我们的知识来源于天赋观念,而洛克则坚持认为我们的知识都来源于经验,即都来源于感觉和反省。对于洛克的这一主张,莱布尼茨主要作了两个方面的批评。一方面,莱布尼茨指出:"凡是在灵魂中的,没有不是来自感觉的。但灵魂本身和它的那些情性除外。"[115] 这就是说,在莱布尼茨看来,像"是、实体、一、同、原因、知觉、推理"这样的概念,"是感觉所不能给与的"。另一方面,莱布尼茨回应道:当洛克将我们的一切观念都说成是来自感觉或反省时,"我把它理解为它们的现实的知觉,因为我相信我已经指明,这些观念,就其具有某种清楚的东西这个范围内来说为我们所察觉之前,它们就在我们心中的。"这就是说,存在有一种"潜在的知觉"或我们尚察觉不到的知觉,一种可以演化成"现实知觉"的微知觉。其次,在人类心灵是否永远在思想这个问题上,洛克与笛卡尔的对立显而易见。如所周知,笛卡尔是个二元论者。在他看来,正如广延构成物质的本质属性一样,思想则构成人类心灵的本质属性;从而,正如没有无广延的物质一样,也同样没有无思想的人类心灵。洛克则对此提出如下几点反驳:(1)"我自认我的心灵迟钝",看不到它自己永远思维自己的观念;(2)知觉不是心灵的一种本质,而只是它的一种作用;心灵不必永远思想,正如身体不必永远动作;(3)我们虽然可以假定思维乃心灵所特有的一种作用,但我们却不能假定它永远思维;(4)永久思维的能力乃全能的造物者的"特权",因为"他既不打盹儿也不睡觉";我们人类作为一种有限存在者,其心灵不可能有此能力。[116] 莱布尼茨则断言:尽管人类心灵与上帝有无限的差别,但在永远思想这一点却毫无二致,知觉或思想并不只是我们心灵的一种功能,而是其本质或本质规定性。针对洛克用身体或物体不能永远运动来比喻我们的心灵不能永远思想的做法,莱布尼茨指出:"灵魂的无思想状态,和物体的绝对静止状态,在我看来同等违反自然,并且在世界上没有实例。一个实体,一旦有了活动,就将永远活动,因为一切印象都继续留在那里而只是和其他新的印象相混合。"[117] 针对洛克关于我们不能像上帝那样不眠不睡,从而我们的心灵便不可能像上帝那样永远思想的诘难,莱布尼茨回应道:尽管我们要眠要睡而上帝却不眠不睡这种说法属实,但我们也不能由此得出结论说,当我们睡觉时就没有任何知觉。他解释说:当我们熟睡时,我们虽然没有非常清醒的知觉,但却有某种"微弱的感觉","醒来的过程本身就表明这一点,而你越是容易醒过来,你对外面发生的事情就越有感觉,虽然这感觉并没有强烈到足以把你弄醒"。[118] 莱布尼茨强调说,事情的"症结"在于洛克所指出的我们的心灵为何在思想而又知觉不到它在思想。而要摆脱这样一种困境,我们就"必须考虑到,我们是同时想着许许多多东西的,但只注意到那些最突出的思想;而事情也不可能照别的方式进行,因为如果我们注意到一切,那我们就得在同一时刻注意地想到我们所感到的一切以及对我们的感官造成印象的无数事物来。……所有我们以往的思想也都还遗留下某些东西;它们全都不可能完全抹掉。而当我们熟睡无梦时……在我们之中就形成无数混乱的微知觉。"[119] 不仅如此,在《人类理智新论》的"序言"里,莱布尼茨还从天赋观念潜在说的高度论述了微知觉存在的必然性以及微知觉学说的哲学功能。他以磨坊、瀑布和海涛等例证说明"任何时候在我们心中都有无数的知觉,但是并无统觉和反省;换句话说,灵魂本身之中,有种种变化,是我们察觉不到的,因为这些印象或者是太小而数目太多,或者是过于千篇一律,以致没有什么足以使彼此区别开来",但莱布尼茨又强调指出:"和别的印象联结在一起,每一个(微知觉)也仍然有它的效果,并且在总体中或至少也以混乱的方式使人感觉到它的效果。"[120] 至于微知觉学说的哲学功能,[121] 莱布尼茨主要讲了下述六点:(1)微知觉能够表明事物的普遍联系。微知觉形成的那种"难以名状的东西""包含着无穷的,以及每一件事物与宇宙中所有其余事物之间的联系"。他强调说:"甚至于可以说,由于这些微知觉的结果,现在孕育着未来,并且满载着过去,一切都在协同并发,只要有上帝那样能看透一切的眼光,就能在最微末的实体中看出宇宙间事物的整个序列。"[122](2)微知觉"标志和构成人格的同一性"。因为"它们从一个人的过去状态中保存下一些痕迹或表现,把它与这个人的现在状态联系起来,造成这个人的特征。即令这个人自己并不感觉到这些痕迹,也就是不再有明确的记忆的时候,它们也能被一种更高级的心灵所认识",甚至死亡也不能破坏人格的这样一种同一性。[123](3)微知觉"说明了灵魂与身体之间的奇妙的前定和谐,甚至是一切单子或单纯实体之间的前定和谐,这种前定和谐代替了它们彼此之间那种站不住脚的影响,并且照那部最优美的《辞典》的作者的看法,把那种神圣完满性的伟大提高到了超乎人从来所曾设想过的程度"。[124](4)微知觉证实了连续律。"任何事物都不是一下完成的,这是我的一条大的准则,而且是一条最最得到证实了的准则,自然绝不作飞跃。……这条规律是说,我们永远要经过程度上以及部分上的中间阶段,才能从小到大或者从大到小;并且从来没有一种运动是从静止直接产生的,也不会从一种运动直接就回到静止,而只有经过一种较小的运动才能达到。"[125](5)微知觉有助于我们认识事物的个体性原则,有助于我们批判诸多哲学虚构。这是因为"由于那些知觉不到的变异,两件个体事物不会完全一样,并且应该永远不止是号数不同,这就摧毁了那些所谓灵魂的空白板,没有思想的灵魂,没有活动的实体,空间中的真空,原子,甚至物质中不是实际分割开的微粒,绝对的静止,一部分时间、空间或物质的完全齐一,……以及其他千百种哲学家们的虚构"。[126](6)微知觉学说还可以用来解释为何受造单子或受造实体都必定与一定的物体或形体相结合,都必定是有形实体。他写道:"我和大部分古代人一样认为一切精灵、一切灵魂、一切被创造的单纯实体都永远和一个身体相结合,从来没有什么灵魂是和身体完全相分离的。"[127]

此外,在《单子论》中,莱布尼茨对他的微知觉学说也做过深入的考察和阐述。他在其中主要阐述了下述几点:(1)微知觉是最低等级的单子或实体也具有的一种知觉。莱布尼茨的知觉的等级对应于受造单子或受造实体的等级:其中心灵或精神具有理性和自我意识(统觉);动物灵魂具有感觉和记忆;单纯实体或纯朴单子则只具有微知觉,微知觉是一种"无意识的知觉",不仅没有自我意识,甚至也没有感觉和记忆。[128](2)微知觉虽然是最低等级的单纯实体或纯朴单子也具有的一种无意识知觉,但我们自己对之也能够有所体验。"因为我们在自己身上体验到一种状态,在这种状态下,我们什么都不记得,也没有任何清楚的知觉;当我们陷入昏迷或是酣睡而进入无梦的睡眠时,就与此相类似。在这种状态下,灵魂与一个纯朴单子并无任何显著的区别。"[129](3)我们可以将知觉区分为"无意识的知觉"和"有意识的知觉"两类。但这样的区分关涉的是知觉清晰程度的高低,而非知觉的有无。无意识的知觉也是一种知觉。因此,我们不能因为微知觉是一种无意识的知觉而宣布单纯实体或纯朴实体"没有任何知觉"。"因为单纯实体不可能消灭,它也不可能在没有一些特殊属性的情况下持续存在,这里所谓特殊属性不是别的,无非是它的知觉。"[130](4)更何况"现在孕育着未来",既然我们从昏迷中一醒来就觉察到了我们的知觉,则我们在觉醒之前就必定具有一些知觉,即使那时我们一点也没有觉察到;"因为一个知觉只能自然地来自另一个知觉;正如一个运动只能来自另一个运动。"[131] 从本体论和连续律的高度来审视和阐述微知觉学说乃《单子论》的一个理论特色。

莱布尼茨的大知觉理论的第四项特殊贡献在于他在西方认识论史上首次提出了"统觉"概念,并对这一概念做了多方面的阐述。在莱布尼茨看来,统觉说到底也是一种知觉,但它属于一种高级知觉,既高于作为纯朴知觉的微知觉,也高于感觉、记忆和想象,是一种知觉的知觉或对知觉的知觉,是一个用来刻画人的理性灵魂或心灵知觉能力和知觉活动的重要范畴。诚然,在莱布尼茨时代,笛卡尔和斯宾诺莎强调和阐述了"直觉"概念,[132] 而洛克则强调和阐述了"反省"概念,[133] 这些概念都与莱布尼茨的统觉概念有某种关联和类似,但莱布尼茨的统觉概念却与之都不尽相同,可以说是对人类心灵认知能力和认知活动的新的概括和提炼,是康德统觉范畴的先声。[134]

早在1678年,莱布尼茨就在《何谓观念?》一文中论述到统觉的有关问题。首先,莱布尼茨将"观念"与感觉印象区别开来,强调了作为统觉对象的观念的先天性质。他写道:"我将'观念'这个词理解为存在于我们心灵中的某种东西。因此,加盖到人脑上的各种印记并非观念。因为在我看来,心灵乃并非脑子的某种东西,是人脑实存中更为精妙的部分。"其次,莱布尼茨将"思想活动"(统觉活动)与"思想能力"(统觉主体以及统觉对象)区别开来,强调了作为统觉对象的观念的先验性和对于"各种思想、知觉和情感"的逻辑在先性。他写道:"我们的心灵里有许多东西,尽管若没有观念,它们便不会出现,但我们却知道它们并非观念。例如,各种思想、知觉和各种情感,即是如此。在我看来,一个观念并不在于某个思想活动,而在于思想能力,而且我们还被说成具有关于一件事物的观念,即使我们现在并未想到这件事物,但只要有了机缘,我们便能够想到它。"第三,莱布尼茨从客观唯心主义的立场以及前定和谐的立场出发,强调了作为统觉对象的观念的客观有效性。他写道:"我们心中的事物的观念所意指的并非任何别的东西,而无非是这个既是事物造主同样又是心灵造主的上帝曾经将一种思想能力赋予了心灵,以至于它能够藉它自己的运作获得与事物本性完全一致的东西。"1684年,莱布尼茨在《对知识、真理和观念的默思》一文中,不仅对观念的明白、清楚作出了比较明确的界定,而且还将直觉知识界定为"完全"明白清楚的"最完满"的知识,从而赋予统觉知识(亦即直觉知识)以最高等级真理的地位。他写道:"知识不是模糊的,就是明白的;明白的知识不是清楚的,就是混乱的;清楚的知识不是不完全的,就是完全的,不是符号的,就是直觉的。最完满的知识是那种既是完全的又是直觉的知识。"此外,他还明确地将直觉知识界定为有关"清楚的原初概念"的知识。他断言:

"对清楚的原初概念,除直觉知识外,我们没有任何别的知识。"1686年,莱布尼茨在《形而上学谈》中把"自我反思的能力"即统觉能力说成是人得以超越其他动物的一种基本表征。他写道;动物的根本缺陷在于其缺乏"自我反思的能力",既"不知道它们之所是(ce qu'elles sont),也不知道它们之所为(ce qu'elles font)","但理性灵魂,既然他知道他之所是(ce qu'elle est),能够说'我'(ce MOY)这个具有如此丰富意义的词,则他就不仅比别的实体能够更多地在形而上学层面保持不变和持续存在,而且还能够在道德层面保持同一,从而构成同一的人格"。在17世纪80年代末90年代初写作的《论区别实在现象与想象现象的方法》一文中,莱布尼茨进一步明确地将反思(即他所谓"心灵直接察觉")诠释成一种独立不依的证明存在者存在的认知能力。他写道:"我无需任何外在证据,仅仅由一个简单的知觉或经验即可作出判断,认定我意识到的那些存在于我自身之内的事物存在。在这些事物中,首先有正在思想着各种各样事物的自我,其次是存在于我心灵中的各种不同的现象本身。既然它们两者都能够由心灵直接察觉,而根本无需任何别的事物干预,它们也就能够毫无疑问地得到认可。"我们知道,洛克虽然提出反省观念,但他却强调反省对于感觉的依赖性和后在性,[135]而莱布尼茨在这里却突出地强调了反省即他所谓的"心灵直接察觉"的自主性或对于感觉和外在事物的独立不依,这就将统觉的认识论特征鲜明地表达出来了。

洛克的《人类理解论》出版后,莱布尼茨在借鉴和批判洛克反省学说的基础上进一步发展了他的统觉理论。在《人类理智新论》的"序言"里,莱布尼茨将统觉或反省说与观念天赋说视为具有内在关联、相得益彰的东西,从而昭示了统觉活动与统觉对象的内在统一性。他写道:"所谓反省不是别的,就是对于我们心里的东西的一种注意,感觉并不给予我们那种我们原来已有的东西。既然如此,还能否认在我们心灵中有许多天赋的东西吗?因为可以说我们就是天赋于我们自身之中的。又难道能否认在我们心中有存在、统一、实体、绵延、变化、行为、知觉、快乐以及其他许许多多我们的理智观念的对象吗?这些对象既然直接而且永远呈现于我们的理智之中(虽然由于我们的分心和我们的需要,它们不会时刻为我们所统觉),那么,为什么因为我们说这些观念和一切依赖于这些观念的东西都是我们天赋的,就感到惊讶呢?"[136] 不难看出,在这段话里,莱布尼茨差不多是将统觉与反省同义地使用的。也许正因为如此,莱布尼茨在讨论微知觉时,便出现了"统觉"与"反省"并置使用的情况:"任何时候在我们心中都有无数的知觉,但是并无统觉和反省(mais sans apperception et sans reflecxion)。"[137] 后来,在第一卷论述天赋观念时,针对洛克将对事物的考虑与人的心灵的统觉对立起来的做法,莱布尼茨藉天赋观念的客观有效性(即其与事物本性的一致性)论证了统觉对象与事物本性的一致性。他写道:"事物的本性和心灵的本性是彼此一致的。……人们称为自然的光的东西,是假定着一种清楚的认识,并常常是认为对事物本性的考虑,它不是别的,无非是对我们心灵的本性和对这些无需向外寻求的天赋观念的认识。"[138] 在论观念一卷里,莱布尼茨强调了作为统觉对象的天赋观念的先验性及其对统觉活动的独立性。针对洛克和亚里士多德的白板说,莱布尼茨回应说:"人们将会提出哲学家们所接受的这条公理来反对我,这就是:

凡是在灵魂中的,没有不是来自感觉的。但灵魂本身和它的那些情性除外。而灵魂中所包含的是、实体、一、同、原因、知觉、推理以及大量其他概念,是感觉所不能给予的。……这些观念,就其具有某种清楚的东西这个范围内来说为我们所统觉之前,它们就在我们心中。"[139]

此后,莱布尼茨在《上帝的事业》《以理性为基础的自然与神恩的原则》和《单子论》等论文里,又对他的统觉学说作出了进一步的阐述。在《上帝的事业》(1712年)一文里,莱布尼茨在阐释"直觉知识"与"单纯理智知识"区别的基础上,突出地强调了统觉即直觉知识的反思性质。他写道:"有关现实事物或现存世界以及有关这一现存世界过去曾经存在、现在存在和将来将要存在的一切的知识被称作直觉知识。它与有关同一世界的单纯理智知识,如果从其可能性状态审视的话,没有什么两样,它只是添加上了反思的知识,藉着这种反思知识,上帝便可以认识他自己所做的使可能世界转变成现存世界的决定。"[140] 诚然,莱布尼茨这段话是就上帝而言的,但就其所论及直觉知识的理论特征看,也同样适合于人的统觉或直觉知识。在《以理性为基础的自然与神恩的原则》的第 4 节中,莱布尼茨对"知觉"(la Perception)和"统觉"(l'Apperception)作出了"区分",断言:"知觉是单子表象外在事物的内在状态,而统觉则是对这种内在状态的意识或反思的知识",[141] 将统觉视为对知觉的一种"意识"或"反思"。这显然是对统觉内容或统觉对象的更进一步的规定。毋庸讳言,莱布尼茨的这种表述也有一定的语病。因为它容易使人产生一种误解,这就是统觉似乎并非知觉的一个下位概念,而乃知觉的一个"同位概念"。但依据莱布尼茨的知觉原理和知觉体系，无论是微知觉与感觉、记忆和想象，还是统觉，都是一种知觉形态，同属知觉的"下位概念"。相对于微知觉与感觉、记忆和想象，统觉只不过是一种更高级知觉形态而已：不仅属于"有意识的知觉"，而且还进而属于"有自我意识的知觉"。因此，严格说来，莱布尼茨在这里讨论的其实是作为高级知觉的统觉与"低级知觉"的区别。但无论如何，莱布尼茨将统觉界定为对低级知觉的一种"意识"或"反思"是相当中肯也是相当深刻的。不仅如此，莱布尼茨还由这样一种区分得出了一条重要结论，这就是："它并不是赋予所有灵魂的，也不永远赋予某个给定的灵魂。"[142] 这条结论有三层意思：第一层意思是说，不仅无机物和植物，而且就连动物也没有统觉，只有我们的心灵才具有统觉；第二层意思是说，即使我们的心灵也不是在任何时候都有统觉；第三层意思是说，即使无机物和动植物没有统觉，这也并不意味着它们没有知觉，同样，即使我们一时没有统觉，也并不意味着我们在这种情况下没有知觉。在莱布尼茨看来，笛卡尔就是由于不懂得统觉与低级知觉的这样一种区别，才否认动物具有灵魂的。在《单子论》里，莱布尼茨进一步比较深入地论证了统觉活动的前提条件、本质意涵和哲学功能。在《单子论》第 29 节里，莱布尼茨写道："使我们与单纯的动物分开、使我们具有理性和各种科学、将我们提升到认识我们自己和上帝的东西，则是关于必然和永恒真理的知识。而这就是我们之内所谓的'理性灵魂'或'精神'。"其中，"精神"一词所意指的显然就是莱布尼茨常说的我们的"心灵"。莱布尼茨的这段话从字面上看，谈的是人与动物的区别，但就其语境看，它所意指的其实是统觉的前设或前提。也就是说，我们人之所以能够有统觉,首先就在于我们有"理性灵魂"或者说有"心灵"。离开了我们所具有的理性灵魂或心灵,我们便与其他动物无异,根本不可能有统觉。其次,莱布尼茨的这段话还告诉我们,我们之具有理性灵魂或精神也就意味着我们生而具有关于必然真理和永恒真理的知识。第三,凭借着这种关于必然真理和永恒真理的知识,我们方能具有统觉活动或反思活动。第四,统觉活动或反思活动的首要内容是"自我反思",这就是说,"这些活动使我们思想到所谓'我'"。第五,统觉活动或反思活动的另一项内容是"当思想我们自身"时,我们也就"思想到"或"省察到"存在于"我们之中"的"存在、实体、单纯实体和复合实体和非物质实体"。[143] 第六,统觉活动或反思活动的第三项内容是在思想到或省察到"我"以及"我们之中"的这样那样的抽象概念的基础上,我们"藉设想在我们身上是有限的在上帝身上则是无限的而思想到上帝本身"。[144] 第七,以自我反思为中心内容的统觉活动为我们的形而上学推理提供了主要"对象",从而构成形而上学的基本源泉。[145]

由此看来,莱布尼茨的统觉理论向我们宣示出来的不仅是"我思",也不仅是"我在",而且还有作为统觉主体的自我的自主活动,以及统觉主体与统觉客体或统觉对象的内在统一,从而昭示了认知主体即认知客体(认识对象)的先验逻辑,不仅预示了康德的先验统觉理论,而且也预示了黑格尔的"实体即主体"的原则,[146] 可以说是把大陆理性派的主体性思想发挥到了极致。在这些意义上,我们不仅可以把莱布尼茨的统觉理论视为苏格拉底"认识你自己"的近代回声,而且还可以将其视为对笛卡尔"我思故我在"的具有客观内容和历史意义的重申和发展。

四、莱布尼茨的真理学说

莱布尼茨的认识论,除上述的大天赋观念说和大知觉理论外,还有一项重要内容,这就是他的真理学说,一种以善和自由为主旨的真理学说。

真理历来是认识论乃至哲学的根本问题。早在古希腊时代,哲学就以追求真理为己任。赫拉克利特曾经指出:"智慧就在于说出真理,并且按照自然行事,听自然的话。"[147] 很显然,赫拉克利特已经不仅将真理视为认识的根本问题,而且还将其视为人类实践的问题,也就是说,他已经从"知"、"行"统一的高度来审视真理问题了。巴门尼德干脆将哲学的路线之争归结为"真理之路"与"意见之路"之争,宣布存在者存在为真理之路,而存在者不存在则为意见之路。[148] 不难看出,在巴门尼德那里,真理问题不仅是个认识论问题,而且也是个本体论问题。柏拉图沿着巴门尼德的"真理之路"向前走得更远,他不仅继承而且还发展了苏格拉底"德性即知识"的立场,[149] 提出了"善高于真"的哲学原则。在柏拉图看来,善是一种真理,却是高于一般真理的真理,是一种至上的真理:一方面,善是一切真理的源泉,是"给知识对象以真理"的"实在";另一方面,善又统摄一切真理,是一种"比本质更有尊严和统摄力量的东西"。[150] 从"善"的立场和高度来审视"真"可以说是柏拉图真理观的一个基本特征。亚里士多德不仅将"真理知识"径直称作"哲学",而且还将其视为整个哲学(包括思辨哲学和实践哲学)的鹄的。他说道:"把哲学称作真理的知识也是正确的。因为理论知识的目的是真理,实践知识的目的则在于其作用。"[151]

至莱布尼茨时代,哲学家探求真理问题的热情非但没有式微,反而更加高涨。其所以如此,首要原因就在于莱布尼茨时代,如上所说,是一个认识论开始取代本体论成为哲学的中心问题或中心问题之一的时代。既然认识论开始取代本体论成为哲学的中心问题或中心问题之一,则真理问题便势必因此而在哲学中享有更加崇高的地位。这一方面是因为认识论问题归根到底是一个究竟何为真理以及如何获取真理的问题。但究竟何为真理的问题不仅关涉认识主体和认识对象的一致性问题,而且还关涉它们之间如何达成一致的问题,质言之,关涉认识主体和认识对象的本性问题。而如何获得真理的问题又不仅关涉认识起源和认识途径问题,而且还关涉认识方法问题。这就是说,真理问题是一个几乎关涉所有认识论问题的问题。既然认识论在哲学中的地位提升了,开始成了哲学的中心问题或中心问题之一,则真理问题在哲学中的地位之相应提升也就成了一件在所难免的事情了。另一个主要原因在于,莱布尼茨时代不仅是认识论地位获得显著提升的时代,而且还是一个注重批判的时代:一方面是近代哲学积极批判中世纪哲学的时代,另一方面又是大陆理性派与英国经验派相互批判的时代。而批判的核心问题即是一个真假问题,甚至可以说即是一个真理问题。培根批判"四假相说",笛卡尔讲"怀疑一切",其中都有一个是非问题或真假问题,也就是说,都有一个真理问题。莱布尼茨时代的哲学家不仅比过去任何时候都更加注重"证明理性",而且也比过去任何时候都更加注重"辩证理性",究其深层原因,正在于此。如所周知,不仅大陆理性派与英国经验派之间有过持续不断的论争,而且即使在大陆理性派内部和英国经验派内部也都有过持续不断的论争。而所有这些争论无不与真理问题相关。在《真理的本性》(1686年)一文中,莱布尼茨曾写下了下面这段发人深省的话:"如果有谁想在沙滩上盖一栋楼房,他就必须持之以恒地挖掘,直到他发现了坚固的岩石或坚实的基础。如果有谁想要解开纠缠在一起的一个线团,他就必须找到那团线的线头。如果要移动那世界上最重的物体,阿基米德只要求有一个稳固的支点。同样,如果有谁想要确立人类知识的各项原理,他就需要有一个固定不变的点,不仅可以使之放心地依赖这个固定不变的点,而且还可以使之毫无顾忌地由此出发讨论问题。我想,我们应当到真理的普遍本性中寻找这项原则,而且我们首先应当抱有一种信念:每个命题非真即假。"在这里,莱布尼茨显然是将真理问题当作整个人类知识大厦的地基看待的。当年,"力学之父"阿基米德在发现杠杆原理之后,曾自信地说:"给我一个支点,我就能将整个地球翻转过来。"现在,莱布尼茨在发现了"真理的普遍本性"之后,也同样可以自豪地宣布:"只要发现了真理的本性,他就能够将人类知识原理的整个大厦构建起来!"

下面,我们就来看看莱布尼茨是如何在借鉴前人真理观优秀成果的基础上,在与同时代的哲学家的论争中,不断形成自己的真理学说的,并且看看莱布尼茨的真理学说究竟包含有哪些独具特色的内容。

首先,是真理的标准问题。既然莱布尼茨时代是一个热衷批判的时代,不仅存在有近代哲学对中世纪哲学的批判,而且还存在有大陆理性派与英国经验派之间的相互批判,既然这样一类批判都有一个真假问题,都是一种真假之争,则真理的标准自然会受到格外的关注。墨子在谈到真理标准的极端重要性时,曾经强调指出:"言必立仪。言而无仪,譬犹运钧之上而立朝夕者也,是非利害之辨不可得而明知也。"[152] 这就是说,在墨子看来,为要明辨真假、是非,首先就必须确立真假是非的标准,倘若没有统一的真理标准,就会像在旋转的轮子上观察日影的东西方位一样没有定准,要辨别是非得失根本不可能。也许正是出于这样一种考虑,莱布尼茨时代的哲学家没有不注重真理标准这样一个根本问题的。诚然,在真理标准这一问题上,当时的哲学家也是见仁见智,英国经验派有英国经验派的真理标准,大陆理性派有大陆理性派的真理标准,而且即使英国经验派内部和大陆理性派内部也都有不同的真理标准。例如,英国经验派创始人培根强调真理的客观性,宣称"存在的真实同知识的真实是一个东西"。[153] 与培根不同,霍布斯断言:"真实或虚假只是语言的属性,而不是事物的属性。没有语言的地方,便不可能有真实和虚假存在。"鉴于此,他将真理界定为"我们判断中各种名词的正确秩序"。[154] 而洛克则明确提出了真理的"契合论",断言:"我们的知识所以为真,只是因为在我们的观念和事物的实相之间有一种契合。"[155] 与英国经验派不同,大陆理性派创始人笛卡尔则强调观念本身的清楚明白,断言:"凡是我们十分明白、十分清楚地设想到的东西,都是真的。"[156] 斯宾诺莎与笛卡尔小有不同。他认为真理有两个标志或标准:一个是"观念与对象的符合",[157] 另一个是真理或真观念自身。[158] 但斯宾诺莎既然将"观念与对象的符合"视为真理的"外在标志",将真观念自身或观念的清楚明白视为真理的"内在标志",则他的真理标准与笛卡尔的从根本上讲也就没有什么两样。莱布尼茨既然主张理性主义的认识论路线,他就势必拒绝英国经验派的真理标准,而采纳笛卡尔和斯宾诺莎所提供的真理标准。然而,无论是笛卡尔还是斯宾诺莎虽然提出了自己的真理标准,却都语焉不详,都未曾对其所提供的标准作出明确具体的规定,从而很难为人用来鉴定人类认识的真假是非。例如,就笛卡尔来说,他虽然主张用"明白"、"清楚"作为真理的标准,但却未对何谓"明白"、何谓"清楚"作出具体、明确的界定。诚然,笛卡尔也说过:"所谓清楚,我是说它出现或显现于那个注视的精神,如同我们说清楚地看见了对象,当对象以相当大的力量展现于眼前时,眼睛才能看见它们。所谓明白,是说它是如此精确并且和其他一切对象完全不同,在它之中所包含的东西都明显地展现于那个本来考虑它的精神。"[159] 笛卡尔用"清楚"来界定"清楚",无疑有"循环论证"之嫌,更何况运用"比喻"来界定概念,原本就非上等之策。因此,尽管笛卡尔带着我们绕了一圈,但绕过一圈后,我们却发现我们差不多还是回到了原点。斯宾诺莎的真理标准似乎也处于同样的尴尬境地。因为说"真理是真理的标准"似乎等于什么也没有说。即使说"真观念"是真理的标准,似乎也没有改变事情的本质。因为除了说"真观念包含最高的确定性","具有真观念并没有别的意思,即是最完满、最确定地认识一个对象",[160] 斯宾诺莎对真观念并未提供更进一步的内容。因此,对何谓"最高的确定性",何谓"最完满"和"最确定",我们依然一头雾水。鉴于此,莱布尼茨作为大陆理性派哲学家的一员,他不可能接受英国经验派的真理标准,而只能在矫正笛卡尔和斯宾诺莎所提出的真理标准的基础上,提出一套为理性主义认识论路线所允许的切实可行、行之有效的真理标准。

莱布尼茨的《对知识、真理和观念的默思》(1684年)一文所要承担的可以说就是这项为理性主义认识论路线构建切实可行、行之有效的真理标准的哲学使命。该文开宗明义,宣告:"现在一些时代精英正致力于观念真假的论战,观念真假不仅是一个事关理解真理的意义重大的问题,而且还是一个连笛卡尔都不曾公正对待的问题,既然如此,我便觉得有必要对在我看来有望用来构建不同种类的观念和知识及其标准的东西作一番扼要的解释。"这就是说,该文的宗旨在于阐释真理的标准。而他之所以要阐释真理的标准,固然与当时正在进行的马勒伯朗士与阿尔诺有关观念真假的那场论战密切相关,但最根本的则在于真理的标准"不仅是一个事关理解真理的意义重大的问题,而且还是一个连笛卡尔都不曾公正对待的问题"。"事关理解真理"使得莱布尼茨不能不为,而"连笛卡尔都不曾公正对待"又使得莱布尼茨不得不为。这样一种局面呼唤莱布尼茨挺身而出,裨补笛卡尔和斯宾诺莎真理标准的缺漏,构建一套健全的真理标准。莱布尼茨的努力首先在于它第一次构建了作为真理标准的知识谱系。如上所述,笛卡尔在谈真理标准时讲"明白"和"清楚",但明白与清楚究竟是何关系,他却语焉不详;斯宾诺莎在谈真理标准时讲"最完满"和"最确定",但究竟何为"最完满"和"最确定",他也同样语焉不详。这就是说,他们真理标准的一个明显不过的缺陷便是太过支离而缺乏系统。而莱布尼茨在真理标准问题上所做的第一项努力正在于将"明白"、"清楚"和"最完满"等"片段"纳入了一个严谨的概念系统。他写道:"知识不是模糊的,就是明白的;明白的知识不是清楚的,就是混乱的;清楚的知识不是不完全的,就是完全的,不是符号的,就是直觉的。最完满的知识是那种既是完全的又是直觉的知识。"其次,莱布尼茨对何谓"明白"和何谓"清楚"作出了比较具体和明确的界定。莱布尼茨写道:"一个概念,倘若不足以使我们识别出其所表象的事物,便是模糊的。例如,当我仅仅记得我曾经见过某朵花或某个动物,但当把它放到我的面前时,我却不足以将其认出来,不足以将它与其他类似的花朵或动物区别开来,我所具有的关于这朵花或这个动物的概念便是模糊的。……因此,知识当其使我有可能辨认出它所表象的事物时,便是明白的。明白的知识,进而又分为两种,如果不是混乱的,便是清楚的。当我不能逐一枚举出足以将知识所表象的事物与其他事物区别开来的种种标志时,我所具有的知识便是混乱的,即使这件事物实际上可以具有其概念能够分解成的一些标志和成分,事情亦复如此。……但清楚的概念却是为化验师所具有的有关黄金的那种概念;也就是说,这种概念能够使他们藉充分的标志和观察将黄金与所有别的物体区别开来。对于那些为许多感觉所共有的对象,如数目、大小、图形,我们通常有这样一类的概念,关于心灵的许多情感,如希望和惧怕,也同样如此。"第三,莱布尼茨不仅将明白的知识区分为两种,而且将清楚的知识也区分为两种,断言:"清楚的知识不是不完全的,就是完全的。"他解释说:"关于黄金的一些知识虽然可能是清楚的,却是不完全的。"[161] 但当构成一个清楚概念一部分的每个要素被清楚认识到的时候,或者说当分析进行到最后的时候,知识便变得完全了。"第四,莱布尼茨还进而将清楚的知识区分为"符号知识"和"直觉知识"。在莱布尼茨看来,符号知识之所以必要,乃是因为"就大部分而言,尤其是在比较漫长的分析中,我们虽然不可能即刻直觉到问题的整个本性,却可以利用各种字符来取代各种事物(尽管我们往往为明快计而对存在于实际思想中的这些符号疏于解释),认知并且相信我们有能力实现这一目标。"他举例说,当我们想到一个多边形的时候,或者当我们想到具有一千个等边的多边形的时候,我们便不得不使用符号知识。相较于直觉知识,符号知识往往显得"昏昧"(caecam),但这于我们却往往无可奈何。这是因为"对清楚的原初概念,除直觉知识外,我们没有任何别的知识,对复合概念,对于大多数人来说,我们只有一种符号思想"。第五,莱布尼茨将"最完满的知识"界定为"完全清楚的直觉知识"。笛卡尔和斯宾诺莎都有"完满"知识的意识,也都非常强调直觉知识的可靠性,但都未曾对它们的关系作出认真、系统的论证和清楚明白的阐述。莱布尼茨则在对明白知识、清楚知识和直觉知识的内涵和类型作出系统考察的基础上,将完全清楚的直觉知识宣布为最完满的知识。

之后,莱布尼茨在对洛克的批判中,进一步发展了他的真理标准思想。1699 年,莱布尼茨在致托马斯·伯内特的一封信中,曾经从"实体的神秘性"的角度深入考察了洛克的真理标准。洛克曾在与伍斯特主教的论战中阐述过他的真理标准。按照洛克的说法,我们虽然对事物的感性性质(如颜色)具有明白和清楚的观念,但对于我们不知其为何物的实体却不可能有明白和清楚的概念。莱布尼茨反驳说,我们的感觉观念(如颜色观念)虽然可能是明白的,但未必是清楚的。因为即使按照牛顿提出的光学理论,太阳光并非一种单色光,而是由七色光混合而成的,而物体之所以看起来有颜色,也并非是由于物体本身具有颜色,而无非是我们看到的物体具有反射某种颜色的能力而已。针对洛克以感官和感觉经验作为真理标准的经验主义做法,莱布尼茨特别强调了区别"明白"和"清楚"的必要性。他指出:"当一个观念足以使我们将一件事物识别出来的时候,它就是明白的,例如,当一个颜色拿到我面前时,我很容易想到这一颜色,且足以使我将它识别出来;但当我设想一个观念的各种先决条件,简言之,当我有了这一观念的定义(要是它有的话)时,我就说这一观念是清楚的。"这就是说,我们只有在对一件事物有了理性认知的情况下,才能够说我们对这样的事物(包括实体)具有了清楚的观念。由此看来,与洛克将感觉经验视为真理的标准、极力将理性认识还原为感性认识且将"清楚"与"明白"混为一谈的做法不同,莱布尼茨将理性认识视为真理的标准、极力将感性认识与理性认识区别开来且极力将"清楚"与"明白"区别开来。

在《人类理智新论》里,莱布尼茨又以四个整章的篇幅来阐述他的真理标准。首先,在"论明白的和模糊的、清楚的和混乱的观念"一章里,莱布尼茨进一步批判了洛克将清楚观念与明白观念混为一谈的做法。他写道:"按照您给与清楚的观念的这种概念,我看不出有什么办法把它和明白的观念加以区别。……一个观念是可以同时既是明白的又是混乱的;而那些影响感官的感觉性质的观念,如颜色和热的观念,就是这样的。它们是明白的,因为我们认识它们并且很容易把它们彼此加以辨别;但它们不是清楚的,因为我们不能区别它们所包含的内容。因此我们无法给它们下定义。"[162] 他还进一步解释说:"我们并不是把能作区别或区别着对象的一切观念叫作清楚的,而是把那些被很好地区别开的,也就是本身是清楚的、并且区别着对象中那些由分析或定义给予它的、使它得以认识的标志的观念叫作清楚的;否则我们就把它们叫作混乱的。"[163] 其次,在"论实在的和幻想的观念"一章里,莱布尼茨批判了洛克的符合说。洛克从唯物主义经验论出发,断言:"所谓实在的观念,就是说在自然中有基础的。凡与事物的真正存在或观念的原型相符合的,都属于这一类。"[164] 莱布尼茨则批评洛克的这种说法模糊不清。因为"观念可以在自然中有一基础而并不符合这基础,如当我们认为我们对颜色和热的感觉并不相似于任何本原或原型时那样"。[165] 莱布尼茨用他的"可能说"取代洛克的"符合说"作为观念实在性的标准。他写道:"一个观念,当它虽无任何现在的存在物与之相应,确是可能的时,也会是实在的;否则如果一个种相的一切个体都丧失了,这个种相的观念也会变成是幻想的了。"[166] 再次,在"论完全的和不完全的观念"或"论完满的和不完满的观念"一章里,莱布尼茨针对洛克的以"原型"为参照标准的"符合说",[167] 强调了认识主体的理性认知(即对事物"本性"的充分认知)对于完满观念之为完满观念的决定性作用。例如,他在谈到金子观念的"完满性"时,即指出:"金子是一种能抵得住冶炼和硝镪水的作用的金属,这是一个清楚的观念,因为它给予金子的标志或定义;但它并不是完满的,因为冶炼和硝镪水作用的本性我们是并不充分认识的。……只有当人们已进一步深入知道事物的本性时,我们才能看到,为什么只有最重的金属才能抵得住试验者的这两种试验。"[168] 最后,在"论真的和假的观念"一章里,针对洛克就所谓"实在存在"和"本质"论观念真假的做法,莱布尼茨再次重申了以观念的可能性论真假的立场,断言:"我毋宁喜欢相对于这些观念全都包含的另一断定,即关于可能性的断定,来称观念之为真为假。这样,可能的观念就是真的,不可能的观念就是假的。"[169] 由此看来,《人类理智新论》的第 29—32 章,既可以说是莱布尼茨真理标准理论在批判洛克方面的一种应用,也可以说是莱布尼茨对其真理标准理论的一个比较系统的总结和概括。

其次,是真理的本性或哲学基础问题。真理的本性或哲学基础不仅是一个与真理的标准密切相关的问题,而且还是一个比真理的标准层次更深的问题。因为真理的标准归根到底是一个由真理的本性或哲学基础规定和制约的问题。大陆理性派的真理标准之所以区别于英国经验派,最根本的原因即在于他们对真理的本性或哲学基础有着迥然有别的理解:英国经验派将真理的本性或哲学基础归诸感觉经验,而大陆理性派则将真理的本性或哲学基础归诸理性直觉和理性推理。正因为如此,莱布尼茨不仅提出和阐释了他的理性主义的真理标准学说,还进而提出和阐释了他的理性主义的真理本性学说或真理基础学说。

早在 1677 年,莱布尼茨就在《论事物与语词的关系》一文中批判了霍布斯的真理观。我们知道,霍布斯主张"真理是思想的特性而非事物的特性","真理是由人的意志产生出来的,是由名称和字符产生出来的"。与此相反,莱布尼茨则主张"真假存在于事物之中,而不是存在于思想之中"。针对霍布斯的具有唯名论倾向的真理观,莱布尼茨强调指出:"尽管各种字符是主观随意的,但它们的使用和联系却还是有某种并非主观随意的东西,也就是说,在各种字符和各种事物之间存在有某种确定的类似,从而表达着同样事物的不同字符相互之间也必定具有各种关系。而这种类似性或关系正乃真理的基础。"

之后，在《第一真理》(1680年)一文中，莱布尼茨用命题理论或主谓词理论来解读真理的本性，对真理的本性或哲学基础做了更为深入的探讨。首先，莱布尼茨在西方认识论史上首次明确地将同一律和矛盾律宣布为"第一真理"。该文开门见山地指出："所谓第一真理，指的是那些断定其自身某些东西的真理，或者说是那些否定其反面的真理。例如，A是A或者说A不是非A就是第一真理。"这样一来，莱布尼茨就将真理问题完全置放到命题理论或主谓词理论基础之上了。其次，莱布尼茨用命题逻辑或主谓词逻辑来阐释"普遍真理的本性"。莱布尼茨断言："谓词或后件总是为主词或前件所固有。[170]正如亚里士多德已经注意到的那样，普遍真理的本性或者说一个命题词项之间的联系正在于这一事实。在同一命题中，主词与谓词的联系以及主词对谓词的蕴含显而易见。在所有别的命题中，它们的关系往往隐而不显。"他还进一步强调说："真理的本性"就在于"真理始终或显或隐地为同一命题"。第三，莱布尼茨在"第一真理"和"普遍真理的本性"的基础上，提出和论证了真理的还原主义，断言"所有别的真理借助于定义或借助于概念分析都可以还原为第一真理"。第四，莱布尼茨将真理的这样一种还原称作"先验推证"，并强调了这种推证的超验性。他写道："所有别的真理借助于定义或借助于概念分析都可以还原为第一真理。所谓先验证明即在于此，先验证明并不依赖经验。""在每个肯定真理中，无论是在普遍真理中还是在个别真理中，是在必然真理中还是在偶然真理中，不管其词项是内在的名称还是外在的名称，事情都是如此。"这就进一步彰显了真理的理性主义本质。第五，莱布尼茨还进一步强调指出：真理的这样一种"先验推证"内蕴着一个无论是笛卡尔还是斯宾诺莎都未发现的"惊人秘密"："这一秘密内蕴有偶然事件的本性，或者说内蕴有必然真理和偶然真理的本质区别，并且能够消除掉那种甚至决定着自由事物的宿命必然性所蕴含的困难。"这就不仅肯定了偶然真理的存在，而且还昭示了偶然真理的本质特征，不仅反对了宿命论，而且为人的活动的自由性质做了本体论的证明，从而可以说是为我们走出"必然与自由的迷宫"提供了一条"阿里阿德涅之线"。不仅如此，莱布尼茨在该文中还相当详尽地论证了真理本性的哲学价值，断言这些问题"虽然极其简单，但由它们却可以得出许多具有重大意义的结论"。在莱布尼茨看来，他的关于真理本性的上述思想所具有的意义重大的结论主要有下述几点：(1)事物存在的理由律或因果律，亦即"如果没有一个理由，就不会有任何事物存在，或者说如果没有一个原因就不会出现任何结果"。这实际上也就是莱布尼茨的充足理由律。(2)不可分辨者的同一性原则。他写道："不可能有两个个体事物其本性仅仅在号数上不同。因此，我们无疑必定可以给出一个理由，说明它们为何不同，而这样一个理由也必须在它们之内所存在的某种差异中寻找。托马斯·阿奎那对独立理智有个说法，声言它们决不可能仅仅在号数上不同，他的这个说法也可以用到其他事物上。"[171](3)"根本没有任何纯粹外在的名称"。他解释说："所谓纯粹外在的名称指的是那些在所推证的事物中完全没有一点基础的名称。"其理据在于"被命名的主体的概念必定蕴含有其谓词的概念"。(4)"一个个体实体的完全的或完满的概念蕴含有它的所有谓词，既蕴含有过去的和现在的谓词，也蕴含有未来的谓词。"其理据在于："一个未来的谓词在将来也是一个谓词，从而它也蕴含在那件事物的概念之中。"(5)"共存假说"。莱布尼茨解释说:"从严格的形而上学意义上讲,任何一个受造的实体都不可能对另外一个产生一种形而上学的作用或影响。更不必说任何一件事物如何能够由一件事物进入另一件事物的实体之中这种情况了;这样一种情况根本不可能得到解释,这就已然表明每件事物所有的未来状态都是由它自己的概念产生出来的。我们称作原因的东西,从严格的形而上学的意义上讲,只要求一种伴随或共存。"(6)凡有形实体中都存在有"形式"。其理据在于:"根本不可能存在有任何一个有形实体,在其中竟没有任何别的东西,而只有广延、大小、形状及其变形。否则,就会存在有两个有形实体相互之间完全一样,这显然荒谬绝伦。因此,我们可以得出结论说:在有形实体中存在有某种与灵魂相类似的东西,我们通常称之为形式。"(7)"宇宙每个微小的部分都包含着一个世界,这个世界具有无限多个受造物。但一个连续体却不能够分割成许多点,它也不可能以所有可能的方式加以分割。"这就表明,莱布尼茨的真理本性学说不仅关涉我们如何走出"自由与必然"迷宫的问题,而且也关涉我们如何走出"连续体"迷宫的问题。[172](8)"有形实体既不可能产生也不可能消灭,除非通过创造或毁灭。它一旦持续存在下去,就将永远存在下去,因为没有任何一个理由能够说明它会发生变化。"这就说明,莱布尼茨的真理本性学说不仅与他的真理观和认识论密切相关,而且与他的本体论或单子论也密切相关。[173]

在莱布尼茨专论真理本性的论文中,除上述《第一真理》外,还有他于1686年写作的《真理的本性》。该文不仅重申了莱布尼茨在《第一真理》中所提出的各项主张,而且还结合理性真理和偶然真理对真理本性做了进一步的发挥。其中值得特别注意的有下述几点:首先,莱布尼茨宣布真理的本性乃人类知识原理大厦的基础和真理的阿基米德支点。他写道:"如果要移动那世界上最重的物体,阿基米德只要求有一个稳固的支点。同样,如果有谁想要确立人类知识的各项原理,他就需要有一个固定不变的点,不仅可以使之放心地依赖这个固定不变的点,而且还可以使之毫无顾忌地由此出发讨论问题。"其次,莱布尼茨进一步重申和阐释了真理所遵循的命题逻辑或主谓词逻辑。他写道:"真命题是那种其谓词包含在主词之中的命题,用一种更为一般的说法就是,真命题是那种其后件包含在前件之中的命题,从而在其各个词项的概念之间便必定存在有某种联系,也就是说,必定存在有一种客观基础,据此,这个命题的理由便可以得到,或者说一个先验证明便能够找到。"第三,莱布尼茨从真理的本性推演出了充足理由公理。"这条公理就是:没有任何一件事情会在得不到其为何应当存在而不是不存在的理由的情况下发生。"莱布尼茨将这条公理说成是"一条最有用的公理",断言:"物理学和道德领域的许多东西都可以由这条公理推演出来。"第四,莱布尼茨还进而从真理的本性推演出了主谓词置换公理。这就是:"在不失真的前提下,在一个全称肯定命题中,其谓词能够用来置换主词,或者说在一个肯定命题中,其后件能够置换前件,在另一种命题中,前一个命题的主词即是谓词,或者说前者的前件即是后件。"这项公理的提出为莱布尼茨的逻辑演算法则乃至他的普遍代数学或符号科学的构建奠定了一个可靠的基础。第五,莱布尼茨不仅由他的真理本性思想推演出了他的主谓词置换公理,而且还进而探究了他的这项公理的哲学基础,即"个体实体概念"。他写道:"如果一个概念是完全的,也就是说,它是这样一种概念,由它我们总能够说出这一主词的所有谓词的理由,这就将是一个个体实体概念,反之亦然。因为个体实体即是一个主体(主词),它虽然并不存在于另一个主体(主词)之中,但其他的东西却存在于其中;从而这一主词的所有谓词便全都是这一个体实体的谓词。由于这些原因,一个理由就能够从这一个体实体概念中获得,而且仅仅由这一概念即可获得。"

由此看来,莱布尼茨对真理本性或哲学基础的探讨具有极其广泛的哲学意义,不仅为他的颇具特色的真理学说的研究奠定了基础,尤其是为他的偶然真理学说的提出和论证奠定了基础,而且也为他的个体实体学说、人的自由学说和道德学说奠定了坚实的基础。在一定意义上,我们甚至可以说,莱布尼茨在西方认识、本体论、人学和伦理学历史上所作出的种种特殊贡献,无一不与他的真理本性学说密切相关。

第三,是他对假设真理与事实真理的论说。莱布尼茨极其重视对真理的类型学考察,例如他有时将真理区分为必然真理和偶然真理,有时将真理区分为哲学真理和宗教真理,但我们首先需要关注的则是他对真理作出的假设真理与事实真理的二分。之所以如此,首先是因为这是莱布尼茨对真理所做的类型学考察的一种早期尝试,其次是因为在他的这样一种早期尝试中差不多内蕴有他的整个真理类型学考察的理论重心和学术运势。

莱布尼茨在其于1675年致傅歇的信及其于1676年所写的有关批注中,[174] 不仅明确提出了"假设真理"(les vérités hypothétiques)概念,而且还对假设真理做了相当系统、相当深入的探讨和阐述。首先,莱布尼茨断言假设真理所肯定的"并非有某种东西确实在我们身外存在,而只是那些如果有任何东西存在,就会随之出现的事物"。这就是说,在莱布尼茨看来,假设真理本质上是一种假言判断,其逻辑形式为"如果 p 则 q",它明显地区别于"事实真理",因为事实真理本质上是一种直言判断,其逻辑形式为"S 是(不是)P"。其次,假设真理的统摄面极宽,似乎不仅包含莱布尼茨所说的"假设的必然性",而且还包含莱布尼茨所说的"物理的必然性"、"道德的必然性"乃至形而上学的或数学的必然性。按照莱布尼茨在这篇论文中的说法,似乎除事实真理之外的一切真理都应该并能够归结为假设真理。也正是在这个意义上,莱布尼茨强调说:一旦承认了假设真理,"我们即刻便拯救了算术、几何学以及形而上学、物理学和道德领域的众多命题"。用"假设的必然性"、"物理的必然性"和"道德的必然性"来昭示假设真理的内涵表明莱布尼茨从一开始就与同时代的哲学家不同,特别注重真理的实践品格以及与之相关的理性选择和自由意涵。第三,莱布尼茨强调,凡假设真理都可以还原为同一性真理,亦即后来莱布尼茨所说的"第一真理"。他写道:假设真理"显然依赖于那些我往往称之为同一律的公理;例如,两个矛盾的命题不可能存在;在一个特定时间里,一件事物是其所是,例如,一件事物与其自身相等,大与其自身相等,小与其自身相等,等等"。这说明莱布尼茨的假设真理兼顾了真理的实践品格和理论品格,注重偶然性与必然性的统一以及偶然真理与必然真理的统一。第四,假设真理所肯定的虽然并非"有某种东西确实在我们身外存在",但"有关假设命题的真理本身却是某种处于我们身外且不依赖于我们的事物"。其给出的理据在于:"一旦假设了某件事物或其反面,所有的假设命题所推断的便都会是那些将要存在或将要不存在的东西。这样一来,它们便同时假设了相互一致的两样东西,或是同时假设了某一件事物的可能性或不可能性,必然性或无差异性。"不仅如此,莱布尼茨还进一步强调指出:"在现实存在的所有事物中,存在的可能性本身或不可能性是第一位的。"在这里,莱布尼茨用一种近乎悖论式的措辞表达了假设真理的内在秘密:可能性与现实性、可能存在与现实存在、必然性与偶然性、理性与意志、知与行之间既存在区别又存在统一,且可能性、可能存在、必然性、理性、知在这种统一中具有不容置疑的在先性。第五,莱布尼茨强调这种在先的可能性和必然性的"本质属性"和"永恒属性",断言:"这种可能性和这种必然性形成或组成了被称作本质或本性的东西以及那些通常称作永恒真理的东西。"第六,尽管从本体论层面看,理性真理或假设真理在先,但从认识秩序看,对事实真理的认识却是在先的东西。而且,既然所谓事实真理是那种"言说事物现实存在的东西",对事实真理的认识便并非像笛卡尔和斯宾诺莎所认为的那样,只需要理智或思想,还需要有感觉或直觉。第七,在言说"事物现实存在"的事实真理中,"存在有两条绝对普遍真理":其中一条是关于"我们在思想"这样一个事实的,这就是"我思故我在";而另一条则是关于"在我们的思想中存在有一种巨大变化"这样一个事实的,这就是:"由我们的思想中存在有一种巨大变化的东西,我们可以得出结论说:除我们自身之外,还另存在有一些事物,也就是说,还另存在有某种并非能够思想的东西,而且,正是这种东西构成了我们各种表象变化的原因"。这两条绝对普遍真理是同样"不容置疑的和独立不依的"。第八,不仅关注"我们在思想",而且还进而关注我们思想中存在着的"巨大变化",可以说是莱布尼茨哲学的一项根本特征,在一定意义上,我们可以说,他的哲学动力学,甚至他的整个实体哲学都是由此衍生出来的。在莱布尼茨看来,我们思想中存在着的"巨大变化"即是我们"进入事物"的"自然通道"。因为正是由于这种"变化",我们认识到:"在我们之外,便必定存在有某个原因导致我们思想发生这种变化"。第九,导致我们思想发生"变化"的"原因"或"外部存在"可以从两个方面加以理解:作为近因即是那个具有"原初的力"的活动不已的灵魂实体或个体实体,作为远因即是作为万物造主的上帝。灵魂实体之所以能够构成我们思想的"变化",乃是因为"一个思想乃一个活动,而且,既然一个思想是接着另一个思想而来的,从而在这种变化期间依然存在的东西无疑是这灵魂的本质,因为这种东西始终保持不变。而实体的本质正在于这种活动的原初的力,或者说正在于这一变化序列的规律,正如一个系列的本性正在于各种数字一样。"上帝存在之所以能够构成我们思想的"变化",乃是因为"归根到底,我们的所有经验都使我们确信只存在有两样东西:首先,在我们的现象之间存在一种联系,而我们正是凭借这样一种联系得以成功预见未来现象的;其次,这种联系必定有一个恒常不变的原因。"第十,笛卡尔的卓越之处在于他看到了"我们在思想"这样一个事实,并悟出了"我思故我在"这样一条"绝对普遍真理"。他的不足之处在于他仅仅停留在"我们在思想"和"我思故我在"这样一个理论层面,而未看到我们思想的"变化",从而未能进一步深究我们的思想何以能够"变化"这一更深层次的东西。尽管他也将我们的心灵宣布为"实体",但他的作为实体的心灵仅仅是一种在思想的东西;尽管他也承认上帝存在,甚至将上帝宣布为"绝对实体",但他的上帝只不过是"我们不会上当受骗"的中保。正因为如此,笛卡尔"终究达不到他所渴望的那样一种完满性",终究达不到他的"第一哲学"。[175] 但只要"他严格遵循我称之为阿里阿德涅线团行事",他便可以如愿以偿。

此外,莱布尼茨在其于 1678 年致康林的一封信中,也论及假设真理和事实真理的问题。[176] 不过,在这封信中,莱布尼茨着重考察和论证的是假设的推证、可靠性及其效用诸问题。首先,一个假设之为真并不能仅仅由其"推断出""已知现象"或"已知真理"作出判断,除非经过严格的推证。其次,所谓严格的推证是说,我们在推理中必须严格使用"同义的纯粹等式或命题,或者说它们的主词和谓词的内涵完全一样。我们必须谨慎从事,也就是说,不仅在每个命题中,谓词与主词的内涵一样,反之亦然(这在反命题中为真),而且,一个命题中的主词和谓词与出现在同一个证明中所有其他命题主词和谓词的内涵也需一样"。第三,所谓严格的推证其实就是"一定义之链(catenam definitionum)",也就是说,"在任何一个命题的推证中,除定义、公理(在这里我将各种公设也算作公理)、事先业已得到推证的各种原理以及各种观察外并未使用任何别的东西"。莱布尼茨解释说:"推证即是推理,藉着推理,一个命题得以变成确定无疑的东西。任何时候,只要表明这个命题必然从某些假设推演出来,我们就获得了确定性。所谓必然,我的意思是说,在这样一种情况下,其反面蕴含有矛盾;此乃不可能性的确实无疑、独一无二的标志。再者,正如必然性对应于不可能性一样,同一性与蕴含有矛盾的命题相对应。因为命题中原初的不可能性即在于:A 非 A;正如命题中原初的必然性在于 A 是 A。"第四,假设不仅能够具有可靠性和真理性,而且还能够具有实用性,"能够取代真理应用到实践上"。莱布尼茨写道:"必须承认,一个假设理解起来越是简单,其力量和能力发生作用的范围越是广泛,它就越是可靠,也就是说,由它加以解释的现象越多,更进一步的假设就越少。这甚至可以说明,一个假设,倘若它能够完全满足出现的所有现象,就像解读密码的钥匙一样,它就可以被视为在物理学上是确实可靠的。这些假设极其接近真理,应该得到最高等级的赞扬,借助于这样的假设,我们能够形成各种谓词,甚至能够形成有关此前并未受到检验的各种现象或观察的各种谓词。因此,这样一种假设能够取代真理应用到实践上。"牛顿在其《自然哲学的数学原理》一著中曾鲜明地表达了其厌恶和拒绝假设的狭隘经验主义立场,断言:"假设,无论是形而上学的,或者是物理学的,无论是隐藏的属性的,或者是力学的,在实验哲学中是没有地位的。"[177] 莱布尼茨的假设观与牛顿的假设观形成了鲜明的对照。第五,莱布尼茨的假设观不仅与经验主义的假设观形成鲜明的对照,而且与笛卡尔和笛卡尔派的假设观也形成鲜明的对照。他写道:虽然假设能够取代真理能够应用到实践上,"但笛卡尔的假设远不应得到这样的赞赏。我常与法国和比利时的主要笛卡尔派成员一起提出这种异议;迄今为止,尚无任何新的东西因运用笛卡尔的原则而发现出来,不管是在自然领域还是在机械技术领域都是如此。还有,笛卡尔派中没有一个做出过重大发现"。联系到莱布尼茨对笛卡尔运动量守恒假说的批判,[178] 莱布尼茨假设学说的实践品格可谓了然可见。

　　第四,莱布尼茨真理类型学的另一项重要内容是他的必然真理与偶然真理学说。莱布尼茨认为,存在有两类真理,一类是必然真理,一类是偶然真理,而他着重探究的则是偶然真理及其与必然真理的关系。这在莱布尼茨时代相当难能。因为莱布尼茨时代不仅是一个理性时代,而且还是个机械论盛行的时代。这个时代的一个重要理论特征即在于它根本否认偶然性和偶然真理,将一切都片面地归结为必然性和必然真理。恩格斯在谈到这一时代时,曾经颇为深刻也颇为中肯地指出:这一时代的哲学家"力图用根本否认偶然性的办法来打发偶然性。按照这种观点,在自然界中占统治地位的,只是简单的直接的必然性。这个豌豆荚中有五粒豌豆,而不是四粒或六粒;这条狗的尾巴是五英寸长,一丝一毫不长,也一丝一毫不短……这一切都是由一连串不可更改的因果链条,由一种不可动摇的必然性引起的,……可见,偶然性在这里并没有从必然性得到说明,而是反倒把必然性降低为纯粹偶然性的产物"。[179] 诚然,即使在古代也有人持这样一种极端片面的主张。例如,古希腊哲学家德谟克里特就曾将偶然性视为由缺乏理智的人所制造的一种"虚构",断言:"人们自己虚构出偶然性的幻影为自己的缺乏理智辩护。须知理智按其本性来说就是反对偶然的。"[180] 德谟克里特的这种完全否认偶然性和偶然真理的片面立场虽然在他那个时代即遭到了人们的批评,[181] 但到了莱布尼茨时代,这种无视乃至完全否定偶然性的片面言论非但没有熄灭,反而甚嚣尘上,一时竟成了哲学的主流声音。例如,在笛卡尔的思想体系里,就根本没有"偶然性"和"偶然真理"的位置。这是不难理解的。如所周知,笛卡尔的哲学虽然始于"怀疑一切",但他实际上怀疑的却只是"感觉经验"及其所感知的其存在具有偶然性的个体事物及其感觉属性,而且其怀疑的目的也只是在于发现和构建一个具有必然性的理性世界。同时,既然笛卡尔将"明白"和"清楚"作为真理的标准,他也就没有给偶然性和偶然真理留下任何余地。也正因为如此,笛卡尔宣布:"离开精神直觉或演绎,就不可能获得科学知识","除了通过自明性的直觉和必然性的演绎以外,人类没有其他途径来达到确实性的知识"。[182] 如果说在笛卡尔这里拒斥偶然性和偶然真理是以秘而不宣的方式进行的话,则在斯宾诺莎那里这样一种拒斥便可以说是明火执仗地进行的。与笛卡尔相比,斯宾诺莎是一位更彻底、也更明确的必然论者和决定论者。在斯宾诺莎看来,凡事物无不处于必然性中。世上存在有两类事物:一类是因其自身决定而存在的事物,一类是因他物决定而存在的事物。因其自身决定而存在的事物也就是"由自身本性的必然性而存在"的事物,也就是"实体"(或曰"自然"、"神")。"实体"(或"自然"、"神")因其行为是由其自身而决定的,其行为可以被称作"自由",但既然其行为还是受到了"决定",故而它归根到底也还是受制于一种"必然性",只不过是受制于一种堪称"自由"的必然性罢了。至于那种因他物决定而存在的事物,也就是斯宾诺莎所谓作为个体事物的"样式",其所具有的"必然性"显然是由实体所造成的必然性,一种依赖于实体的必然性。正因为如此,斯宾诺莎断言:"凡是仅仅由自身本性的必然性而存在、其行为仅仅由它自身决定的东西叫作自由。反之,凡一物的存在及其行为均按一定的方式为他物所决定,便叫必然或受制。"[183] 斯宾诺莎之所以把一切说成必然的,甚至连自由也被说成是一种必然性,最根本的就在于,在斯宾诺莎看来,世界上原本就没有任何偶然性。他写道:"自然中没有任何偶然的东西,反之一切事物都受神的本性的必然性所决定而以一定方式存在和动作。"[184] 但既然"事物之中绝对没有任何东西使得事物可以说是偶然的",那么,人们为何还要用"偶然"这个词呢?"偶然"这个词究竟有什么意义呢?斯宾诺莎解释说:"其所以说一物是偶然的,除了表示我们的知识有了缺陷外,实在没有别的原因。"[185] "偶然"出于无知,这就是斯宾诺莎的结论。在莱布尼茨时代,不仅理性派哲学家无视和否认偶然性和偶然真理,即使英国经验派哲学家中也有人无视和否认偶然性和偶然真理。霍布斯就是这样一位英国哲学家。在《论物体》一书中,霍布斯曾专门讨论过"必然活动与偶然活动,何谓必然活动和偶然活动"这个问题。在谈到"必然活动"时,霍布斯指出:"必然活动就是其产生不可阻止的活动。因此,将要产生出来的每个活动都将必然地被产生出来,它之不被产生出来是不可能的。因为……每个可能的活动都将在某个时刻被产生出来。不仅如此,将要存在的东西将要存在这个命题,就如一个人是一个人这个命题一样,是必然的。"[186] 在谈到偶然事件时,霍布斯指出:"一般而论,一切偶然的事物都有其必然的原因……但它们之被称作偶然的事物,乃是相对于它们并不依赖的其他事件而言的。譬如,明天将要落雨这件事,将是必然的,也就是说,它是由必然的原因产生出来的。但我们却认为并且说它是偶然地发生的。这是因为我们尚未察觉出落雨的原因的缘故,尽管其原因现在就现实存在着。人们一般地正是把他们未察觉出具有必然原因的事件叫作偶然事件。"[187] 这和斯宾诺莎对偶然或偶然事件的解释几乎如出一辙。由此看来,莱布尼茨对偶然性和偶然真理的提出和论证在他那个时代真可谓一桩"晴天飞霹雳"的哲学事件。[188]

在《第一真理》(1680—1684年)中,莱布尼茨就曾讨论过偶然真理与必然真理的同异及其相关问题。首先,莱布尼茨强调了偶然真理与必然真理的"同",断言:无论是在必然真理中还是在偶然真理中,"谓词或后件总是为主词或前件所固有",也就是无论是必然真理还是偶然真理,都遵循主谓词逻辑。其次,莱布尼茨强调了偶然真理与必然真理的"异",断言:"在同一命题中,主词与谓词的联系以及主词对谓词的蕴含显而易见。在所有别的命题中,它们的关系往往隐而不显,只有通过对概念的分析方可彰显出来,而对概念的这样一种分析便构成了先验推证。"在这里,莱布尼茨虽然谈到了偶然真理的"惊人秘密"和"本性",但尚未挑明,尚未说出对偶然真理的这样一种概念分析是我们力所不及的。第三,莱布尼茨由此而得出了一条重要结论,提出充足理由律,断言:"如果没有一个理由,就不会有任何事物存在,或者说如果没有一个原因就不会出现任何结果。"莱布尼茨极其重视这条规律,将其称作"公理",断言充足理由律这条公理的理论功效就在于:凭借这条公理,偶然真理最终得以化成同一命题,得以成为真理。第四,偶然真理的一个重要实践功效在于它有助于我们"消除掉那种甚至决定着自由事物的宿命必然性所蕴含的困难",使我们摆脱宿命论,恢复自由的天性。

之后,莱布尼茨写了一篇题为《论偶然真理的源泉》(1685—1689年)的文章,专门讨论了偶然真理问题。莱布尼茨认为偶然真理作为真理与必然真理具有一样的含义、目标和实现途径:其谓词也包含在主词之中,也需要通过将这两个词项分析成公共概念给出其为真理的理由,但却认为偶然真理具有下述几点区别于必然真理的理论特征:(1)分析无限论和分析剩余论。莱布尼茨认为,必然真理的词项分析是有限的,而且最后藉推证都可以被还原成"同一真理"。但偶然真理的词项分析却是无限的,是"永远完成不了的",永远要求我们"再次提供某个理由"。(2)"弱不可知论"。莱布尼茨认为,偶然真理的持续不断的词项分析将会产生一个"无限系列"。对于这一无限系列,我们不可能"完全知道","只有上帝才能完全知道"。(3)"直觉知识论"。莱布尼茨认为,上帝对这一无限系列的知识属于一种"直觉知识",而非那种"纯粹理智知识"。这就是说,在这里,上帝的知识涉及的并非与一个现存世界相关的可能世界或理念世界,而是与其可能世界或理念世界相关的现存世界。(4)对偶然真理的解释需要"一个无限的理由系列",可以由下面的事实得到解释:"在宇宙的无论什么样的一个部分中,都存在有现实无限多的受造物,每个个体实体在其完全的概念中都包含着事物的整个系列,且与一切其他事物和谐一致,从而在一定意义上包含着无限者的某种成分。"(5)与偶然真理相关的存在是"可能的"和"偶然的",而非绝对"必然的"。莱布尼茨断言:"倘若现实存在的一切都是必然的,那我们便可以得出结论说:只有那些在某段时间存在过的事物是可能的,这与霍布斯和斯宾诺莎所主张的没有什么两样;我们还可以得出结论说:物质能够接受所有可能的形式,就像笛卡尔所主张的那样。这样一来,我们便无法想象一部小说所描绘的在某个时间某个地点并未发生过的场景,这显然是荒谬的。我们毋宁说,上帝因种种理由从无限多的可能系列中挑选出了一个系列,将其创造出来的,而这些理由是他的造物理解不了的。"(6)偶然真理的证明方式区别于必然真理:"必然真理是藉表明其反面蕴含有矛盾获得证明的,偶然真理则是藉表明已经发生的事情比其他事情有更充分的理由获得证明的。正如充满智慧的人那样,上帝也是如此,首要的命令和意图即在于使一切依据最好的理由而发生。"

莱布尼茨在其于1686年写作的《形而上学谈》、《论偶然性》、《真理的本性》和《论必然真理与偶然真理》等论文中也都论及偶然真理。《形而上学谈》的特殊理论视角在于:莱布尼茨在这里不仅从上帝,而且从"受造物",特别是从"人"的"自由意志"的角度来论述偶然真理。他写道:"既然每个人的个体概念都一劳永逸地包含了将对他发生的一切,我们便能够在这一概念中看到每个事件的真理或何以这件事物发生而非别的事物发生的先验证据或理由。但这些真理尽管是确定的,却又是偶然的,因为它们是根据上帝和受造物的自由意志而发生的。诚然,他们的选择始终都有其理由,但那些理由却是倾向而非强制。"[189] 此外,该文还涉及下面两个值得注意的理论要点:(1)必须将"确定的东西"与"必然的东西"区别开来,非如此不足以将偶然真理与必然真理区别开来,不足以解释个体实体概念与偶然真理的一致性,不足以为"人的自由"留下余地。(2)必须将"假设的必然性"与"绝对的必然性"区别开来。绝对的必然性,"其反面包含矛盾";假设的必然性"也可以说是偶然地必然的。就其本身而言,它是偶然的,其反面并不蕴含矛盾"。[190] 但阿尔诺对莱布尼茨的偶然真理学说却持有异议。他认为,既然莱布尼茨认为每个人的个体概念都一劳永逸地包含了将对他发生的一切,那就没有任何偶然事件可言。莱布尼茨回应说:谓词存在于主词之中这一说法并不意味着主谓词的联系都是必然的。在偶然命题中,主谓词之间的联系是"建立在自由命令和自由活动之上的",从而是偶然的。也就是说,关于偶然真理的推论虽然能够产生出各种不同的结论,"但却没有任何强制性"。[191]《论偶然性》和《真理的本性》两文在莱布尼茨偶然真理学说生成史上的地位极为重要。因为正是在这两篇短文中,莱布尼茨继《第一真理》和《论偶然真理的源泉》之后,进一步详尽地论证了偶然真理的推理原则,即充足理由原则。在《论偶然性》一文中,莱布尼茨写道:"必然真理依赖的是矛盾原则。偶然真理不可能归结为矛盾原则。否则,除了现实获得存在的事物外每一件事物都将是必然的,没有任何一件事物会是可能的。"[192]"上帝赋予我们心灵的那项原则既为理性所证实,也为经验本身所证实(在一定意义上我们能够洞察事物),它告诉我们:如果没有一条理由任何事情都不可能发生;而那条关于对立面的原则则告诉我们:凡具有更多理由的事情将始终发生。"[193]在《真理的本性》一文中,莱布尼茨不仅从偶然真理与必然真理的区别中推演出了充足理由律,而且还将充足理由律称作"一条最有用的公理","物理学和道德领域的许多东西都可以由这条公理推演出来"。此外,《必然真理与偶然真理》一文对偶然真理与必然真理的本质差异做了多方位的高屋建瓴的考察:(1)从必然性类型学的高度考察了二者的差异,认为必然真理实质上是一种具有绝对必然性的命题,或者说是一种具有"形而上学的或几何学的必然性"的命题,而偶然真理实质上是一种缺乏绝对必然性的命题或者说是一种具有偶然性的命题。所谓缺乏绝对必然性的即是偶然的,即是谓此。(2)从本质与存在二分的高度区分必然真理和偶然真理,强调必然真理是那种"关于本质的命题",偶然真理则是那种"关于事物存在的命题"。(3)由此,我们可以将上帝的命令区别为两类:一类是上帝的"可能的命令",另一类是上帝的"借以使可能的命令成为现实的"那类命令。其中,前一类命令涉及的是"可能世界"或"理念世界",是形而上学的必然性,是上帝的理智和"前见";后一类命令则不仅涉及"可能世界"或"理念世界",而且也涉及"现实世界"和"事物世界",不仅涉及形而上学的必然性,而且也涉及"道德的必然性",不仅涉及上帝的理智和"前见",而且也涉及上帝的意志和"前定"。

莱布尼茨的《论自由》(1689年前后)一文有下述三点特别引人注目。其一是该文事实上极其明确地提出了莱布尼茨后来在《神正论》里提出的"自由与必然"的哲学迷宫问题。它开门见山地指出:"自由与偶然性如何同因果系列与天道共存乃困扰着人类的一个最古老的问题。这个问题的困难由于基督宗教徒所作的对为人类提供救赎的上帝正义的探究反而有增无减。"[194] 其二是该文先于《神正论》明确提出了自由或偶然性的本性问题与连续体的组成问题一样,都是由"无限性"产生出来的。他写道:"人类心灵有两个迷宫,一个关涉连续体的组成,另一个关涉自由的本性,而它们却都是由同一个源泉即无限性中产生出来的。"[195] 其三是该文论及认识偶然真理的"经验"方式,将经验与理性视为认识偶然真理的两条基本途径。莱布尼茨解释说:"我们认识偶然真理依然有两种方式,一种是通过经验,另一种是通过理性。当我们知觉一件事物时经过感觉就足以清楚明白了,这就是通过经验来认识的;当我们由没有一件事物是没有理由而存在的这样一项普遍原则来认识一件事物时,或者当我们由始终存在有为何谓词存在于主词之中的某个理由这样一项普遍原则来认识一件事物时,这就是通过理性来认识的。"[196]

莱布尼茨的必然真理与偶然真理学说,特别是他的偶然真理学说,在《人类理智新论》里得到了更为系统的阐释。这首先表现在他将"由直觉所认识的原始真理"区分为两类:一类属于理性真理,亦即必然真理,一类属于事实真理,亦即偶然真理。莱布尼茨所谓原始的理性真理(必然真理)其实也就是"同一真理",同一真理实际上也是一种直觉真理。而莱布尼茨所谓原始的事实真理(偶然真理)实际上也是一种直觉真理,也不可能藉"更确实可靠的东西"予以证明。他解释说:"至于说到原始的事实真理,它们是一些内心的直接经验,这直接属于一种感受的直接性。"[197]笛卡尔和奥古斯丁的"我思故我在"即是这样一种原始的事实真理。其次,莱布尼茨将派生的真理也区分为两类,其中一类为推证真理,另一类为事实真理(偶然真理)。第三,莱布尼茨认为推证知识具有可靠性,而事实真理(偶然真理)则具有"概然性"。他写道:"在这几种可靠性或可靠知识(指洛克所说的直觉知识、推证知识和感性知识——引者注)之外,[198]您(指洛克的代言人——引者注)还可以加上似然的知识;这样就将有两类知识,正如有两类证明一样,其中有一些产生可靠性,而另一些只归结为概然性。"[199]第四,事实真理的概然性具有不同的等级。洛克在《人类理解论》里已经比较详细地考察过概然性的各种等级,断言:"信念亦有各种等级,从接近于解证和确性的地步起,可以一直降到不可保和不可靠的地步,甚至于降到不可能性的边境上。至于同意,亦有各种等级,从充分的确信和信念起,可以一直降到猜度、怀疑和不信。"[200] 莱布尼茨对此似乎并未提出异议,他只是补充说:法学家在"处理证据、推定、猜测和征候"时,也达到了"相当详细的地步":从"彰明昭著"到"超充足证据"、"充足证据"到"超半充足证据"、"次半充足证据",再到"具有很多等级的猜测和征候"。他甚至设想"构建一种新的逻辑,来处理概率问题"。[201] 最后,与洛克相反,莱布尼茨肯认物理科学的一定可能性。非常吊诡的是:与经验主义哲学家洛克完全否认作为经验科学的物理学的可能性不同,[202] 理性主义哲学家莱布尼茨却肯认作为经验科学的物理学的一定程度上的可能性。针对洛克的悲观论调,莱布尼茨虽然也认为"我们永不能进展到我们所希望的那样远",但他还是满怀信心地断言:"随着时间的进展我们在对某些现象的解释方面将能有相当大的进步。"[203] 他还说道:"物理学整个说来是永远不会成为我们之中一门完全的科学的,但我们还是能有某种物理科学的,甚至我们也已经有了一些这种科学的标本。例如磁学就可以被当作这样的一门科学。"[204] 联想到莱布尼茨在《论推证、事实真理与假设》(1678年)中曾经提到的一个说法:最高等级的假设"极其接近真理,应该得到最高等级的赞扬,……这样一种假设能够取代真理应用到实践上",我们完全有理由说,即使在自然科学领域,与洛克相比,莱布尼茨对人类认识能力以及与之相关的偶然真理或事实真理的信心也更充分一些。

《人类理智新论》之后,莱布尼茨依然非常关注必然真理与偶然真理的阐述,尤其是关注偶然真理的阐述。莱布尼茨在谈到《神正论》的主题时,曾经将其说成是一部"关于上帝的善、人类的自由以及恶的起源的论著",这就意味着必然真理与偶然真理及其关系乃《神正论》的基本问题。因为在这部论著里,莱布尼茨用以诠释上帝的善、人类的自由以及恶的起源的,无一与他的必然真理与偶然真理及其关系的学说没有关联。一旦离开了必然真理与偶然真理及其关系的说明,我们便既不可能理解莱布尼茨对上帝的善的解说,也不可能理解莱布尼茨对人类自由和恶的起源的解说。因此,倘若从认识论的角度看问题,我们真不妨将《神正论》理解成一部论述必然真理与偶然真理及其相互关系的著作。其实,在《神正论》的"前言"里,莱布尼茨就把他的这一写作意图表白得一览无余。诚然,莱布尼茨早在《论自由》(1689年前后)就明确提出过两个哲学"迷宫"的问题,但在《神正论》的"前言"里,莱布尼茨之所以重申两个哲学迷宫,其目的只在于强调《神正论》的写作旨在解决"自由与必然的大问题",旨在提供引导人们走出"自由与必然"迷宫的阿里阿德涅之线。他写道:"有两个著名的迷宫,常常使我们的理性误入歧途;其一关涉到自由与必然的大问题,这一迷宫首先出现在恶的产生和起源的问题中;其二在于连续体和看来是其要素的不可分的点的争论,……第一个问题几乎困惑着整个人类,第二个问题则只是让哲学家们费心。……如果连续体的知识对于思辨的探索是重要的,则必然性的知识对于实践运用便同样重要;而必然性的问题,连同与之相关的其他问题,即上帝的善,人的自由与恶的起源,一起构成本书的主题。"[205] 事实上,在《神正论》里,莱布尼茨为了解决"自由与必然的大问题",始终坚持两条战线作战,反对在"自由与必然问题"上的两种极端倾向:一方面反对将必然性绝对化的极端倾向,另一方面反对将偶然性和自由绝对化的极端倾向。莱布尼茨认为,无论是德谟克里特、克吕西波、狄奥多罗斯、西塞罗、阿贝拉尔和威克里夫,还是霍布斯和斯宾诺莎都有片面强调必然性、把必然性绝对化的极端倾向。鉴于此,莱布尼茨不厌其烦地谈论绝对必然性或形而上学的必然性和几何学的必然性与道德的必然性和假设的必然性的区别和关联,强调道德的必然性和假设的必然性既是一种必然性,同时又是一种偶然性,如果说前者关涉的是必然真理,而后者关涉的则是偶然真理。另一方面,莱布尼茨又认为,伊壁鸠鲁、卡尔纳亚德、司各脱、布里丹、莫利纳虽然看到了偶然性和人的自由,却将偶然性和人的自由孤立化和绝对化,倡导所谓绝对无差别说和纯粹中立论。在莱布尼茨看来,绝对无差别说和纯粹中立论的错误不仅在于其根本无视和抹杀事物的差异性和确定性,而且还在于它们只见偶然性不见必然性,或者说它们只见道德的必然性不见形而上学的必然性,只见现实世界,不见可能世界,只见偶然真理,不见必然真理以及偶然真理与必然真理的关联。尤其值得注意的是:为了使人更好地理解偶然真理与必然真理的区别和关联,莱布尼茨一方面将同一原则(或矛盾原则)和充足理由原则明确规定为必然真理和偶然真理的原则,并将其视为"最重要的哲学命题之一",另一方面又宣布"这两项原则都必定既对必然真理有效,也对偶然真理有效"。他写道:"依赖于矛盾原则的东西""形成必然的和绝对必然的真理",而"依赖于充足理由原则的东西""则只适用于偶然真理。……此乃哲学上最重要的命题之一,它指出存在有两项伟大的原则,这就是同一原则或矛盾原则以及充足理由原则;前者说的是,在两个矛盾的命题中,其中一个为真,另一个为假;后者说的是,任何一个陈述,倘若其理由不能为一个具有为完全理解它所必备的所有知识的人看到,那就不可能成为真的。这两项原则都必定既对必然真理有效,也对偶然真理有效;凡没有充足理由的事物都不会存在,这一点甚至是必然的。"[206] 凡熟悉《单子论》的人都不难看出,《单子论》第31—33节的内容无论就观点看,还是就措辞看,与《神正论》里的这段文字,都相差无几。

偶然真理及其与必然真理的关系可以说是莱布尼茨毕生关注并致力阐释的问题。《神正论》之后,莱布尼茨不仅在《单子论》里,而且在其晚年致克拉克的信中,都不厌其烦地阐述他的偶然真理学说以及与之相关的充足理由原则。在一定意义上,我们不妨将《单子论》视为莱布尼茨对其偶然真理和必然真理及其关系的系统阐述。首先,莱布尼茨在《单子论》里更为系统地阐述了必然真理与偶然真理的理性原则:矛盾原则和充足理由原则(第31—37节)。其次,《单子论》不仅将充足理由律视为偶然真理的理性原则,并且明确地将作为"必然实体"的上帝宣布为"万物的终极理由"(第37—39节)。第三,《单子论》明确宣布:"上帝不仅是存在的源泉,而且也是本质的源泉,这是就这些本质是实在的而言的,也就是说,这是就这些本质是处在可能性中的实在事物的源泉而言的。"莱布尼茨解释说:"这是因为上帝的理智乃永恒真理的领域,或者说是永恒真理所依赖的观念的所在地;因为倘若没有上帝,可能的事物中便没有任何实在的东西,不仅没有任何事物存在,而且也没有任何东西会是可能的"(第43节)。第四,针对笛卡尔派强调永恒真理完全依赖于上帝的意志的观点,莱布尼茨不仅继承中世纪哲学家托马斯·阿奎那的立场,强调永恒真理仅仅依赖于上帝的理智,偶然真理则依赖于上帝的意志,还进而将"适宜性原则"或"最佳原则"宣布为偶然真理的原则(第46节)。至1716年,亦即莱布尼茨生命的最后一年,他还在致克拉克的信中反复强调作为偶然真理理性原则的充足理由律的"坚实性和重要性",断言这条伟大的原则"改变了形而上学的状况",使得原本"只是由一些空洞的词语构成"的形而上学得以"变成实在的和推理证明的形而上学",从而,"推翻这条原则就会推翻整个哲学的最好部分"。[207] 综上所述,偶然真理以及作为其理性原则的充足理由律不仅是莱布尼茨毕生致力于阐释的认识论学说,也是其真理学说中最具特色和最应当受到关注的内容。

第五,莱布尼茨的真理类型学研究,除上述假设真理与事实真理以及必然真理与偶然真理学说外,还有一项重要内容,这就是他的哲学真理与宗教真理学说。对于莱布尼茨来说,哲学真理与宗教真理及其关系既是一个传统话题,也是一个时代话题。说它是一个传统话题,是说将真理区分为哲学真理和宗教真理并非莱布尼茨时代才出现的现象,而是在古代西方哲学中就存在的问题,至少从阿维洛伊时代就成了一个非常突出的哲学问题。说它是一个时代话题,是说在莱布尼茨时代,尽管差不多所有的哲学家对中世纪经院哲学都在口诛笔伐,但他们中的大多数不仅对宗教哲学或宗教神学采取容忍的态度,而且视之为其哲学的一个基本构件,不时地论及哲学真理与宗教真理的关系。在中世纪,最早提出"双重真理论"的是阿拉伯哲学家阿维洛伊(1126—1198)。阿维洛伊有一部重要著作叫《论宗教与哲学的一致》。他在其中明确地将真理区分为"哲学真理"或"推证真理"和"神学真理"或"经文真理",断言:"哲学并不包含任何反乎伊斯兰教的东西";他解释说:"论证的真理和经文的真理是不可能相冲突的。因为既然这种宗教是真实的,召唤人们去进行通往真理的知识的研究,则穆斯林社会就当确切地知道:论证的研究决不会导致与经文给予我们的真理相冲突的结论。因为真理不可能反乎真理,而只可能与真理相一致,并为真理作证。"[208] 之后,托马斯·阿奎那不仅继承而且也革新了阿维洛伊的双重真理论。首先,在托马斯这里,两种真理相当明确地以理性和信仰划界。例如,他在《反异教大全》里就曾明确地用"理性真理"和"信仰真理"这一对范畴。[209] 其次,无论是阿维洛伊的双重真理论还是托马斯的双重真理论都强调了两种真理之间的区分和哲学的独立性,但与阿维洛伊不同,托马斯在肯认和强调这两种真理区分的基础上又进一步强调了这两种真理之间的一定程度的统一性和兼容性,不仅明确地称自然神学为"哲学之一部分",而且还明确地将其作为"哲学之一部分"而与"作为神圣学问的神学"对置起来,宣称"作为神圣学问的神学同作为哲学之一部分的神学分属不同种类的学问"。[210] 第三,与阿维洛伊为强调理性和哲学的独立性和崇高地位而将哲学称作"最高真理"不同,托马斯虽然也注重强调理性和理性真理的独立性和崇高地位,但他并没有因此而贬低信仰真理或启示真理,否定信仰真理或启示真理所具有的超理性品格,断言:"赞同信仰真理,即使它们超乎理性,也并非蠢事。"[211] 而且,或许正是由于这一点,他的双重真理论才得以成为经院哲学的主流。应该说,构成莱布尼茨双重真理论滥觞的正是阿维洛伊和托马斯的,尤其是托马斯的双重真理论。但双重真理论在一定意义上对于莱布尼茨来说也是一个时代话题。至 17 世纪,历史虽然进入理性时代,但宗教真理或信仰真理却依然挥之不去。笛卡尔虽然鼓吹"怀疑一切",但他自己却从未真正怀疑过上帝存在,不仅如此,他虽然被称作二元论者,却将"心灵"和"物体"视作相对于上帝而存在的东西,而将上帝视为"绝对独立的实体"。他说道:"所谓实体无他,无非是一件我们只能将其理解为根本无需任何别的事物而获得其存在的东西。从而,我们实际上便只能设想存在有一个绝对无需任何别的事物的实体,这也就是上帝。由此,我们便看到,相反,所有别的事物只有借助于分有上帝方能存在。"[212] 另一位理性主义哲学家斯宾诺莎,虽然常常被人攻击为"无神论者",但他却将他的唯一实体称作"神"。他的哲学代表作《伦理学》的第一部分的标题即为"论神",足见"神"在其哲学体系中的地位。如所周知,斯宾诺莎是一位典型的实体论者。但他的独一的实体其实也就是神。这从他给神下的定义中就可以看出来。他写道:"神(Deus),我理解为绝对无限的存在,亦即具有无限'多'属性的实体,其中每一属性各表示永恒无限的本质。"[213] 也许正因为如此,当人们攻击斯宾诺莎为无神论者时,黑格尔挺身而出为他辩护。黑格尔写道:"人们斥责斯宾诺莎主义,说它是无神论:神与自然(世界)是一回事,不把两者分开;他把自然当作现实的神,或者把神当成自然,于是神就不见了,只有自然被肯定下来。斯宾诺莎倒是并没有把神与自然对立起来,而是把思维与广延对立起来;神是统一,是绝对的实体,世界、自然倒是没入、消失于神之中的。"[214] 在莱布尼茨时代,理性有广义理性与狭义理性之分:狭义的理性即是大陆理性派所说的理性,广义的理性则不仅包含大陆理性派的理性直觉和理性演绎，而且还包含英国经验派的经验和归纳。从这个意义上，我们可以说，英国经验派哲学家那里也同样有双重真理论问题。培根在自然真理之外不是也承认有"启示真理"吗？霍布斯虽然也常常被人称作无神论者，但实际上他似乎从未否定过上帝的存在。诚然，霍布斯在《论物体》一书中确实说过"哲学排除神学"的话，但在霍布斯看来，哲学之所以排除神学，并不是因为作为神学研究对象的"神"不存在，也不是因为根本无所谓"启示真理"，而只是说神学中所说的神并非那种具有广延的"物体"，一如霍布斯自己解释的："所谓神学，所指的是关于永恒的、不能产生的、不可思想的神的学说，在神里面是没有什么东西可以分合，也不能设想有任何产生的。"[215] 鉴于此，倘若我们在《利维坦》里读到的第一句话即为"'大自然'，也就是上帝用以创造和治理世界的艺术，也像在许多其他事物上一样，被人的艺术所模仿，从而能够制造出人造的事物，"[216] 我们便见怪不怪了。由此看来，霍布斯所谓"哲学排除神学"的真义无非在于表明：哲学真理在宗教真理之外有其独立存在的余地。而这正是双重真理的本义。而且，当洛克在《人类理解论》里强调启示"超乎理性"却不能"违反理性"时，[217] 就其主张双重真理论而言，与霍布斯的"哲学排除神学"的说法其实并无原则上的分别。由此看来，在莱布尼茨时代，无论是大陆理性派哲学还是英国经验派哲学，实际上都与双重真理论脱不了干系。无怪乎黑格尔在谈到莱布尼茨时代西方哲学的神学意蕴时，曾发出由衷的感叹："神在近代哲学中所起的作用，要比在古代哲学中大得多。"[218]

莱布尼茨对哲学真理与宗教真理及其关系的讨论似乎是从对

洛克《人类理解论》"论狂信"一章内容的介绍和评论开始的。洛克在这一章里依据启示超乎理性但不反乎理性的原理阐述了理性与启示的统一性或一致性。他指出:"理性乃是自然的启示;永恒之光的天父和一切知识的源泉,就借理性把人类的自然官能所能达到的一部分真理传达给他们。启示乃是自然的理性,理性在这里,知识为上帝所直接传来的一套新发现所扩大,不过那些新发现仍待理性来证实其为真实,就是理性要借各种证据来证明它们是由上帝来的。"[219] 据此,洛克得出结论说:"一个人如果取消了理性而为启示让路,他就把两者的光亮都熄灭了。他这种做法正好像一个人劝另一个人把眼睛拔了,以便用望远镜来观察不可见形体的辽远光亮似的。"[220] 在洛克看来,狂信者所犯的正是这样一种错误。因为"所谓狂信就是要排弃理性,在本无启示处妄来建立启示"。[221] 既然如此,狂信"就把理性和启示都排除了,而以一个人脑中的无根据的幻想来代替它们,并且把那些幻想作为自己意见和行为的基础"。[222] 从《关于〈人类理解论〉的一些摘要和评论》(1701年)一文看,莱布尼茨对洛克《人类理解论》"论狂信"一章做了相当详尽的同情性的摘录,却几乎没有任何特别的评论。这说明莱布尼茨与洛克虽然在许多认识论问题上迥然有别,但在对待哲学真理与宗教真理或理性与信仰相互关系的问题上却多所默契。

此后,莱布尼茨在其于 1702 年致普鲁士王后苏菲·夏洛特的一封信中,[223] 曾直接论及理性与信仰或者说哲学真理与宗教真理的关系。在该信中,莱布尼茨一方面对《基督宗教并不神秘》的作者托兰德将宗教真理还原为理性真理的片面立场持批评态度,另一方面他对"启示之光"的认识范围异乎并超越"理性的自然之光"

的观点做了明白无误的表述。在谈到宇宙秩序及其变化规律时,莱布尼茨写道:"理性的自然之光并不足以使我们认识到细节,而我们的经验依然有太大的局限,从而发现不了这一秩序的规律。与此同时,启示之光当我们因信仰而注意到它的时候便能够引导我们去发现这一规律。尽管如此,我们还是为思想留有余地:在未来,我们藉经验本身或许能够知道得更清楚一些,而且还有精神,精神已经以这样一种方式比我们知道得更多了。"他的这些话可以说是莱布尼茨哲学真理与宗教真理学说的一次公开宣告,虽然总的来说旨在批评托兰德的狭隘理性主义立场,却也并未因此而损害其理性主义的哲学路线。而且,莱布尼茨的这些话也表明,莱布尼茨在哲学真理与宗教真理方面,非常注重在两条战线作战:一方面反对宗教狂信或宗教神秘主义,另一方面又反对理性独断或理性僭越主义。

在《人类理智新论》第 4 卷第 17—19 章,莱布尼茨针对洛克的有关观点,对他的哲学真理与宗教真理学说做了更加充分的阐述。首先,在"论理性"一章(第 17 章)里,莱布尼茨批评了洛克关于"超乎理性"的狭隘经验主义定义。洛克在界定"超乎理性"时,断言:"超乎理性的各种命题,我们并不能凭理性由那些原则推知它们的真理或概然性。"[224] 莱布尼茨则指出:洛克的这一定义"一方面走得太远了,而另一方面又走得不够远"。[225] 之所以说它向前走得"太远",乃是因为"如果我们遵照它,则凡是我们所不知道的以及我们在当前状况下没有能力认识到的东西就会都是超理性的了"。[226] 之所以说它向前走得"不够远",乃是因为如果照洛克的这一定义"就将没有什么是超理性的了"。"因为上帝将永远能够给出办法用感觉和反省来把握不论什么真理。"[227] 其次,在"论信仰和理性以及它们各别的界限"一章(第 18 章)里,与洛克强调信仰不反乎理性却超乎理性不同,莱布尼茨强调的则是信仰"基于理性",鲜明地表达了莱布尼茨的理性主义立场。他写道:"上帝除了他使人相信的是基于理性,是决不会给人信仰的;否则他就会毁灭了认识真理的手段,并为狂信打开了大门;但并不必要具有这样神圣信仰的人都认识这些理由,更不必他们都永远有这些理由在眼前。"[228] 莱布尼茨解释说:"否则那些头脑简单的人和白痴,至少在今天,将决不会有真的信仰了,而最开明的人在他们最需要信仰的时候也将会没有信仰,因为他们也并不能永远记得那些信仰的理由。"[229] 正因为如此,莱布尼茨随后在批判极端理智主义的同时,特别批判了极端神秘主义。他批评说:极端神秘主义"有时也走得太远,而把那奥秘甚至推到了矛盾的边缘;在这方面他们其实危害了他们所要尽力维护的真理"。[230] 他举例说,法布里(Honoré Fabri,1607—1688)神父竟令人惊讶地在其《神学大全》中否认"两件事物与一第三件事物相同的,它们彼此也相同"这样一条大原则。莱布尼茨认为,"这是没有想一想就让对手去得分,并且剥夺了一切真理的确定性"。[231] 最后,在"论狂信"一章(即第 19 章)里,莱布尼茨指出,狂信原本是个好词,指的是我们人心中的神性和我们对理性的智慧运用,但后来却变成了一个坏词,用来指人心受到干扰,精神错乱,以至于完全无法行使人的理性功能。他解释说,苏格拉底就曾说过他身上有一种"灵异",每当重要时刻都给他以中肯的劝告。但后来"人们既把他们的情感、幻想、梦境,乃至愤怒变成了某种神圣的东西,狂信便开始指一种被归因于某种神性的力量影响到心灵的扰乱……一种精神错乱,就像维吉尔诗中说的柯梅的女巫那样"。[232] 莱布尼茨强调说,即使宗教教义也是同样反对狂信的。因为依据圣经,"耶稣基督虽然足备着奇迹,他有时也还是拒绝行奇迹……,他只宣扬德性和那已经用自然理性并由先知们所教导了的东西"。[233]

此后,莱布尼茨在其于 1707 年致汉希(Michael Gottlieb Hansch,1683—1752)的一封信中曾激烈地批评柏拉图的"狂热说"或"迷狂说",显然也具有反对极端神秘主义的用意。柏拉图在《理想国》、《会饮篇》、《斐德罗篇》和《伊安篇》等著作中都曾阐述过他的狂热说或迷狂说。在柏拉图看来,我们人只有进入心醉神迷、惊喜交集、不能自已的迷狂状态,才能完全摆脱肉体束缚,进入忘我或无我的状态,与神和理念世界完全合二而一,从而获得灵感,成为神的代言人和理念世界的洞察者。莱布尼茨虽然常常以柏拉图主义的复兴者自居,但在这封信里却对柏拉图的狂热说或迷狂说中体现出来的非理性主义和神秘主义理论倾向持激烈的批评立场,斥之为"恶的热情"($ενουσιασμος$)。[234] 这再次表明莱布尼茨骨子里明显存在有坚持信仰与理性、宗教真理与哲学真理相统一的理论倾向。

由上面所说的看来,尽管莱布尼茨在哲学真理(理性真理)与宗教真理(信仰真理)及其关系问题上与洛克有诸多类似之处,但总的来说,洛克比较侧重于这两种真理之间的差异,而莱布尼茨则比较侧重于这两种真理之间的一致。这一点从《神正论》一书看尤为显著。就结构看,《神正论》主要由三个部分组成,这就是"前言"、"论信仰与理性的一致"和"就恶的起源论上帝的正义与人的自由"。"论信仰与理性的一致"之为该著三项主体内容之一,这一事实无疑不仅彰显了它在莱布尼茨心目中的无以替代的理论地位,而且也彰显了莱布尼茨处理哲学真理与宗教真理一致关系的主要旨趣。其次,"论信仰与理性的一致"不仅构成《神正论》的三项主体内容之一,而且还关涉该著的整个"主题"。莱布尼茨本人对此有过明白无误的表述。他写道:"我之所以从'信仰与理性一致'以及哲学在神学中的应用这一基本问题开始",最根本的就在于"这一问题对于我的这部论著的主题有重大意义"。[235]《神正论》的主题,一如莱布尼茨在该著的副标题中所说,是"上帝的善,人的自由与恶的起源",在莱布尼茨看来,为要阐释和理解这些主题内容,我们就必须正确地理解"信仰与理性的一致"。在《神正论》里,莱布尼茨从两个维度对这种一致做了阐释:一是消极的维度,一是积极的维度。所谓消极的维度是说,从真理获得的途径和范围看,"这两种真理不可能相互矛盾":"信仰的对象乃上帝以超常的方式启示出来的真理;而理性虽然是各种真理的联结,但当其同信仰相比较时,便特别地是那些人的心灵无需借助于信仰之光而能够自然获得的真理之间的联结。"[236] 所谓积极的维度是说,无论是理性真理还是宗教真理都不仅涉及"必然真理",而且也都涉及"道德的必然性"和"自由选择"。离开了道德的必然性和自由选择,我们不仅根本无从解释"恶的起源"和"上帝的善",而且也根本无从解释"人的自由"。因此,道德的必然性和自由选择不仅是理性真理的应有之义,而且也是宗教真理或信仰真理的应有之义。这无疑为哲学真理和宗教真理的一致提供了一个理论基石。还有一点也值得注意,这就是莱布尼茨提出的"实证真理"概念。按照莱布尼茨的解释,实证真理既是一条理性真理或哲学真理,也是一条宗教真理或信仰真理。他断言,他所谓理性真理不仅包括"永恒真理",亦即那种具有绝对必然性的真理,而且还包括实证真理。[237] 但由于实证真理是"那些上帝运用自己的权力赋予自然界的规律",或是"那些依赖于这些规律的东西",[238] 它们也就同时是一种宗教真理或信仰真理。正因为如此,莱布尼茨断言:"所有被说成反乎理性的东西都是没有任何力量的,除非其反对的是一种所谓的理性,受到了虚假现象的玷污和欺骗。"[239]

综上所述,以明白、清楚、完全、直觉和可能性为主要内容的真理标准理论,以主谓词逻辑为基础的真理本性理论,以及对假设真理与事实真理、偶然真理与必然真理、哲学真理与宗教真理的类型学探究,构成了莱布尼茨颇具理论特色的真理学说的主要内容。

五、莱布尼茨认识论的超时代性或历史影响

前面我们依次考察了莱布尼茨认识论的理论渊源与学术背景以及他的天赋观念学说、知觉理论和真理学说,一方面旨在说明莱布尼茨认识论的时代性和历史性,另一方面又旨在说明莱布尼茨认识论的独特性和创新性,说明无论是他的大天赋观念说和大知觉理论,还是他的以弘扬道德必然性和人的自由为鹄的的真理(偶然真理)学说都不仅具有超越前人的理论品质,而且还具有超越同代人的理论品质。黑格尔在谈到哲学史研究的对象和目的时,曾经深刻地说道:"哲学史研究的是不死的、现在还活生生的东

西。"[240] 下面,我们将围绕莱布尼茨认识论的超时代性或历史影响这一话题,对其认识论的学术价值作出进一步的考察,以期说明莱布尼茨的认识论不仅是其所在时代的产物,而且还具有某些"不死"的内容,对后世的认识论和哲学产生了相当深广的影响。限于篇幅,我们将主要考察莱布尼茨的认识论对德国古典唯心主义哲学的影响。[241]

首先是莱布尼茨的大天赋观念学说对德国古典唯心主义哲学的深刻影响。长期以来,德国古典哲学界存在有一种非历史主义观点,这就是很少有人将莱布尼茨的认识论思想或哲学思想视为德国古典唯心主义哲学的一项基础内容,而是往往将其视为一种外在于德国古典唯心主义哲学的东西,充其量将其视为德国古典唯心主义哲学的一个对象或一个批判对象。其实,"传统"并非我们的身外之物,而永远是一种属于"我们自身"且内在于"我们自身"的东西。就德国古典唯心主义哲学而言,莱布尼茨哲学即是内在于其中不但永远摆脱不掉而且还不时地构成其本质内容的一个永远不可或缺的"要素"。伽达默尔在谈到传统的这样一种历史地位时,曾经非常中肯地指出:"实际上,传统经常是自由和历史本身的一个要素。……传统按其本质就是保存,尽管在历史的一切变迁中它一直是积极活动的。……在我们经常采取的对过去的态度中,真正的要求无论如何不是使我们远离和摆脱传统。我们其实是经常地处于传统之中,而且这种处于决不是什么对象化的行为,以致传统所告诉的东西被认为是某种另外的异己的东西……它一直是我们自己的东西,一种范例和借鉴,一种对自身的重新认识,在这种自我认识里,我们以后的历史判断几乎不被看作为认识,而被认为是对传统的最单纯的吸收或融化。"²⁴² 事实上,德国古典唯心主义哲学,尤其是康德的认识论,可以说是在莱布尼茨哲学的哺育或熏陶下逐步滋生出来的。黑格尔在谈到18世纪的德国哲学时曾经说过:"在这个时期,德国人是静静地在他们的莱布尼茨—沃尔夫哲学里面徘徊,在他们的定义、公理、证明里面徘徊。"²⁴³《康德生平》一书的作者在谈到大学时代的康德时,也说道:"他的哲学思想,往往遨游于莱布尼茨—沃尔夫学派之内。"²⁴⁴ 事实上,康德不仅在大学时代受到了莱布尼茨哲学思想的哺育和熏陶,而且即使在其认识论体系酝酿时期,也依然得到了莱布尼茨思想的哺育和熏陶,只是他此时受到熏陶的已不复是那种沃尔夫化了的莱布尼茨思想,而是一种本色的莱布尼茨思想。因为《人类理智新论》(1765年)和《莱布尼茨与克拉克论战书信集》(1768年)的出版,"无疑给康德以新的影响"。²⁴⁵ 这种影响即使从康德的认识论专著《纯粹理性批判》的内容也可以窥见一二。因为在这部著作中,康德不仅用"著名的莱布尼茨"和"尊敬的莱布尼茨先生"来称呼莱布尼茨,²⁴⁶ 而且还不厌其烦地援引莱布尼茨的认识论观点。无论是在该著第一版,还是在该著第二版,莱布尼茨被提及的次数都远远多于任何一位哲学家,竟差不多与提及所有其他近代哲学家如笛卡尔、培根、霍布斯、洛克、巴克莱和休谟等人的次数的总和相当。²⁴⁷ 无怪乎,李泽厚先生在谈到康德《纯粹理性批判》(1781年)一书的思想资料时断言:"他(指康德——引者注)所继承和综合的,更多是唯心主义的唯理论(莱布尼茨)和唯心主义的经验论(休谟)。""对康德有巨大影响的是唯心主义唯理论者莱布尼茨。"²⁴⁸

莱布尼茨大天赋观念说对康德认识论乃至整个德国古典唯心

主义哲学的影响非常广泛,我们不妨从下面几点说起。

第一,是莱布尼茨的大天赋观念说对康德先验主义认识论的深刻影响。休谟的怀疑论对康德虽有将其从莱布尼茨—沃尔夫理性论迷梦中唤醒之功,但康德却并未因此而转向英国经验主义,只不过是因此而对莱布尼茨的先验主义唯理论作出某种限制和修订。康德的认识论从主流和本质上看无非是一种弱化了的或修订过了的莱布尼茨的先验主义。换言之,康德的认识论本质上依然是一种先验主义。我们甚至可以说,倘若离开了先验主义,康德的认识论就什么也不是,充其量不过是休谟《人类理智研究》的德国版而已。因为无论如何,康德的《纯粹理性批判》的主题内容无非是"先验感性论"、"先验分析论"、"先验辩证论"和"先验方法论"。而所有这些内容无不以这样那样的方式与莱布尼茨的先验主义唯理论,尤其是与莱布尼茨的大天赋观念说有一定的关联。一如前面所说,莱布尼茨的天赋观念说不仅比笛卡尔的天赋观念说而且比柏拉图的天赋观念说都更为彻底,从而可以说是西方认识论史上最为纯粹、最为彻底的天赋观念形态,至少可以说是最为纯粹、最为彻底的天赋观念形态之一。但天赋观念无非是一种先验观念,一种先于经验而存在的观念,从而莱布尼茨的天赋观念说也就构成了康德先验主义认识论,尤其是他的知性范畴学说的基本来源。而且,除对莱布尼茨的先验观念(天赋观念)的"抽象性质"和"超验"使用作出批判外,康德差不多可以说是全面继承了莱布尼茨的遗产,尤其是在强调先验观念(即康德的知性范畴)的普遍必然性、主观能动性和客观有效性方面,他们之间无疑有诸多类似之处。正是在这个意义上,我们不妨把康德的先验主义认识论视为莱布尼茨先验主义观念论的修订版或压缩版。

　　第二,如所周知,康德为了批判莱布尼茨对先验观念(先验范畴)的超验使用,而提出了著名的"二律背反"学说。[249] 康德关于宇宙论的四个二律背反中的"正题"分别讲到世界在时空上的有限,物质的无限可分,存在有区别于自然因果的自由以及存在有宇宙万物的最后原因。毋庸讳言,康德在这里所意指的主要就是莱布尼茨的观点,因为在康德之前的理性派哲学家中,尚没有一个像莱布尼茨那样全面、鲜明地主张上述各项主张。这就说明,在《纯粹理性批判》中,莱布尼茨虽然并非康德的唯一批判和对话对象,但却是他的一个最为重要的批判和对话对象,他的先验主义认识论思想可以说主要就是在与莱布尼茨的批判和对话中展现出来的。这是问题的一个方面,问题的另一个方面在于,在西方哲学史上,也同样不曾有过一个哲学家像莱布尼茨这样在康德之先就曾对康德所提出的上述四个问题做出过系统、深入和集中的总体性思考。因为不难看出,康德四个二律背反的核心问题无非是两个,一个是有限无限问题,而另一个则是必然自由问题。因为既然第一个二律背反讲的是时空有限无限的背反,第二个二律背反讲的是物质能否无限分割的背反,则它们关涉的便是第一个问题,即有限无限问题。而第三个和第四个二律背反关涉的则是必然自由问题。就第三个二律背反来说,这一点显而易见。因为这个二律背反讲的无非是有无区别于自然因果的自由,而所谓自然因果其实也就是一种必然性。至于第四个二律背反,既然其讲的是能否有一个"绝对必然的存在"以为宇宙万物的最后原因,且这一绝对必然的存在必定是一种自在,则这个二律背反之内蕴有必然自由问题也就不言而喻了。但对于有限无限问题和必然自由问题,莱布尼茨早在《纯粹理性批判》出版71年之前就在《神正论》里以相当凝练的笔触将其明白无误地表达出来了。在《神正论》里,莱布尼茨将其概括为两个哲学"迷宫"。在谈到第一个哲学迷宫时,莱布尼茨称之为"连续体和看来是其要素的不可分的点的争论",并声言它"牵涉到对于无限性的思考",因此其关涉的无疑是"有限无限"问题。在谈到另一个哲学"迷宫"时,莱布尼茨则径直将其称作"自由与必然的大问题"。[250] 由此可见,在康德之先,莱布尼茨就不仅看到了这些矛盾或背反,而且还对它们作出过深度的理性反思。只是在一点上区别于康德,这就是:面对这样的矛盾或背反,康德采取了消极的否定的立场,而莱布尼茨则采取了积极的肯定的立场。例如,就有限无限问题而言,康德认为无论是正题还是反题都是错误的,但莱布尼茨却明确地持正题的立场。这一方面表现为莱布尼茨不仅持时空相对性和有限性的立场,而且还批判了牛顿绝对时空观的神秘主义性质。[251] 颇为罕见的是,尽管康德对莱布尼茨的时空观也同样持有异议,但他却对莱布尼茨及其学派对牛顿绝对时空观的批判大加赞赏。他在注释第一个二律背反的反题时写道:"我对莱布尼茨学派的哲学家们这个意见的后一部分非常满意。空间只是外部直观的形式,但决不是能够从外部被直观到的现实的对象,也决不是诸现象的相关物,而是诸现象本身的形式。所以空间绝对不可能(自己单独地)作为某种进行规定的东西在物的存有中出现,因为它根本不是什么对象,而只是可能对象的形式。"[252] 至于物质的无限可分,莱布尼茨所持的立场也同样是积极的。他不仅继亚里士多德和笛卡尔之后,[253] 系统地论证了物质的无限可分,而且还在此基础上,进一步引申出了他的单子论,先于康德阐述了自然的有机性(即所谓中国盒式的自然有机主义),并为他的前定和谐系统的论证做了铺垫。[254] 由此可见,莱布尼茨的有关观点和思想即使在康德宇宙论的二律背反中,也非那种可有可无的或无关紧要的东西,而是不可或缺的甚至是至关紧要的内容,尽管这些观点和思想主要地是以消极和否定的形式呈现出来的。

第三,更为重要的是,在康德身后,莱布尼茨的上述观点和思想非但没有因为康德的批判而沉寂,反而在德国古典唯心主义哲学的后来发展中逐渐成为其中积极的和受到肯定的内容。这一点在黑格尔身上体现得尤为明显。如所周知,在康德宇宙论的二律背反中,莱布尼茨的先验观念不仅被视为"先验幻相",而且他的有关观点和思想也仅只被视为"背反"的一极,且只具有一种消极的意义。但在黑格尔看来,康德的二律背反本身只是一种虚构,因为其中的"正题"(肯定)和"反题"(否定)并非像康德断言的那样,是一种绝对相反和绝对排斥的东西,而是既相互对立又相互统一的东西。他批评说,"人们总以为肯定与否定具有绝对的区别,其实两者是相同的,我们甚至可以称肯定为否定;反之也同样可以称否定为肯定。"[255] 不仅如此,黑格尔还进而提出了概念发展的三段式。所谓概念发展的三段式也就是我们通常所说的否定之否定。其意思主要有下面几层:(1)正题和反题不仅相互渗透和相互依存,而且还会形成一个新的概念或新的思想,亦即它们的"合题";(2)在这三个论题中,反题是对正题的否定,而合题则不仅是对反题的否定,而且还是对正题的肯定;(3)由于经历了否定之否定这样一个发展过程,合题在肯定正题的同时,又新增了一些正题中原来没有的内容;(4)否定之否定实际上是一种自否定和自扬弃,从而在否定和扬弃的结果中,"本质上就包含着结果所从出的东西"。[256] 也就是说,从德国古典唯心主义的发展过程看,如果说康德的哲学是对莱布尼茨认识论的"否定"的话,黑格尔的哲学则可以视为对莱布尼茨认识论的肯定,它本质上就包含有莱布尼茨的认识论。从而整个德国古典唯心主义的发展过程在一定意义上也可以视为莱布尼茨认识论思想或哲学思想的自否定或自扬弃过程。离开了对莱布尼茨思想的扬弃,便根本不可能对黑格尔的哲学思想作出全面、深刻的阐释。例如,对于有限无限的关系问题,黑格尔显然就高于康德一筹。康德将其截然对立起来,[257] 而黑格尔则看到了它们之间的统一。黑格尔把康德所说的处于有限之外与有限对立的无限称作"坏无限",而他自己则主张一种"真无限"。黑格尔的真无限所强调的是无限与有限的"不可分离"和"相互规定",既强调无限与有限的"区别",也强调无限与有限的"统一";换言之,有限与无限并非像康德所认为的那样是截然二分的,而是相互依存的,在有限之中即存在有无限。黑格尔强调说:"有限物只是对无限物的关系说,才是有限的;无限物也只是对有限物的关系而言,才是无限的。它们不可分离,同时又绝对互为他物;每一个都在它自身那里有它的他物;所以每一个都是它自己和它的他物的统一,是在它的规定性中的实有,而这个实有却并非既是它本身又是它的他物那样的东西。"[258] 但对于熟悉莱布尼茨的人来说,黑格尔的这样一些说法,似乎有点似曾相识。因为在莱布尼茨看来,每个受造的实体或单子相对于上帝而言都是有限的,但它们却都能够表象整个宇宙,而这就意味着它们自身即蕴含有无限。在《神正论》里，莱布尼茨曾从万物一体的角度论及有限无限的关系。他写道："人们必须认识到，所有的事物在任何一个可能世界里都是相互关联的：这个世界，不管采取什么样的形式，全都是连成一体，就像一个大洋那样。即使最微小的运动都会将其结果扩展到无论多么遥远的地方，尽管这个结果随着距离的增大而相应地变小。"[259] 在《哲学史讲演录》里，黑格尔在援引了莱布尼茨的这段话后紧接着解释说："如果我们完全认识了一粒沙，就可以从这粒沙里理解到全宇宙的发展。……这样一来，每一个单子就都有或都是整个宇宙的表象。"[260] 由此看来，黑格尔的无限观与莱布尼茨的无限观可以说是一脉相承。在这个意义上，我们不妨将黑格尔的无限观视为莱布尼茨无限观的一种自否定和自扬弃。

莱布尼茨大天赋观念说对德国古典唯心主义哲学的影响还有一项重要内容，这就是莱布尼茨观念的柏拉图特征。如上所说，莱布尼茨观念的内涵既有别于洛克，也有别于笛卡尔，实际上是柏拉图理念的近代版。我们知道，在柏拉图那里，理念不仅具有认识论意义，而且还具有本体论意义，事物或事物世界无非是对理念或理念世界的"分有"。莱布尼茨虽然并不赞成柏拉图理念世界的单一性，也不赞成柏拉图将事物世界说成是理念世界的简单分有而加上了意志选择这样一个中间环节，但在将理念或理念世界视为事物或事物世界的"型相"方面与柏拉图并无二致。也就是说，莱布尼茨的观念其实也就是柏拉图的理念。但如所周知，康德却根本否认莱布尼茨和柏拉图观念的超验性质和本体论意义，称之为"先验幻相"。事实上，康德之所以要论证二律背反，之所以要提出物自体概念，将物自体说成是只可思之不可知之的东西，之所以要坚持在现象界与物自体之间划界，其根本目的都在于否定先验观念或知性范畴的客观内容或本体论意义。然而，康德的这项努力在德国古典唯心主义的后来发展中却并不受欢迎。费希特虽然深受康德哲学的影响，但却对康德的"物自体"学说大加挞伐。不仅将"物自体"说成是"一种纯粹的虚构"，而且还因此将康德说成是一个"独断论者"。[261] 而黑格尔在费希特之后，竟径直恢复了柏拉图—莱布尼茨的理念（亦即莱布尼茨的观念或天赋观念）观，重新强调了观念或理念的客观性质和本体论意义。在《逻辑学》中，黑格尔批判了康德的概念或理念的主观性，强调了理念的客观性和本体性，断言"理念是概念和客观性的统一，是真的东西"，并将理念说成是"充足的概念，即客观的真或真本身"。[262] 此外，黑格尔不仅将理念理解为"生命"和"生命过程"，而且还提出和阐释了"真的理念"、"善的理念"和"绝对理念"。在谈到绝对理念的客观性或实存性时，黑格尔强调说："一切其余的东西都是错误、朦胧、意见、趋向、任意和可消逝性；唯有绝对理念是有，是不消逝的生命，自知的真理并且是全部真理。它是哲学的唯一对象和内容。因为它自身包含全部规定性，并且它的本质就在于通过它的自身规定或说特殊化而回归到自身，所以它具有不同的形态，哲学的事业也就是要从这些形态中去认识它。"[263] 这样一来，黑格尔就将内蕴于柏拉图—莱布尼茨观念论或理念论的客观因素和本体论意蕴一览无余地展现给了读者。黑格尔无疑是莱布尼茨观念论的伟大继承人和发扬光大者。

其次是莱布尼茨的大知觉理论对德国古典唯心主义的深刻影响。如前所说，莱布尼茨大知觉理论的一项基本内容即在于它将知觉和知觉活动提升到了本体论的高度,视为实体的基本规定性。这就在事实上提出了认知主体与认知客体的统一性,并在事实上提出了"实体即主体"的思想。莱布尼茨大知觉理论中所蕴含的这些内容无疑对德国古典唯心主义的发展产生了深刻的影响。毋庸讳言,在德国古典唯心主义哲学创始人康德那里,莱布尼茨的这种思想无疑他的一个主要批判对象。如所周知,在《纯粹理性批判》里,康德将现象界与物自体严格区别开来,将知性范畴和认识论的应然领域严格限制于现象界,而将莱布尼茨的实体(包括认知主体和认知客体)称作物自体,视为一种可思而不可知之物,从而将其视为一种纯粹主观设定的东西。他的这种立场与将实体界定为我们不知其为何物之物的英国经验主义哲学家洛克可谓小异而大同。[264] 这样一来,康德便因其提出的物自体学说而陷入了双重的不可知:不仅对作为认知对象的实体不可知,而且对作为认知主体的自我也不可知。康德的这种不可知主义在德国古典唯心主义的后来发展中遭到了批评和颠覆。与康德相反,费希特不仅将自我宣布为"自明的存在",而且既然他将"非我"视为自我在自我认识时所设立的一种对象或对象意识,则自我之认识非我也就是一件顺理成章的事情了。值得注意的是,费希特正是在批判康德物自体学说的基础上阐述他的可知主义或自我哲学的。在费希特看来,尽管物自体学说在康德哲学体系中地位极其重要,但康德的物自体概念其实只不过是一个"纯粹的虚构"而已。[265] 应该说费希特的这个说法言之有据且有先例可循。想当年,巴克莱就曾经以洛克将实体宣布为不知其为何物之物为由而宣布"物质是虚无",[266] 既然康德将物自体说成是一个只可思之不可知之的理性理念,则费希特岂不是同样有理由将康德的物自体视为"纯粹的虚构"！费希特的自我哲学在德国古典唯心主义哲学发展史上具有双重意义：一方面可以视为对康德不可知主义的批判，另一方面又可以视为其向莱布尼茨实体即认知(知觉)主体思想的一种回复。因为费希特的自我哲学不仅提出了"自我设定非我"的原理，而且还进一步提出了"非我与自我统一"的原理。这就与莱布尼茨的实体即知觉主体的观点极其接近了。[267]

尽管如此，将莱布尼茨实体即知觉主体的观点发挥至近乎极致的则是黑格尔。在《精神现象学》里，黑格尔提出并系统阐释了他的"实体即主体"的原理(黑格尔也将他的这一原理称作"绝对即主体的概念")。其内容主要有：(1)理解"从意识到科学发展过程"的关键在于理解"实体即主体"这一原理。他写道："一切问题的关键在于：不仅把真实的东西或真理理解和表述为实体，而且同样理解和表述为主体。同时还必须注意到，实体性自身既包括着共相(或普遍)或知识自身的直接性，也包含着存在或作为知识之对象的那种直接性。"[268] 这就是说，我们必须树立一种既区别于斯宾诺莎(片面地强调实体的普遍性)又区别于康德与费希特(将真理理解为"思维就是思维")以及谢林(片面地将直观理解为思维)的实体观或真理观。(2)这里所说的实体是一种"活的实体"，具有"纯粹的简单的否定性"。黑格尔写道："活的实体，只当它是建立自身的运动时，或者说，只当它是自身转化为与其自己之间的中介时，它才真正是个现实的存在，或换个说法也一样，它这个存在才真正是主体。实体作为主体是纯粹的简单的否定性，唯其如此，它是单一的东西的分裂为二的过程或树立对立面的双重化过程，而这种过程则又是这种正在重建其自身的同一性或在他物中的自身反映,才是绝对的真理。"[269](3)实体即主体意味着实体是全体,它自在自为,既是"结果",又是"形成过程"。黑格尔写道:"真理是全体。但全体只是通过自身发展而达于完满的那种本质。关于绝对,我们可以说,它本质上是个结果,它只有到终点才真正成为它之所以为它;而它的本性恰恰就在这里,因为按照它的本性,它是现实、主体、或自我形成。"[270]黑格尔以人为例来解说实体的自在自为品质。他写道:"胎儿自在地是人,但并非自为地是人;只有作为有教养的理性,它才是自为的人。而有教养的理性使自己成为自己自在地是的那个东西。这才是理性的现实。"[271](4)黑格尔用亚里士多德的目的论诠释实体即主体。他说道:"目的是直接的、静止的、不动的东西;不动的东西自身却能引起运动;所以它是主体。它引起运动的力量,抽象地说,就是自为存在或纯粹的否定性。结果之所以就是开端,只因为开端就是目的;或者换句话说,现实之所以就是此现实的概念,只因为直接性的东西,作为目的其本身就包含着'自身'或纯粹的现实。实现了的或具体存在着的现实就是运动,就是展开了的形成过程;但恰恰这个运动就是'自身',而它之所以与开端的那种直接性和单纯性是同一的,乃因为它就是结果,就是返回于自身的东西;但返回于自身的东西恰恰就是'自身',而'自身'就是自相关联的同一性和单纯性。"[272](5)实体即主体意味着"绝对即精神"。黑格尔写道:"实体在本质上即是主体,这乃是绝对精神这句话所要表达的观念。"他解释说:"精神是最高的概念,是新时代及其宗教的概念。唯有精神的东西才是现实的;精神的东西是本质或自在而存在着的东西,——自身关系着的和规定了的东西,他在和自为存在——并且它是在这种规定性中或在它的他在性中仍然停留于其自身的东西;——或者说,它是自在而自为。——但它首先只对我们而言或自在地是这个自在而自为的存在,它是精神的实体。它必须为它自身而言也是自在而自为的存在,它必须是关于精神的东西的知识和关于作为精神的自身的知识,即是说,它必须是它自己的对象,但既是直接的又是扬弃过的、自身反映了的对象。"[273] 所有这些无疑是向莱布尼茨实体即知觉主体或认知主体思想的一种回复,尽管是一种在更高层次上的回复。

复次,莱布尼茨的统觉理论也对德国古典唯心主义哲学产生了深刻影响。统觉理论在莱布尼茨的大知觉理论中占有重要地位。如前所述,在西方认识论史上,莱布尼茨是第一个提出并使用"统觉"(l'Apperception)概念的,而他之所以提出并使用"统觉"概念,显然旨在突出和强调人(心灵或精神)的认识能力与动物和其他有机物和无机物的本质差异。在莱布尼茨看来,统觉不仅属于"有意识的知觉",还进而属于"有自我意识的知觉"。而且,按照莱布尼茨的说法,凭借统觉,我们不仅可以具有自我意识,还可以因此而省察到存在于我们之中的"存在"、"实体"等抽象概念,获得形而上学推理的主要"对象",以致"思想到上帝本身"。毫无疑问,莱布尼茨的统觉概念或自我意识概念在德国古典唯心主义哲学的发展中一直发挥着至关紧要的作用。莱布尼茨的统觉理论对康德的影响显而易见。第一,康德不仅使用莱布尼茨发明的统觉概念,而且与莱布尼茨一样,也将统觉理解成自我意识。[274] 第二,正如莱布尼茨将统觉(自我意识)视为我们认识能力和认识活动的基本标志一样,康德也将统觉视为其解决综合判断或先天综合判断何以可能的一项必要条件。他写道:"综合判断之所以可能,吾人必须在内感、想象力及统觉条件中求之;且因此三者包有先天的表象之源泉,故纯粹之综合判断之所以可能,亦必以此三者说明之。以此之故,此三者实为完全依据表象综合而成之任何对象知识所绝对必须者也。"[275] 他还进一步强调说:"一切综合判断之最高原理为:一切对象从属'可能的经验中所有直观杂多之综合统一之必然的条件'。是以在吾人使先天的直观之方式、想象力之综合、及'此种综合在先验的统觉中之必然的统一',与一般所谓可能的经验知识相关时,先天的综合判断始成为可能。"[276] 第三,康德不仅将统觉视为综合判断或先天综合判断何以可能的一个必要条件,而且还将其视为所有综合活动的基础,称之为"本源的统觉"。诚然,康德在讨论"主观演绎"时,曾经论及主体能动性的三种综合:"直观中把握的综合"、"想象中再造的综合"和"认知中概念的综合"。在康德看来,唯有经过这三种综合,我们才得以形成一个统一的认识对象。然而,我们为要获得这三种综合,形成统一的对象,首先就必须具有一种更高级、更根本的综合,亦即统觉。这是因为任何一种综合都不可能来自对象(因为对象给予我们的只能是那些杂多的感性表象),而只能来自"主体自己",也就是来自"思我",或来自思我的"统觉"。[277] 正因为如此,康德将思我的统觉称作"本源的统觉",将思我统觉的综合统一称作"本源的综合统一"。[278] 第四,康德不仅将统觉称作"本源的综合统一",而且还将统觉原理视为"知性的一切应用的最高原理"和"整个人类认识范围内的最高原理"。在《纯粹理性批判》中,专门有一节讲"统觉的综合统一性是知性的一切运用的最高原理"。康德在其中写道："一切直观所以可能之最高原理,在其与感性相关者,依据先验感性论,为'一切直观之杂多,应从属空间与时间之方式的条件'。此直观所以可能之最高原理,在其与知性相关者,则为'一切直观之杂多,应从属统觉之本源的综合统一之条件'。在直观之杂多表象授予吾人之限度内,从属前一原理;在其必须联结在一意识中之限度内,则从属后一原理。盖无此种联结,则无一事物能为吾人所思维,所认知,即因所与表象将不能共同具有'我思'统觉之活动,因而不能包括在一自觉意识中认知之。"[279] 不仅如此,康德还由此得出了"统觉之原理,乃人类知识全范围中最高之原理"的结论。[280] 无怪乎李泽厚先生将康德的统觉或统觉的本源综合统一说成是康德认识论的"核心"或"关键"。[281] 由此看来,既然莱布尼茨在康德之先就已经将统觉视为人的心灵区别于动物灵魂的根本标志,构成了人类所特有的知觉功能或认识功能,则康德的统觉理论在很大程度上与莱布尼茨一脉相承。

其实,康德对莱布尼茨的统觉理论既有所继承,也有所批判。首先,康德批评莱布尼茨统觉理论的经验色彩,称之为"经验性的统觉"。如前所述,莱布尼茨将统觉理解为一种反思或对知觉的知觉。在莱布尼茨看来,统觉虽然有别于感觉(包括内感觉)甚至想象,但却毕竟与心灵的感觉活动或想象活动为前提,是对这些活动的意识或反思。也正是在这个意义上,莱布尼茨将统觉定义为单子对其"表象外在事物的内在状态"的"意识"或"反思"。[282] 但在康德看来,统觉有经验性的统觉与纯粹统觉、非本源的统觉与本源的统觉之分,而纯粹统觉或本源的统觉则是一种更高形态的统觉,一种先验统觉,而莱布尼茨的统觉,至少就其作为认知主体对其"表象外在事物的内在状态"的反思活动而言,明显具有一定程度的经验性质,至少算不上"纯粹"的统觉。其次,康德批评莱布尼茨先验概念的"虚而不实"性质。如上所述,莱布尼茨认为我们藉统觉可以察觉具有本体论意义的天赋观念。康德则认为,我们的知识都须由两个因素组成,这就是思维(概念)和直观。他写道:"吾人之知识,发自心之二种根本源流:第一,为容受表象之能力(对于印象之感受性),第二,为由此等表象以知对象之能力(产生概念之自发生)。由于前者,有对象授与吾人,由于后者,对象与所与表象(此为心之纯然规定)相关,而为吾人所思维。故直观及概念,乃构成吾人一切知识之要素,无直观与之相应之概念,或无概念之直观,皆不能产生知识。……无感性则无对象能授与人,无知性则无对象能为吾人所思维。无内容之思维成为空虚,无概念之直观,则成为盲目。故使吾人概念之感性化,即在直观中以对象加于概念,及使吾人之直观理智化即以直观归摄于概念之下,皆为切要之事。"[283] 因此,在康德看来,莱布尼茨的统觉以及与其统觉相关的天赋观念的根本缺陷即在于未能实现他所谓的"概念感性化",从而只是一些空洞不实的"抽象的共相",而莱布尼茨却又偏偏要赋予其实存论意义,从而陷入了南辕北辙的困境。而这一点正是康德先验主义认识论致力矫正的东西。[284] 第三,康德否定和反对了莱布尼茨将具有统觉功能的"思我"或心灵实体化。我们知道,笛卡尔曾视思维为精神实体的基本规定性,并且因此而提出了"我思故我在"的著名哲学命题。莱布尼茨的心灵学说与笛卡尔不同,断言具有统觉功能的思我不仅具有思维能力,即统觉能力或反思能力,而且还具有天赋观念,从而构成事物世界的本质或逻辑基础。尽管如此,他依然将具有统觉能力的思我理解成一种实体。就此而言,莱布尼茨与笛卡尔并无什么原则的区别。但在康德看来,统觉只不过是思我的一种先验功能,一种纯粹的形式,其本身既然没有任何感性直观的性质(笛卡尔和莱布尼茨也都承认这一点),则它就不可能成为一种实体或实体性的存在。鉴于此,康德将莱布尼茨关于灵魂(心灵)是实体的推理称作"谬误"推理。其所以被称作谬误推理,在康德看来,最根本的就在于这一推理超验地使用了"实体"范畴。一如前面所说,莱布尼茨在《单子论》里曾主张,既然我们在反思或进行统觉活动时能够"思想我们自身",我们也就因此而"思想到"或"省察到"存在于"我们之中"的"存在、实体"。[285] 康德则认为,我们藉反思或统觉活动并不能省察到"实体"和"存在"。这是因为反思或统觉活动本身,倘若脱离了感性直观,它就始终只是一种思维或统觉活动,只具有一种逻辑的意义,而不能有任何实体的性质或存在。康德批评说:"在这里,为诸范畴奠定基础的意识统一性被当作了对于主体直观而言的客体,并将实体范畴应用于其上。但意识的统一性只是思维中的统一性,仅仅通过它并没有任何客体被给予,所以永远以给予的直观为前提的实体范畴并不能被应用于它之上,因而这个主体就根本不可能被认识。所以诸范畴的主体不可能由于它思维到这些范畴就获得一个有关它自己作为诸范畴的一个客体的概念。"[286] 至于笛卡尔所说的与心灵实体相关的"存在"(这也是莱布尼茨同样主张的),亦即笛卡尔所说的"我思故我在",也同样遭到了康德的批判。康德指出:经验的"我思"或"思我"是以感性直观的经验材料为前提的,必须有外在经验对象的存在才可能有内在经验的"我思",也才可能有"我在"的意识。思我本身作为形式并非感性直观的对象。所以,由我思不可能推论出我在,也就是说,由思维不可能推论出存在。康德写道:"我并不由于意识我自己正在思维而认知我自己,仅在我意识……'关于我自身之直观'时认知之。"287 康德还进而指出:"'我思'如前所述乃一经验的命题,其自身中包含有'我在'之命题。但我不能谓'一切思维之事物皆存在'。盖在此种事例中,思维之性质将使一切具有思维之存在为必然的存在。故我之存在不能如笛卡尔之所论究,视为自'我思'之命题推论而来者。"288

然而,康德对莱布尼茨统觉理论的批判终究未能阻止其对德国古典唯心主义哲学的进一步影响。莱布尼茨曾经将统觉规定为具有自我意识的知觉,也就是说,在莱布尼茨看来,统觉问题本质上是一个自我意识问题。而正是在作为统觉的自我意识这一节点上,莱布尼茨的统觉理论给费希特和黑格尔的哲学打上了深刻的烙印。如果说康德在继承和批判莱布尼茨统觉理论的基础上提出并阐释了自己的统觉理论和自我意识学说,而费希特则在批判康德统觉理论和自我意识学说的基础上提出并阐释了他的自我哲学。费希特在对康德自我意识学说的批判中,不仅撤除了康德设立的横亘在思维与存在、自我(具有统觉功能的思我)与非我(物自体)之间的隔障,从而恢复了莱布尼茨具有统觉功能的思我的实体地位,还进而将康德的具有统觉功能(思维)的自我设立为在自身的行动中直接设立非我的能动的主体思维,构建了他的自我哲学和行动哲学,从而将笛卡尔和莱布尼茨的"我思故我在"改造成了"我行故我在"。289 费希特在谈到他的自我哲学或行动哲学时,强调指出:"唯心主义从理智的行为中说明意识的规定,……理智是一行为,绝对不再是什么。……应该从这种理智的行为中引申出……一个世界的表象来。"[290] 这就表明,费希特是通过他的自我哲学或行为哲学而将康德认识论中的具有统觉功能的自我意识实体化,并进而使其成为设立非我的绝对思维实体,从而不仅在一定意义上恢复了莱布尼茨的具有本体意义和实体性质的具有统觉功能的自我理论,还进而使莱布尼茨的客观唯心主义理论转变成了一种彻底的主观唯心主义,将莱布尼茨的具有统觉功能的自我的主观能动性思想发挥到了极致。

如果说费希特在批判康德统觉理论和自我意识学说的基础上,将莱布尼茨的统觉理论和自我意识学说引向了主观唯心主义,黑格尔则在批判康德统觉理论和自我意识学说的基础上,恢复了莱布尼茨的统觉理论和自我意识学说的客观唯心主义的本来面目。黑格尔极其重视对康德哲学的解析和批判。在《小逻辑》里,他以22节的篇幅专题阐释康德的"批判哲学"。[291] 黑格尔对康德的批判似乎主要集中在下面两点:一是康德先验统觉的"先验性"或"主观性"(即主观与客观、思维与存在的双峰对峙),一是康德哲学中理论理性与实践理性、知与行、真与善的双峰对峙。在谈到康德先验统觉的"先验性"或"主观性"时,黑格尔批评说:"自我是一个原始的同一,自己与自己同一,自己在自己之内。当我说'我'时,我便与我自己发生抽象的联系。凡是与自我的统一性发生关系的事物,都必受自我的感化,或转化成自我之一体。所以,自我俨如一烘炉,一烈火,吞并消熔一切散漫杂多的感官材料,把它们归结为统一体。这就是康德所谓纯粹的统觉,以示有别于只是接受复杂材料的普通统觉,与此相反,纯粹统觉则被康德看作是自我化外物的能动性。……但康德认为自我意识到统一只是'先验的',他的意思是说,自我意识的统一只是主观的,而不归属于知识以外的对象自身。"[292] 在《小逻辑》里,黑格尔还批判了康德哲学中理论理性与实践理性、知与行、真与善的双峰对峙。黑格尔写道:"理智的工作仅在于认识世界是如此,反之,意志的努力即在于使得这世界成为应如此。那直接的、当前给予的东西对于意志说来,不能当作一固定不移的存在,而只能当作一假象,当作一本身虚妄的东西。说到这里,就出现了使抽象的道德观点感到困惑的矛盾了。这个观点就其实际联系说来,就是康德的哲学……所采取的观点。"[293] 也正是基于对康德上述立场的批判,黑格尔提出了他自己的客观唯心主义的概念论或理念论。针对康德的统觉论,黑格尔指出:"那使感觉的杂多性得到绝对统一的力量,并不是自我意识的主观活动。我们可以说,这个同一性即是绝对,即是真理自身。这绝对一方面好像是很宽大,让杂多的个体事物各从所好,一方面,它又驱使它们返回到绝对的统一。"[294] 针对康德割裂理论与实践的立场,黑格尔坚持用绝对理念来统一二者。他写道:"把善的真理设定为理论的和实践的理念的统一,意思就是自在自为的善是达到了的,而客观世界自在自为地就是理念,正如理念同时也永恒地设定其自身作为目的,并通过它的活动去促使目的的实现。这种由于认识的有限性和区别作用而回归到自身,并通过概念的活动而与它自身同一的生命,就是思辨的理念或绝对理念。"[295] 黑格尔的理念论尽管比莱布尼茨的天赋观念层次更高,但我们从中仍然依稀可以看到后者的投影。

最后，莱布尼茨的偶然真理学说对德国古典唯心主义哲学也产生了深刻的影响。在西方认识论史上，莱布尼茨可以说是第一个提出并论述偶然真理的哲学家。他的偶然真理学说不仅具有认识论意义，而且还明显地具有本体论意义和人学意义。也就是说，他的偶然真理学说既关乎真理的类型学研究，也关乎偶然性与必然性的关系以及客观必然性与人的自由和自由选择问题。换言之，莱布尼茨的偶然真理学说是以现象界与本体界、机械论与目的论、认识论与伦理学、理性与意志、必然与自由或自由选择的一致或协调为其理论基础和理论背景的。既然如此，莱布尼茨的偶然真理学说便理所当然地遭到了主张现象界与本体界以及认识论与伦理学二分的康德的怀疑和批判。如所周知，康德在讨论"世界"这一理性理念时，曾提出过四个著名的二律背反，其中第三个和第四个二律背反所谈论的就是必然与自由的关系问题。[296] 在康德看来，人们之所以在这个问题上争执不休，最根本的就在于他们忽视了现象界与本体界的区别，不是将因果必然性的概念用于本体界和伦理学，就是将自由或自由因的概念用于现象界和认识论。[297] 康德之后的德国古典唯心主义既然把康德的物自体视为康德的虚构，既然都主张理论理性与实践理性的统一，便都势必主张必然与自由的统一。费希特不仅宣布自由即绝对自我的本质，[298] 而且还将人类的历史说成是从必然王国向自由王国发展的历史，断言："整个人类将摆脱盲目的事情和造化儿的播弄。整个人类将自己掌握自己的命运，它将服从自己的思想，今后要绝对自由地从自身做出只要它想从自身做出的一切。"[299] 谢林则更加明确地强调了自由与必然的统一性乃至同一性。他在阐述他的实践哲学体系时,明确指出:"自由应该是必然,必然应该是自由。"[300] 据此,他甚至强调:"历史的主要特点在于它表现了自由与必然的统一,并且只有这种统一才使历史成为可能。"[301] 自由与必然的同一性在德国古典唯心主义集大成者黑格尔那里得到了全面、深刻和充分的阐释。黑格尔尖锐地批判了传统形而上学所持守的"抽象的自由观",并在这种批判的基础上提出和阐释了他的以必然性与自由的统一为基础的"具体的自由观"。他写道:"康德以前的形而上学家……总是认为自然现象受必然规律的支配,而精神则是自由的。这种区别……把自由和必然认作彼此抽象地对立着,只属于有限世界,而且也只有在有限世界内才有效用。这种不包含必然性的自由,或者一种没有自由的单纯必然性,只是一种抽象而不真实的观点。自由本质上是具体的,它永远自己决定自己,因此同时又是必然的。……内在的必然性就是自由。"[302] 如前所述,莱布尼茨将自由理解为对道德必然性或假设必然性的认识以及在此认识的基础上做出的自由选择,黑格尔的具体的自由观无疑继承和发展了他的这样一种自由观。[303]

如前所说,莱布尼茨的偶然真理学说不仅与必然和自由的关系相关,而且还与必然和偶然的关系相关。一如莱布尼茨的必然与自由相统一的思想深刻影响了德国古典唯心主义那样,莱布尼茨关于必然与偶然相统一的思想也同样深刻影响了德国古典唯心主义。如前所述,莱布尼茨曾提出"假设的必然性"和"道德的必然性"概念,以阐述他的必然性与偶然性相统一的思想。尽管德国古典唯心主义哲学家鲜有直接使用莱布尼茨这两个概念的,但他们却在事实上继承并发展了莱布尼茨的这一具有辩证意味的思想。

我们知道,在康德的《纯粹理性批判》里,"必然性"和"偶然性"是作为"样式范畴"(一译"模态范畴")出现在康德的"范畴表"中的。既然按照康德的说法,"在关系的范畴里和样式的范畴里都有相依性和对立性",[304] 必然性与偶然性这两个范畴之间便不仅存在有"对立性"而且也存在有"相依性"。他的这一观点与莱布尼茨的观点显然有某种一致之处。谢林在阐述他的实践哲学体系时,也论及偶然性与必然性的并存和统一。他写道:"一系列绝对没有规律的事件与一系列绝对合乎规律的事件一样,都不配称为历史。"[305] 在德国古典唯心主义哲学家中,对必然性与偶然性的辩证关系做出全面系统深入阐释的是黑格尔。与霍布斯、斯宾诺莎和费希特将偶然性理解为一种主观误判不同,黑格尔强调偶然性的客观实在性,将偶然性视为现实性的一个环节。黑格尔一方面断言:"可能性与偶然性是现实性的两个环节",另一方面又将可能性视为"偶然性本身"。[306] 他在《小逻辑》中写道:"现实事物如果与单纯的可能性处于同等地位,则它便成为一偶然的东西。反过来说,可能性也就是单纯的偶然性本身。"[307] 他还进一步强调说:"可能性既只是现实性的单纯的内在性,正因为这样,它又只是外在的现实性或偶然性。"[308] 据此,黑格尔驳斥了霍布斯、斯宾诺莎和费希特将偶然性视为"我们主观表象"的观点,强调说:"任何科学的研究,如果太片面地采取排斥偶然性、单求必然性的趋向,将不免受到空疏的'把戏'和'固执的学究气'的正当的讥评。"[309] 更难能可贵的是,黑格尔并不因为其承认和强调偶然性的客观实在性和现实性就否定必然性的客观实在性和现实性,相反,他强调了两者的相互蕴含、相互依存和相互转化。黑格尔将必然性划分为两种:相对的必然性和绝对的必然性。其所谓相对的必然性,意指的是那种其存在取决于他物而不是取决于自身的必然性,那种以偶然的东西为出发点的必然性,从而是一种"实在的必然性"。很显然,这种必然性本身即蕴含有偶然性。黑格尔写道:"实在的必然,事实上又自在地是偶然。——这一点是这样表现的:实在的必然物,就形式看,诚然是一个必然物,但就内容看,却是一个被限制的东西,并由于内容而有其偶然性。"[310] 在黑格尔看来,不仅相对的必然性或实在的必然性本身蕴含有偶然性,而且即使绝对的必然性也同样蕴含有偶然性,两者的区别并不在于它们是否蕴含有偶然性,而只在于其中一个是"从彼此相互的现实的那个不静止的他有和可能性回到自身"的必然性,一个是"从自身回到自身"的必然性。在谈到相对必然性(实在必然性)与绝对必然性以及绝对必然性的本质规定性时,黑格尔指出:"偶然也包含在实在必然的形式之中;因为……实在可能性只自在地是必然物,但它又被建立为彼此相互的现实的他有和可能。实在必然性因此包含偶然;它是从彼此相互的现实的那个不静止的他有和可能性回到自身但不是从自身回到自身。所以这里当前就自在地有了必然和偶然的统一;这个统一必须叫作绝对的必然。"[311] 这就是说,在黑格尔看来,无论何种必然性都有一个中介问题,区别只在于相对的必然性或实在的必然性的中介是"他物",而绝对的必然性的中介则是"自身"。正因为如此,黑格尔才宣称:绝对的必然是"必然和偶然的统一";并且进而宣称:"这种偶然,不如说是绝对的必然;它是那些自由的、自在必然的现实的本质","偶然是绝对的必然,它本身就是那最初的、绝对的现实的事先建立(前提)"。[312] 这样一来,黑格尔就将必然性与偶然性的辩证关系相当充分地昭示出来了。不过,尽管在必然性与偶然性的辩证关系方面,黑格尔如恩格斯所说,"提出了前所未闻的命题",[313]但他的这些命题在莱布尼茨那里却显然早就已经有了某些蛛丝马迹。

毋庸讳言,德国古典唯心主义哲学只不过是近现代西方哲学的一个片断或一个阶段,仅仅藉莱布尼茨认识论对它的影响远不能充分说明莱布尼茨认识论思想的超时代性或历史影响,但从我们上面的论述看来,莱布尼茨的认识论思想对德国古典唯心主义认识论及其整个哲学的影响的确是相当深刻的,从中我们不难得出一个结论:莱布尼茨的认识论思想是西方认识论历史中一个相当重要的环节,离开了对莱布尼茨认识论的了解和研究,我们就很难对近现代西方认识论思想有全面、深刻的了解和理解。我们相信,随着德国科学院版《莱布尼茨著作与书信全集》各卷相继问世,莱布尼茨认识论思想的本来面目必将越来越多地大白于天下,我们在对其认识论原著的研读中必将领悟到其中所内蕴着的越来越多的"不死"的内容,开掘出越来越多的可用于构建当代认识论的精神资粮。

段德智

2018 年 8 月 30 日

于武昌珞珈山南麓

注释

1　黑格尔:《哲学史讲演录》第 4 卷,贺麟、王太庆译,商务印书馆 2016 年版,第 13 页。

2　莱布尼茨在《论洛克先生的〈人类理解论〉》(1696 年)中,曾经写道:"在所有的学术研究中,没有比这个题目更加重要的了,因为它是理解和解决所有其他问题的关键。"G. W. Leibniz: *Die philosophischen Schriften* 5, Herausgegeben von C. I. Gerhardt, Hildesheim: Georg Olms Verlag, 1978, p. 14。

3　参阅北京大学哲学系外国哲学史教研室编译:《西方哲学原著选读》上卷,商务印书馆 1981 年版,第 354—355、340 页。

4　同上书,第 365—366 页。

5　Cf. G. W. Leibniz, *Die philosophischen Schriften* 1, Herausgegeben von C. I. Gerhardt, Hildesheim: Georg Olms Verlag, 2008, p. 196.

6　Ibid. , pp. 198 – 199.

7　Ibid. , p. 198.

8　参阅玛利亚·罗莎·安托内萨:《莱布尼茨传》,宋斌译,中国人民大学出版社 2015 年版,第 31 页。

9　Cf. G. W. Leibniz, *Die philosophischen Schriften* 1, Herausgegeben von C. I. Gerhardt, Hildesheim: Georg Olms Verlag, 2008, p. 196.

10　Ibid. , p. 199.

11　Ibid. , p. 198.

12　参阅莱布尼茨:《新系统及其说明》,陈修斋译,商务印书馆 1999 年版,第 2—3 页。

13　G. W. Leibniz, *Die philosophischen Schriften* 5, Herausgegeben von C. I. Gerhardt, Hildesheim: Georg Olms Verlag, 1978 p. 41. 参阅莱布尼茨:《人类理智新论》上册,陈修斋译,商务印书馆 1982 年版,第 2 页。

14　同上书,第 2—3 页。

15　同上。

16　奥古斯丁(公元 354—430)的"光照说"虽然脱胎于柏拉图的"回忆说",但柏拉图回忆说的理论预设是灵魂前世的经验,且知识的获得又需要后世经验的提醒,而奥古斯丁的光照说则直接诉诸上帝自身,将上帝说成是那照耀灵魂或世人的"真光"。例如,他在《创世记文字注》里就明确宣布"这光其实就是上帝本身"(nam illud jam ipse Deus est)。这无疑借鉴了《约翰福音》关于上帝即是"那真光"的说法。波那文都在《论学艺回归神学》第 1 章中宣布"知识全在""圣典之光"的"光照"之内,可以说与奥古斯丁的光照说一脉相承,也是以《圣经》的说法为其依据的。托马斯·阿奎那关于上帝存在的宇宙论证明也是如此。在基督宗教神学史上,阿奎那以其对上帝存在所作的宇宙论证明而闻名于世。但无论是对上帝存在进行证明的必要性的论证，还是对上帝存在进行宇宙论证明可行性的论证，阿奎那也都是从《圣经》那里寻找理据的。例如，在论证对上帝存在进行证明的必要性时，阿奎那指出，这样一种必要性在于上帝存在的非自明性，而上帝存在的非自明性的根据则在于《圣经》。他写道："因为《诗篇》第53篇第1节中讲：'愚顽人心里说，没有上帝。'所以，'上帝存在'不是自明的"（托马斯·阿奎那：《神学大全》第1集，第1卷，段德智译，商务印书馆2013年版，第29页）。再如，在讨论到"上帝的存在能否被证明出来？"这一问题时，阿奎那写道："使徒在《罗马书》第1章第20节中说：'上帝的事情，虽是眼不能见，但藉着所造之物，就可以晓得。'但是，如果上帝的存在不能够经由受造物而证明出来，事情就不会这样。因为，对任何一件事物来说，我们首先必须理解的便是它是否存在"（同上书，第31—32页）。

17　莱布尼茨：《人类理智新论》上册，陈修斋译，商务印书馆1982年版，第59页。

18　《罗马书》1:19;2:13—15。

19　G. W. Leibniz, *Die philosophischen Schriften* 4, Herausgegeben von C. I. Gerhardt, Hildesheim: Georg Olms Verlag, 2008, p. 426.

20　*Leibniz: Philosophical Papers and Letters*, translated and edited by Leroy E. Loemker, D. Reidel Publishing Company, 1969, p. 267.

21　Ibid., p. 268.

22　《约翰福音》不仅宣告"太初有道，道与上帝同在，道就是上帝。……万物是藉着他造的。凡被造的，没有一样不是藉着他造的。生命在他里头。这生命就是人的光。……那光是真光，照亮一切生在世上的人。……恩典和真理都是由耶稣基督来的"，而且还进一步直截了当地宣布"上帝即是真理"，断言："我（即耶稣基督——引者注）就是道路、真理、生命。若不藉着我，没有人能到父那里去。你们若认识我，也就认识我的父。"参阅《约翰福音》1:1—17;14:6—7。

23　亚里士多德：《形而上学》，1003a 20。

24　参阅《出埃及记》3:14。其中写道："上帝对摩西说：'我是自有永有的。'"

25　黑格尔：《哲学史讲演录》第4卷，贺麟、王太庆译，商务印书馆2016年版，第6页。

26　北京大学哲学系外国哲学史教研室编译：《西方哲学原著选读》

上卷,商务印书馆 1981 年版,第 345 页。

27　笛卡尔在《第一哲学沉思集》中写道:"我一向认为,上帝和灵魂这两个问题是应该用哲学的理由而不应该用神学的理由去论证的主要问题。"笛卡尔:《第一哲学沉思集》,庞景仁译,商务印书馆 1986 年版,第 1 页。

28　美国"新美世界文库"出版社曾出版了一套所谓《导师哲学家丛书》,包含有《信仰时代》(中世纪哲学家)、《冒险时代》(文艺复兴时期哲学家)、《理性时代》(17 世纪哲学家)、《启蒙时代》(18 世纪哲学家)、《思想体系时代》(19 世纪哲学家)和《分析时代》(20 世纪哲学家)。

29　恩格斯在《社会主义从空想到科学的发展》一文中曾经指出:"在法国为行将到来的革命启发过人们头脑的那些伟大人物,本身都是非常革命的。他们不承认任何外界的权威,不管这种权威是什么样的。宗教、自然观、社会、国家制度,一切都受到了最无情的批判;一切都必须在理性的法庭面前为自己的存在作辩护或者放弃存在的权利。思维着的知性成了衡量一切的唯一尺度。"《马克思恩格斯选集》,第 3 卷,人民出版社 1995 年版,第 719 页。

30　Cf. *Leibniz*:*Philosophical Papers and Letters*, translated and edited by Leroy E. Loemker, D. Reidel Publishing Company, 1969, p. 268. 此后,海德格尔则明确赋予莱布尼茨理由律(海德格尔称之为"根据律")以存在论的意义,断言:"关于理由律,我们已经清楚看到,这一原理的'诞生地'既不是在陈述的本质中,也不是在陈述真理中,而是在存在论上的真理中,亦即在超越本身中。自由是理由律的本源"(参阅《海德格尔选集》上,孙周兴选编,上海三联书店 1996 年版,第 205—206 页)。

31　在《第一哲学沉思集》中,笛卡尔在谈到我们知识的可靠性或真实性时说道:"当我认识到有一个上帝之后,同时我也认识到一切事物都取决于他,而他并不是骗子,从而我断定凡是我领会得清楚、明白的事物都不能不是真的,虽然我不再去想我是根据什么理由把一切事物断定为真实的,只要我记得我是把它清楚、明白地理解了,就不能给我提出任何相反的理由使我再去怀疑它,这样我对这个事物就有了一种真实、可靠的知识,这个知识也就推广到我记得以前证明过的其他一切事物,比如推广到几何学的真理以及其他类似的东西上去。"笛卡尔:《第一哲学沉思集》,庞景仁译,商务印书馆 1986 年版,第 74 页。

32　依照斯宾诺莎的实体学说,作为同一个实体的广延和思想这样两种属性既然同属于一个实体,便势必具有统一性,从而观念的次序和联系与事物的次序和联系便也势必具有统一性。他写道:"凡是无限知性认作构成实体本质的东西全都只隶属于唯一的实体,因此思想的实体与广延的实体就是那唯一的同一的实体,不过时而通过这个属性,时而通过那个属性去了解罢了。"正因为如此,"观念的次序和联系与事物的次序和联系是相同的。"参阅斯宾诺莎:《伦理学》,贺麟译,商务印书馆1981年版,第45—46页。

33 1695年,莱布尼茨在《新系统》一文中初步提出了前定和谐系统的假说,断言:"我们应当说,上帝首先创造了灵魂或其他和灵魂同类的实在单元,而一切都应当从它(灵魂或单元)里面产生出来,就其本身而言完全是自发的,但又与外界事物完全符合"(莱布尼茨:《新系统及其说明》,陈修斋译,商务印书馆1999年版,第9页)。1714年,莱布尼茨在《单子论》第56节中又从"普遍联系"的原则出发,论述了每个单纯实体乃整个宇宙一面镜子的观点,断言:"一切事物对每一件事物的这种联系或适应,以及每一件事物对所有其他事物的这种相互联系或适应,使每个单纯实体具有表象所有其他事物的关系,并且使它因此而成为整个宇宙的一面永恒的活镜子。"

34 英国经验派还有一个重要代表人物,就是大卫·休谟。休谟生于1711年。其代表作《人性论》1739—1740年在英国出版。此时,莱布尼茨已经去世20多年,谈不上对莱布尼茨有过任何影响。因此,我们在讨论莱布尼茨认识论的学术背景时,避而不谈休谟。

35 参阅巴克莱:《人类知识原理》,关文运译,商务印书馆2010年版,第10页。

36 参阅本文集中《评巴克莱的〈原理〉》(1714—1715年冬)一文。

37 洛克:《人类理解论》下册,关文运译,商务印书馆1981年版,第460页。

38 参阅柏拉图:《斐多篇》,100A。

39 同上书,72E—77A。

40 参阅章雪富:《斯多亚主义(I)》,中国社会科学出版社2007年版,第214—217页。

41 参阅奥古斯丁:《论三位一体》,商务印书馆2015年版,第435—436页。

42 笛卡尔:《第一哲学沉思集》,庞景仁译,商务印书馆1986年版,第52—53页。

43　同上书,第182页。

44　同上。

45　参阅索利:《英国哲学史》,段德智译,陈修斋校,商务印书馆2017年版,第74—75页。

46　洛克在《人类理解论》里一开始就旗帜鲜明地批判笛卡尔的天赋观念说决不是偶然的,这不仅是因为对天赋观念说的肯定和否定事关英国经验论和大陆理性论的根本和大局,而且还因为笛卡尔的天赋观念说不仅在欧洲大陆,而且在英国也相当流行。这后面一点即使从洛克《人类理解论》"赠读者"的内容看也一目了然。洛克在其中写道:"我在1688年,曾把这个论文的大纲印行出去。后来据人说,有的人们只因为其中否认有天赋的观念,读亦不读,就加以非难;他们并且仓促断言,如果我们不假设天赋的观念,则对于精神便没有任何意念和证明。"洛克:《人类理解论》上册,关文运译,商务印书馆1981年版,"赠读者"第14页。

47　同上书,第6页。

48　笛卡尔是在《第一哲学沉思集》"第三个沉思'论上帝及其存在'"里提出并论述天赋观念,而且是以上帝观念为例证来说明所谓天赋观念即是那种既不可能"来自外界"也不可能"由我自己做成的或捏造的"观念。

49　洛克:《人类理解论》上册,关文运译,商务印书馆1981年版,第58页。

50　莱布尼茨:《人类理智新论》上册,陈修斋译,商务印书馆1982年版,第36页。

51　莱布尼茨在《人类理智新论》里在谈到自己一向赞成笛卡尔的天赋观念之后,紧接着就说道:"现在,我按照这个新的体系走得更远了。"同上书,第36页。

52　请读者注意,在本序中,引自本文集论文和书信的文字通常不再注明出处。

53　霍布斯将观念说成是我们藉感觉后天形成的"心像"。在《论物体》中,有"观念或心像"(any idea or phantasm, this idea or phantasm)的说辞(参阅 Thomas Hobbes, *Concerning Body*, John Bohn, 1839, p. 20, 94)。洛克在《人类理解论》里,将"标记"与观念并用,且将他的认识论称作"标记之学"(参阅洛克:《人类理解论》上册,关文运译,商务印书馆1981年版,第68页;下册,第721页)。

54　莱布尼茨:《人类理智新论》上册,陈修斋译,商务印书馆1982年版,第 36 页。

55 参阅柏拉图:《斐多篇》,73D;75E—76A。

56 笛卡尔:《第一哲学沉思集》,庞景仁译,商务印书馆 1986 年版,第 190—191 页。

57 洛克:《人类理解论》上册,关文运译,商务印书馆 1981 年版,第 8 页。

58 同上书,第 9 页。

59 莱布尼茨:《人类理智新论》上册,陈修斋译,商务印书馆 1982 年版,第 6 页。

60 同上书,第 6—7 页。

61 同上书,第 7 页。

62 同上。

63 同上书,第 45 页。

64 同上。

65 柏拉图:《斐多篇》,75E。

66 莱布尼茨:《人类理智新论》上册,陈修斋译,商务印书馆 1982 年版,第 47—48 页。

67 柏拉图:《美诺篇》,80C。

68 莱布尼茨:《人类理智新论》上册,陈修斋译,商务印书馆 1982 年版,第 49 页。

69 同上。

70 同上书,第 46 页。

71 参阅孟昭兰主编:《普通心理学》,北京大学出版社 1994 年版,第 2、121—135 页。

72 从词源学的角度看问题,心理学(psychology)原本是一门研究灵魂(psyche)的学问。现在,人们通常将这样一种研究灵魂的学问称作哲学心理学或古代心理学。而西方古代心理学或哲学心理学最主要的代表人物即是柏拉图和亚里士多德。

73 柏拉图的理念论也被称作相论(参阅汪子嵩、范明生、陈村富、姚介厚:《希腊哲学史》第 2 卷,人民出版社 2014 年版,第 548 页)。我们之所以说灵魂问题与柏拉图的理念论或相论密切相关,不仅在于按照柏拉图本人的说法,灵魂本身是一种具有理念、与理念领域相通的东西,也不仅在于灵魂藉其反复转世而使我们在生前即获得诸多理念,而且还在于我们只有凭借回忆方能获得理念知识。

74　柏拉图曾对灵魂作出三重区分:这就是理性、激情和欲望。由此,便产生出他的包括智慧、勇敢、节制和正义在内的"四德性说"。其中,智慧为理性的德性,勇敢是激情的德性,节制是激情和欲望服从理性的德性,正义则是灵魂三要素彼此和谐的德性。柏拉图的四德性说既是他的道德学说的基本原则,也是他的社会学说的基本原则。依照专业分工的原则,柏拉图将城邦里的人分为三类:一类是统治者,一类是保卫者,一类是生产者。统治者的德性在于智慧,保卫者的美德在于勇敢,生产者的德性在于节制,当他们都按照其相应的德性行事时,亦即当统治者以智慧治理国家、保卫者以勇敢保卫国家、包括生产者在内的所有成员以节制协调彼此行为时,这个城邦便实现了正义。由此看来,在柏拉图这里,其个人修养的道德准则与国家治理的政治准则一脉相通,都是以其灵魂学说为根据的。

75　亚里士多德曾明确地将"人自身的善"作为政治学的目的。他写道:"如若在实践中确有某种为其自身而期求的目的,而一切其他事情都要为着它,而且并非全部抉择都是因他物而作出的(这样就要陷于无穷后退,一切欲求就变成无益的空忙),那么,不言而喻,这一为自身的目的也就是善自身,是最高的善。……所以,人自身的善也就是政治科学的目的。一种善即或对于个人和对于城邦来说,都是同一的,然而,获得和保持城邦的善显然更为重要,更为完满。一个人获得善值得嘉奖,一个城邦获得善却更加荣耀,更为神圣。讨论到这里,就可知道,这门科学就是政治科学。"参阅亚里士多德:《尼各马可伦理学》,1094a 20—b 12。

76　巴门尼德写道:"来吧,我告诉你(你要谛听我的话),只有哪些途径是可以设想的。第一条是:存在物是存在的,是不可能不存在的,这是确信的途径,因为它通向真理。另一条则是:存在物是不存在的,非存在必然存在,这一条路,我告诉你,是什么都学不到的。因为你既不认识非存在(这确乎是办不到的),也不能把它说出来。"参阅巴门尼德:《论自然》,残篇 D4。

77　参阅柏拉图:《理想国》,509e—510a。

78　同上书,510a。

79　同上书,511a。

80　同上书,511b—c。

81　密歇根大学哲学教授斯蒂芬·艾沃森(Stephen Everson)在其

1997年由牛津大学出版社出版的《亚里士多德论知觉》(Aristotle on Perception)一书中断言亚里士多德具有知觉理论,尽管他只是在感觉(aisthesis)的名义下来讨论和阐述他的知觉理论(参阅汪子嵩、范明生、陈村富、姚介厚:《希腊哲学史》第3卷,人民出版社2014年版,第513—514页)。亚里士多德之所以特别注重知觉理论,究其深层原因,最根本的在于:柏拉图主张理念论和回忆说,将理念视为一种现成的东西,将我们的认识活动最终归结为一种回忆或对心灵的注意,从而从根本上削弱了乃至否定了知觉在认识过程中的重要作用。亚里士多德既然主张个体事物以及与之相关的个体实体为第一实体,既然主张白板说,主张我们的一切知识都来源于感觉和知觉,则知觉学说自然而然地便成了他的认识过程理论中不可或缺的一个环节。

82 参阅亚里士多德:《灵魂论》,434b 10—23;《论感觉及其对象》,436b 10—22。

83 参阅亚里士多德:《论动物的部分》,666b 1。

84 参阅亚里士多德:《灵魂论》,429a 4—5。

85 同上书,429a 1—2。

86 同上书,429a 5—6。

87 亚里士多德写道:"只要有一个特殊的知觉对象'站住了',那么灵魂中便出现了最初的普遍(因为虽然我们所知觉到的是特殊事物,但知觉活动却涉及普遍,例如是'人',而不是一个人,如加里亚斯)。然后另一个特殊的知觉对象又在这些最初的普遍中'站住了'。这个过程不会停止,直到不可分割的类,或终极的普遍的产生。例如,从动物的一个特殊种导向动物的类,如此等等。"参阅亚里士多德:《后分析篇》,100a 16—b 4。

88 托马斯曾断言:"想象是我们知识的一个原则,我们的理智活动在这里开始。想象不是开始的刺激,而是持久的基础。"参阅托马斯·阿奎那:《波爱修〈论三位一体〉注》,问题6,第2条。

89 Thomas Hobbes, *Concerning Body*, John Bohn, 1839, p. 391.

90 霍布斯的名著《利维坦》,其第一章的标题为"论感觉",第二章的标题为"论想象",第三章的标题为"论想象的序列或系列"。由此足见想象问题在其思想体系中的地位非同一般。

91 霍布斯:《利维坦》,黎思复、黎廷弼译,杨昌裕校,商务印书馆2014年版,第7页。

92 同上书,第7—9页。

93　同上书,第 12 页。

94　同上书,第 12—13 页。

95　参阅洛克:《人类理解论》上册,关文运译,商务印书馆 1981 年版,第 109、115 页。

96　同上书,第 109—112 页。

97　同上书,第 125 页。

98　在近代,不仅英国经验论哲学家霍布斯和洛克发展了知觉理论,而且大陆理性派哲学家笛卡尔和斯宾诺莎也为近代知觉理论的发展做出了一定贡献。笛卡尔的主要贡献在于他将人类知觉的生理基础由亚里士多德所说的"心脏"移至人类的脑部和神经系统,从而促进了西方知觉理论的近代化。他强调说:"人的灵魂虽然与全身结合着,可是它的主要位置仍在脑部;只有在脑部,它不但进行理解、想象,而且还进行知觉活动。它的知觉是借神经为媒介的"(René Descartes, *Principles of Philosophy*, translated by Valentine Rodger Miller and Reese Miller, Dordrecht: D. Reidel Publishing Company, 1983, p. 276)。此外,他的内在感觉理论也别具一格,他不是像亚里士多德和托马斯那样,从认知的角度来审视内感觉,而是从情感和欲望的角度来审视内感觉,断言我们的内在感觉共有两种,这就是"人心的感受(情感)"和"自然嗜欲"(同上)。但出于大陆理性论的偏见,他并未在感觉和知觉之间做出区分,常常用"感官知觉"(the perceptions of the senses)这样的术语(同上)。斯宾诺莎也曾论及知觉和想象,但他也犯有与笛卡尔相似的错误,将知觉和想象与感觉混为一谈(参阅斯宾诺莎:《伦理学》,贺麟译,商务印书馆 1981 年版,第 73 页)。

99　参阅莱布尼茨:《单子论》,第 14 节。

100　同上书,第 17 节。

101　例如,在《单子论》第 19、23—30 节,莱布尼茨就依据知觉的清楚程度将单子区分为"单纯实体"、"灵魂"和"心灵"或精神三个大的等级。

102　莱布尼茨一贯突出和强调人或人的灵魂(心灵)在宇宙中的特殊地位,说他非常接近上帝,是一个小神。他在《形而上学谈》第 36 节中写道:"一个单一的心灵,其价值抵得上整个世界。因为他不仅表象世界,而且也认识他自己,并且还能像上帝那样支配他自己,以至于尽管所有的实体都表象整个宇宙,但除心灵外的别的实体表象的只是世界而非上帝,而心灵表象的则是上帝而非世界。心灵所具有的这种极其高贵的本性,使他们得以以受造物所能达到的最大限度接近上帝。"在 1687 年 10

月 9 日致阿尔诺的信中,他甚至将我们的灵魂或心灵说成"许许多多的小神(de petits Dieus)"(参阅《莱布尼茨早期形而上学文集》,段德智、陈修斋、桑靖宇译,商务印书馆 2017 年版,第 253 页)。在《单子论》第 83 节中,他又重申了这一立场,强调"每个心灵在它自己的范围内颇像一个小小的神"。

103　Cf. Nicholas Rescher, *G. W. Leibniz's Monadology*, University of Pittsburgh Press, 1991, p. 81.

104　参阅莱布尼茨:《单子论》,第 15 节。

105　参阅北京大学哲学系外国哲学史教研室编译:《十六—十八世纪西欧各国哲学》,商务印书馆 1975 年版,第 154—155 页。

106　莱布尼茨:《单子论》,第 25 节。

107　同上书,第 26 节。

108　同上书,第 19 节。

109　同上书,第 20 节。

110　Cf. Nicholas Rescher, *G. W. Leibniz's Monadology*, University of Pittsburgh Press, 1991, p. 78.

111　霍布斯从其机械唯物主义的立场出发来思考和处理感觉问题。他给感觉下的定义是:"感觉是一种心像(SENSE is a phantasm),由感觉器官向外的反作用及努力所造成,为继续存在或多或少一段时间的对象的一种向内的努力所引起。"参阅 Thomas Hobbes, *Concerning Body*, John Bohn, 1839, p. 391。

112　Cf. G. W. Leibniz, *Die philosophischen Schriften* 1, Herausgegeben von C. I. Gerhardt, Hildesheim: Georg Olms Verlag, 2008, p. 71.

113　G. W. Leibniz, *Die philosophischen Schriften* 4, Herausgegeben von C. I. Gerhardt, Hildesheim: Georg Olms Verlag, 2008, p. 230.

114　至少就本论文集的内容看,莱布尼茨是在这篇论文中首次提到"海洋声音"这个例证。

115　莱布尼茨:《人类理智新论》上册,陈修斋译,商务印书馆 1982 年版,第 82 页。

116　参阅洛克:《人类理解论》上册,关文运译,商务印书馆 1981 年版,第 72—73 页。

117　莱布尼茨:《人类理智新论》上册,陈修斋译,商务印书馆 1982 年版,第 83 页。

118 同上书,第 87 页。
119 同上书,第 85 页。
120 同上书,第 8—9 页。
121 莱布尼茨极其重视微知觉学说的哲学功能和价值,他曾说道:"这些微知觉,就其后果来看,效力要比人所设想的大得多。"同上书,第 10 页。
122 同上。
123 同上书,第 10—11 页。
124 同上书,第 11 页。
125 同上书,第 12 页。
126 同上书,第 13—14 页。
127 同上书,第 14 页。
128 参阅莱布尼茨:《单子论》,第 19—20 节。
129 同上书,第 20 节。
130 同上书,第 21 节。
131 同上书,第 23 节。
132 笛卡尔和斯宾诺莎都把直觉知识视为第一等知识或最可靠知识。在笛卡尔看来,直觉知识可以说是一种不证自明的知识。他写道:"我所了解的直觉,不是感官所提供的恍惚不定的证据,也不是幻想所产生的错误的判断,而是由澄明而专一的心灵所产生的概念。这种概念的产生如此简易、清楚,以致对认识的对象,我们完全无需加以怀疑。"他强调说:"离开心灵的知觉或演绎,就不可能获得任何一种科学知识";"除了通过自明性的直觉和必然性的演绎外,人类没有达到确实性知识的道路"(*The Philosophical Works of Descartes*, ed. by E. S. Haldane and G. R. Ross, Cambridge University Press, Vol. 1, 1973, pp. 7, 10, 45)。斯宾诺莎将知识区别为三种:他将从泛泛经验得来的知识和从记号得来的观念称作第一种知识,将"从对于事物的特质具有共同概念和正确观念而得来的观念"称作第二种知识或理性知识,将直觉知识称作第三种知识,并且断言:"这种知识是由神的某一属性的形式本质的正确观念出发,进而达到对事物本质的正确知识"(参阅斯宾诺莎:《伦理学》,贺麟译,商务印书馆 1981 年版,第 73—74 页)。这就表明,斯宾诺莎不仅将直觉知识视为最高等级的知识,而且还明确地宣布它是一种高于"理性知识"的知识。
133 洛克断言,我们的知识和观念有两个来源,一个是感觉,一个是反省,感觉的对象是外在的物质事物,反省的对象则是我们的"心理活动"。属于反省观念的有"知觉"、"思想"、"怀疑"、"信仰"、"推论"、"认识"和"意欲"等。在西方认识论史上,亚里士多德有所谓"通感"和"想象",托马斯·阿奎那有所谓"内感觉"(含"通感"、"辨别"、"想象"和"记忆")。虽然洛克有时也将"反省"理解为一种感觉,将反省的心灵称作"内在的感官",但洛克的反省与亚里士多德的"通感"和"想象"不同,与托马斯·阿奎那的"内感觉"也不同。因为亚里士多德和托马斯·阿奎那的"通感"或"内感觉"所意指的是对外感觉的一种加工或初步抽象,而洛克的反省所意指的则是对我们心灵活动的一种"注意"(洛克:《人类理解论》上册,关文运译,商务印书馆 1981 年版,第 69 页)。至于直觉知识,洛克不仅几乎与笛卡尔和斯宾诺莎一样,给予其崇高的地位,将其视为第一等级的知识和最可靠的知识,而且还明确地将其宣布为包括推证知识在内的所有知识的确定性的来源。他写道:"我们的一切知识都成立于人心对其观念所有的观察,而且就我们的能力说来,就我们的认识途径说来,我们所能得到的光明,亦就以此为极限,所能得到的确定性,亦就以此为最大。……离了直觉,我们就不能达到知识和确定性"(同上书,下册,第 520—521 页)。

　　134 康德非常重视"统觉"。在《纯粹理性批判》里,康德宣称:"统觉的原理是整个人类认识范围内的最高原理"(转引自李泽厚:《批判哲学的批判》,人民出版社 1979 年版,第 163 页)。尽管无论在莱布尼茨那里还是在康德那里,统觉都是一种自我意识,但他们对统觉的理解却不尽相同。在莱布尼茨那里,一方面,统觉作为意识对象虽然是先验的,但作为一种意识活动或知觉活动却是经验的;另一方面,统觉作为意识对象和意识主体则是当时流行的"理性心理学"所说的一种心灵实体。但在康德那里,事情却并不完全如此。一方面,统觉作为意识主体并非一种由质料和形式构成的心理学意义上的心灵实体,而只是一种有着综合统一功能的先验形式,因此,从逻辑层面看,它本身是一种毫无经验内容的东西,是一种完全属于先验自我意识的东西;但从实存层面看,统觉,作为自我意识,与对象意识相互依存:一方面,它是经验的自我意识或对象意识所以可能的条件,另一方面,它本身又只有藉对象意识才得以现实存在,并现实地发挥其综合统一的功能。由此看来,只有在对莱布尼茨统觉学说作出进一步反思和进一步抽象的基础上,也就是说,只有在对莱布尼茨的由质料和形式构成的心灵实体作出进一步反思和抽象的基础上,我们才能获得康德的作为纯粹先验形式的统觉概念。

135　洛克在《人类理解论》里虽然也曾将"反省"作为我们获得知识的两种基本"途径"之一。但他在讲"反省"时,强调的是反省对于感觉的依赖性和"后在性"。例如,他在谈到"知觉"这一"最初"的反省观念时,就曾强调说:"人心只有在接受(感觉)印象时,才能发生知觉。"他还解释说:"要问什么是知觉,则一个人如果反省自己在看时、听时、思时、觉时,自身所经验到的,就可以知道。"参阅洛克:《人类理解论》上册,关文运译,商务印书馆 1981 年版,第 109 页。

136　莱布尼茨:《人类理智新论》上册,陈修斋译,商务印书馆 1982 年版,第 6 页。在这里,莱布尼茨很可能是首次正式使用"统觉"(appercevoir)这个术语。

137　同上书,第 8 页。

138　同上书,第 40—41 页。

139　同上书,第 82 页。

140　Leibniz,*Essais De Théodicée*,GF Flammarion,p. 427.

141　G. W. Leibniz,*Die philosophischen Schriften 6*,Herausgegeben von C. I. Gerhardt,Hildesheim:Georg Olms Verlag,2008,p. 600.

142　G. W. Leibniz,*Die philosophischen Schriften 6*,Herausgegeben von C. I. Gerhardt,Hildesheim:Georg Olms Verlag,2008,p. 600.

143　参阅莱布尼茨:《单子论》,第 30 节。莱布尼茨《基于理性的自然与神恩的原则》第 4 节里,当谈到统觉活动时,就曾经指出:"这些灵魂(指理性灵魂或精神——引者注)有能力实施各种反思活动,也有能力考察被称作我、实体、灵魂、精神的东西,总之,也有能力考察各种所谓非物质的事物和非物质的真理。而这也就是致使我们能够具有各门科学或推证知识的东西"。

144　参阅莱布尼茨:《单子论》,第 30 节。

145　同上。

146　"实体即主体",或者说"绝对即主体",是黑格尔哲学的一项基本原则。在《精神现象学》里,黑格尔对他的这样一条原则做了如下的阐释:"[绝对即主体的概念]照我看来,……一切问题的关键在于:不仅把真实的东西或真理理解和表述为实体,而且同样理解和表述为主体。同时还必须注意到,实体性自身既包含着共相(或普遍)或知识自身的直接性,也包含着存在或作为知识之对象的那种直接性"(黑格尔:《精神现象学》上卷,贺麟、王玖兴译,商务印书馆 1987 年版,第 10 页)。在一定意义上,我们不妨将黑格尔的这段话视为莱布尼茨统觉理论的一个注脚。诚然，我们还不能说莱布尼茨的"理性灵魂"或"精神"及其统觉完全是一种黑格尔意义上的"自在自为的存在"，但毕竟是朝这样一种自在自为的存在迈出了极其重要的一步。

147　参阅北京大学哲学系外国哲学史教研室编译：《西方哲学原著选读》上卷，商务印书馆 1981 年版，第 29 页。

148　同上书，第 51 页。

149　随着古希腊奴隶制繁荣时代的到来，希腊哲学的中心出现了由自然哲学向道德哲学的转移，其标志即是苏格拉底道德哲学的问世。与自然哲学家一味追求关于自然的知识和真理不同，苏格拉底要求我们从自然转向心灵，不仅提出了"认识你自己"的纲领性口号，而且还提出了"德性即知识"的哲学原则。苏格拉底的道德哲学并不是要求我们放弃关于自然的知识，而是要求我们从心灵的德性即善出来研究自然，获得关于自然的知识。苏格拉底断言："在任何情况下，我首先确定一个我认为是最健全的原则，然后设定：凡是看起来符合这个原则的东西，不管是在原因方面，还是在其他方面相符合，都是真的；凡是与之不相符合的东西，就是不真的"（柏拉图：《斐多篇》，100a）。苏格拉底注重真理的实践性或者说注重知行的同一性，强调"无人自愿作恶"。他断言："我本人确信无疑，没有一个聪明人会相信有人会自愿犯罪，或自愿作恶，或实施任何邪恶的行为。他们完全知道任何卑劣邪恶之事都不是自愿犯下的"（柏拉图：《普罗泰戈拉篇》，345e）。在我国，王阳明也曾主张过这样一种知行统一论。他写道："知是行的主意，行是知的功夫。知是行之始，行是知之成。若会得时，只说一个知，已自有行在。只说一个行，已自有知在"（王阳明：《传习录》上）。而且，若从本体论角度考量，我们也不妨将苏格拉底的以"认识你自己"为主旨的道德哲学称作"心学"。

150　柏拉图将善视为真的原则。他断言："给知识对象以真理、给认知者以认知能力的实在就是善的理念。你必须将它当作知识和迄今为止所知道一切真理的源泉。真理和真理都是美好的，但善的理念比它们更美好。……至于知识和真理，你绝对不能认为它们就是善，就好比我们刚才在比喻中提到光和很像太阳的视力，但绝不能认为它们就是太阳。因此，我们在这里把知识和真理比作善的类似物是可以的，但若将它们视为善，那就错了。善的领域和所作所为具有更高的荣耀。……知识的对象不仅从善那里获得它们的可知性，并且从善那里得到它们的存在和本质，但善本身却不是本质,而是比本质更有尊严和统摄力量的东西。"参阅柏拉图:《理想国》,508e—509b。

151　亚里士多德:《形而上学》,993b 19—21。

152　墨子:《非命上》。

153　培根:《崇学论》,商务印书馆1938年版,第26页。

154　参阅霍布斯:《利维坦》,黎思复、黎廷弼译,杨昌裕校,商务印书馆2014年版,第22页。

155　洛克:《人类理解论》下册,关文运译,商务印书馆1981年版,第555页。

156　北京大学哲学系外国哲学史教研室编译:《西方哲学原著选读》上卷,商务印书馆1981年版,第369页。

157　斯宾诺莎曾断言:"真观念必定符合它的对象。"参阅斯宾诺莎:《伦理学》,贺麟译,商务印书馆1981年版,第4页。

158　在《伦理学》中,斯宾诺莎反复强调了"真理"或"真观念"即真理的标准。他写道:"真理即是真理自身的标准。""除了真观念外,还有什么更明白更确定的东西足以作真理的标准呢?正如光明之显示其自身并显示黑暗,所以真理既是真理自身的标准,又是错误的标准。"同上书,第76页。

159　转引自冯俊:《法国近代哲学》,同济大学出版社2004年版,第25页。

160　参阅斯宾诺莎:《伦理学》,贺麟译,商务印书馆1981年版,第76页。

161　在莱布尼茨看来,一个化验师所具有的黄金的知识是清楚的,因为他能藉充分的标志将黄金与其他事物区别开来。但他所具有的黄金的知识又往往是不完全的,或者说是不完全清楚的,因为他对构成黄金这个复合概念的每个单一构成要素的各种标志,如重、颜色、硝酸以及作为黄金标志的其他一些东西的各种标志,却往往虽然明白但却混乱地认识到的。

162　莱布尼茨:《人类理智新论》上册,陈修斋译,商务印书馆1982年版,第267页。

163　同上书,第267—268页。

164　参阅洛克:《人类理解论》上册,关文运译,商务印书馆1981年版,第349页。

165　参阅莱布尼茨:《人类理智新论》上册,陈修斋译,商务印书馆 1982 年版,第 277 页。在这里,莱布尼茨是用当时流行的"第一性质"和"第二性质"学说来解释感觉观念和感觉性质之间的关系的。

166　同上。朱熹在《答刘叔文》的信中曾写道:"若在理上看,则虽未有物而已有物之理。然亦但有其理而已,未尝实有是物也。""未有天地之先,毕竟也只是理"(《朱文公文集》卷四十六)。真可谓"东圣西圣,其揆一也"。

167　洛克将完满的观念称作相称的观念,将相称的或完满的观念说成是"完全表象其原型"的观念。他写道:"在我们的实在观念里边,有些是相称的,有些是不相称的。所谓相称的观念就是完全表象着人心所假设的那些观念的原型的;人心以这些观念来代表这些原型,并以这些原型为参考。至于所谓不相称的观念,则只是部分地、不完全地表象它们所参考的那些原型。"洛克:《人类理解论》上册,关文运译,商务印书馆 1981 年版,第 352 页。

168　莱布尼茨:《人类理智新论》上册,陈修斋译,商务印书馆 1982 年版,第 281—282 页。

169　同上书,第 284 页。

170　在这里,莱布尼茨事实上已经提出了"谓词存在于主词之中"的著名论断,罗素宣称"莱布尼茨的哲学差不多完全源于他的逻辑学"(罗素:《对莱布尼茨哲学的批评性解释》,段德智、张传有、陈家琪译,陈修斋、段德智校,商务印书馆 2000 年版,"第二版序",第 15 页),即是谓此。

171　独一理智是中世纪阿拉伯哲学家阿维洛伊所主张的一种观点,这种观点认为,我们所有的人都只有一个理智(可能理智)。托马斯·阿奎那在《论独一理智》中系统地批驳了阿维洛伊的观点。他写道:"要是所有的人只有一个理智,那就必定可以得出结论说:只有一个人在理解,从而也只有一个人在意欲,并且是自由地意欲使用所有那些人们借以相互区别开来的东西。由此也就可以进一步得出结论说:在人之间,如果就意志的自由选择而言,是没有什么差别的。"托马斯·阿奎那:《论独一理智》,段德智译,商务印书馆 2015 年版,第 55 页。

172　参阅莱布尼茨:《神正论》,段德智译,商务印书馆 2016 年版,第 61—62 页。

173　事实上,《单子论》第 1—7 节的主要内容差不多都可以在《第一真理》一文中找到。

174　这里所说的莱布尼茨致傅歇的信及其有关批注的内容见本文集中《论假设真理与言说现实存在事物的真理》一文。

175　笛卡尔在《第一哲学沉思集》(Meditationes de prima philosophia)的《前言》里说,他的这本书着重"讨论上帝和人的灵魂问题,同时也给第一哲学打个基础"。笛卡尔:《第一哲学沉思集》,庞景仁译,商务印书馆1986年版,第9页。

176　这里所说的莱布尼茨致康林的信的有关内容见本文集中《论推证、事实真理与假设》一文。

177　牛顿:《自然哲学的数学原理》,赵振江译,商务印书馆2015年版,第651页。

178　莱布尼茨在谈到笛卡尔的运动量守恒假说时,曾批评说:"笛卡尔派最著名的命题是事物中的运动量守恒。不过,他们并未提供任何证明。"G. W. Leibniz, *Die philosophischen Schriften* 4, Herausgegeben von C. I. Gerhardt, Hildesheim: Georg Olms Verlag, 2008, p. 370.

179　《马克思恩格斯选集》,第4卷,人民出版社1995年版,第324—325页。

180　马克思:《博士论文》,人民出版社1961年版,第60页。

181　例如,亚里士多德就曾批评过德谟克里特的片面观点,断言:"德谟克里特忽略了目的因,把自然界一切作用都归之于必然性。"参阅北京大学哲学系外国哲学史教研室编译:《古希腊罗马哲学》,商务印书馆1982年版,第99页。

182　参阅 *The Philosophical Works of Descartes*, trans. by E. S. Haldane and G. R. Ross, Cambridge University Press, Vol. 1, 1911, p. 45. 在具体地谈到直觉和演绎时,笛卡尔也同样明确地排除了这些知识的感觉性质和偶然性。他写道:"我所了解的直觉,不是感官所提供的恍惚不定的证据,也不是幻想所产生的错误的判断,而是由澄明而专一的心灵所产生的概念。"而他所谓演绎,即是"从业已确切知道的其他事实所进行的任何带必然性的推理"(Ibid., pp. 7, 8)。

183　斯宾诺莎:《伦理学》,贺麟译,商务印书馆1981年版,第4页。

184　同上书,第27页。

185　同上书,第30页。

186　Thomas Hobbes, *Concerning Body*, John Bohn, 1839, pp. 129 -

130.

187　Ibid.,p.130.

188　"晴天飞霹雳"出自南宋爱国诗人陆游《四日夜鸡未鸣起作》一诗。全诗如下："放翁病过秋,忽起作醉墨。正如久蛰龙,晴天飞霹雳。虽云堕怪奇,要胜常悯默。一朝此翁死,千金求不得。"

189　《莱布尼茨早期形而上学文集》,段德智、陈修斋、桑靖宇译,商务印书馆2017年版,第21页。

190　同上书,第21—22页。

191　同上书,第124页。

192　同上书,第393页。

193　同上书,第396页。

194　同上书,第400—401页。

195　同上书,第404页。

196　同上书,第408页。

197　莱布尼茨:《人类理智新论》下册,陈修斋译,商务印书馆1982年版,第418页。

198　莱布尼茨虽然也赞同洛克将感性知识列为可靠知识的做法,但他却对感性知识的可靠性做了弱化处理。这是因为,在他看来,"感性事物的真实性只在于现象的联系"。他解释说:"我认为在感觉对象方面的真正的标准,是现象间的联系,也就是在不同的地点和时间,在不同的人的经验中所发生者之间的联系,而人们本身,这些人对于另一些人来说,在这方面也就是很重要的现象。而现象间的联系,它保证着关于在我们之外的感性事物的事实真理,是通过理性真理得到证实的;正如光学上的现象通过几何学得到阐明一样。可是必须承认,这整个可靠性并不是属于最高级的。"至于为何其可靠性不是最高级的,莱布尼茨给出的理由是,一场梦也有可能像一个人的生命那样连续和持久。同上书,第428—429页。

199　同上书,第427页。

200　洛克:《人类理解论》下册,关文运译,商务印书馆1981年版,第652页。

201　莱布尼茨:《人类理智新论》下册,陈修斋译,商务印书馆1982年版,第551—552、554页。

202　洛克在讨论"人类知识的范围"时,就曾宣布"我们没有物体的科学"。他断言:"在物理的事物方面,人类的勤劳不论怎么可以促进有用的实验的哲学,而科学的知识终究是可望而不可及的。"后来,在讨论"知识的改进"问题时,他又强调指出:既然"我们关于各种物体所有的知识,只能借经验来促进",则我们由此便只能"得到方便",而不能"得到科学","自然哲学不能成为一种科学"。参阅洛克:《人类理解论》下册,关文运译,商务印书馆1981年版,第548、642—643页。

203　莱布尼茨:《人类理智新论》下册,陈修斋译,商务印书馆1982年版,第448页。

204　同上书,第537页。

205　莱布尼茨:《神正论》,段德智译,商务印书馆2016年版,第61—62页。

206　同上书,第644页。

207　《莱布尼茨与克拉克论战书信集》,陈修斋译,商务印书馆1996年版,第30、59页。

208　Arthur Hyman and James J. Walsh ed., *Philosophy in the Middle Ages*, Indianapolis: Hackett Publishing Company, 1973, p. 292.

209　托马斯·阿奎那:《反异教大全》第1卷,段德智译,商务印书馆2017年版,第80页。

210　参阅托马斯·阿奎那:《神学大全》第1集,第1卷,段德智译,商务印书馆2013年版,第4—5页。

211　托马斯·阿奎那:《反异教大全》第1卷,段德智译,商务印书馆2017年版,第76页。

212　René Descartes, *Principles of Philosophy*, translated by Valentine Rodger Miller and Reese Miller, Dordrecht: D. Reidel Publishing Company, 1983, p. 23。

213　斯宾诺莎:《伦理学》,贺麟译,商务印书馆1981年版,第3页。

214　黑格尔:《哲学史讲演录》第4卷,贺麟、王太庆译,商务印书馆2016年版,第109页。

215　Thomas Hobbes, *Concerning Body*, John Bohn, 1839, p. 10.

216　霍布斯:《利维坦》,黎思复、黎廷弼译,杨昌裕校,商务印书馆2014年版,第1页。

217　洛克:《人类理解论》下册,关文运译,商务印书馆1981年版,第692—694页。

218　黑格尔:《哲学史讲演录》第 4 卷,贺麟、王太庆译,商务印书馆 2016 年版,第 205 页。

219　参阅洛克:《人类理解论》下册,关文运译,商务印书馆 1981 年版,第 698 页。

220　同上。

221　同上。

222　同上。

223　见本文集中《论不依赖感觉与物质的东西》一文。

224　洛克:《人类理解论》下册,关文运译,商务印书馆 1981 年版,第 686 页。

225　莱布尼茨:《人类理智新论》下册,陈修斋译,商务印书馆 1982 年版,第 593 页。

226　同上。

227　同上书,第 594 页。

228　同上书,第 599—600 页。

229　同上书,第 600 页。

230　同上书,第 601 页。

231　同上。

232　同上书,第 611 页。

233　同上书,第 618 页。

234　Leibniz:*Philosophical Papers and Letters*,translated and edited by Leroy E. Loemker,D. Reidel Publishing Company,1969,p.594.

235　参阅莱布尼茨:《神正论》,段德智译,商务印书馆 2016 年版,第 94 页。

236　同上。

237　莱布尼茨写道:"理性真理又分为两种:其中一种可以称之为'永恒真理'。这些真理是绝对必然的,从而其反面便蕴涵有矛盾。这就是那些具有逻辑的、形而上学的或几何学的必然性的真理,对于这样一种真理,人们若否定它们便势必导致荒谬。然而,还有另外一种理性真理,我们可以称之为'实证'真理。"同上书,第 95 页。

238　同上。莱布尼茨在这里所讲的"自然界的规律",其实也就是他后面所说的"物理的必然性"。而这种物理的必然性也如莱布尼茨所指出的,实际上"是以道德的必然性为基础的","也就是说,是以有智慧的人做出的与其智慧相称的选择为基础的"。

239　同上书,第 98 页。

240　黑格尔:《哲学史讲演录》第 1 卷,贺麟、王太庆译,商务印书馆 1981 年版,第 43 页。

241　关于莱布尼茨哲学对现当代西方哲学的影响,有兴趣的读者可以参考拙著《莱布尼茨哲学研究》(人民出版社 2011 年出版)第六章"莱布尼茨对后世哲学的深广影响"有关内容。

242　伽达默尔:《真理与方法:哲学诠释学的基本特征》,洪汉鼎译,上海译文出版社 1992 年版,第 361—362 页。

243　黑格尔:《哲学史讲演录》第 4 卷,贺麟、王太庆译,商务印书馆 2016 年版,第 261 页。

244　卡尔·福尔伦德:《康德生平》,商章孙、罗章龙译,商务印书馆 1986 年版,第 23 页。也请参阅李泽厚:《批判哲学的批判——康德述评》,人民出版社 1979 年版,第 30 页。李泽厚在谈到青年时代的康德时,写道:"康德本是莱布尼茨—沃尔夫哲学唯心主义唯理论的信奉者。"

245　同上书,第 43 页。

246　参阅康德:《纯粹理性批判》,邓晓芒译,杨祖陶校,人民出版社 2004 年版,第 242、244 页。

247　总的来说,其他近代哲学家在第二版中被提及的次数非但没有增加,反而有所减少。

248　同上书,第 21、27 页。

249　限于篇幅,本序只打算对康德有关宇宙论的四个二律背反展开讨论。

250　参阅莱布尼茨:《神正论》,段德智译,商务印书馆 2016 年版,第 61 页。

251　例如,莱布尼茨在其于 1715—1716 年致克拉克的信中就曾批评牛顿的绝对时空观不是将时空视为"上帝用来感知事物的器官"以至于上帝的"本质",就是将时空视为处于上帝之外的永恒的东西。参阅《莱布尼茨与克拉克论战书信集》,陈修斋译,商务印书馆 1996 年版,第 1、67 页。

252　参阅康德:《纯粹理性批判》,邓晓芒译,杨祖陶校,人民出版社 2004 年版,第 364 页。

253　参阅亚里士多德:《物理学》,231a 20—b 20。René Descartes, *Principles of Philosophy*, translated by Valentine Rodger Miller and

Reese Miller, Dordrecht: D. Reidel Publishing Company, 1983, pp. 48-49.

254　参阅段德智:《莱布尼茨物质无限可分思想的学术背景与哲学意义》,《武汉大学学报》2017年第2期。

255　黑格尔:《小逻辑》,贺麟译,商务印书馆1980年版,第256页。

256　参阅黑格尔:《逻辑学》上卷,杨一之译,商务印书馆1977年版,第36页。

257　李泽厚先生在谈到康德认识论的这一致命缺陷时,曾经颇为中肯地指出:"康德发现了认识的必然矛盾,是一大功绩;企图逃避它,则是重大错误。不能把辩证法自觉用于认识论,是康德的致命伤。"李泽厚:《批判哲学的批判》,人民出版社1979年版,第220页。

258　黑格尔:《逻辑学》上卷,杨一之译,商务印书馆1977年版,第140页。

259　莱布尼茨:《神正论》,段德智译,商务印书馆2016年版,第186页。

260　黑格尔:《哲学史讲演录》第4卷,贺麟、王太庆译,商务印书馆2016年版,第202页。

261　无疑,费希特是从主观唯心主义的立场来批判康德的。他写道:"物自身是一种纯粹的虚构,完全没有实在性。……独断论者虽然想保证物自身的实在性,亦即作为一切经验的根据的必然性,……但是问题恰恰在于此,我们不能把需要证明的东西当作前提。……每一个彻底的独断论者都必然是宿命论者。……彻底的独断论者必然也是唯物论者。我们只能从自由和自我的独立性的设定出发来驳倒他,但这却正是他所否认的东西。"北京大学哲学系外国哲学史教研室编译:《西方哲学原著选读》下卷,商务印书馆1982年版,第324—327页。

262　黑格尔:《逻辑学》下卷,杨一之译,商务印书馆1977年版,第449、447页。

263　同上书,第529—530页。

264　参阅洛克:《人类理解论》上册,关文运译,商务印书馆1981年版,第266页。

265　参阅北京大学哲学系外国哲学史教研室编译:《西方哲学原著选读》下卷,商务印书馆1982年版,第324页。

266　巴克莱在谈到洛克的物质实体概念时,曾批评说:"现在我们可以稍想一想,人们在这里如何叙述物质。据他们说,物质一定是不能动、不能知觉、不能感知的,因为他们说,物质是一个无活力、无感觉而又不可知的实体。这个定义是完全由消极条件形成的,所仅有的相对概念,也只不过说它是有支撑的作用罢了。""如果您觉得合适,您就可以照别人用虚无一词的意义来应用物质一词,并把物质和虚无两个名词互相调换。因为在我看来,这就是那个定义的结果。"巴克莱:《人类知识原理》,关文运译,商务印书馆 2010 年版,第 56—57、62 页。

267　按照费希特自己的说法,他的自我哲学包含有三条原理:(1)"自我设定它自己";(2)"自我设定非我";(3)"非我与自我统一"。其中,第一条原理讲的是"实在性"(自我是唯一的实在性);第二条原理讲的是"否定性"(非我是自我的否定);第三条原理是"实在性"与"否定性"的统一,即"限制性"。而这三条原理的根本目标即在于论证"主体与客体的同一性","建立一个绝对无条件的和不能由任何更高的东西规定的绝对自我"。参阅费希特:《全部知识学的基础》,王玖兴译,商务印书馆 1986 年版,第 37 页。

268　黑格尔:《精神现象学》上卷,贺麟、王玖兴译,商务印书馆 1987 年版,第 11 页。

269　同上书,第 12 页。

270　同上。

271　同上书,第 13 页。

272　同上。

273　同上书,第 15 页。

274　康德将统觉(Apperzeption)直接称作"自我意识"。例如,康德在《纯粹理性批判》里说过"自我意识(统觉)乃'我'之单纯表象。"参阅康德:《纯粹理性批判》,蓝公武译,商务印书馆 1997 年版,第 69 页。

275　同上书,第 153—154 页。

276　同上书,第 155 页。

277　康德写道:"一切联结,不论我们是否意识到它,……都是一个知性行动,我们将用综合这个普遍名称来称呼它,以借此同时表明,……在一切表象之中,联结是唯一的一个不能通过客体给予,而只能由主体自己去完成的表象,因为它是主体的自动性的一个行动。"正因为如此,康德在谈到综合的必要条件时,虽然说到了"内感官"、"想象力"和"统觉"三者,但他却同时强调指出:"对诸表象的综合是基于想象力,但想象力的综合统一(这是作判断所要求的)则基于统觉的统一。"参阅康德:

《纯粹理性批判》,邓晓芒译,杨祖陶校,人民出版社 2004 年版,第 87—88、149 页。

278　康德在论述"统觉的本源的综合统一"时,写道:"直观的一切杂多,在它们被发现于其中的那同一个主体里,与'我思'有一种必然的关系。但这个表象是一个自发性的行动,即它不能被看作属于感性的。我把它称为纯粹统觉,以便将它与经验性的统觉区别开来,或者也称之为本源的统觉,因为它就是那个自我意识。"同上书,第 89 页。

279　康德:《纯粹理性批判》,蓝公武译,商务印书馆 1997 年版,第 105—106 页。

280　同上书,第 104 页。

281　参阅李泽厚:《批判哲学的批判》,人民出版社 1979 年版,第 162 页。

282　G. W. Leibniz, *Die philosophischen Schriften* 6, Herausgegeben von C. I. Gerhardt, Hildesheim: Georg Olms Verlag, 2008, p. 600.

283　康德:《纯粹理性批判》,蓝公武译,商务印书馆 1997 年版,第 72—73 页。

284　"抽象的共相"可以说是包括莱布尼茨在内的几乎所有前康德哲学家的一个致命的软肋(当然也有例外)。批判"抽象的共相"因此也可以视为康德哲学的一项最重要的贡献,至少是其最重要的贡献之一。

285　参阅莱布尼茨:《单子论》,第 30 节。

286　康德:《纯粹理性批判》,邓晓芒译,杨祖陶校,人民出版社 2004 年版,第 302—303 页。

287　康德:《纯粹理性批判》,蓝公武译,商务印书馆 1997 年版,第 275 页。

288　同上书,第 284 页。

289　莱布尼茨将知觉设定为实体的基本规定性,将我思或统觉设定为人的心灵的基本规定性,从而可以说他提出了"我统觉故我在"。但统觉活动即是思维活动,故而我们也可以说莱布尼茨也是认同笛卡尔的"我思故我在",只是莱布尼茨对"思"的意涵和功能的理解有别于笛卡尔罢了。

290　北京大学哲学系外国哲学史教研室编译:《十八世纪末—十九世纪初德国哲学》,商务印书馆 1975 年版,第 199 页。

291　《小逻辑》全著共 244 节。且不要说该著的许多部分都论及康德,单就专论"批判哲学"的部分,就大约占全著的十分之一。

292　黑格尔:《小逻辑》,贺麟译,商务印书馆1980年版,第122—123页。

293　同上书,第420页。

294　同上书,第122页。

295　同上书,第421页。

296　严格说来,第三个二律背反与第四个二律背反的侧重点还是有所不同的。其中,第三个二律背反侧重的是因果必然性和自由问题,第四个二律背反侧重的则是与之相关的必然与偶然的关系问题。参阅康德:《纯粹理性批判》,邓晓芒译,杨祖陶校,人民出版社2004年版,第374—386页。

297　康德将有关世界或宇宙的四个二律背反归结为"伊壁鸠鲁主义与柏拉图主义的对立",宣称:"双方中每一方都比自己知道的说得更多,但却是这样说的:前者鼓励和促进着知识,虽然对实践不利,后者虽然给实践提供了出色的原则,但恰好因此而在唯有在其中才有一种思辨的知识被赐予我们的所有那些事情上允许理性沉浸于对自然现象的观念化的解释,而耽误了物理的研究。"毫无疑问,康德的这一评论对于莱布尼茨并不十分公允。同上书,第392—393页。

298　费希特将自由与单纯的自发区别开来,断言:"我们如实意识到的心灵活动,叫做自由;不具有行动意识的活动叫做单纯的自发。"费希特:《论学者的使命人的使命》,梁志学、沈真译,商务印书馆1982年版,第115页。

299　转引自捷·伊·奥伊则尔曼:《费希特的哲学》,伯显译,商务印书馆1963年版,第33—34页。

300　谢林:《先验唯心论体系》,梁志学、石泉译,商务印书馆1981年版,第244页。

301　同上书,第243页。

302　黑格尔:《小逻辑》,贺麟译,商务印书馆1980年版,第105页。

303　正因为如此,恩格斯称赞黑格尔"第一个正确地叙述了自由和必然的关系。在他看来,自由是对必然的认识。"参阅《马克思恩格斯选集》,第3卷,人民出版社1995年版,第455页。

304　康德在《未来形而上学导论》一书中曾经指出:"在量的范畴和质的范畴里,只有一种从'一'到'全',或从'有'到'无'的过渡(为此目的,质的范畴应该这样来摆:实在性、限定性、完全否定性),没有相依性或者对立性;相反,在关系的范畴里和样式的范畴里却有相依性和对立性。"康德:《未来形而上学导论》,庞景仁译,商务印书馆1978年版,第101页。

305　谢林:《先验唯心论体系》,梁志学、石泉译,商务印书馆1981年版,第240页。

306　参阅黑格尔:《小逻辑》,贺麟译,商务印书馆1980年版,第300、301页。

307　同上书,第300页。

308　同上书,第301页。

309　同上书,第303页。

310　黑格尔:《逻辑学》下卷,杨一之译,商务印书馆1981年版,第204页。

311　同上。

312　同上书,第208、209页。

313　恩格斯在《自然辩证法》一书中,曾经指出:"黑格尔提出了前所未闻的命题:偶然的东西正因为是偶然的,所以有某种根据,而且正因为是偶然的,所以也就没有根据;偶然的东西是必然的;必然性自我规定为偶然性,而另一方面,这种偶然性又宁可说是绝对的必然性。"《马克思恩格斯选集》第4卷,人民出版社1995年版,第326页。

致托马斯·霍布斯[1]

最令人爱戴的先生：

我最近从一位正在英国访问的朋友处获悉，您如此高龄却依然矍铄，非常高兴。[2] 因此，我情不自禁地提笔给您写信。倘若我这样做不无冒昧，您也可以置之不理；对于我来说，只要能够借机表达一下我的仰慕之情，也就心满意足了。我相信，我差不多读过了您所有的著作，这些著作有些是单行本，有些则是以文集的形式出版的。[3] 我坦率承认，您的这些著作使我获得的教益堪比我们世纪所有其他思想家的著作。我不是在阿谀奉承，每个在国家理论问题上有幸了解您的作品的人都会像我一样承认您的理论简洁明快，无以复加。[4] 没有什么比您的各种定义更加优美，更加符合公共福利（usui publico）。[5] 在您从中推演出来的各种原理中，有许多至今依然是确定无疑的。虽然有些人滥用它们，但我相信在大多数情况下，这种事情之所以发生，乃是由于人们对正确的应用原则置若罔闻所致。倘若有人想要应用运动的普遍原则（Si quis generalia illa motusmecum principia），如除非受到另一个物体的推动，就没有任何一件事物能够开始运动，一个处于静止状态的物体，不管有多大，都会受到一个运动中的物体的最微乎其微的运动的推动，不管它有多小，亦复如是，如果有谁想藉一种不合时宜的跳跃将其应用到感性事物上,他便会受到普通人的嘲笑,除非他事先进行了推证,使人们有所准备,想到似乎处于静止状态的大多数物体其实是以一种人们觉察不到的方式处于运动状态之中。[6] 同样,倘若有谁想将您关于国家和共和国的思想应用到通常以这样的名称称呼的所有团体,将您归于至上权力的东西应用到所有那些自称国王、国君、君主或最高权力的人士身上,将您关于自然状态(statu naturali)下的完全自由的观点[7]应用于不同国家的公民处理他们自身事务的所有情况,如果我没有弄错的话,他在很大程度上误解了您的意见。因为您承认,地球上有许多社团并非一个国家,而是许多个国家的邦联,有许多徒有其名的君主,其他人从未将他们的意志转让给他。您也不会否认,在设定这个世界上有一位统治者,就不可能存在人的纯自然状态,使人超然于任何共同体之外,因为上帝乃所有人的公共君主(Deus sit omnium Monacha communis)。因此,一些人把自由放纵和缺乏虔诚(licentiam impietatemque)归因于您的假说显然毫无道理。[8]

一如我已经说过的,我始终是这样理解您的著作的。我承认在构建理性法学(Jurisprudentiae rationalis)方面,我从您的著作中获益良多。在这一领域,我和一位朋友合作。当年,罗马法学家以难以置信的精妙而健全的措辞推断出他们的保存在《罗马法典》(Pandectis)中的条文。[9]现在,我注意到您的作品在气派和风格方面与其极其相似。我意识到您的大部分作品几乎完全仅仅由自然法(naturae jure)推证出来,而其他部分则是以同样等级的确定性从一些原则推断出来的,这些原则虽然也确实有些专断,但却是从共和国的实践中得出来的。[10]所以,当我开始踏上法学道路时,我在四年前即制定了一项计划,以古老永恒法(veteris Edicti perpetui)的形式、以尽可能少的语词提炼出蕴含在《罗马法典》(Romano corpore)中的法学原理(Elementa juris),以便人们可以最终由它们推证出一些普遍适用的法律(leges ejus universas)。[11] 有许多法律证明不宜用这种方法来处理,《帝国法令》(imperatorum rescriptis)尤其如此,这是因为它们并不属于自然法的缘故。不过这些在其他部分倒是清晰可辨,从而为许多其他内容相抵消,既然我斗胆断言罗马法中有一半内容为纯粹的自然法,事情便尤其如此了。众所周知,几乎整个欧洲,只要这种法律不与当地风俗有明显的冲突,都践行这种法律。

但必须坦然承认,有时我也离开这些冗长乏味的话题,而转移到其他一些更加令人惬意的话题上来。因为我还有一个习惯,这就是不时地默思一下事物的本性,尽管这就像是进入了另一个世界。我一直在思考运动的一些抽象原则,[12] 您关于运动基础的论述在我看来显然是正当的。我绝对赞成您的说法:一个物体除非与另一个物体相接触并且处于运动状态(contiguo et moto),它便不可能推动一个物体,而且,每个运动一旦开始,除非遭到另一个物体的阻碍,它就将继续下去。[13] 不过我也承认,有一些问题,我尚拿不定主意,尤其是下面一点:我并未发现您已经解说得非常清楚的关于事物凝聚或结合(cohaesionis in rebus)的一致性的原因,或者说关于事物凝聚或结合成一体(quod idem est)的原因。因为如果照您在某个地方所说,反作用乃凝聚或结合的唯一原因,那就会出现甚至没有碰撞的反作用(erit reactio etiam sine impactu),因为反作用是与运动中的物体方向相反的运动,但碰撞却产生不出与其本身相反的运动。不过,反作用是一个物体的各个部分由其中心趋向其四周的一种运动。这种运动或是未受到阻碍或是受到阻碍。如果未受到阻碍,这个物体的各个部分就将向外运动,从而离开它们所属的那个物体,这种情况与经验相反。如果受到阻碍,这种反作用运动就将停止,除非它为一种外在的帮助所激活,在这里你通常是发现不了这样一种外在帮助的。我说的并不是几乎解释不了究竟是什么原因推动任何一个单独的物体在每个感觉得到的点上从中心趋向四周的运动,或者说几乎解释不了受到撞击的物体的反作用单独地能够成为随着进行撞击的物体的推动而不断增加的反弹的推动的原因,而这就将与致使反作用减小的更大的推动的理由相一致。但我心中之所以萌生出这样一些小小的疑虑,兴许只是我并未充分弄懂您的意思所致。我应当想到各个部分相互趋向的努力,或它们借以相互施压的运动,自身便足以解释各个物体的凝聚或结合。因为相互施压的物体总是处于一种相互穿透的努力的状态之中。这种努力是开始;而这样一种相互穿透则是凝聚或结合(Conatus est initium, penetratio unio)。[14] 但当各个物体开始结合的时候,它们的边界和表面便合而为一了。其表面合而为一的各个物体,或其边界同一的事物(τα εσχατα εν),按照亚里士多德的定义,[15] 不仅是接触的,而且还是连续的(non jam contigua tantum, sed continua sunt),并且确实是一个物体,在一个运动中是可移动的。您将会看到,在这些思想中如果有任何真理的话,它们在运动理论方面就将改变许多东西。不过,在我看来,这依然表明,相互挤压的各种物体处于穿透的努力状态之中。压力就是努力进入至今为另一个物体所占据的位置。努力是运动的开始,从而是存在于该物体力求进入那个位置的开始。存在于某个别的物体现在存在的位置也就是穿透了这个物体。因此,所谓压力也就是穿透的努力(pressio est conatus penetrationis)。[16] 但几乎没有谁能够比您这样一位卓越的人士更精确地考察这些推证,也几乎没有谁能够比您这样更精准地对这些问题作出判断。……

至于其他,我渴望我们能够有一套您的著作集,其内容包括您的第一部出版物一直到现在的所有作品,尤其是既然我从未怀疑您已经解释清楚了涉及如此丰富实验的种种原则,这些实验有的是您在最近几年做出来的,多半是由许多别的天才人士做出来的,这些给人类带来福利的原则是不会失去其价值的。我还渴望能够将您自己关于心灵本性的观点阐述得更为清楚一点。因为尽管您已经正确地将感觉界定为持久的反作用(reactionem permenentem),[17] 但如我早些时候所说,在纯粹形体事物的本性中根本不存在任何真正持久的反作用(non datur in rerum mere corporesrum natura reactio permanens vera)。[18] 只有对于感官来说才显得如此,但实际上却不是连续的,而且始终受到一种新的外在原因的激发。所以,我担心,如果考虑到了一切因素,我们必定说,在野兽身上,根本不存在任何真正的感觉,而只有一种表面上的感觉,与我们说沸腾的水中存在有同感并无二致;在我们自己身上所经验到的那种真正的感觉仅仅靠物体的运动是解释不清的;[19] 既然您如我所知,从未推证出您如此频频使用的其大意为凡推动者都是一个物体这样一个命题,事情就更其如此了。[20]

我因这些鸡毛蒜皮的琐事耽误您太长的宝贵时间了。现在,我就此搁笔。既然我已一诉衷肠,足矣。我将一如既往地宣称,既在我的朋友圈内宣称,如果上帝愿意的话,我也将公开宣称(因为我自己也是一个作家):在我认识的人中不曾有一个像您这样如此精确、明白、典雅地进行哲学思考,即使非凡的天才笛卡尔本人也不例外。我期望您,我的朋友,能够顾及笛卡尔试图完成却并未完成的哲学伟业,藉证实这种不朽的希望来推进人类的幸福。也许上帝保佑您有足够的时间来成就这番事业。

注释

  1 托马斯·霍布斯(Thomas Hobbes,1588—1679)英国经验主义的主要代表人物之一,近代机械唯物主义的主要代表。其哲学著作主要有《论物体》(1655年)、《论人》(1657年)和《论公民》(1642年)。在《论物体》中,霍布斯一方面系统地论述了他的机械唯物主义世界观,另一方面又系统地论述了他的经验主义认识论,并提出了"推理即是计算"的思想。在《论人》中,他着重阐述了人性问题,即"人究竟为何物"这样一个问题。在《论公民》中,他着重阐述了他的"公民哲学",即他的社会学说和国家学说。《利维坦》(1651年)一书所发挥的正是《论公民》的思想。

  在给早年莱布尼茨思想打上烙印的近代哲学家中,霍布斯无疑值得格外关注。尤其是霍布斯的《论物体》(De Corpore)和《论公民》(De Cive)给早年莱布尼茨留下的印象至为深刻,给他早期百科全书式的哲学思考和哲学筹划打上了多重印记(参阅玛利亚·罗莎·安托内萨:《莱布尼茨传》,宋斌译,中国人民大学出版社2015年版,第79—81页;也请参阅莱布尼茨:《新系统及其说明》,陈修斋译,商务印书馆1999年版,第2页)。正因为如此,1670年7月,当莱布尼茨从友人那里获悉霍布斯依然健在时,他便即刻写下本文,一方面向霍布斯致以敬意,另一方面,又广泛地讨论了霍布斯的公民哲学、运动理论和感觉学说。

  本文原载格尔哈特所编《莱布尼茨哲学著作集》第7卷,莱姆克将其英译出来并收入其所编辑的《莱布尼茨:哲学论文与书信集》中。

  本文据 Leibniz:Philosophical Papers and Letters,translated and edited by Leroy E. Loemker,D. Reidel Publishing Company,1969,pp. 105 – 108 和

G. W. Leibniz, *Die philosophischen Schriften 7*, Herausgegeben von C. I. Gerhardt, Hildesheim: Georg Olms Verlag, 2008, pp. 572 – 574 译出。

2 霍布斯是西方近代早期著名哲学家中最长寿的一个。他一直活到92岁。弗兰西斯·培根（1561—1626）活到66岁。笛卡尔（1596—1650）活到55岁。洛克（1632—1704）活到73岁。斯宾诺莎（1632—1677）只活到46岁。莱布尼茨致信霍布斯时，霍布斯也已经83岁了。

3 至1670年，霍布斯已经出版的著作主要有：《法学原理》(1641年)、《对笛卡尔〈第一哲学的沉思〉的诘难》(1641年)、《论公民》(1642年)、《利维坦》(1651年)、《论自由与必然》(1654年)、《论物体》(1655年)、《论人》(1657年)、《物理学问题》(1662年)和《哲学著作全集》(1668年)等。

4 霍布斯的机械唯物论、经验主义认识论、奠基于概念计算的逻辑学等在西方近代哲学史上也享有极其重要的地位，但使其在西方学界享有广泛影响的则是他的政治哲学。黑格尔在《哲学史讲演录》里主要就是从政治哲学层面介绍霍布斯的。他写道："他是克伦威尔同时代的人，他在时代的事变里，在英国革命里找到了机会对国家和法律的原则加以反思；并且事实上他在这些问题上充满了自己独到的见解"（参阅黑格尔：《哲学史讲演录》，第4卷，贺麟、王太庆译，商务印书馆1978年版，第155页）。《英国哲学史》的作者索利在谈到霍布斯时，也强调指出："他作为一个著作家的持久的声望基于下面这三部书：《法学原理》、《政府与社会哲学入门》（《论公民》的英译本）和《利维坦》"（参阅索利：《英国哲学史》，段德智译，陈修斋校，商务印书馆2017年版，第54页）。著名政治哲学家列奥·斯特劳斯也曾将霍布斯视为"近代政治哲学的创始人"，断言："霍布斯的政治哲学是为近代所特有的第一次尝试，企图赋予道德人生问题，同时也是社会秩序问题，以一个逻辑连贯的、详尽的答案"（列奥·斯特劳斯：《霍布斯的政治哲学》，申彤译，译林出版社2012年版，第1页）。另一个当代西方政治哲学家福山在《历史的终结及最后之人》一书中则把霍布斯视为"当代自由主义的基石"，宣称："虽然霍布斯绝对算不上当代意义上的民主主义者，但他是地地道道的自由主义者。他的哲学是当代自由主义的基石，因为正是霍布斯第一个确立了政府的合法性来自被统治者的权力而不是来自君主的神圣权力或统治者的自然优越地位的原则"（福山：《历史的终结及最后之人》，黄胜强等译，中国社会科学出版社2003年版，第174页）。其实，霍布斯本人对其在西方近代政治哲学史上的奠基地位也是非常自信的。他在《论物体》"作者的献辞"中就写道："在我自己的著作《论公民》出版之前,是根本无所谓公民哲学的(我的这样一种说法可能会受到挑衅,但我的诽谤者可能知道他们对我影响甚微)"(参阅 Thomas Hobbes, *Concerning Body*, John Bohn, 1839, p. ix)。

5 "公共福利"既是霍布斯哲学的根本目标,也是莱布尼茨哲学的根本目标。霍布斯在谈到"哲学的效用"时,曾经明确指出:"什么是哲学的效用(the *utility* of philosophy),特别是自然哲学和几何学的效用,要理解这一点,最好的方法莫过于合计一下人类所能得到的主要福利,比较一下享受这些福利的人们的生活方式与另一些没有享受到这些福利的人的生活方式"(参阅 Thomas Hobbes, *Concerning Body*, John Bohn, 1839, p. 7)。当年,莱布尼茨在谈到他之所以执意要把自己筹建的柏林科研机构称作 Berliner Sozietät der Wissenschaften,即"柏林科学协会"或"柏林科学社团",而不是"柏林科学学会"的深层动机时,强调说:"这样一个高贵的协会绝不能仅仅依靠对于知识或无用的实验的兴趣或欲望来运作……与此相反,人们应当从一开始就将这整项事业导向功利并且将它看作是高贵的缔造者们可以从中期盼荣耀与公共福利之富足的典范"(参阅玛利亚·罗莎·安托内萨:《莱布尼茨传》,宋斌译,中国人民大学出版社 2015 年版,第 353 页)。

6 莱布尼茨在这里所阐述的这样一种静止观在当时是很难得的。第二年,莱布尼茨在致阿尔诺的一封信中又进一步明确指出:"与笛卡尔所断言的相反,在静止的物体中根本没有任何黏合性或坚固性,再者,凡处于静止状态的物体,不管其如何小,都受到运动的驱动或划分。到后面,我将把这个命题进一步向前引申,发现没有任何一个物体处于静止状态"(G. W. Leibniz, *Die philosophischen Schriften* 1, Herausgegeben von C. I. Gerhardt, Hildesheim: Georg Olms Verlag, 2008, p. 71)。但我们很难将其理解为霍布斯的观点。因为从总体上讲,霍布斯是将静止与运动对立起来的。霍布斯明确说过:"任何一件静止的东西,若不是在它以外有别的物体以运动力图进入它的位置使它不再处于静止,即将永远静止。"(参阅 Thomas Hobbes, *Concerning Body*, John Bohn, 1839, p. 115)

7 霍布斯是西方近代自然状态学说的创始人。他把自然状态理解为国家出现以前的人类社会状态。在这种状态下,每个人都有占有满足个人生存所需物品的权利,这就是所谓"自然权利"。在自然状态下,由于没有"一个共同权力使大家慑服","人们便处在所谓的战争状态之下",而且"这种战争是每一个人对每个人的战争"。但由于这种状态极不利于人类的生存和发展,人们便签订"契约",将他们的自然权利"转让"给"某一个人或某一些人",转让给"国家"这一"公共权力"。权利的"转让"不是权利的"单纯的放弃",而是为了更好地"保卫"人们的"权益"。此后,洛克和卢梭也都提出了他们自己的自然状态说。虽然这些自然状态说的措辞迥然有别,但目标却大同小异。参阅霍布斯:《利维坦》,黎思复、黎廷弼译,杨昌裕校,商务印书馆2014年版,第97—108页。

8 随着《利维坦》的出版,霍布斯不时地遭受到这样的批评。《英国哲学史》的作者索利在谈到这个问题时强调了他的这种遭遇的必然性。他写道:"《利维坦》的作者几乎不能指望逃避论战,……在这部著作中所提出来的人的本性的观点,成了连续几代各种论争哲学特别喜爱的战场;它的政治理论不适宜取悦于两个党派中的任何一个;而对它的宗教学说,当教士们再度得势时,他们也会有话要说的。"在霍布斯的批评者中,布拉姆霍尔主教是最坚决的一个。从1655年起,他这个王权的坚定拥护者先后写出《对于从在先与外部必然性获得的人类行为的真正自由的辩护》和《对霍布斯先生的申斥》(其中包含有一个题为"捕捉利维坦这条大鲸鱼"的附录),攻击了霍布斯的"全部宗教和政治理论",称其是"无神论、渎神、不敬神、颠覆宗教"。后来成为坎特伯雷大主教的托马斯·特尼森和后来成为剑桥圣凯瑟琳学院院长的约翰·伊查德也发表文章对霍布斯进行类似的攻击。此外,詹姆斯·哈林顿在其出版的《奥克安那》(1656年)中,罗伯特·菲尔默爵士在其出版的《族长论》(1680年)中,克拉伦登伯爵爱德华·海德在其出版的《霍布斯先生书中关于教会和国家的危险有害的谬误之一瞥》(1674年)中,都对霍布斯的政治理论,特别是霍布斯的社会契约论进行了攻击。1666年,伦敦发生特大火灾。一些人认为此乃霍布斯等人触怒上天所致。1667年1月,英国下院通过了针对渎神作品的议案(《利维坦》是该议案提到的两部著作之一)。这使霍布斯大为惊恐。据说,他变得更加规矩地进教堂参加圣餐礼了。他还专门研究了关于异端的法律,还就此题撰写了一篇短文,证明没有一个法庭能够审判他。参阅索利:《英国哲学史》,段德智译,陈修斋校,商务印书馆2017年版,第50—52,64—68页。

9 《罗马法典》有狭义和广义之分。狭义的《罗马法典》指东罗马帝国查士丁尼时期编撰的《罗马民法大全》,亦称《查士丁尼民法大全》。广义的《罗马法典》又称《罗马法》,为罗马法律体系的总称,含三大系统,即公民法、万民法和自然法。《查士丁尼民法大全》由《查士丁尼法典》、《查士丁尼学说汇编》、《查士丁尼法学总论》和《查士丁尼新敕》构成,可以视为罗马法的最高成就。其中,《法典》是历代罗马皇帝所颁布的宪令,按年代顺序编排,共10卷;《学说汇编》收集和节录的是当时公认的法学家著作,共50卷;《法学总论》是一本罗马私法教科书,由皇帝钦定,本身即具有法律效力;《新敕》为查士丁尼皇帝在上述各项法律文献编完后陆续颁布的168条敕令汇编。

10 所谓自然法,指人们由理性观察自然(宇宙)所获得的有关人类行为的义务或原则。其精髓或最高准则在于"按照自然生活"或"按照理性生活"(斯多葛派语),要求一切成文法以自然法为依据、来源或准绳。霍布斯是西方近代自然法的倡导者。在《利维坦》中,他给自然法或自然律做了如下的界定:"自然法是理性所发现的戒条或一般法则。这种戒条或一般法则禁止人们去做损毁自己的生命或剥夺保全自己生命的手段的事情,并禁止人们不去做自己认为最有利于生命保全的事情……这条基本自然法规定人们力求和平,从这里又引申出以下的第二自然法:在别人也愿意这样做的条件下,当一个人为了和平与自卫的目的认为必要时,会自愿放弃这种对一切事物的权利;而在对他人的自由权方面满足于相当于自己让他人对自己所具有的自由权利"(参阅霍布斯:《利维坦》,黎思复、黎廷弼译,杨昌裕校,商务印书馆2014年版,第98—99页)。《英国哲学史》的作者索利中肯地指出了霍布斯自然法思想的利己主义性质。他写道:"按照霍布斯所定义的自然法,就它涉及的而言,与自然权利一样是利己主义的。后者是一个人为了保存他自己的天性,亦即保存他自己的生命,当他自己愿意时,得以运用他自己的权力的那种自由"(参阅索利:《英国哲学史》,段德智译,陈修斋校,商务印书馆2017年版,第60页)。

11 其实,改革法学体系和法学教育是大学时代的莱布尼茨就立下的志向。早在1664年,莱布尼茨就发表了《有关法律的哲学问题集萃》一文,明确提出了在哲学与法学之间建立理论、实践和教育学方面紧密联系的主张。1666年,他在《论组合术》一文中不仅重申了"法学应当以普遍的哲学原理为基础"的主张,而且还强调了法学的基础在于理性,从而强调了自然法在整个法学体系中的基础地位。1667年,莱布尼茨在《集萃》和《论组合术》的基础上,著述并出版了他的《法学研究及教育的新方法》。1671年,莱布尼茨在一份报告中谈到他的法学改革的目标时写道:这项改革的目标并不是为了改变法典的实质,而只是重新组织它的形式并使之理性化,从而给罗马法的原则做出一个清楚、简洁、综合而又一贯的概括。参阅玛利亚·罗莎·安托内萨:《莱布尼茨传》,宋斌译,中国人民大学出版社 2015 年版,第 72—75 页。

12 早在 1669 年,时年 23 岁的莱布尼茨就试图纠正当时欧洲学界一流的物理学家和数学家惠更斯和雷恩(Christopher Wren,1632—1723)所提出的运动规律。1671 年,时年 25 岁的莱布尼茨发表了《新物理学假说》(Hypothesis physica nova),对他的物理学和宇宙论的新原理做了一番不太连贯的勾勒。这部著作分两个部分发表,其中第一部分《抽象运动论》(Theoria motus abstracti)寄交巴黎王室科学院(Académie Royale des Sciences)发表,第二部分《具体运动论》(Theoria motus concreti)寄交伦敦皇家学会秘书亨利·奥尔登堡。奥尔登堡交给英国皇家学会会员瓦里斯、虎克、波义耳和佩斯等人传阅,并将莱布尼茨的来函在当年 5 月会议上宣读,又将一些会员对《假说》的肯定意见发表于 8 月出版的学会会刊《哲学学报》(Philosophical Transaction)。《抽象运动论》所阐述的各项基本原理,虽然是意大利数学家卡瓦列里、英国哲学家霍布斯和法国哲学家笛卡尔各种观念的比较生硬的结合和分析,却涉及许多后来他进一步阐明的形而上学原理,可以视为莱布尼茨形而上学改革的最初步骤,尽管力的中心概念在这里依然尚付阙如。

在《抽象运动论》里,当谈到碰撞与事物的凝聚或结合的关系时,莱布尼茨写道:"在碰撞时,两个物体的各种边界或各个点不是相互渗透,就是处于空间的同一个点上。因为当两个碰撞的物体中的一个努力进入另一个物体的位置时,它便开始进入其中,也就是说,它便开始渗透或者与之结合在一起。因为所谓努力,即是开始、渗透和结合。因此,各个物体开始结合,或者说它们的各种边界开始成为一个。因此,相互逼迫或相互推动的物体便处于一种结合的状态,因为它们的各种边界变成了一个。而按照亚里士多德的定义,其界限成为一个的几个物体是连续的或者说处于一种粘合的状态。因为倘若两件事物处于一个位置,如果没有另一个,一个便不能开始运动"(G. W. Leibniz,*Die philosophischen Schriften* 4,Herausgegeben von C. I. Gerhardt,Hildesheim:Georg Olms Verlag,2008,p. 230)。

13 这些是霍布斯关于运动基础和运动本性的两个重要观点。霍布斯是在《论物体》第九章在阐述"哲学的第一根据"和"因果关系"时提及并论述他的这两个观点的。此后,他在第十五章"论运动和努力的本性、特性与种种考察"中又重申了这两个观点(参阅 Thomas Hobbes,*Concern-*

ing Body, John Bohn, 1839, pp. 124 – 125, 205 – 206)。莱布尼茨之所以特别赞赏霍布斯的这些观点,还有一个重要原因,这就是用物体的接触或碰撞来解释物体的运动具有明显的本体论意涵:从根本上否定和排除虚空或空的空间理论。因为霍布斯之所以坚持认为"一个物体除非与另一个物体相接触并且处于运动状态,它便不可能推动另一个物体",乃是因为在霍布斯看来,"因为如果假设有两个物体,它们并不是接触的,而且它们之间的中间空间也是空的,或者如果被充实的话,也是为另一个处于静止状态的物体所充实,而且,还设定所提到的物体中的一个被假定是静止的,则我就断言它将始终处于静止状态。因为如果它将运动的话,那么……其运动的原因就将是某个外在的物体。所以,如果在这个物体与外在物体之间不存在任何别的事物,而只存在有空的空间,则无论对那个外在物体或受动物体或受动本身作出什么样的安排,只要假定它现在处于静止状态,我们就可以设想它将继续处于静止状态,直到它为某个别的物体接触为止"(参阅 Thomas Hobbes, *Concerning Body*, John Bohn, 1839, p. 124)。后来,莱布尼茨激烈反对牛顿的"超距作用"或"万有引力定律"为一种"野蛮的物理学",宣称:"这种无形的引力被说成是在无论多么遥远的距离都起作用,根本无需任何媒介或手段。我们几乎想象不出在自然中有什么比这更愚蠢可笑的事情了"(G. W. Leibniz, *Die philosophischen Schriften* 7, Herausgegeben von C. I. Gerhardt, Hildesheim: Georg Olms Verlag, 1978, pp. 342 – 343)。莱布尼茨这一立场显然与霍布斯的这一主张密切相关。

14 霍布斯的"努力"概念是一个颇受莱布尼茨青睐的概念。关于霍布斯的这一概念,有两点值得注意:(1)在《论物体》中,霍布斯使用的对应的英文单词为"endeavor"。他写道:"我将努力(ENDEAVOUR)定义为在比能够得到的空间和时间少些的情况下所造成的运动;也就是说,比显示或数字所决定或指派给的时间或空间都要少些;也就是说,通过一个点的长度,并在一瞬间或时间的一个节点上所造成的运动";(2)"应当把努力设想成运动"(参阅 Thomas Hobbes, *Concerning Body*, John Bohn, 1839, p. 206)。开初,莱布尼茨也和霍布斯一样,仅仅把努力理解为最小的运动或运动的单元。例如,他在《抽象运动论》(1671 年)中说道:"努力(conatus)之于运动,一如点之于空间,或者说一如'一'之于'无限',因为它乃运动的始点和终点"(G. W. Leibniz, *Die philosophischen Schriften* 4, Herausgegeben von C. I. Gerhardt, Hildesheim: Georg Olms Verlag,

2008, p. 229)。但后来,随着动力学理论的提出,莱布尼茨开始将其理解为一种力,一种"死力"。例如,他在1686年发表的《简论笛卡尔等关于一条自然规律的重大错误》一文中就用"努力的开始或终止"来界定"死力",进而断言:"活力之于死力,或者说动力之于努力,一如一条线之于一个点或者说一如一个面之于一条线的关系"(Leibniz: *Philosophical Papers and Letters*, translated and edited by Leroy E. Loemker, D. Reidel Publishing Company, 1969, p. 299)。

15 亚里士多德关于"连续"和"接触"的定义如下:"如果它们的终端是一个,就是连续的,如果它们的终端在一起,就是接触的。"参阅亚里士多德:《物理学》,231a 21—22。

16 在《论物体》中,霍布斯将"压力"(press)界定为:"在两个运动的物体中,其中一个压迫另一个,它以它的努力使另一个物体或是整个或是部分地离开它的位置。"参阅 Thomas Hobbes, *Concerning Body*, John Bohn, 1839, p. 206。

17 感觉问题是英国经验主义的一个基本话题。霍布斯既然身为英国经验主义的一个代表人物,就不能不特别注重感觉问题。在《论物体》中,霍布斯以一整章的篇幅来讨论感觉问题,不仅给感觉下了一个明确的定义,而且还讨论了感觉的本质、想象、睡眠、感觉种类、快乐、痛苦、欲望、厌恶、慎思和愿意等相关问题。他的感觉定义是:"感觉是一种心像(SENSE *is a phantasm*),由感觉器官向外的反作用及努力所造成,为继续存在或多或少一段时间的对象的一种向内的努力所引起。"参阅 Thomas Hobbes, *Concerning Body*, John Bohn, 1839, p. 391。

18 莱布尼茨在《抽象运动论》中强调指出:"除非在心灵中,任何一种努力如果没有运动都不可能持续超过一个瞬间。因为在一瞬间努力的东西即是一个物体在时间中的运动。这就为我们在物体和心灵之间作出真正的区分提供了机缘,迄今为止,尚无一个人对此作过解释。因为每一个物体都是一个瞬间的心灵,或者说都是一个没有记忆的心灵。因为它并不保持它自己的努力,而另外相对立的东西结合在一起却能够保持不止一个瞬间。因为两件东西对于感官的快乐或痛苦是必要的,这就是作用与反作用、对立与和谐,倘若没有它们便不会存在有任何感觉。因此,物体没有记忆,它没有关于它自己的活动与受动的知觉;它没有思想"(G. W. Leibniz, *Die philosophischen Schriften* 4, Herausgegeben von C. I. Gerhardt, Hildesheim: Georg Olms Verlag, 2008, p. 230)。按照莱布尼茨的说法,这是他先前就有的观点,是他一以贯之的观点。由此看来,莱布尼茨和霍布斯在感觉论上的分歧既有认识论的意义,也有本体论的意义。

19　霍布斯是将感觉解释成一种"动物运动",甚至"生物运动"。例如,他在讨论"感觉的主体"问题时,就明确指出:"感觉的主体(the *subject* of sense)为感觉者自身(*the sentient itself*),亦即某个生物;当我们说一个生物在看时,比我们说眼睛在看,要更正确些"(Thomas Hobbes, *Concerning Body*, John Bohn, 1839, p. 391)。现在,莱布尼茨这样说似乎是在提醒霍布斯,他的感觉论将会产生出他所意想不到的逻辑结果:像笛卡尔一样,根本否认动物具有感觉,从而使得自己的感觉论陷入自相矛盾的境地。

20　尽管莱布尼茨对霍布斯的自然哲学和公民哲学大加赞赏,由衷地说了那么多恭维话,但在事关理性主义和经验主义认识论的根本问题上,亦即在感觉的成因这一重大的认识论和本体论问题上,莱布尼茨却毫不含糊,还是鲜明地表达了自己的异议,强调我们的感觉不可能由物体的机械作用和运动得到解释,而应当由非物质实体的知觉活动得到说明。第二年,莱布尼茨在其致阿尔诺的一封信中,强调"几何学或位置哲学(philosophiam de loco)是达到运动和物体哲学(philosophiam de motu seu corpore)的一个步骤,而运动哲学又是达到心灵科学(scientiam de mente)的一个步骤"(G. W. Leibniz, *Die philosophischen Schriften* 1, Herausgegeben von C. I. Gerhardt, Hildesheim: Georg Olms Verlag, 2008, p. 71),可以视为莱布尼茨对霍布斯上述感觉论的一个正面回应。

论假设真理与言说现实存在事物的真理
—— 致西蒙·傅歇的信及有关批注[1]

一

您说,为了建立某种健全可靠的东西(quelque chose de solide),彻底考察一下我们的所有假设(toutes nos suppositions)至关紧要,我非常认同您的这一看法。[2]因为我一贯主张,只有当我们能够对有关一切做出证明之后,我们才能够说我们完全理解了所考察的对象。我知道,这样一种研究现在并不怎么流行,但我也知道不辞辛苦地穷根究底现在也同样不怎么流行。一如我所看到的,您旨在考察那些断言在我们之外存在有某种东西的真理(les vérités qui asseurent qu'il y a quelque chose hors de nous)。在这个问题上,您的立场似乎至为公正,因为如是,您将会允准我们承认所有假设真理(toutes les vérités hypothétiques),这些真理所肯定的并非某种东西确实在我们身外存在,而只是如果有任何东西存在就会随之出现的事物。这样一来,我们即刻便拯救了算术、几何学以及形而上学、物理学和道德领域的众多命题,对它们的适当表达显然依赖于我们随意选择出来的定义（definitions arbitraries choisies），而它们的有关真理又显然依赖于那些我往往称之为同一律的公理（axioms que j'ay constume d'appeler identiques）；例如，两个矛盾的命题不可能存在；在一个特定时间里，一件事物是其所是，例如，一件事物与其自身相等，与其自身一样大，与其自身相似，等等。[3]

您虽然未曾明确地对假设命题做过考察，但我却依然持这样的看法：假设命题也当如此，倘若我们未曾对之进行过完全的推证，未曾将其分析成同一命题，我们对任何东西都不可能予以推证且加以分析。

您探究的首要对象是那种言说实际上为我们身外事物的真理（ce qui des veritez que parlent de ce qui est effectivement hors de nous）。首先，有关假设命题的真理本身（la vérité même des propositions hypothétiques）是某种处于我们身外且不依赖于我们的事物，这一点是我们否认不了的。因为一旦假设了某件事物或其反面，所有的假设命题所推断的便都会是那些将要存在或将要不存在的东西。这样一来，它们便同时假设了相互一致的两样东西（deux choses qui s'accordent），或是同时假设了某一件事物的可能性或不可能性，必然性或无差异性（une chose est possible ou impossible, necessaire ou indifferente）。但这种可能性、不可能性或必然性（一件事物的必然性即是其反面的不可能性）并非我们虚构出来的，因为我们所做的一切都在于身不由己地并且以一种恒定不变的方式承认和识别它们。因此，在现实存在的所有事物中，存在的可能性本身或不可能性是第一位的。[4]但这种可能性和必然性却形成或组成了被称作本质或本性的东西(ce qu'on appelle les essences ou natures)以及那些通常称作永恒真理(les vérités qu'on a costume de nommer eternelles)的东西。而且,我们这样称呼它也是正确的,因为根本不存在任何东西像必然的东西那样永恒。例如,具有其属性的圆的本性总是某种现实存在的东西和永恒不变的东西,也就是说,存在有处于我们身外的某种原因致使每个认真思考一个圆的人都会发现同样的东西,而不仅是在他们的想法相互一致的意义上发现这些东西,因为这只能归因于人类心灵的本性,而且还是在倘若一个圆的某种外观刺激我们感官,这种现象或经验便能够在证实它们的意义上发现这些东西。这些现象必定具有处于我们身外的某种原因。

尽管各种必然存在(l'existence des necessitez)先于所有其他存在不仅在本质上而且在自然秩序中就到来了,但我还是认为在我们的认识秩序(l'order de notre connoissance)中它并非是最早出现的东西。因为如您所见,为了证明它的存在,我便将我们思想和我们之具有感觉(que nous pensons et que nous avons des sentimens)视为理所当然的事情。[5] 因此,存在有两条绝对普遍真理(deux vérités générales absolues),而真理在这里也就成了言说事物现实存在的东西。一方面,我们在思想(nous pensons);另一方面,在我们的思想中存在有一种巨大变化(une grande varieté)。由我们在思想,我们可以得出结论说:我们存在(nous sommes);[6] 由我们的思想中存在有一种巨大变化的东西,我们可以得出结论说:除我们自身之外,还另存在有一些事物,也就是说,还另存在有某种并非能够思想的东西,而且,正是这种东西构成了我们各种表象变化的原因(la cause de la varieté de nos apparences)。⁷ 现在，这两种真理中的一种，与另外一种一样，也是不容置疑的和独立不依的。而且，由于在其沉思的秩序中仅仅强调了前者，笛卡尔便终究达不到他所渴望的那样一种完满性。如果他严格遵循我称之为阿里阿德涅线团(a filum meditandi)行事，⁸ 我相信他就将真正达到第一哲学(la première philosophie)。⁹ 但即使那些最伟大的天才也无法强制改变事物(forcer les choses)；为避免误入歧途(pour ne se pas égarer)，¹⁰ 我们必须通过自然所造成的通道(les ouvertures que la nature a faites)进入事物。再说，仅仅一个人根本不可能同时做一切事情。就我而言，当我想到笛卡尔曾经说到的卓尔不凡且具有原创性的一切时，我对他已经做过的事情比起某些他做不成的事情反而更为吃惊。我也承认我现在尚不能够全力以赴地阅读他的著作，尽管我曾经打算这样做，而且一如我的一些朋友所知，在阅读笛卡尔的著作之前，我已经阅读过大多数其他现代哲学家的著作了。培根和伽森狄的著作是我最早的读物。他们的著作平易近人的风格比较适合于渴望博览一切的读者。诚然，我也不时浏览伽利略的著作，但既然我只是到了最近才成了一位几何学家，我很快便厌恶他们的写作风格，他们的著作要求读者陷入深度的默思。¹¹ 就我个人而论，尽管我始终喜欢进行独立思考，但我还是始终觉得阅读那些若不反复默思便无从理解的著作有点困难。因为一个人只有遵照自己的思路，遵循某种自然倾向，才能心情舒畅地从阅读中获益。反之，当一个人不得不遵循别人的思路进行阅读时，他就受到了强制性的干扰。我始终喜欢阅读那些包含有一些健全思想且能够一口气读下去的著作。因为那些著作能够在我的心灵里唤起一些观念,使我得以随心所欲,驰骋思想。这也使我不能认真阅读几何学著作。我坦率承认,我自己只能像人们通常阅读历史书籍那样去阅读欧几里得的著作,尚不能采取除此之外的任何别的方式加以阅读。我根据自己的经验虽然已经懂得,这种方法普遍适用,但我还是感到对有一些作者的著作,我们应该另当别论,例如古代哲学家中柏拉图和亚里士多德的著作,我们自己时代的伽利略和笛卡尔的著作即是如此。然而,对笛卡尔形而上学和物理学的种种沉思,我所知道的差不多全是通过大量阅读那些以比较通俗风格写作出来的介绍其观点的著作获得的。或许,至今我都未曾很好地理解笛卡尔。不过,就我自己认真阅读过的部分看,在我看来,我似乎至少能够发现他未曾做过的事情或他试图去做的事情,尤其是未曾分析我们所有的假设(c'est entre autre la resolution de toutes nos suppositions)。[12] 这就是为何我对那些即使在最微不足道的真理上也穷根究底的人赞赏有加的缘由。因为我知道完满地理解一件事物或一件事情实属不易,不管它看起来多么微不足道,做起来多么轻而易举。以这样一种方式,我们能够向前走得很远,以致最终建立起发现艺术(l'art d'inventer),[13] 这种艺术所依赖的是最简单的东西(les plus aisées),[14] 但真正依赖的却是关于这些东西的清楚而完满的知识(une connoissance, mais distincte et parfaite)。[15] 从这样的观点出发,我发现罗贝瓦尔的计划毫无瑕疵,罗贝瓦尔力图推证出几何学中的一切,甚至推证出几何学的一些公理。[16] 我承认我们不应当将这样的精确性(cette exactitude)强加给其他一些领域,但我认为强制我们自己做到这一步却是有益的。[17]

现在我们回到对于我们来说是第一真理（veritez premiers）的那些真理上，首先回到断言在我们之外存在有某些东西的那些真理上，也就是回到断言我们思想内容的那些真理上，回到断言在我们的思想中存在有一种巨大变化的那些真理上。[18] 这种变化并不能由在思想中的东西产生出来，因为一件事物自身是不可能成为其中所发生的种种变化的原因的。因为一切事物都将滞留在它现在所是的那样一种状态之中，除非存在有某种使之发生变化的东西。而且，既然经历一些变化这样一种事情并非由这件事物本身自行决定的，而是由他物决定的，我们便不能在不言说公认为没有任何理由的某种东西的情况下，而将任何一种变化归诸某物，这样一种做法显然非常荒谬。[19] 即使我们试图说我们的思想没有任何起始点，我们也不得不因此而说我们每个人自古以来（de toutes éternité）都存在。但我们还是逃避不了困难。因为我们始终都不得不承认：我们思想中永恒存在的这种变化根本没有任何理由，因为在我们身上没有任何东西能够决定我们发生这种变化而非另一种变化。因此，在我们之外，便必定存在有某个原因导致我们思想发生这种变化（Donc qu'il y a quelque cause hors de nous de la variété de nos pensées）。而且，既然我们同意这样一种变化也有一些次要等级的原因（causes ous-ordonnées），而这些原因依然需要一个原因，则我们便必须建立起我们将某种活动可以归因的特殊起点或实体（des Estres ou substances），也就是说，由这些起点或实体的变化，我们想到我们身上会发生一些变化。从而，我们便朝构造我们称之为物质和物体的东西迈出了一大步。[20]

但正是在这样一个问题上，您非常正确地使我们稍事停顿，重新批评古代柏拉图派(l'ancienne Académie)。[21] 因为归根到底,我们的所有经验都使我们确信只存在有两样东西:首先,在我们的现象之间存在一种联系,而我们正是凭借这样一种联系得以成功预见未来现象;其次,这种联系必定有一个恒常不变的原因。但我们却不能仅仅由此就得出结论说:物质或物体存在,但在一个健全的系列中却只存在有一些仅仅给我们提供一些现象的东西。因为倘若某种我们看不到的能力以使我们做梦为乐,这些梦将我们此前的生活片段非常巧妙地连接到一起,使它们之间相互一致,难道我们在醒来之前还能够将这些梦境同实在区别开来吗?这样一来,还有什么东西能够阻止我们的生活历程不成为一场井然有序的长梦呢?这不就使我们一下子醒悟过来了吗?我确实也并没有看到这样一种能力因此就会像笛卡尔所说的如此不完满,[22] 更不用说事实上,它的不完满并未涉及我们现在讨论的这个问题。因为这很可能是一种次要能力,或者是一个恶魔,他由于某个未知的理由,而能够干涉我们的事情,它至少具有一种极大地超出我们的能力,就像哈里发(Calife)具有极大地超出常人的能力,[23] 他能够使人酩酊大醉,将其带进他的宫殿,使之醒来后能够品味到穆罕默德天堂幸福生活的滋味;此后,他便再次被灌醉,然后在那种状态下返回他最初被发现的地方。这个人恢复知觉后,自然会解释这种经历,但他的这种经历,作为一种幻觉,与他的生活历程并不一致,还在人群中传播一些箴言和启示,他相信这样一些箴言和启示是他在他的虚假不实的天堂里学来的;而这正是哈里发所期待的。既然实在因此而被误认成一种幻象(une realité a passé pour une vision),那还有什么东西能够防止将幻象误认成实在(une vision passé pour une realité)呢？诚然，我们在对我们发生的现象中看到的东西越是连贯一致，我们对凡对我们显现的东西都是实在的信仰便越是得到了证实。但同样真实的是：我们越是周密地考察我们的现象，就越是能够发现它们秩序井然，一如显微镜和其他观察工具所表明的那样。这种恒久不变的连贯一致虽然使我们获得了确信，但这种确信毕竟只是道德的，除非有谁先验地发现了我们所见世界的起源，并且进而穷究各种事物为何如它们显现给我们的样子，直到发现其本质的基础(le fonds de l'essence)。[24] 因为只有这样，他才有望推证出对我们显现的东西是实在，我们在这个问题上受蒙骗才不复可能。但我相信，这几近乎福见(la vision beatifique)，以我们目前的状态要达到这一步相当困难。不过，我们由此也确实懂得了我们通常所具有的有关物体或物质的知识是何等混乱，因为我们虽然认为我们确信它们存在，但最后却发现我们很可能弄错了。这证实了笛卡尔先生证明物体与灵魂之间存在有差异的思想的卓越，因为即使我们不能考察其中这一个，我们也能够怀疑另一个。[25] 即使只有各种现象和各种梦，我们也应当像笛卡尔曾经非常有理由说过的那样，确信思想者的存在。我还可以补充说：我们还能够推证出上帝的存在，虽然我的推证方式有别于笛卡尔，但我认为我的推证要更为妥当一些。[26] 我们根本无需设定一个存在者来担保我们不会上当受骗，[27] 因为使我们自己不上当受骗为我们力所能及，至少在最重要的问题上是如此。

先生，我希望您在这个问题上的默思能够如您所愿，全都取得成功。但是，为了实现这样的目标，我们就必须循序渐进，构建好您的各种命题(establir des propositions)。此乃获得根基、确实取得进展的正途(c'est le moyen de gagner terrain et d'avancer seulement)。我相信您将通过不时地将柏拉图派的精粹,尤其是柏拉图的精粹传达给大众这样的方式造福于大众,因为我知道在他们身上存在有一些东西,比人们通常想到的更为迷人,也更为本质。

二 关于傅歇答有关其《真理的探求》一书批评的批注[28]

对第30页的批注。一个观念是一个知觉或思想在其对象方面借以区别于另一个知觉或思想的东西。[29]

对第33页的批注。各种观念虽然并不是有广延的,但却能够帮助心灵认识广延。因为在有广延的东西与没有广延的东西之间能够存在有一种关系,就像在一个角与借以测度它的弧之间能够存在有一种关系一样。

对第39页的批注。观念能够从两个意义上得到理解:从一个意义上,它可以被视为思想的性质或形式,就像速度和方向是运动的性质和形式那样;[30]从另一个意义上,它又可以被视为知觉的直接对象或知觉的最近对象。因此,观念不会构成我们灵魂的一种存在样式。这似乎是柏拉图和《真理的探求》作者的意见。因为当灵魂思考存在、同一性、思想或绵延时,它的知觉总具有某个直接对象或最近因。从这个意义上讲,我们在上帝之中看见一切事物是可能的,而各种观念或直接对象便构成了上帝自身的一些属性。[31]这些范式或讲法包含了某种真理,但严格地讲,有必要赋予这些术语以恒定不变的含义。[32]

对第 56 页的批注。这位作者说,印记对于我们保存关于事物的记忆是必要的。但这在我看来似乎未必如此。凡将记忆归因于独立灵魂的人都不会认同这样一种观点。[33] 究竟通过什么样的印记灵魂才能回忆起它曾经存在并且具有思想呢?

对第 63 页的批注。这位作者似乎是这样进行推理的:当我们言说存在、思想等等时,这些语词的印记并不是自然地同观念连接在一起的。因此,必定存在有某种印记是直接同观念连接在一起的。但它们或许能够直接地连接到一起,而根本无需自然地连接到一起。我们必须探究我们可以用来使那些并不理解我们用语的人掌握这些语词含义的手段:存在与思想。在我看来,只要给他们展示出样本,并且使他们从反面理解我们所使用的语词所意指的只是他们在其自身或在事物中经验或知觉到的东西,首先是他们所见、所听或所触的东西,这种事情就能够做得到。因此,他们并不是通过印记,而是通过对各种印记的否定而得以理解这些语词。这些语词一旦理解,就可以用作将来的印记,尽管这样的印记是主观随意的。我们很有必要更加精确地观察婴儿如何通过听大人讲话而不是通过大人给他们解释来学习语言。

对第 120 页的批注。这位作者说思想并不是灵魂的本质无疑是正确的,因为一个思想乃一个活动,而且,既然一个思想是接着另一个思想而来的,从而在这种变化期间依然存在的东西无疑是这灵魂的本质,因为这种东西始终保持不变。[34] 而实体的本质正在于这种活动的原初的力,[35] 或者说正在于这一变化序列的规律,正如一个系列的本性正在于各种数字一样。

注释

1 从 1672 年 3 月到 1676 年 9 月莱布尼茨在巴黎待了四年时间,取得了一些相当重要的学术成就。这些学术成就只有在他这一时期所写的论文全都发表后才有可能得到充分的评估。普遍认为他为了研究数学而放弃哲学探索这样一种说法欠妥,因为这种说法与他所持有的关于这两个领域关系的整个概念相抵触。当他在惠更斯指导下,并通过阅读帕斯卡尔和笛卡尔的著作把他的数学研究向前推进时,他的哲学概念也遇到了新的考验和难题。因为正是在这个时期,马勒伯朗士出版了《真理的探求》(1674—1675 年)这部在西方哲学界引起轰动的著作,而莱布尼茨也因此而获得机会得以与马勒伯朗士本人,与阿尔诺、傅歇以及其他知识界精英和领袖人物展开讨论。在这一时期,他还开始认真研究笛卡尔和柏拉图的著作,并且为此还亲自意译了柏拉图的《斐多篇》和《泰阿泰德篇》。

傅歇(Simon Foucher,1644—1696 或 1697)是法国第戎的一位教士,他在哲学上持怀疑论立场,曾试图复兴新柏拉图派的哲学。1675 年,傅歇从新柏拉图派的立场批评马勒伯朗士的著作,随后他又借答复德加贝茨回应了这位作者的申辩。莱布尼茨于 1675 年致信傅歇,次年,他又对傅歇对德加贝茨的答复做了批注。我们眼前的这篇论文即由这两个部分组成。

本文原载格尔哈特所编《莱布尼茨哲学著作集》第 1 卷,其标题为"莱布尼茨致傅歇的信";莱姆克将其英译出来,将标题改为"莱布尼茨致西蒙·傅歇的信",并加上副标题"傅歇给德加贝茨答复的批注",收入其所编辑的《莱布尼茨:哲学论文与书信集》中。

本文据 Leibniz: *Philosophical Papers and Letters*, translated and edited by Leroy E. Loemker, D. Reidel Publishing Company, 1969, pp. 151 - 156 和 G. W. Leibniz, *Die philosophischen Schriften* 1, Herausgegeben von C. I. Gerhardt, Hildesheim: Georg Olms Verlag, 1875, pp. 369 - 374 译出。现标题系汉译者依据文本内容拟定。

2 寻求知识的可靠性或确定性是近代西方哲学的一项首要目标。笛卡尔将知识的真实性和确定性视为科学的首要指标,把"在科学上建立起坚定可靠、经久不变的东西"视为自己哲学的基本任务(参阅笛卡尔:《第一哲学沉思集》,庞景仁译,商务印书馆 1986 年版,第 14 页)。为了实现知识的真实性和确定性,笛卡尔采取了怀疑主义的工作方针。用他自己的话说就是"认真地、自由地来对我的全部旧见解进行一次总的清算"

(同上书,第14页),"我的整个计划只是要为自己寻求确信的理由,把浮土和沙子排除,以便找出岩石和黏土来"(参阅北京大学哲学系外国哲学史教研室编译:《十六—十八世纪西欧各国哲学》,商务印书馆1975年版,第146页)。很显然,莱布尼茨的哲学目标与笛卡尔并无二致,因为他的哲学探究的基本目标也在于寻求真实可靠的知识,所不同的只是:莱布尼茨并未像笛卡尔那样采取极端的怀疑主义立场,而是对传统采取了分析的态度和立场,要求对我们所有论点的有关前提或假设进行一番审视和推证,将其建立在第一真理的基础之上。

3 由此看来,莱布尼茨在这篇论文中所说的"假设真理"在一定意义上也就是我们所说的"假言判断"(其形式为"如果 p 则 q")。其内容相当广泛,似乎不仅包含莱布尼茨所说的"假设的必然性",而且还包含莱布尼茨所说的"物理的必然性"、"道德的必然性"乃至形而上学的或数学的必然性。按照莱布尼茨在这篇论文中的说法,似乎除事实真理之外的一切真理都应该归结为假设真理,而一切假设真理又都可以归结为同一命题,即莱布尼茨所谓"第一真理",从而,"同一律"或"矛盾律"便构成了我们进行推论的唯一原则。尽管这篇论文也涉及他后来称作"充足理由律"的内容,但这些内容基本上被同一律或矛盾律所吞没了。

4 "因此,在现实存在的所有事物中,存在的可能性本身或不可能性是第一位的"句,法文原文为 Ainsi de toute les choses qui sont actuellement, la possibilité même ou impossibilité d'estre est la première。但相应的英文却为 So of all the things which actually are, the possibility or impossibility of being is itself the first。两者的意义不尽相同。依据法文原版,我们应将其如上译出,但按照英文版,我们的译文便应当为"因此,在现实存在的所有事物中,存在的可能性或不可能性本身是第一位的"。也就是说,依照法文版译出的汉文较之依照英文版译出的汉文更强烈地突出了"存在的可能性本身"。

对莱布尼茨的这句话,我们应该从两个方面加以理解:一方面,莱布尼茨不仅强调了"现实事物"在我们的身外存在,而且还进而从"现实事物"出发来考察事物的"本质"或"本性",从而将其假设真理的学说与极端主观主义划清了界限;另一方面,莱布尼茨将"存在的可能性本身"规定为"现实存在事物"中"第一位"的东西,这就表明,这一时期的莱布尼茨从骨子里看依然是个本质主义者或理念主义者。综观这两个方面,莱布尼茨在这里是以一个客观唯心主义者的身份出场的。

5 在近代西方唯理论派哲学家中,笛卡尔和斯宾诺莎都是排斥感觉的。笛卡尔曾明确否定感觉经验的可靠性。在他看来,"感官"所提供的"证据"都是"恍惚不定"的(*Philosophical Writings of Descartes*, Vol. I, Cambridge:Cambridge University Press,1911,p.7)。其实,他的"普遍怀疑"所怀疑的主要就是感觉经验的可靠性。他强调说:"除了通过自明性的直觉和必然性的演绎以外,人类没有其他途径来达到确实性的知识"(Ibid.,p.45)。斯宾诺莎在其主要著作《伦理学》中将知识分成三类,将由经验得来的知识称作"意见"和"想象",不仅不被视为"真理",反而被视为"错误的原因",而仅将由推理得来的知识和"直观知识"称作"必然真实"和"可靠"的"真知识"(斯宾诺莎:《伦理学》,贺麟译,商务印书馆1981年版,第73—74页)。莱布尼茨在这里将"我们之具有感觉"与"我们思想"一样"视为理所当然的事情",足见他的理性主义认识论给感觉和经验保留了一席之地。

6 "我思故我在"(Je pense,donc je suis)乃笛卡尔第一哲学或形而上学的第一原理。从一个意义上讲,莱布尼茨在这里论述的其实就是笛卡尔的这一原理。他们之间的差别在于:对于笛卡尔来说,"我思故我在"的根本意思在于表明"我"这个实体的"全部本质或本性只是思想"(北京大学哲学系外国哲学史教研室编译:《西方哲学原著选读》上卷,商务印书馆1981年版,第369页)。对于莱布尼茨来说,"思想"固然是"我"这个实体的一种本质或本性,但它还具有其他的本质或本性,例如,它还同时具有"欲望",同时,"我"这个实体的本质特征首先在于它是一种"活动",从而从根本上讲,在于它是一种形而上学的"力"。

7 "我们各种表象变化的原因"相对应的法文为 la cause de la varieté de nos apparences。但莱姆克却将其英译为 the cause of the variety of our experiences,若汉译出来便为"我们各种经验变化的原因"。在莱布尼茨的哲学体系里,"表象"虽然与"经验"相关,但却并非一回事。因为表象是实体的一种根本规定性,而经验则并非如此。故而,在这里,我们据法文版译出。

值得注意的是,笛卡尔强调的是思想的"清楚明白"和思想的永恒不变。莱布尼茨注重的则是"思想"的变化,或者说是我们心灵从一个思想到另一个思想的演进,尤其是我们思想变化的原因。同样值得注意的是,莱布尼茨将我们思想变化的原因说成是"某种并非能够思想的东西"。在莱布尼茨看来,笛卡尔第一哲学的根本局限正在于他的片面性和浅薄性,在于其只知其一，不知其二，在于其半途而废。而他的第一哲学超越笛卡尔的地方则不仅在于其具有全面性，而且还在于其具有深刻性。

8　阿里阿德涅（Ariadne）是希腊神话中帕西法厄和克里特王弥诺斯的女儿。她的母亲帕西法厄还生下一个半人半牛怪兽米诺陶洛斯。她的父亲将这个怪兽幽禁在一个被称作克里特迷宫的地方，命令雅典人民每年进贡七对童男童女供其食用。雅典王子忒修斯决心为民除害。阿里阿德涅作为忒修斯的情人，非常支持他的这一正义行为。在忒修斯行动之前，阿里阿特涅违背其父亲的意志私自将一团线送给忒修斯。于是，忒修斯带着魔刀和阿里阿德涅送给他的线团以及七对童男童女上了克里特岛，闯进迷宫。在用魔刀斩除怪兽米诺陶洛斯之后，顺着进来时的线路顺利逃出迷宫，带着阿里阿德涅公主一起私奔。阿里阿德涅送给忒修斯的这个线团往往被称作阿里阿德涅线团，而阿里阿德涅线团在西方许多作品中也往往被喻为指导人们走出困境的行动指南。

9　莱布尼茨这里所谓第一哲学，暗指的其实也就是笛卡尔的《第一哲学沉思集》（Meditationes de prima philosophia）里所阐述的哲学。《沉思集》是笛卡尔于 1639—1640 年用拉丁文写出的一本哲学著作。按照笛卡尔在该书前言中的说法，他的这本书着重"讨论上帝和人的灵魂问题，同时也给第一哲学打个基础"（笛卡尔：《第一哲学沉思集》，庞景仁译，商务印书馆 1986 年版，第 9 页）。完成初稿后，笛卡尔将其送给索邦神学院，企图借助它的权威来确立该书的权威性，以利出版。但神学院的麦尔塞纳分别送给一些神学家以及唯物主义哲学家霍布斯和伽森狄征求意见，于是招致多方面的批评，形成了六组反驳。笛卡尔对它们一一进行了答辩，并将这些反驳和答辩同原作一并于 1641 年出版。

10　"为避免误入歧途"对应的法文为 pour ne se pas égarer。其中，法文单词 égarer 的基本含义为"使走错路"、"使迷路"、"引入歧途"、"使犯错误"、"误导"和"带坏"等，在这一词组中的意义一目了然。英译本将其译作 in order to avoid being lost，似乎并无什么大的问题，但意义有点含糊，让人费心揣摩；相形之下，法文单词 égarer 在这一词组中的意义倒是一目了然。

11　根据有关莱布尼茨的传记，莱布尼茨最初阅读的哲学著作和其他学术著作似乎先是古代的，后是现代的。例如，据《莱布尼茨传》的作者安托内萨讲，莱布尼茨在其"八岁大小"的时候，也就是"他获准接近父亲的藏书"的时候，他就"第一次见到了古人"并且因此而"大饱眼福"，"读到了从前他只知其名的作家：柏拉图、亚里士多德、希罗多德、色诺芬、阿基米德……西塞罗、昆体良、塞涅卡、普林尼、普罗提诺和罗马的历史学家,以及许多拉丁与希腊教会的神父"。直到莱布尼茨在上莱比锡大学时,他才在老师的引导下,"发现"并"转向""现代人"。"莱布尼茨回忆他在这一阶段阅读了最近时代中的'伟大人物':弗兰西斯·培根、卡尔达诺、康帕内拉以及……开普勒、伽利略和笛卡尔。"这个阅读计划很显然不是在一夜之间完成的,莱布尼茨自己也承认他直到以后很久,才对伽利略和笛卡尔有了"深度的第一手的知识"。"然而至迟到1663年他一定也涉猎了霍布斯和伽森狄,这从他在两本具有亚里士多德倾向的教科书(其中一本是由他在莱比锡的老师托马修所著)中所做的旁注看出来。""尽管在时间方面不甚清楚,可有迹象显示在他从中学毕业进入大学之后仅仅几个月内,年轻的莱布尼茨就在人生中第一次认识到与他祖国的政治与军事危机同时发生的哲学危机;而他的注意力也迅速聚焦于对于这个危机来说具有关键意义的物理学和形而上学上"(参阅玛利亚·罗莎·安托内萨:《莱布尼茨传》,宋斌译,中国人民大学出版社2015年版,第35—36、44页)。

12 "尤其是未曾分析我们所有的假设"(among other thins, this is to analyze all our assumptions)对应的法文为 c'est entre autre la résolution de toutes nos suppositions。其中,法文词组 entre autre 的含义为"特别是"和"尤其是",尽管法文单词 entre 的基本含义是"在……中间",而 autre 的基本含义则为"其他的"。但莱姆克却望文生义,将其英译为 among other things。如是,若将英文句子汉译出来,便是:"在其他一些问题上,这就是未曾去分析我们所有的假设。"简直让人不知所云。因此,我们特据法文版译出此句。

就这篇论文看,笛卡尔几乎被视为一个未能"穷根究底"、未能对我们"所有的假设"进行分析和推证的典型。例如,笛卡尔虽然认识到精神实体的本质是思想,但对于思想活动的本质和动因却疏于说明;再如,笛卡尔虽然承认物质实体的存在,宣布物质实体的本质在于广延,但对广延何以能够构成物质实体的本质也并未给予进一步的说明。正因为如此,长期以来,笛卡尔一直是莱布尼茨的一个主要反思对象和批判对象。例如,在1671—1684年期间,莱布尼茨先后写作和发表了《对物理学与物理本性的研究》(1671年)、《从位置哲学到心灵哲学》(1671年)、《论达到对物体真正分析和自然事物原因的方法》(1677年)、《论物体的本性与运动规律》(1678—1682年)和《论自然科学原理》(1682—1684年)等论著,不仅批判了笛卡尔的二元论,而且还在批判笛卡尔二元论的基础上,提出"心灵科学"的设想,强调机械论原则对于形而上学原则和道德原则的依赖性。在 1686—1691 年期间,莱布尼茨又相继写作或发表了《简论笛卡尔等关于一条自然规律的重大错误》(1686 年)、《发现整个自然惊人奥秘的样本》(约 1686 年)和《〈动力学:论力与有形自然规律〉序》(约 1691 年)等论文,不仅批判了笛卡尔的运动量守恒原则和物性论,而且还提出和阐释了他自己的动力学理论。1692 年之后,莱布尼茨又先后写出《对笛卡尔〈原理〉核心部分的批判性思考》(1692 年)、《动力学样本》(1695 年)、《论自然本身,或论受造物的内在的力与活动》(1698 年)和《论原初的力和派生的力与简单实体和有形实体》(1699—1706 年)等论文,在批判笛卡尔实体学说的基础上,不仅进一步丰富和发展了他的动力学理论,而且还发展了他自己的有形实体学说或物质学说。

  13 莱布尼茨的"发现艺术",从根本上讲,就是他的"用数字表达各种各样的真理和推断"的"普遍字符"或"普遍代数学"。其根本程序在于:(1)"以数学为蓝本发明普遍字符";(2)"以数学为蓝本改进推理演算";(3)"以数学为蓝本构建综合科学"。参阅段德智:《试论莱布尼茨语言哲学的理性主义实质及其历史地位》,《武汉大学学报》2013 年第 5 期。

  14 "最简单的东西"对应的法文为 les plus aisées,其中 aisées 的基本含义为"容易的"、"轻便的"、"自在的"和"自然的"等。英文本将其译作 simple。我们虽然据英文本译出,但也提请作者注意该词所蕴含的"容易的"含义。

  15 按照莱布尼茨在《对知识、真理和观念的默思》(1684 年)的说法,"清楚而完满的知识"至少有下述几点含义:(1)它不是"模糊的",而是"明白的";(2)它不是"混乱的",而是"清楚的";(3)它不是"不完全的"和"符号的",而是"完全的"和"直觉的"。这就是说,清楚而完满的知识即是那种非"模糊"和"混乱"的"完全"的和"直觉"的知识。用莱布尼茨的原话说,这就是:"知识不是模糊的,就是明白的;明白的知识不是清楚的,就是混乱的;清楚的知识不是不完全的,就是完全的,不是符号的,就是直觉的。最完满的知识是那种既是完全的又是直觉的知识"(见后文)。

  16 罗贝瓦尔(Gilles Personne Roberval,1602—1675),法国数学家。在曲线几何方面取得重要成就。1628 年,参加了"梅森学院"。1632 年起,担任法兰西皇家学院数学教授 40 多年,直至逝世。他研究了确定立体表面积和体积的方法,发展了意大利数学家 B. 卡瓦列里在计算某些较简单问题的不可分法。通过把曲线视为一个动点运动的轨迹,并把点的运动分解成两个较简单的分量,他发现了制作切线的一般方法。他还发现了从一条曲线得到另一条曲线的方法,借以找出有限维的平面区域等于某一条曲线与其渐近线之间的面积。意大利数学家 E. 托里坼利把这些用来确定面积的曲线称作罗贝瓦尔线。他的数学成就为微积分的创立奠定了一个很好的基础。罗贝瓦尔同当时的几何学家不停地进行这样那样的科学论战,其中包括同法国哲学家和数学家笛卡尔的论战。此外,他还发明了罗贝瓦尔天平。

17 "但我认为强制我们自己做到这一步却是有益的"对应的法文为 mais je crroy qu'il est bon de nous contraindre nous mêmes。其中,法文单词 contraindre 的基本含义是"强制"和"强迫"。莱姆克将其英译为 demand,似欠精确。即使从上下文看,亦复如此。

至于"我们不应当将这样的精确性强加给其他一些领域"也值得注意。莱布尼茨在这里似乎在强调事实真理或偶然真理与推理真理或必然真理的区别。

18 在《第一真理》(约 1680—1684 年)中,莱布尼茨曾对第一真理做出一个明确的界定:"所谓第一真理,指的是那些断定其自身某些东西的真理,或者说是那些否定其反面的真理。例如,A 是 A 或者说 A 不是非 A 就是第一真理。"他还进而强调说:"所有别的真理借助于定义或借助于概念分析都可以还原为第一真理"(见后文)。由此看来,在《第一真理》中,莱布尼茨所谓第一真理,其实讲的即是思维的同一律或矛盾律。但在本文中,莱布尼茨似乎对第一真理做出了意义广泛的界定:他不仅将"断言在我们之外存在有某些东西的那些真理"说成是第一真理,而且将"断言在我们的思想中存在有一种巨大变化的那些真理"也说成是第一真理,从而不仅赋予第一真理以非主观唯心主义的含义,而且赋予其动力学的或实体论的含义。

19 莱布尼茨的这个说法实际上涉及他的充足理由律。因为按照他的充足理由律,无论什么事物的存在,无论什么事情的发生,都有一个理由。正是基于这样一个看法,他才有理由宣称:"我们不能在不言说公认为没有任何理由的某种东西的情况下,将任何一种变化归诸某物。"也正是基于这样的考虑,莱布尼茨后来在《神正论》里批评了伊壁鸠鲁的原子偏斜说。他写道:"按照伊壁鸠鲁的说法,原子的微小偏离是没有任何原因或理由而发生的。伊壁鸠鲁引进原子微小偏离说乃是为了避免必然性,他的这种观点遭到西塞罗的言之有理的嘲笑。"莱布尼茨进而分析说:

"原子的这种偏离在伊壁鸠鲁的心里有一种目的因,其目标在于使我们免去命运的束缚;但是,它却不可能在事物的本性中找到动力因,此乃所有幻想中最不可能的事情"(莱布尼茨:《神正论》,段德智译,商务印书馆2016年版,第478页)。

20 莱姆克曾评论说:莱布尼茨在这里以其原因的形式对外在世界的存在提供了一个证明。这一证明在其个体实体自我决定的后期观点得到发展之后便不得不予以修正。但他始终坚持认为我们知觉的复合的和连贯一致的本性即是外在世界存在的一个明证(*Leibniz: Philosophical Papers and Letters*, translated and edited by Leroy E. Loemker, D. Reidel Publishing Company, 1969, pp. 155 – 156)。但我们似乎也可以从另外一个角度来思考莱布尼茨的这段话:(1)既然莱布尼茨在这里将"物质"或"物体"视为我们思想变化的一个"原因",这就意味着莱布尼茨在致力于消除笛卡尔的二元论,力图构建一种一元论哲学;(2)既然莱布尼茨在这里将"物质"或"物体"视为我们思想变化的一个"原因",这就意味着"物质"或"物体"不是一种纯粹被动的东西,而是一种能动的东西,一种"实体性"的东西;(3)既然莱布尼茨不仅将"物质"或"物体"视为我们思想变化的"原因",而且视为一种"实体性"的东西,这就很容易使我们想到莱布尼茨后来系统阐述的"有形实体"概念,使我们有理由将作为表象的"思想"视为有形实体的一种活动方式或本质规定性。

21 "古代柏拉图派"(l'ancienne Académie)的含义比较宽泛,既可以意指老亚加德米学派,也可以意指新亚加德米学派,甚至可以意指新柏拉图主义。老亚加德米学派的首领为斯彪西波和卡尔凯东的克塞诺克拉特,其主要理论倾向在于将"元数学"的思辨放在柏拉图主义的首位。新亚加德米学派的领袖人物有波莱蒙、雅典的格拉底、毕丹尼的阿克希劳、拉居德、居莱尼的加尼亚德和克莱多玛可。怀疑论是新亚加德米学派的一个主要理论特征。例如阿克西劳实际上采纳了皮浪的"不要判断"的怀疑论思想,将我们称作自明之理的东西理解为"同意",故而有人说他"前面是柏拉图,后面是皮浪"。而加尼亚德虽然承认"自明之理"在情感上的实在性,但他却提出"理解的现象"观点,从而步阿克西劳和皮浪的后尘,断言真理是在对现象的否定中实现出来的。例如,他说过,最初"我以为"我看见了一根绳,但"如果我绕着它走一转",我就知道这根绳原来是一条蛇(莱昂·罗斑:《希腊思想》,陈修斋译,段德智修订,商务印书馆2020年版,第477—479页)。新柏拉图主义的主要特征在于将柏拉图思想超自然化和神秘化。其主要代表人物是普罗提诺(Plotinus,204—270)。普罗提诺的核心观点是认太一、理智和灵魂为"三首要本体",断言世界上的所有事物都是由这三个本体"流溢"出来的。具体流程为:从"太一"流溢出"理智",从"理智"流溢出"灵魂"(世界灵魂),从"灵魂"(世界灵魂)流溢出万物。此外,普罗提诺还认为"太一"、"理智"和"灵魂"不是孤立存在的三个东西,而是"三位一体",同属于一个最高的神。这表明普罗提诺的新柏拉图主义在很大程度上借鉴和吸收了基督宗教神学的"三位一体"思想。不过,从上下文看,莱布尼茨在这里更多地是在批评柏拉图和老亚加德米学派对事物世界或现象界的怀疑主义立场。

我们知道,柏拉图从理念论出发,否认感性事物的实在性,断言我们由感性认识只能得到意见而不可能得到知识。他说道:"知识在本性上与存在的东西相对应";"无知必然地归诸不存在的东西";"知识和意见是两种不同的能力",因此,"知识所知道的存在的东西不同于意见所认识的东西"(柏拉图:《理想国》,477a—479e)。柏拉图不仅将事物的影像,而且还将自然事物本身当作并非实在本身的东西,从而认为对于这些,我们都只能够具有意见,而不可能具有知识。莱布尼茨通过批评柏拉图,旨在表明:我们身外的物质或物体不仅存在,而且还是某种实体性的东西(有形实体)。

22 笛卡尔作为西方近代理性主义哲学的先驱,从怀疑一切的原则出发强调我们感觉能力的不完满性以及感觉认识的不可靠性。他写道:"直到现在,凡是我当作最真实、最可靠而接受过来的东西,我都是从感官或通过感官得来的。不过,我有时觉得这些感官是骗人的;为了小心谨慎起见,对于已经骗过我们的东西就绝不完全加以信任。"他以自己睡觉做梦现身说法道:"有多少次我夜里梦见我在这个地方,穿着衣服,在炉火旁边,虽然我是一丝不挂地躺在我的被窝里!我现在确实以为我并不是用睡着的眼睛看这张纸,我摇晃着的这个脑袋也并没有发昏,我故意地、自觉地伸出这只手,我感觉到了这只手,而出现在梦里的情况好像并不这么清楚,也不这么明白。但是,仔细想想,我就想起来我时常在睡梦中受过这样的一些假象的欺骗。想到这里,我就明显地看到没有什么确定不移的标记,也没有什么相当可靠的迹象使人能够从这上面清清楚楚地分辨出清醒和睡梦来,这不仅使我大吃一惊,吃惊到几乎能够让我相信我现在是在睡觉的程度"(笛卡尔:《第一哲学沉思集》,庞景仁译,商务印书馆1986年版,第15、16页)。笛卡尔对感觉经验欺骗性的上述说明与莱布尼茨下面阐述的哈里发使伊斯兰教信徒混淆幻觉与实在的做法如出一辙。庄子《齐物论》中有个"庄周梦蝶"的故事,其原文为:"昔者庄周梦为胡蝶,栩栩然胡蝶也,自喻适志与,不知周也。俄然觉,则蘧蘧然周也。不知周之梦为胡蝶与?胡蝶之梦为周与?周与胡蝶,则必有分矣。此之谓物化。"与笛卡尔和伊斯兰教的梦学相比,庄周梦蝶不仅关涉梦的对象,而且还关涉梦的主体,似乎更胜一筹。

23 《古兰经》讲:"当时,你的主对众天神说:'我必定在大地上设置一个代理人。'……他将万物的名称,都教授阿丹,然后以万物昭示众天神"(《古兰经》2:30)。因此,按照《古兰经》,阿丹即是哈里发,而哈里发即为安拉的代理人。但从伊斯兰教在默罕默德逝世后的历史来看,哈里发即为伊斯兰教执掌政教大权的领袖。公元632年,穆罕默德逝世后,宗教公社推选阿布·伯克尔掌权,成为哈里发。661年,穆阿维叶执政,并建立倭马亚王朝,此后,哈里发即为国家君主,并转为世袭。在莱布尼茨看来,哈里发传播伊斯兰教信仰的手腕与笛卡尔怀疑感觉世界的手法一样,都在于混淆"幻象"和"实在"。其差别仅仅在于:笛卡尔理性主义认识论混淆"幻象"与"实在"的路径在于将"实在"转变为"幻象",而哈里发传播伊斯兰教信仰混淆"幻象"与"实在"的路径则在于将"幻象"转变为"实在"。

24 与笛卡尔不同,莱布尼茨在这里强调的是现象的实在性或确定性,尤其是"恒久不变的连贯一致"的现象的实在性或确定性。在莱布尼茨看来,凭借这种"恒久不变的连贯一致",我们便能摆脱笛卡尔式的怀疑,而赢得一种"确信"。不过,莱布尼茨也认为,建立在"恒久不变的连贯一致"基础上的这样一种确信只是一种"道德的确定性",而非一种绝对确定性。要获得绝对的确定性,我们就应当继续前进,达到"我们所见世界的起源",达到我们所见世界的"本质的基础"。后来,莱布尼茨曾在《第一真理》(约1680—1684年)中,把现象说成是"我们考察对象的有良好基础的样式(well-founded modes of our consideration)"(见后文),与其在这里的说法可谓大同小异。

25 莱布尼茨在这里实际上批评的是笛卡尔的二元论立场。因为在笛卡尔看来,存在有两种实体:一种是精神实体,其本质属性在于思想;另一种是物质实体,其本质思想则在于广延。莱布尼茨则认为,广延由于其无限可分而根本不可能构成实体的本质属性。而且,广延以及有广延的物体的运动都需要借一种非广延的原初的力才能得到说明。也正是基于这样的认识,莱布尼茨才提出了他的"心灵科学"和有形实体学说,并且在其"心灵科学"和"有形实体"学说的基础上将物体与灵魂、思想与广延统一起来了。

26 笛卡尔曾经宣布:我们证明上帝的存在"有两条路可走":"一条是从他的效果上来证明,另一条是从他的本质或他的本性本身来证明"(笛卡尔:《第一哲学沉思集》,庞景仁译,商务印书馆1986年版,第122—123页)。但笛卡尔"从上帝的效果"对上帝存在所做的证明主要包含两个方面的内容:(1)用上帝的观念来证明上帝的存在;(2)用具有上帝观念的我的存在来证明上帝的存在。因此,笛卡尔关于上帝存在证明的两条路本质上依然是一条路,这就是中世纪安瑟尔谟(Anselm of Canterbury, 1033—1109)在其《宣讲篇》中所阐述的本体论证明。在莱布尼茨看来,笛卡尔的和安瑟尔谟的证明的价值在于表明:如果上帝的存在是可能的,则上帝的存在便是现实的,但其缺陷却在于:他们都未对上帝存在的可能性做出证明。莱布尼茨另辟蹊径,追随托马斯·阿奎那,从偶然事物的存在证明了上帝存在的可能性。因此,他认为他的"推证""要更为妥当一些"。参阅本文集有关注释。

27 莱布尼茨的这句话针对的显然又是笛卡尔。因为笛卡尔曾经断言,我们之所以能够获得外界事物的知识归根到底在于上帝的道德属性。笛卡尔曾经写道:"当我认识到有一个上帝之后,同时我也认识到一切事物都取决于他,而他并不是骗子,从而我断定凡是我领会得清楚、分明的事物都不能不是真的,虽然我不再去想我是根据什么理由把一切事物断定为真实的,只要我记得我是把它清楚、分明地理解了,就不能给我提出任何相反的理由使我再去怀疑它,这样我对这个事物就有了一种真实、可靠的知识,这个知识也就推广到我记得以前曾经证明过的其他一切事物,比如推广到几何学的真理以及其他类似的东西上去"(笛卡尔:《第一哲学沉思集》,庞景仁译,商务印书馆1986年版,第74页)。

28 这些批注写于1676年。其文本取自F.拉比1868年于巴黎出版的《西蒙·傅歇教士》一书"附录"第xlii页。在这些批注中,莱布尼茨依序讨论了观念问题、语词问题和灵魂的本质问题。在其致傅歇的信中,莱布尼茨实际上已经承认,人的分析不可能从事实真理达到它们所依赖的简单的第一真理。而这些批注则又表明他尚未摈弃以观念王国和绝对真理为所有知识基础的观点。

29 在莱布尼茨的认识论里,观念与思想是两个既有所关联又有所区别的东西。在《何为观念?》(1678年)里,莱布尼茨写道:"我们的心灵里有许多东西,尽管若没有观念,它们便不会出现,但我们却知道它们并非观念。例如,各种思想、知觉和各种情感,即是如此"(见后文)。在《人类理智新论》中,莱布尼茨将"观念"理解为思想的"一种内在的直接的对象",而非"思想的形式"。他写道:观念是思想的"一种内在的直接的对象,并且这对象是事物的本性或性质的表现。如果观念是思想的形式,那么它将是和与之相应的现实的思想同时产生和停止的;而如果它是思想的对象,那么它就会在思想之前和之后都可能存在。外在的可感觉的对象只是间接的,因为它们不能直接地作用于灵魂"(莱布尼茨:《人类理智新论》上册,陈修斋译,商务印书馆 1982 年版,第 80 页)。

30　如上所述,莱布尼茨将观念理解为思想的"一种内在的直接的对象,并且这对象是事物的本性或性质的表现"。但柏拉图和马勒伯朗士却将观念理解成"思想的性质或形式"。因此,柏拉图和马勒伯朗士的观念是自足的和封闭的,非但不是外在事物的本性或性质的"表现",反而构成了外在事物的本性或性质本身。相反,莱布尼茨的观念则是开放的,它"表现"的正是事物的本性或性质。莱布尼茨的普遍字符或普遍代数学之所以不仅具有认识论意义,而且还具有本体论意义,究其原因,正在于此。

31　我们知道,在认识论上,柏拉图最为著名的学说便是他的"回忆说"。而他的回忆说的一项重要前提即在于我们的灵魂乃我们所具有的所有观念和知识的处所。用柏拉图自己的话说就是:"灵魂在取得人形以前,就早已在肉体以外存在着,并且具有着知识"(柏拉图:《斐多篇》,72E—73A)。至近代,笛卡尔的"天赋观念论"可以说是继承了柏拉图的回忆说。笛卡尔曾将我们的观念区分为三种:这就是"天赋"的、"外来"的和"虚构"的。这三种观念分别对应于我们的三种心理功能。其中,外来的观念依赖于感觉;虚构的观念借助于想象;而天赋观念则出于纯粹理智。因此,笛卡尔也将天赋观念称作我们"与生俱来"的观念,也就是一种我们灵魂所固有的观念。马勒伯朗士虽然在很长一段时间里属于笛卡尔派,但在天赋观念方面却与笛卡尔分道扬镳。马勒伯朗士认为观念是上帝创造万物所依据的模型或原型,而万物则无非是对观念的模仿或分有。因此,这样一种神圣的观念,我们既不可能由"感觉印象"和"想象"获得,也不可能借纯粹理智获得,也就是说这样一种神圣的观念根本不可能成为我们天赋的东西或我们灵魂与生俱来的东西。马勒伯朗士的结论是:观念既然是上帝创造世界时所运用的"原型",这些观念便只能存在于上帝之中,从而我们也就只能在上帝之中看到一切观念,并通过这些观念看到一切事物。真正说来,"在上帝之中看一切事物"也并非马勒伯朗士的首创,早在古罗马时期,奥古斯丁就曾提出过这一命题。马勒伯朗士区别于奥古斯丁的地方在于:我们不仅可以像奥古斯丁所说的那样,可以在上帝之中"看到不变的和不可毁灭的事物",而且还可以在上帝之中看到"变化着的和可毁灭的事物"。也正因为如此,马勒伯朗士将"广延"区分为两种:一种是"心智的广延",即作为上帝创造万物"原型"的广延;另一种是"物质的广延",即上帝依据作为万物"原型"的广延所创造的广延(参阅冯俊:《法国近代哲学》,同济大学出版社 2004 年版,第 170—171 页)。剑桥柏拉图派代表人物莫尔(Henry More, 1614—1687)在批评笛卡尔将广延与物体混为一谈的做法时,曾提出过"无形体的广延"问题,并将其归之于上帝、天使和人的心灵。不知马勒伯朗士的两种广延说是否受到了莫尔的影响(参阅索利:《英国哲学史》,段德智译,陈修斋校,商务印书馆 2017年版,第 73 页)。

32　莱布尼茨在 1678 年写的《何为观念?》一文中,曾将"观念"界定为"存在于我们心灵中的某种东西"(见后文)。若据此判断,倘若"形式"在柏拉图意义上加以理解的话,莱布尼茨自己的观念观点,则包含这里所说的两种意义。也就是说,一方面,观念是"思想的性质或形式";另一方面,观念又是"知觉的直接对象或知觉的最近对象"。

33　在莱布尼茨这里,印记并非观念,人脑也并非心灵或灵魂。因为,在他看来,"印记"是外物"加盖到人脑上"的东西,而观念则是思想的"内在的直接的对象",且关乎"事物的本性或性质";进行思想的心灵或灵魂是独立存在的"实体",但具有"印记"的人脑却并非如此。正因为如此,莱布尼茨在《何为观念?》一文中才强调说:"加盖到人脑上的各种印记并非观念,因为在我看来,心灵乃某种并非脑子的某种东西,是人脑实存中更为精妙的部分"(见后文)。

34　在这里,莱布尼茨所关注的,与其说是思想,毋宁说是思想的变化与思想变化的原因。正是这样一种思路最终将莱布尼茨引向了"心灵科学"和"动力学"。

35　莱布尼茨这里所说的"实体的本质正在于这种活动的原初的力"值得注意。我们知道,莱布尼茨 1714 年在《以理性为基础的自然与神恩的原则》一文第 1 节曾将实体界定为"一个能够活动的存在(un Etre capable d'Action)",但在本篇文稿中,莱布尼茨不仅将"活动"视为实体的本质规定性,而且还深究了实体活动得以可能的东西,这就是实体本身所具有的"原初的力"。原初的力是莱布尼茨形而上学体系,尤其是他的动力学体系的一个基本概念。莱布尼茨在《论两个自然主义者派别》(约 1677—1680 年)一文中曾经使用过"原初的力"这样一个概念。他写道:"新斯多葛派认为,存在有无形的实体,人的灵魂并非物体,上帝乃世界灵魂,倘若您乐意的话,乃世界的原初的力,如果您乐意的话,也可以说,上帝乃物质本身的原因,但一种盲目的必然性决定着他去活动"(G. W. Leibniz, *Die philosophischen Schriften* 7, Herausgegeben von C. I. Gerhardt, Hildesheim: Georg Olms Verlag, 2008, p. 333)。诚然,莱布尼茨并不完全赞同新斯多葛派的观点,并不认为上帝是世界灵魂,更不赞成"一种盲目的必然性"决定上帝活动,但莱布尼茨对其"人的灵魂并非物体"以及"原初的力"构成"无形实体"还是肯认的。在写于 1695 年的《动力学样本》一文中,莱布尼茨从力的类型学的高度对原初的力作出了系统的阐述。按照莱布尼茨的理解,力可以区分为"原初的力"和"派生的力";"原初的力"又可以区分为"原初的能动的力"和"原初的受动的力";"派生的力"则可以二分为"派生的能动的力"和"派生的受动的力"。很显然,原初的力属于形而上学范畴,而派生的力则属于物理学范畴(Leibniz: *Philosophical Papers and Letters*, translated and edited by Leroy E. Loemker, D. Reidel Publishing Company, 1969, pp. 436 - 437)。由此看来,莱布尼茨的这个批注可以视为莱布尼茨"原初的力"的概念的一个早期表达,甚至可以说是莱布尼茨这一概念的一个最早的表达。

关于与斯宾诺莎讨论的两条备忘录[1]

一、最完满的存在者存在[2]

所谓完满性(perfectionem)，我指的是每一种肯定的和绝对的简单性质(omnem qualitatem simplicem quae positive est et absoluta)，或是每一种表达无论什么无任何表达限制的东西的简单性质。[3]

但由于这样一种性质是简单的，它便不可分解或不可定义(irresolubilis sive indefinibilis)。因为否则，它就不复是一种简单性质，而是有许多性质的一种堆集了。换言之，如果它是一个简单性质，它就被包含在各种限制之内，从而藉对超出这些限制的否定得到理解。这种情况与上述设定相冲突，因为在前面我们已经假设定它是纯粹肯定的了。

由此便不难证明，所有的完满性相互之间都是可共存的(compatibiles inter se)，或者说都能够存在于一个主体之中。

因为让我们设定存在有这类命题：当藉 A 和 B 这两种简单形式或这类完满性进行理解的话，

A 和 B 不可共存。

如果两个以上的项被同时设定，那也没有任何差别。很显然，如果不对词项 A 和 B（其中一项或者两项）进行分析，这个命题便得不到推证。因为否则，它们的本性就进不了这一推理之中，而任何别的事物的不可共存性（incompatibilitas）因此便和它们本身一样得到了推证。由于假设，它们便成了不可分析的了。所以，关于它们，这个命题是不可能得到推证的。

但如果这是真的，它们就能够确定地推证出来。因为凡必然为真的命题不是可推证的，就是自身是已知的。所以，这一命题并非必然为真，或者说 A 和 B 存在于同一主体之中并非必然。所以，它们能够存在于同一个主体之中。而且既然这一推理对于所设定的任何一个无论什么样的别的性质都一样，那就可以得出结论说，所有的完满性都是可共存的。

所以，存在有一个主体，或者说能够设想一个主体具有所有的完满性或者说是一个最完满的存在者。因此，很显然，这一存在者存在，因为存在是包含在完满性之列的。[4]

同样的理由也能够用来证明各种形式是由各种绝对事物组合而成的，只要存在有任何一种形式，情况就是如此。我在海牙的时候，就向斯宾诺莎先生显示了这种推理过程。他认为我的推理过程十分合理，因为当他最初反驳我的推理时，我就将我的推理过程写在一张纸上，递给他看。

附　　注

笛卡尔关于一个最完满的存在者（Entis perfectissimi）的存在的推理设定这样一个存在者能够被设想，或者是可能的。如果我们承认存在有这样一个概念,就势必要得出结论说,这个存在者存在。因为我们是以它本身即包含存在的方式来创立这一概念的。但问题在于创立这样一个存在者概念是否为我们力所能及,或者说这样一个概念是否具有实在性,能否为我们清楚、明白和毫无矛盾地设想到(sive an talis notion sit a parte rei, clearque ac distincte sine contradictione intelligi possit)。因为对手也会说,关于一个完满存在者的这样一个概念,或者说这样一个通过其本质而存在的存在者只不过是一种幻觉而已。笛卡尔诉诸经验并且宣称他在自己身上清楚明白地体验到了这一概念本身也是不充分的。他这样做并未完成推证,而是中断了这一推证。除非他指出一条道路,使别人顺着这条道路也能够获得这样一种经验。因为任何时候,只要我们将经验引进我们的推证之中,我们就应当表明其他人如何能够产生出同样的经验,除非我们打算使他们仅仅因我们自己的权威而确信它们。[5]

建立这种推证所需要的各种命题如下:

命题 2:具有不同属性的两个实体相互之间没有任何共同点。[6]

命题 5:宇宙中不可能有两个或两个以上的实体具有相同的属性。[7]

命题 10:一个实体的每个属性必定通过它自身而被设想。[8]

命题 22、23:关于无限多的样式。[9]

命题 31:理智和意志所关涉的必定是被动的自然(natura naturata),而非能动的自然(natura naturans)。[10]

第二部分命题 19 与命题 20 似乎冲突。[11] 不过,命题 26:因此,存在有关于一个观念的观念。[12]

二、与其他事物可共存的事物存在[13]

　　为了增加大量的事物，根本无需有许多个世界。因为没有任何一个数目的事物不包含在这个世界当中，甚至在实际上没有任何一个数目的事物不包含在这个世界的任何一个部分之中。[14]

　　引进另一个种类的现存事物和可以说是同样无限的另一个世界，就是在滥用"存在"这个词。因为我们不能够说这些事物现在是否存在。但存在，当其为我们所设想时，便内蕴有某个确定的时间。如果关于一件事物，我们在某个确定的瞬间能够说"这件事物现在存在"，我们便能够说这件事物存在了。[15]

　　种种事物，其总体总是大于部分；在无限多中也是如此。为了表明并非所有可能的事物本身都能与其他事物一起存在，讨论形式的真空徒劳无益。否则，许多不经之论就会出现。任何事物，不管其多么不合理，都不能够被设想为根本不存在于这世界上，不仅各种怪物，而且恶和卑鄙心灵以及种种不义，都是如此，称上帝为善而不是称其为恶以及称其为义而不是称其为不义便毫无理由可言。那就会存在有某个世界，在其中，所有的善良人士便都会受到永罚的严惩，而所有的恶人反倒获得奖赏，以福奖恶。

　　心灵的不朽必定被视为由我的方法得到了证明，因为这在其自身是可能的，并且与所有别的事物是可共存的，或者说它并未妨碍各种事物的进程。因为各个心灵并没有任何体积。也就是说，我的原则在于凡能存在且与其他事物相共存的事物都确实存在，因为这种事物因优越于其他可能事物才得以存在的理由除并非所有的事物都是可共存的外,并不受任何别的考虑的限制。因此,除更完满的存在者会存在外,也就是说,除那些包含有最大可能实在性的事物会存在外,根本没有任何别的决定存在的理由。

如果所有可能的事物都存在,那就会出现根本无需任何存在理由的情况,从而只要有可能性就够了。因此,除非就上帝是可能的而言,根本不会有任何上帝存在。但倘若那些相信所有可能事物都存在的人的意见为真,则这样一个因虔诚而坚持的上帝就不会是可能的了。

注释

1　在经由英国和荷兰从巴黎返回汉诺威的旷日持久的旅程中,莱布尼茨拜访了斯宾诺莎。一如他在 1677 年写给威尔士神父(Abbé Gallois)的一封信中所说,"与他进行了几次很长的谈话"。后来,在《神正论》中,莱布尼茨再次提到他在"从法国取道英国和荷兰途中"曾"会见了斯宾诺莎"这件事(莱布尼茨:《神正论》,段德智译,商务印书馆 2016 年版,第 544—545 页)。这两条备忘录主要写于 1676 年 11—12 月间。文中所使用的术语和观念与巴黎笔记非常一致,但所论问题却是由斯宾诺莎的观点产生出来的。它们都旨在为上帝存在的本体论证明提供一个更为坚实的基础,藉指出逻辑世界、观念世界和可能世界与事物世界、现实世界和存在世界的区分,来强调上帝观念的"实在性"和现实世界的"实在性"和"时间性"。

本文原载格尔哈特所编《莱布尼茨哲学著作集》第 7 卷,莱姆克将其英译出来并收入其所编辑的《莱布尼茨:哲学论文与书信集》中。

本文据 *Leibniz*:*Philosophical Papers and Letters*,translated and edited by Leroy E. Loemker,D. Reidel Publishing Company,1969,pp. 167 – 169 和 G. W. Leibniz,*Die philosophischen Schriften* 7,Herausgegeben von C. I. Gerhardt,Hildesheim:Georg Olms Verlag,1978,pp. 261 – 262 译出。

2　该备忘录写于 1676 年 11 月。译者据 *Leibniz*:*Philosophical Pa-*

pers and Letters, translated and edited by Leroy E. Loemker, D. Reidel Publishing Company, 1969, pp. 167 - 168 和 G. W. Leibniz, *Die philosophischen Schriften* 7, Herausgegeben von C. I. Gerhardt, Hildesheim: Georg Olms Verlag, 1978, pp. 261 - 262 译出。

3 因此，莱布尼茨的证明依赖于他的组合逻辑的简单概念与上帝完满性的同一。感觉材料并不简单，而是无限复杂的。完满性等级与实在性等级之一致乃莱布尼茨和斯宾诺莎共同继承的新柏拉图主义遗产。但本体论证明却随着莱布尼茨承认并非所有可能的本质都能够获得存在而失效。结果，虽然上帝依然具有所有的完满性，但只有所有这些可能的完满性中最好的可能性才得以存在。

4 莱布尼茨最初做的备忘录到此为止。下面的内容是后来添加上去的。

5 在西方哲学史上，关于上帝存在的本体论证明最初是由安瑟尔谟（Anselm, 1033—1109）在《宣讲篇》里提出来的。其理论要点在于：上帝是一个被设想为无与伦比的东西，所以上帝实际上存在。至近代，笛卡尔复兴了安瑟尔谟的上述证明。笛卡尔在《第一哲学沉思集》中将安瑟尔谟证明中"上帝"观念与存在之间的逻辑必然性修改为结果与原因之间的必然性，却保留了安瑟尔谟"本体论证明"的基本精神，即从"上帝"观念的绝对完满性推导出上帝的实际存在（参阅笛卡尔：《第一哲学沉思集》，庞景仁译，商务印书馆 1986 年版，第 53—54 页）。莱布尼茨曾对安瑟尔谟的和笛卡尔的关于上帝存在的本体论证明提出过"严厉批评"。莱布尼茨反驳说：他们并没有证明上帝的观念是一个"可能的观念"。但莱布尼茨也承认，倘若他们证明了这一点，他们的证明便可以成立。而莱布尼茨本人则"轻而易举"地证明了上帝的观念是可能的：其可能性即在于偶然事物的存在。因为必然的存在就是自己存在，如果这竟然不可能，那就没有什么存在会是可能的了。不过，事情一如罗素所指出的，莱布尼茨的"这种证明方法更确切地说，属于宇宙论证明"。罗素还正确地指出："1676 年在海牙，莱布尼茨呈送给斯宾诺莎看的论文中就很好地表述了这种证明，……这篇论文尽管是他早年写的，但内容却与他后期的哲学完全一致"（罗素：《对莱布尼茨哲学的批评性解释》，段德智、张传有、陈家琪译、陈修斋、段德智校，商务印书馆 2000 年版，第 211 页）。

6 参阅斯宾诺莎：《伦理学》，贺麟译，商务印书馆 1981 年版，第 5 页。

7 同上书，第 5—6 页。

8 同上书,第9—10页。

9 同上书,第23—24页。

10 同上书,第28—29页。

11 《伦理学》"第二部分"命题19的内容为:"人的心灵除了通过人的身体因感触而起的情状的观念外,对于人身以及人身的存在无所知觉。"命题20的内容为:"人心的观念和知识同样存在于神内,并由神而出,正如人身的观念和知识那样。"参阅斯宾诺莎:《伦理学》,贺麟译,商务印书馆1981年版,第61、62页。

12 《伦理学》"第二部分"命题26的内容为:"人心除凭借其身体情状的观念外,不能知觉外界物体,当作现实存在。"斯宾诺莎:《伦理学》,贺麟译,商务印书馆1981年版,第65页。

13 这条备忘录写于莱布尼茨与斯宾诺莎会见的当天,即1676年12月2日。参阅库蒂拉:《论莱布尼茨的形而上学》,《形而上学与道德评论》1902年第10期,第12页。

这条备忘录曾载 Louis Couturat, *Opuscules et fragments inédits de Leibniz*, Paris, 1903, pp. 529 - 530, 莱姆克将其英译出来并收入其所编辑的《莱布尼茨:哲学论文与书信集》中。

本文据 *Leibniz: Philosophical Papers and Letters*, translated and edited by Leroy E. Loemker, D. Reidel Publishing Company, 1969, pp. 168 - 169译出。标题系译者所加。

14 在斯宾诺莎的哲学中,事实上内蕴有一种多元论和二元论。对于斯宾诺莎来说,当我们从神的角度看世界时,就会出现"多元论",而当我们从人的角度看世界时,就会出现"二元论"。他论证说:"一物所具有的实在性或存在愈多,它所具有的属性就愈多。"因此,神,或实体,既然其自身为"绝对无限的存在",便势必"具有无限多的属性","而它的每一个属性各表示其永恒无限的本质,必然存在"。但对于我们人来说,我们只能认识到神的两个属性,这就是"思想"和"广延"。他强调说:"除了身体(或物体)和思想的样式以外,我们并不感觉或知觉到任何个体的事物。""思想是神的一个属性,或者神是一个能思想的东西。……广延是神的一个属性,换言之,神是一个有广延的东西。""身体不能决定心灵,使它思想,心灵也不能决定身体,使它动和静,更不能决定它使它成为任何别的东西,如果有任何别的东西的话。"这就将"观念世界"与"事物世界"、"现实世界"或"存在世界"混为一谈了(参阅斯宾诺莎:《伦理学》,贺麟译,商务印书馆 1981 年版,第 9—10、42—43、92 页)。极其吊诡的是:身为唯物主义哲学家的斯宾诺莎"滥用""存在概念"将"观念世界"径直理解为"现实世界"或"存在世界",而身为唯心主义哲学家的莱布尼茨则坚持在"观念世界"和"存在世界"之间作出区分,坚持在"可能世界"与"现实世界"之间做出区分,主张尽管存在有无限多个"可能世界",但"现实世界"和"存在世界"却只有一个,这就是上帝从无限多个可能世界中拣选出来并创造出来的我们这个世界。

15　时间因此便成了可共存事件存在的原则,这些事件如果被视为永恒的本质则内蕴有矛盾。

论事物与语词的关系
——与霍布斯的对话[1]

甲:如果给您一条线,要您把它弄成弯曲的,使它形成一条闭合线段,包含最大可能的闭合空间,您会如何弄弯它?

乙:我会把它弄成圆形的。因为几何学家证明,在周长相等的各种图形中,圆的空间面积最大。如果有两个小岛,其中一个是圆形的,另一个是方形的,一个人绕着它们的边走花费的时间一样多,则那个圆形的小岛所包含的土地面积就会更大些。

甲:难道您认为即使您从未思考过这件事,这也是真的吗?

乙:那当然了。即使在几何学家对此作出证明以前,或者人们并未注意到这一点以前,事情也是如此。[2]

甲:所以,您就推定真假存在于事物之中,而不是存在于思想之中(in rebus, non in cogitationibus veritatem ac falsitatem esse)。[3]

乙:事情必定如此。

甲:但有什么事物是假的吗?

乙:我并不认为各种事物假(non res puto),但关于事物的思想或命题却可以为假(sed cogitatio vel propositio de re)。

甲:因此,假乃各种思想的一种特性,而非各种事物的一种特性(falsitas est cogitationum, non rerum)。

乙：我不得不赞同您的这个意见。

甲：那么，为何真不也是如此呢？

乙：由此看来，真理似乎也是如此，但我还是倾向于怀疑这个结论是否可靠。

甲：当一个问题提出来时，在您确定您的意见之前，难道您就不怀疑某个答案究竟是真的还是假的吗？

乙：当然怀疑。

甲：因此，您承认，在答案的真假由该问题的特殊本性确定下来之前，同一个主体能够或真或假（idem esse subjectum veritatis et falsitatis capax）。

乙：我承认这一点，而且我还承认如果假为思想的一种特性的话，则真理也同样是思想的特性而非事物的特性（si falsitas sit cogitationum, etiam veritatem esse cogitationem, non rerum）。[4]

甲：但这与您刚才说过的相矛盾，因为您刚刚说过，也有一些真理是没有谁曾经思考过的。

乙：您把我弄糊涂了。

甲：但我们必须努力调和这两种观点。难道您认为凡能够造出来的思想都是实际形成的吗？或者，说得更明白一点，所有的命题都被思考过吗？

乙：我并不这样认为。

甲：很可能，真虽然是各种命题或思想的一种性质，但却是各种可能思想（possibilium）的一种性质，以至于所谓确定的东西只不过是：如果有人以这样或相反的方式思考问题，则他的思想就有了真假之分。

乙:您似乎已经成功地带领我们越过了这片泥泞沼泽之地。

甲:但既然任何思想的真假都必定有一个原因,那么我问您:我们应当到何处去寻找这一原因。

乙:当然不能仅仅到我的本性中去寻找。因为我自己的本性和我所思考的各种事物的本性必定是这样一些东西:当我依照一种切实可靠的方法进行思考时,我就必定推断出这一相关的命题,或者说我就必定发现它是真的。

甲:您的回答极其卓越,但还是有一些困难。

乙:请问,您还有些什么样的困难?

甲:一些博学之士认为真理是由人的意志(arbitrio humao)产生出来的,是由名称和字符(nominibus seu characteribus)产生出来的。[5]

乙:这无疑是最荒谬不过的意见。

甲:但他们却以这样一种方式证明了这一点:难道定义不构成推证的原则吗?[6]

乙:对这一点,我倒是承认的。因为一些命题仅仅藉将各种定义联结在一起便能够得到证明。

甲:因此,这样一些命题的真理依赖于定义。

乙:就算是吧!

甲:但定义依赖于我们的意志。

乙:如何会是这样的呢?

甲:难道您没有看到用"椭圆"这个词来意指某一种图形出自数学家的选择吗?难道您没有看到将"圆"的定义所表达的意义归因于"圆"这个词不正是拉丁人所作出的一个选择吗?

乙:那又有什么关系?即使没有语词,思想也照旧出现。

甲：但倘如没有其他一些符号，思想是断然不会出现的。请问，倘若没有一些数学符号，您能够进行任何算术计算吗？

乙：您把我搞得简直无所适从。因为我并不认为字符或符号对于推理（ad ratiocinandum）如此不可或缺。

甲：但您不是也承认各种算术真理也预设了一些符号或字符吗？

乙：这一点倒是无可否认。

甲：因此，这样一些真理不是依赖于人的意志吗？

乙：您似乎是在玩弄花招，让我束手就擒。

甲：这些并非我的创意，而是一位天才作家的创意。[7]

乙：但难道有谁明明知道希腊人、拉丁人和德国人的几何学完全一样，却会离开健全心灵如此遥远，以至于使自己信服真理是主观随意的，依赖于名称的吗？

甲：您是正确的，但依然有些困难需要解决。

乙：正是这一件事情使我踌躇不决。我注意到，倘若我不运用呈现在我心灵面前的语词或其他符号，我就永远认识、发现或证明不了任何一条真理。

甲：其实，倘若没有任何字符的话，我们便既不可能清楚地思考任何一件事物，也不可能对它进行推理。

乙：不过，当我们考察几何图形的时候，我们却可以仅仅藉精确地默思它们而建立其真理。

甲：事情确实如此，但我们也必须承认，这些图形必定也可以视为各种字符（sed sciendum etiam has figuras habendas pro characeribus），因为画在纸上的圆并非一个真实存在的圆（neque enim circulus in charta descriptus verus est circulus），而且也无需如此；只要我们把它看作一个圆，足矣。

乙：尽管如此，它与现实存在的圆也有一定的类似性（similitudinem），而这却确实不是主观随意的。[8]

甲：对这一点，我是承认的；正因为如此，各种图形即是最有用的字符。但您认为在表示十件事物的十和数字10之间存在的究竟是一种什么样的类似性呢？

乙：在字符之间存在的某种关系或秩序，同样也存在于事物之间（est aliqua relatio sive ordo in characteribus qui in rebus），如果这些字符发明得极其合理，事情就更其如此了。

甲：事情也可能如此，但最初的元素本身（ipsa prima Elementa）与事物本身究竟有何类似性。例如，数字"0"与"无"，或者字母"a"与"一条线段"究竟有何类似性。因此，您不得不承认，至少在这些元素中，根本无需同各种事物有任何类似性。例如，这对于语词"lucis"（光）和"ferendi"（产生）就很适用。即使它们组合而成的复合词"lucifer"（发光）与这两个词"lucis"和"ferendi"也有一种关系，这与"lucifer"与"lucis"和"ferendi"所指称的事物所具有的那种关系一一对应。

乙：但希腊词 $\varphi\omega\sigma\varphi o\pi o\varsigma$ 与 $\varphi\omega\varsigma$ 和 $\varphi\epsilon\pi\omega$ 也有同样的关系。

甲：但希腊人在这里还可以用别的词而非这个词。

乙：那倒也是。不过，我还注意到，倘若各种字符能够用来进行推理的话，在它们之间就必定有一种适合于各种事物的复杂的相互关系或秩序（situm complexum, ordinem, qui rebus convenit）。如果在单个的词中不是这样，那么至少在它们的结合和变形（conjunctione et flexu)中是如此,尽管倘若能够在这些单个的词本身之发现这样一种关系或秩序,那就是一件再好不过的事了。虽然这种秩序在各种语言中的表现有别,但它在所有的语言中却总能够以某种方式相互一致。这样一个事实使我萌生了克服困难的希望,因为尽管各种字符是主观随意的,但它们的使用和联系(usus et conexio)却还是有某种并非主观随意的东西,也就是说,在各种字符和各种事物之间存在有某种确定的类似,从而表达着同样事物的不同字符相互之间也必定具有各种关系。而这种类似性或关系正乃真理的基础(haec proportio sive relatio est fundamentum veritatis),因为无论我们使用哪一套字符,所产生的结果都将是一样的、等值的,或类似地一致的。但或许有些字符始终为思想所必须。

甲:精妙绝伦!您显然已经完全从困境中自拔了出来。而且,分析的或算术的计算(calculus analyticus arithmeticusve)也证实了这种观点。因为就各种数字来说,不管是用十进位制,还是像一些数学家那样,用十二进位制,这个问题总是能够以同样的方式予以解决。因此,如果我们把藉不同计算方式算出来的结果应用到谷类或其他一些可以计算的对象上,得到的结果总是一样。在分析方面也是如此,即使对象的不同特性在使用不同的字符时,始终能够较容易地显现出来,也始终能够在这些字符的联系和协调一致中发现真理的基础。所以,如果我们称 a 的平方为 a^2,并且用 b+c 取代 a,我们就将得出 $a^2=b^2+c^2+2bc$。但如果我们用 d−e=a,我们就将得出 $d^2-2de+e^2=a^2$。在前一种情况下,我们表达的是整体 a 对于它的部分 b 和 c 的关系;在后一种情况下,我们表达的是部分 a 对于整体 d 以及它和整体之间的差 e 的关系。不过，通过置换，计算始终得出同样的结果这一点更加显而易见了。因为假使我们在公式 d^2+e^2-2de（等于 a^2）中，用 $a+e$ 的值置换 d，则我们就将得出 $d^2=a^2+e^2+2ae$ 以及 $-2de=-2ae-2e^2$；通过相加：

$$+d^2 = a^2+e^2+2ae$$
$$+e^2 = e^2$$
$$-2^{de} = -2e^2-2ae$$

其总和为：…… $= a^2$。

这时你会看到，不管我们多么主观随意地选择字符，只要我们在使用它们时，遵循确定的秩序和规则，其结果就始终一致。所以，尽管真理往往必须预先假定一些字符，实际上甚至有时还要对一些字符作出规定（就像我们需要对抛掷九点制定出规则那样）。但真理却并不在于其有关字符中的主观随意的元素，而在于它们中所内蕴的持久不变的元素（non tamen in eo quod in iis est arbitrarium, sed in eo quod est perpetuum），也就是说，在于它们与各种事物的关系（relatione）。即便我们没有作出任何主观随意的选择，只要我们选择了一些符号，我们便必定能够进行某个确定的证明，如果我们采用了其他一些字符，其与所意指的事物的关系虽然知道但却不同，这些新的字符所产生的关系就将再次与前面那些字符之间的关系相一致，这一点通过取代或比较就可以显示出来，事情将始终如此。[9]

注释

1 本文写于 1677 年 8 月。从巴黎时期开始，莱布尼茨就对以对话形式阐述自己的思想有浓厚的兴趣。在巴黎时，他就曾意译过柏拉图，在后来的年月里，他也不时地在这个方面小试牛刀。至于本文的内容，卡西雷尔和布什诺曾恰如其分地称眼下这篇对话为一篇"关于事物与语词关系的对话"。霍布斯的语词理论和真理学说通常被理解成：真理依赖于定义，各种定义都是主观随意的，从而真理也是主观随意的。这篇对话所直接针对的显然是托马斯·霍布斯的关于真理是主观随意的真理观。莱布尼茨在对霍布斯语言观和真理观的批判中，不仅阐述了他的真理观，而且还阐述了他的字符理论，一方面阐述了字符在推理中的用处，另一方面又讨论了字符与真理本性的关联，初步构建了他的独树一帜的表象理论。

本文原载格尔哈特所编《莱布尼茨哲学著作集》第 7 卷，莱姆克将其英译出来并收入其所编辑的《莱布尼茨：哲学论文与书信集》中。

本文据 Leibniz: *Philosophical Papers and Letters*, translated and edited by Leroy E. Loemker, D. Reidel Publishing Company, 1969, pp. 182 - 185 和 G. W. Leibniz, *Die philosophischen Schriften* 7, Herausgegeben von C. I. Gerhardt, Hildesheim: Georg Olms Verlag, 1978, pp. 190 - 193 译出。原标题为《对话》。现标题系译者依据文本内容拟定。

2 霍布斯的这句话强调了真理的绝对客观性、超越性和先验性。这使我们想到了宋明理学和心学。当年，朱熹讲"未有天地之先，毕竟也只是理"(《语类》卷一)，突出地强调了思辨真理的绝对客观性和先验性。王阳明讲"绵绵圣学已千年，两字良知是口传。欲识混沌无斧凿，须从规矩出方圆。不离日用常行内，直造先天未画前"(《别诸生》)，则进一步强调了实践真理的绝对客观性、超越性和先验性。霍布斯的这一见解与宋明理学和心学可谓异曲同工。

3 句中的"真"对应的拉丁文为 veritatem。该拉丁词的基本含义为"真理"、"真实"、"诚实"、"真义"和"事实"等。句中与"真"对应的拉丁文为 falsitatem。该拉丁词的基本含义为"虚伪"、"虚假"、"谎言"和"错误"等。因此，若将该句译作"所以，您就推定真理与谬误存在于事物之中，而不是存在于思想之中"，亦不为过。

4 这里所讲的正是霍布斯的观点。他在《论物体》中曾经写道："真理与谬误除非在使用言语的生物之间，显然是没有任何存在余地的。因为虽然一些无理性的生物,在观看一个人在镜子中的肖像时,可能受其影响,仿佛这个肖像就是人本身似的,而且,由于这一原因而害怕之,或是徒劳地向它摇尾乞怜。然而,它们却并非把它作为真的或假的加以理解,而仅仅是把它作为相像的东西加以理解。因为,在这种情况下,它们上当受骗了。因此,与人把他们一切真正的推理归因于对言语的正确理解那样,他们也把他们的各种错误,归因于对言语的误解。而且,像所有的哲学文章都仅仅从人出发那样,那些虚假意见的可恶的谬论也是起源于人的。因为言语中有些类似蜘蛛网的东西(早在梭伦的法中就有这样一种说法),通过语词的编织物(contexture of words),幼弱稚嫩的智慧便遭到诱捕和截杀。但强有力的智慧却能够轻易地冲决它们的罗网。"参阅 Thomas Hobbes, *Concerning Body*, John Bohn, 1839, p. 36。

5 霍布斯在《论物体》中所阐述的就是这样一种真理观和语言观。他写道:"真理在于言语,而不在于言说的事物。而且,虽然真(*true*)有时与表面的(*apparent*)或虚假的(*feigned*)相对立,然而却总是涉及命题的真理性。因为一个人在镜子中的肖像或一个鬼(ghost),因此而被否认为一个真实的人。因为一个鬼是一个人(*a ghost is a man*)这个命题并不是真的;但一个鬼是一个真实的鬼却是无可否认的。因此,真理或真实性(truth or verity)并不是那件事物的任何属性(any affection),而只是与之相关的命题的属性"(参阅 Thomas Hobbes, *Concerning Body*, John Bohn, 1839, p. 35)。

值得注意的是,莱布尼茨在这里阐述的思想在一个意义上也与笛卡尔的认识论思想相关。因为笛卡尔将我们认识的真假归因于我们的意志,更确切地说,归因于我们对自由意志的运用。他写道:"更进一步看看我,并且考虑一下哪些是我的错误,我发现这是由两个原因造成的,也就是说,由于我心里的认识能力和选择能力或由于我的自由意志,也就是说,由于我的理智,同时也由于我的意志。因为单由意志,我对任何东西都既不加以肯定,也不加以否定,我仅仅是领会我所能领会的东西的观念,这些观念是我能够加以肯定或否定的。可是在把理智这样地加以严格观察之后,可以说,在它里面决找不到任何错误,只按照'错误'这个词的本身意义来说"(笛卡尔:《第一哲学沉思集》,庞景仁译,商务印书馆1986年版,第59页)。尽管笛卡尔是从负面来谈论人的自由意志的认识功能,而霍布斯则是从正面来讨论人的自由意志的认识功能。

6 这里所谈的正是霍布斯的定义观。在《论物体》中,霍布斯将定义与事物的本质区别开来,宣称:"定义并不是任何一件事物的本质,而只是表示我们所设想的有关事物的本质的一种语言;而且它也不是白本身,而是白这个词,是一个属相,或一个普遍名称。"在此基础上,霍布斯还将定义说成是一种"原初命题",并将这种作为原初命题的定义说成是"推证的原则"。他写道:"命题还区分为原初的和非原初的。原初的,是那些在其中主项由于一个谓项由许多名称组成而被复杂化了的命题,如人是有理性的、有生命的物体。因为包含在人这个名称中的东西被更加详尽地表述在连结在一起的物体、有生命的与有理性的诸多名称之中。它之被称为原初的,乃是因为它首先存在于推理之中。因为如果不先理解所考察的事物的名称,则任何东西都证明不了。然而,原初命题不是任何别的东西,它无非是定义,或者是定义的各个部分,从而只有这些才是推证的原则,才是言语发明者随意构建起来的真理,因此并不是推证出来的"(参阅 Thomas Hobbes, *Concerning Body*, John Bohn, 1839, pp. 60, 36—37)。与霍布斯不同,莱布尼茨强调定义与事物本质的统一性。他在《人类理智新论》中写道:"本质归根到底不是别的,无非是人们所提出的东西的可能性。人们假定为可能的东西是用定义来表明;但当这定义不同时表明可能性时,它就只是名义上的,因为那时人们就可以怀疑这定义是否表明某种实在的东西,也就是说可能的东西,除非到了那事物确实在世界上存在时,得经验之助使我们后天地认识到了这种实在性;这足以代替理性,理性是通过揭示所定义事物的原因或可能的产生而使我们先天地认识那实在性的。"诚然,莱布尼茨也不排除本质与定义的区别,但在他看来,这种区别却并不拒斥它们的统一性。莱布尼茨写道:"应该考虑到只有一种事物的本质,但有多个定义表明同一种本质,就像同一结构或同一城市,可以照着我们看它的角度不同而不同的景色画面来表现它一样"(参阅莱布尼茨:《人类理智新论》下册,陈修斋译,商务印书馆1982年版,第318页)。

  7 法国哲学家和逻辑学家阿尔诺(Antoine Arnauld, 1612—1694)与皮埃尔·尼科尔(Pierre Nicole, 1625—1695)曾于1662年合著和出版了《逻辑或思维艺术》(亦称《波尔罗亚尔逻辑》)一书。该书包括4部分,即概念篇、命题篇、推理篇和方法篇。其中,第二篇(命题篇)第5章专论"在复杂用语和偶然命题中所发现的错误"。该著是17世纪欧洲最负盛名的逻辑教材。早在1672年秋,莱布尼茨在旅居巴黎期间即结识了阿尔诺。莱布尼茨在这里所说的,很可能表明他在这里阐述的认识论思想和逻辑学思想受到了《逻辑或思维艺术》一书的影响,特别是受到了阿尔诺的影响。

8 莱布尼茨在这里批评的显然是霍布斯的语言观或字符观。因为霍布斯到处强调的都是各种字符的"人为性"或"主观随意性",尽管这对于一个唯物主义哲学家来说,显得有点吊诡。例如,他在谈到"记号"时曾经指出:"为了获得哲学,有一些感觉得到的标记(moniments)是必要的,凭借这些标记,我们过去的思想便不仅可以复原,而且,每个过去的思想还都可以按它自己的顺序记录下来。这些标记,我称之为记号(MARKS),也就是我们随意记录下来的感觉得到的事物,通过这些记号的意义,这样一些思想就可以召回到我们的心里,这些思想与我们过去获得的那些思想是相像的。"再如,他在谈到"名称"时,也明白无误地强调了它的"人为性"。他写道:"名称(a NAME)是一个随意拿来用作记号的词,它能在我们的心中唤起和先前我们曾有过的某个思想一样的思想,如果把它宣示给他人,它对这些人就可能成为表示宣讲者曾经有过的思想的符号,或他心中此前不曾有过的思想的符号。简言之,我设定:名称的起源(original)是人为的,但却将其判定为一种可以作为无可怀疑的东西加以接受的事物。""既然在言语(前面已对其作出界定)中,依序排列的名称是我们概念的符号,则它们就显然不是事物本身的符号。"(Thomas Hobbes, *Concerning Body*, John Bohn, 1839, pp. 13 – 14, 16, 17)。与霍布斯不同,作为唯心主义哲学家的莱布尼茨强调的则是字符系列的"客观内容"以及字符系统与事物系统的"类似性"和"函数关系"。例如,在《人类理智新论》中,莱布尼茨就针对语词出于"武断的制定"的说法,强调指出:"我知道,在学校里以及在所有其他地方人们都习惯于说语词的意义是武断的,并且的确,它们并不是为一种自然的必然性所决定的,但它们也还是受一些理由所决定,这些理由有时是自然方面的,在这里偶然性有某种作用,有时是精神方面的,在这里就有选择在起作用"(参阅莱布尼茨:《人类理智新论》下册,陈修斋译,商务印书馆 1982 年版,第 296 页)。

9 莱布尼茨对霍布斯语词理论和真理理论的批判同时也是其对英国经验主义认识论和真理观的批判。唯名论乃霍布斯语词理论和真理理论的一项根本缺陷。霍布斯在《利维坦》第四章中曾明白无误地宣布:"真实和虚假只是语言的属性,而不是事物的属性。没有语言的地方,便不可能有真实或虚假存在"(霍布斯:《利维坦》,黎思复、黎廷弼译,杨昌裕校,商务印书馆 2014 年版,第 22 页)。在莱布尼茨看来,霍布斯的唯名论比中世纪唯名论,比奥康的唯名论还唯名论(参阅 G. W. Leibniz, *Die philosophischen Schriften* 4, Herausgegeben von C. I. Gerhardt, Hildesheim:

Georg Olms Verlag,2008,p.158)。正因为如此,莱布尼茨在《人类理智新论》中,在阐述其语词理论时,曾集中批判了霍布斯和洛克所倡导的名义本质学说。他写道:"人们迄今谈到名义的定义和原因的或实在的定义,但就我所知没有说本质除了实在的之外还有其他的,除非所谓名义本质被理解为假的和不可能的本质,它显得像本质而实际不是;就例如一个正十面体的本质那样,所谓正十面体,就是说一个由十个平面所包的一个正的体。本质归根到底不是别的,无非是人们所提出的东西的可能性。"莱布尼茨在专论真理的一章中,针对洛克唯名论的真理观,强调指出:"我在您的真理定义中发觉最不合我心意的,是您在语词中去寻找真理。这样,同一个意思,用拉丁语、德语、英语、法语来表示,就会不是同一条真理了,而且我们就得和霍布斯一样说真理是随人的乐意而定的;这是非常奇怪的一种说法……最后,我已不止一次地表示过奇怪,您的朋友们总喜欢把本质、物种、真理弄成名义的"(莱布尼茨:《人类理智新论》下册,陈修斋译,商务印书馆1982年版,第317—318、458页)。因此,我们不妨将本文视为莱布尼茨《人类理智新论》语词理论和真理观的一个先声。

何谓观念？[1]

首先，我将"观念"(Idea)这个词理解为存在于我们心灵中的某种东西。因此，加盖到人脑上的各种印记并非观念。[2] 因为在我看来，心灵乃某种并非脑子的某种东西，是人脑实存中更为精妙的部分(subtiliorem substantiae cerebri partem)。[3]

不过，我们的心灵里有许多东西，尽管若没有观念，它们便不会出现，但我们却知道它们并非观念。例如，各种思想、知觉和各种情感(cogitationes, perceptiones, affectus)，即是如此。在我看来，一个观念并不在于某个思想活动(cogitandi actu)，而在于思想能力(facultate)，[4] 而且我们还被说成具有关于一件事物的观念(ideam rei habere)，即使我们现在并未想到这件事物，但只要有了机缘(occasione)，我们便能够想到它。[5]

但这种观点也有一种困难，因为我们有一种思想所有事物的远程能力(facultatem remotam)，即使对那些或许我们对之并无观念的事物也是如此，因为我们具有接受有关它们的观念的功能。因此，观念便需要一种近程能力(facultatem propinquam)，或者说需要一种思考一件事物的能力(facilitatem)。[6]

不过，这对于那样一号人还是远远不够的：这种人虽然有一种方法，可以引导他达到某个对象，但如果他照章办事，却得不到有关这一对象的观念。所以,如果我依序枚举了各个圆锥截面,我无疑将获得了这一双曲线的反面的各个分支(certum est me venturum in cognitionem Hyperbolarum oppositarum),即使我尚未获得它们的观念,亦复如此(quamvis nondum earum ideam habeam)。因此,在我们身上,必定有某种东西不仅能够使我们达到事物,而且还能够表象它们(quod non tantum ad rem ducat, sed etiam eam exprimat)。

一个主体,如果在其中存在有一些状况(habitudines),[7] 与其所表象的一件事物的各种状况(quae habitudines rei exprimendae)相一致,则这个主体便被说成是表象了这件事物。但存在有各种不同的表象。例如,一台机器的模型表象这台机器本身,在一个平面上投射出来的外形表象着一个固体,言语表象着思想和真理,各种字符表象着各种数字,一个代数方程式表象着一个圆或某个别的图形。而为所有这些表象共有的东西在于:我们能够从对所表象的各种状况的默思(contemplatione)[8] 获得有关所表象事物各种相应特性的知识。因此,如果主张只有一种类似存在于各种状况之间,进行表象的主体与所表象的事物的相似似乎并无必要。

同样显而易见的是,一些表象在自然中有其基础,而另外一些则是主观随意的,至少部分如此,例如由语词或字符组成的表象就是如此。那些在自然中有其基础的表象或是需要某种相似性,如在一个大圆和一个小圆之间或在一个地区与这个地区的地图之间就需要一定的相似性,或是需要某种联系,如在一个圆和按照光学规律表象着这个圆的椭圆之间就需要某种联系,因为椭圆上的任何一点都按照一定的规律对应于这圆上的某一点。其实,在这种情况下,用任何一个与一个圆更加相似的图形来表象这个圆都是不充分的。同样每个完整的结果都表象着整个原因,从而我始终能够从有关这样一种结果的知识获得有关其原因的知识。而每个人的行为也都表象着他的心灵,这个世界本身也在某种程度上表象着上帝。很可能由同一个原因产生的多种结果也相互表象,例如,手势和言语就很可能相互表象。正因为如此,一个聋子并不是藉一个人口中发出的声音,而是藉他的口的运动来理解他的话语的。

所以,我们心中的事物的观念所意指的并非任何别的东西,而无非是这个既是事物造主同样又是心灵造主的上帝(DEUM, autorem pariter et rerum et mentis)曾经将一种思想能力赋予了心灵(eam menti facultatem cogitandi impressisse),以至于它能够藉它自己的运作获得与事物本性完全一致的东西(ut ex suis operationibus ea ducere possit, quae perfecte respondeat his quae sequuntur ex rebus)。[9]因此,尽管一个圆的观念与这个圆并不相似,但各种真理却还是能够由之获得,这一点只要考察一个实在的圆便会获得毋庸置疑的证实。[10]

注释

    1 本文写于 1678 年。莱布尼茨对观念问题的深层思考,与他在 1676 年回国途中绕道荷兰拜访斯宾诺莎并且读到《伦理学》的部分手稿密切相关。斯宾诺莎在该著第二部分定义 4 中说道:"正确观念,我理解为单就其自身而不涉及对象来说,就具有真观念的一切特性及内在标志的一种观念"(参阅斯宾诺莎:《伦理学》,贺麟译,商务印书馆 1981 年版,第 41 页)。莱布尼茨在有关边注中评论说:"因此,需要解释何为真观念(Explicandum ergo erat, quid sit vera idea)"。本文即是莱布尼茨对于"何为真观念"这一问题的一个正面回应。

毋庸讳言,莱布尼茨此前也思考过观念问题,但相形之下,本文虽然很短,但却首次从认识论和本体论的高度对观念问题作出了比较全面、系统和深入的阐释,可以说为我们了解和理解他的观念学说提供了第一个重要纲领。其中所论述的"一个观念并不在于某个思想活动,而在于思想功能"、观念的"远程"功能与"近程"功能以及观念从根本上讲是一种"思想能力"等观点,尤其耐人寻味。深刻理解莱布尼茨的观念学说,无论对于深入理解他的认识论还是对于深入理解他的本体论都具有重要意义。

本文原载格尔哈特所编《莱布尼茨哲学著作集》第 7 卷,原文为拉丁文,其标题为 Quid sit Idea,莱姆克将其英译出来并收入其所编辑的《莱布尼茨:哲学论文与书信集》中。

本文据 Leibniz:*Philosophical Papers and Letters*,translated and edited by Leroy E. Loemker,D. Reidel Publishing Company,1969,pp. 207 - 208 和 G. W. Leibniz,*Die philosophischen Schriften* 7,Herausgegeben von C. I. Gerhardt,Hildesheim:Georg Olms Verlag,2008,pp. 263 - 264 译出。

2 莱布尼茨对"观念"的这样一种界定,鲜明地体现了近代理性主义认识论的基本立场,且具有强烈反对英国经验主义认识论的倾向。英国经验主义者通常反对天赋观念论,而将观念理解为感性事物作用于我们的感官之后在我们灵魂中产生出来的各种"印记"或"心像"。霍布斯在《论物体》中将观念理解成"通过我们的感觉在我们身体内部产生出来的心像";强调这些观念或心像"由感觉器官向外的反作用及努力所造成,为继续存在或多或少一段时间的对象的一种向内的努力所引起";从而,"我们所拥有的一切知识都是由感觉得来的"(参阅 Thomas Hobbes,*Concerning Body*,John Bohn,1839,pp. 390,391,390)。而洛克则从白板说的角度进一步论证和强调了观念的经验起源,断言"一切观念都是由感觉或反省来的","都是从经验来的",从而"我们的一切知识都是建立在经验上的,而且最后是导源于经验的"(参阅洛克:《人类理解论》上册,关文运译,商务印书馆 1981 年版,第 68 页)。与此相反,大陆理性主义哲学家则强调观念的理性来源和天赋性质。笛卡尔虽然谈到观念的三种来源,断言:"在这些观念里面,有些我认为是与生俱来的,有些是外来的,来自外界的,有些是由我自己做成的和捏造的",但他却强调唯有"与生俱来"的观念才是不证自明的可靠的观念(参阅笛卡尔:《第一哲学沉思集》,庞景仁译,商务印书馆 1986 年版,第 37—38 页)。斯宾诺莎将"观念"称作"概念",而不称作"知觉",其根本目的也在于强调观念来自心灵,而非来自对外在事物的知觉(参阅斯宾诺莎:《伦理学》,贺麟译,商务印书馆1981年版,第41页)。莱布尼茨在这里显然继承了笛卡尔和斯宾诺莎的观念学说。后来,他在《人类理智新论》里,针对洛克的"白板说",进一步阐述和强调了他的这种理性主义的观念论。他写道:"凡是在灵魂中的,没有不是来自感觉的。但灵魂本身和它的那些情性应该除外。……而灵魂中包含着:是、实体、一、同、原因、知觉、推理,以及大量其他概念,是感觉所不能给予的"(莱布尼茨:《人类理智新论》上册,陈修斋译,商务印书馆1982年版,第82页)。

3 与"人脑实存"相对应的拉丁词组为 substantiae cerebri。其中,拉丁词 substantiae 的基本含义有"实体"、"本性"、"存在"、"实存"、"实质"、"支撑"和"财富"等。尽管,"实体"是该词的一个基本的哲学含义,但考虑到莱布尼茨的实体观,"人脑"不可能成为一种实体,故而我们将其译作"实存"。相反,"心灵"作为"精神"则不仅具有实体的意义,而且还属于一种仅次于上帝的等级极高的实体。强调心灵对于其他实体乃至其他灵魂的优越性是莱布尼茨一以贯之的思想。例如,在《形而上学谈》第35节中,莱布尼茨就指出:"心灵无疑在存在物中最完满,同时也最好地表象着上帝(因为形体只不过是真正的现象,心灵倘若不是世上存在的唯一实体的话,至少他们也是最完满的实体)。"后来,莱布尼茨在《单子论》第83节中,甚至将一个心灵称作"一个小小的神"。他写道:"普通灵魂与精神之间的其他一些区别,我已经指出过一些。此外,还有下述一点区别,这就是:一般灵魂只是反映受造物宇宙的活的镜子,而精神则又是神本身或自然造主的形象,能够认识宇宙的体系,还能够以宇宙体系为建筑原型来模仿其中的一些东西,每个精神在它自己的领域内颇像一个小神。"

4 莱布尼茨在这里对观念与"各种思想、知觉和各种情感"的区分以及对"思想活动"与"思想能力"的区分,值得注意。在这个问题上,莱布尼茨显然继承和发展了斯宾诺莎的思想。

斯宾诺莎在《伦理学》中就曾鲜明地强调了"思想样式"与"观念"的区别。他写道:"思想的各个样式,如爱情、欲望以及其他,除非具有这种情感的个人有了所爱、所欲的对象的观念,便不能存在。但是即使没有思想的其他样式,却依然可以有观念。"这就告诉我们,观念的存在有其独立性和绝对性,而思想及其样式的存在则有明显的相对性和依赖性,相对于观念而言,它是一种寄生的或派生的东西。而且,在斯宾诺莎看来,思想与观念的这样一种区分还关涉我们对心灵存在状态的理解。因为在斯宾诺莎看来,思想及其样式表达的是心灵对于思想对象的"被动性",而观念表达的则是心灵的"主动性"(参阅斯宾诺莎:《伦理学》,贺麟译,商务印书馆1981年版,第42、41页)。

莱布尼茨在这里不仅强调了观念对于各种思想样式的逻辑在先性,而且还鲜明地提出了"一个观念并不在于某个思想活动"这样一个命题,从而使得他的观念学说获得了更加丰富的内容。因为在莱布尼茨这里,现实的思想活动不仅像斯宾诺莎所指出的那样,必须以思想活动的对象为前提,而且还需要感觉经验的介入(而在斯宾诺莎那里,不仅不存在这样一种介入,而且还反对这样一种介入)。后来,莱布尼茨在《人类理智新论》中,对他的这一观念学说作出了更全面、更系统的阐释。一方面,莱布尼茨从本体论的高度强调指出了"观念"是"思想的对象"而非"思想的形式",断言:"如果观念是思想的形式,那么它将是和与之相应的现实的思想同时产生和停止的;而如果它是思想的对象,那么它就会在思想之前和之后都可能存在。"另一方面,莱布尼茨又在更深的层次上指出:观念不仅是思想的对象,而且还是思想的"一种内在的直接的对象,并且这对象是事物的本性或性质的表现"。莱布尼茨之所以要给"对象"加上"内在的直接的"修饰语,显然旨在将"观念"与英国经验论者所说的作为思想对象的感性事物区别开来。因为在莱布尼茨看来,如果感性事物可以称作思想对象的话,那它们也只是思想的一种"外在的"和"间接的"对象,而且,这样一种对象"不能直接作用于灵魂"。正是基于这样一些认识,莱布尼茨得出结论说:"我认为我们是从来不会没有思想,也从来不会没有感觉的。我只是在观念和思想之间作了区别;因为我们永远是独立不依于感官而具有一切纯粹或清楚的观念的;但思想永远和某种感觉相呼应"(参阅莱布尼茨:《人类理智新论》上册,陈修斋译,商务印书馆1982年版,第80、92页)。这就把西方近代理性主义观念观既比较合理又淋漓尽致地表达出来了。

5 "机缘"说源自古希腊哲学家柏拉图。在他那里,机缘说又是与他的"回忆"说紧密结合在一起的。因为按照柏拉图的说法,我们的灵魂在我们出世前就具有了所有的观念或知识,我们的学习无非是对我们灵魂中这些原来就有的观念或知识的一种回忆,而各种感觉经验即是我们得以回忆的"机缘"。柏拉图说:"用视觉、听觉或者其他功能感觉到一件东西的时候,可以由这个感觉在心中唤起另一个已经忘记的、与这件东西有联系的东西(即观念或理念——引者注)"(参阅柏拉图:《斐多篇》75A),即是谓此。莱布尼茨这里所说的"机缘"显然与柏拉图一脉相承。但与柏拉图不同的是,在莱布尼茨这里,感觉机缘的功能并不是像柏拉图所说,仅仅在于使得我们回忆起了一个"现成的观念",而是在于使我们的心灵原本就有的一个"潜在的观念"变成一个"现实的观念",一个原本不甚清楚的观念变成一个比较清楚的观念,从而使得我们的认识呈现出由感觉到察觉的发展过程,而将认识的过程思想引进了认识论(参阅段德智:《莱布尼茨哲学研究》,人民出版社 2011 年版,第 251—254 页)。

6 关于"远程"功能,莱布尼茨在其对傅歇的一封信的评论中,曾经做过界定。针对马勒伯朗士"在上帝之中看一切"的说法,莱布尼茨指出,我们对观念可以从两个方面加以理解:一方面我们可以从思想的性质或形式方面加以理解,另一方面,我们又可以从知觉的直接对象或最近的对象方面加以理解。从前一个方面看,我们能够像马勒伯朗士说:"我们从上帝之中看一切。"但从后一方面看,我们却可以说:"各种观念或直接对象都是上帝的各种属性。"对观念的第一种理解方式即是莱布尼茨在这里所说的我们心灵的"远程"功能;而对观念的第二种理解方式则是莱布尼茨在这里所说的我们心灵的"近程"功能(参阅 Leibniz: *Philosophical Papers and Letters*, translated and edited by Leroy E. Loemker, D. Reidel Publishing Company, 1969, p. 155)。莱布尼茨所说的心灵的"近程"功能或"直接"功能也就是我们通常所说的心灵的"直觉"功能;而他所说的心灵的"远程"功能也就是我们通常所说的推理功能,凭借着这样一种功能,我们的心灵便能够从符号和对象结构的这样一种统一性认识到我们目前尚不认识的更进一步的对象,从而藉这样一种理性推理,我们便可以获得新的观念。

7 本句中,与"状况"对应的拉丁词为 habitudines。而拉丁词 habitudines 的基本含义为"境况"、"状况"和"相貌"等。莱姆克将其英译为 relations(各种关系),虽不能说错,但毕竟不够精确。参阅 Leibniz: *Philosophical Papers and Letters*, translated and edited by Leroy E. Loemker, D. Reidel Publishing Company, 1969, p. 207 和 G. W. Leibniz, *Die philosophischen Schriften* 7, Herausgegeben von C. I. Gerhardt, Hildesheim: Georg Olms Verlag, 2008, p. 263。

8 本句中,与"默思"对应的拉丁词为 contemplatione。而拉丁词 contemplatione 的基本含义为"凝视"、"注视"、"熟视"、"审视"、"观望"、

"观察"、"瞻望"、"静观"、"默观"、"冥想"、"默想"、"静思"、"沉思"和"熟思"等。莱姆克将其英译为 considerations(各种考察),虽不能说错,但在当下语境中,毕竟显得不够精确。参阅 Leibniz: *Philosophical Papers and Letters*, translated and edited by Leroy E. Loemker, D. Reidel Publishing Company, 1969, p. 207 和 G. W. Leibniz, *Die philosophischen Schriften* 7, Herausgegeben von C. I. Gerhardt, Hildesheim: Georg Olms Verlag,2008,p. 263。

9 正因为如此,莱布尼茨在本文前面强调"一个观念并不在于某个思想活动(actu),而在于思想功能(facultate)"。在莱布尼茨的哲学体系中,"功能"概念是一个非常基本的概念。莱布尼茨后来在《人类理智新论》中写道:"如果能力相当于拉丁文的 potentia 一词,它是和 acte 一词相对立的,而从能力到活动的过渡就是变化。当亚里士多德说运动就是潜能中的东西的活动,或者可以说实现,他对运动这个词就是这样理解的。因此可以说能力一般就是变化的可能性。而这种可能性的变化或实现,在一个主体中是主动的而在另一个是被动的,因此能力也有两种:一种是被动的,另一种是主动的。主动的能力可以叫作功能,而被动的能力也许可以叫作容受力或接受力。的确,主动的能力有时是在一种更完全的意义下来看的,这时它除了简单的功能外还有倾向;而我在关于动力论的考虑中就是用这个意义的。力这个词可能特殊地适合于它;而力或者是隐德莱希,或者是努力;因为隐德莱希在我看来毋宁适合于原始的能动的力,而那努力则适合于派生的力。……那些隐德莱希,就是说那些原始的或实体性的倾向,当它们伴随着知觉时,就是灵魂"(参阅莱布尼茨:《人类理智新论》上册,陈修斋译,商务印书馆 1982 年版,第 156—157 页)。从力本论的高度或从实体学说的高度来审视莱布尼茨的观念学说,我们便可以步入一种新的意境。

10 在《论事物与语词的关系》一文中,莱布尼茨曾经用字符与事物之间的"类似性"来解读真理的实在性,指出:"尽管真理往往必须预先假定一些字符,实际上甚至有时还要对一些字符作出规定(就像我们需要对抛掷九点制定出规则那样)。但真理却并不在于其有关字符中的主观随意的元素,而在于它们中所内蕴的持久不变的元素,也就是说,在于它们与各种事物的关系(relatione)。即便我们没有作出任何主观随意的选择,只要我们选择了一些符号,我们便必定能够进行某个确定的证明,如果我们采用了其他一些字符,其与所意指的事物的关系虽然知道但却不同,这些新的字符所产生的关系就将再次与前面那些字符之间的关系相一致，这一点通过取代或比较就可以显示出来，事情将始终如此。"在本文，莱布尼茨则强调了上述"相似说"的"不充分性"，断言：真理的实在性并不在于我们心灵中的"观念"或"字符"与表象对象的是否相似，而在于我们的心灵具有一种"思想能力"，致使"它能够藉它自己的运作获得与事物本性完全一致的东西(ut ex suis operationibus ea ducere possit, quae perfecte respondeat his quae sequuntur ex rebus)。"这就将他的观念学说和真理学说向前推进了一大步。

论推证、事实真理与假设
——致赫尔曼·康林[1]

……我并不认为呼吸的功能（respirationis usum）及其为生命所必需的方式至今已然令人满意地解释清楚了。没有谁认真观察过对活的动物的解剖还会说呼吸乃心脏运动的原因。即使心脏像经验所证实的那样，实际上是由于热而跳动的，那依然不清楚在动物身上心脏的跳动究竟来自何处，它是如何持续以及如何运作的。说由血液的运动形成热，然后又说由心脏的运动形成血液的运动，这就会犯恶性循环的错误。因此，这种现象似乎必须归结为某种激动，或是一种反应和冲突（fermentationem sive reactionem atque conflictum），一些学者认为这种激动、反应和冲突源于旧血液和新乳糜的混合（permistione sanguinis veteris et chili novi）。我也曾像您一样认为，这并非是一个心脏运动是否来自呼吸的问题，而我也未曾提出过此类问题。但人们依然会问，究竟是肺中的气为血液提供了某种东西，还是它只是维持了体温，有点像化工炉子需要某种通风设备那样。[2]

关于分析和推证（de analysi ac demonstratione），我想到了您的批评。您认为，我将一些似是而非、莫名其妙的东西添加到了这个问题上，以致您有时怀疑我的写作态度是否严肃。但其实我只是说了一些由我多年的经验以及我自己与他人推理的例证得出的结论而已。再说,我所说的与人们日常所做的事情也完全一致,即使他们并非总是意识到他们所做的事情,亦复如此。我所提出的观点在发现和判断方面也效果显著,而不是像其他一些人所提出的方法和规则那样毫无效果,根本不能应用,与事实毫不相干。[3]

推证即是推理(demonstratio est ratiocinatio),藉着推理,一个命题得以变成确定无疑的东西。任何时候,只要表明这个命题必然从某些假设推演出来,我们就获得了确定性。所谓必然,我的意思是说,在这样一种情况下,其反面蕴含有矛盾;此乃不可能性的确实无疑、独一无二的标志(necessario inquam, id est ut contrarium implicet contradictionem, qui est verus atque unicus character impossibilitatis)。再者,正如必然性对应于不可能性一样,同一性与蕴含有矛盾的命题相对应。因为命题中原初的不可能性即在于:A 非 A;正如命题中原初的必然性在于 A 是 A。因此,只有各种同一或恒等是不可推证的,但所有的公理都是可推证的,即使它们居多如此明白易懂,以至于它们根本无需推证,亦复如此。不过,若其各个词项都得到了理解(亦即用各个定义来取代所定义的各个词项),它们之为必然的或者说它们的反面之蕴含有矛盾就变得显而易见了;在这个意义上,它们就是可推证的了。这也是经院哲学家的意见。但我们知道同一命题是必然命题,对它们的词项无需有任何理解或分析。因为我知道 A 是 A,无论什么东西都可以藉 A 得到理解。然而,所有那些其真理必须藉对其词项的进一步分析和理解方能显示出来的命题都藉着这样的分析,也就是藉着各个定义而成为可推证的。由此看来,非常清楚,推证乃一定义之链（Demonstrationem esse catenam definitionum）。因为在任何一个命题的推证中，除定义、公理（在这里我将各种公设也算作公理）、事先业已得到推证的各种原理以及各种观察外并未使用任何别的东西。既然各种原理其本身也必须得到推证，既然各种公理，除同一原理外，也全都能够得到推证，那就可以得出结论说，凡真理到最后都能够分解成各种定义、同一命题和观察（denique omnes veritates resolvi in definitions, propositiones identicas et experimenta），尽管纯粹可理解的真理根本无需各种观察。[4] 这样的分析一经完成，则整个推证的链条虽然从同一命题或观察开始而至一个结论告终，但这一起点却是藉介入其中的各种定义而与这一结论联系在一起的。也正是在这个意义上，我才说：一个推证乃一个定义的链条。

再者，一个复合观念的定义是将其分析成它的各个部分（definitio ideae alicujus compositae in partes suas resolution est），正如一个推证无他，无非是将一条真理分析成其他一些已知的真理。而对任何一个打算解决的问题的解决就是将这个问题分解成其他一些为我们力所能及的比较容易解决的问题或已知的问题（est resolution problematis in alia problemata faciliora sive quae jam constat esse in potestate）。这就是我的分析。这样的分析已经在数学和其他科学领域得到了检验，并且还将继续得到检验。倘若任何人还有另外一种分析，倘若它最后并不能归结为我的这种分析，或是并不能表明其为我的分析的一个部分或必然结果，我会大感意外的。

另一方面，综合是我们从各种原则、复合原理和问题开始的一个过程（synthesis est quando a principiis incipiendo componimus theoremata ac problemata),无论藉哪一个,思想的自然秩序都能够呈现给我们;而分析则无疑是一种我们从既定的结论和所提出的问题开始,来寻求我们藉以推证出结论或解决问题的原则的过程(quando conclusione aliqua data proposito, quaerimus sjus principia quibus eam demonstremus aut solvamus)。[5] 因此,综合无助于解决偶然出现的各种问题(除非各种真值表能够建立起来);不过,这对于发现许多卓越的事物倒是有用的,这些卓越的事物在一些问题偶然出现的情况下是可以派上用场的。因为一个知道欧几里得、[6] 阿基米德、[7] 阿波罗尼奥斯[8] 以及其他一些人的许多原理的人将会比一个只知道一些基本命题的人能够更敏捷地进行分析,即使由于后者使用了一种行之有效的方法,并且相当勤奋,从而总是能够像前者一样如愿以偿,事情亦复如此。关于这些问题,我已经有了许多极有价值的发现,只要我有足够的时间,我就能以卓越的例证对之作出说明。当我经由对其真理性我们不确定的假设最终达到已知的真理时,我们并不能由此得出结论说:这一假设为真,就像您所正确提醒的那样,除非我们在推理中使用了同义的纯粹等式或命题,或者说它们的主词和谓词的内涵完全一样。我们必须谨慎从事,也就是说,不仅在每个命题中,谓词与主词的内涵一样,反之亦然(这在反命题中为真),而且,一个命题中的主词和谓词与出现在同一个证明中所有其他命题主词和谓词的内涵也需一样(sed et ut subjectum vel praedicatum unius propositionis aeque late pateat ac jubjectum vel praedicatum alterius cujuscunque proposionis in eadem demonstratione occurrentic)。[9] 虽然我的看法在您看来似乎是新的,但古人的实践却表明他们对这项原则并非无知，因为他们充分反对了各种错误，即使他们并未非常清楚地记录下来他们的分析规则，更何况他们的分析作品业已散佚殆尽。再者，这种等同不仅在数学中，而且在内蕴有各种定义的所有别的推理中也有其一席之位。但那些由未经推证就予以认同的物理学假设推断出已知现象的人不可能藉这一过程推证出他们的假设为真，除非他们已经注意到我们刚刚设定的条件。他们并未这样做，或许他们未曾想过这样去做，或是他们根本做不到。但必须承认，一个假设理解起来越是简单，其力量和能力发生作用的范围越是广泛，它就越是可靠，也就是说，由它加以解释的现象越多，更进一步的假设就越少。这甚至可以说明，一个假设，倘若它能够完全满足出现的所有现象，就像解读密码的钥匙一样（quemadmodum clavis in cryptographicis），它就可以被视为在物理学上是确实可靠的（pro physice certa）。这些假设极其接近真理，应该得到最高等级的赞扬（maxima autem post veritatem laus est hypotheseos），借助于这样的假设，我们能够形成各种谓词，甚至能够形成有关此前并未受到检验的各种现象或观察的各种谓词。因此，这样一种假设能够取代真理应用到实践上（tunc enim in praxi hypothesis sjusmodi pro veritate adhiberi potest）。[10] 但笛卡尔的假设远不应得到这样的赞赏。我常与法国和比利时的主要笛卡尔派成员一起提出这种异议：迄今为止，尚无任何新的东西因运用笛卡尔的原则而发现出来，不管是在自然领域还是在机械技术领域都是如此。还有，笛卡尔派中没有一个做出过重大发现。[11]

不过，我所谓笛卡尔的原则，指的并不是笛卡尔和德谟克里特所共有的那些东西，[12] 而只是指笛卡尔的物理学假说和原理。笛卡尔要是一下子发现他有那么多信徒,您也无需惊奇。在我们世纪,除伽利略外,[13] 您找不到任何一个人堪与其相提并论(nam si a Galilaeo abeas, neminem nostro seculo reperies, qui Cartesio comparari possit),无论是在发现事物原因的天赋上,在清晰解释心灵意义的判断上(ingenic in conjectandis rerum causis et judicio in senses animi lucide explicandis),还是在说服眼光更为锐敏的人们的能言善辩上,都是如此。他的渊博数学知识的声望则进一步放大了他的上述天赋和辩才。尽管我们今天认识到他并不像笛卡尔派一伙现在认为的那样伟大,但他还是比他那个时代的任何一个人都伟大些。因为当笛卡尔活跃的时候,维埃特[14] 和伽利略早已去世了。此外,那时也有许多人厌恶经院哲学的研究纲要(scholasticae studiorum rationis),力求摆脱它的羁绊,因为培根和其他一些思想家已经为他们的自由做好了铺垫。[15] 至于其他,无论是伽利略、笛卡尔,还是伽森狄,对亚里士多德的学说也都不陌生。伽森狄读这些古代思想家的著作确实比许多亚里士多德学派的人读得还要认真。[16] 在我看来,他们中任何一个人都和所谓的亚里士多德学派一样熟悉亚里士多德。我曾经赞美过亚里士多德的《工具篇》、《修辞学》和《政治学》。我认为他的动物学一直受到专家的推崇,认为我们是既不应当摈弃他在论物理学的八本书中所阐释的许多东西,也不应当摈弃他在论灵魂和形而上学的书中所阐释的许多东西。但我也不能高估他的《论天》和《论生灭》这些著作。我并不认为您会对我的这些观点有什么异议。[17] 整个新哲学,如您所言,很快就遭到一批博学的遗老遗少的抵制,倘若这个世界如其开始时那样继续前进的话,情况就会截然不同,除非您认为人类将会由发现的硕果累累时代退回到他们的连橡子也吃不上的时代,由探究事物时代退回到囿于语词的时代。对此,我们无需杞人忧天,除非一个新的野蛮时代突然降临,将黑暗带进人事中来。

有谁会否定实体形式(formas substantiales),亦即物体之间的本质差别呢?您说我曾在某个地方错误地将形式源于虚无(formarum ortum ex nihilo)的观点归咎于您。我不记得我在什么地方曾说过这样的话。我也不知道您为何将自然中的一切都是机械发生的,也就是说,都是遵照上帝规定的一些数学规律发生的这样一种观点说成是最荒谬的东西。世界上除物体和心灵外,我什么也不承认,在心灵中,除了理智和意志外,我什么也不承认,在物体中,就其与心灵相分离而言,除大小、形状、位置和变化外,我什么也不承认,无论局部地看还是整体上看都是如此。其他的一切只是说说而已,不可能得到理解;只不过是一些毫无意义的语音而已。世界上也没有任何东西能够得到明白的理解,除非将其还原成这些东西。[18] 我想或许某个天使会希望将颜色的本性给我解释得一清二楚。如是,除了喋喋不休地谈论形式和能力外,他其实什么也干不成。但要是他表明某种直线的压力在每个感觉得到的点上产生影响,通过某种有规则的可穿透的或透明的物体以一种环形的路线传播出去,然后确切地告诉我这种压力的原因和方式,由之推断出反射和折射规律,以它显然不可能以其他方式发生的这样一种方式解释一切,从而到最后他得以增长我的知识,那也是因为他以数学的方式处理了物理学问题。有谁曾经说过自然事物的所有属性都是量?运动并不是量,形状也不是量,虽然这两者都是量的主体,因为形状和运动总是可以测量的。您怀疑我将任何一种真正的感觉性质都归结为一种公共的量。数学家当其处理视觉和听觉问题时，除了尽可能将一切还原成机械规律外，难道他们还干了一些别的事情吗？至于气味和滋味也有某种可疑之处。再者，有什么事情会比所有的感觉性质只是随着感觉器官的变化而变化的触觉性质更加可信呢？但触觉却只能辨认出物体的大小、运动、位置或形状以及各种不同的抵抗程度。各种特殊的性质无他，只不过是一些被无限复杂化了的公共性质，这一点对每一门科学都始终真实无疑。倘若这些考虑都不足以使您心悦诚服，我倒是希望您思考一下下面这个问题：如果物理事物不能藉机械规律得到解释，即使上帝愿意，他也不可能将本性启示给我们，并给我们做出解释。因为我问您，关于视力和光，他究竟说了些什么呢？难道他说过光是一种潜在透明物体的作用吗？即使这几乎是真的，那也没有什么更真实的内容。但这会使我们聪明一点吗？难道我们能够用这来解释光的反射角等于入射角吗？或者说，难道我们能够用这解释清楚尽管似乎相反的情况也可能出现——一条射线也更应当弯向一个密度更大的透明体的垂线吗？还有诸如此类的一些现象，而且我认为只要我们理解它们的原因，我们也就理解了光的本性。但倘若不藉机械规律（mechanices legibus），也就是说，倘若我们不藉适用于运动的实在的数学或几何学（mathematica concreta sive geometria ad motum applicata），我们如何能够希望将这样一些事物的原因解释清楚呢？[19]

我并不认为我们在特殊问题的推证方面存在有龃龉。您说要是我曾经读过中世纪经院哲学家著作的话，我对他们的形而上学的评价就会更高一些。我极其赞赏他们，推崇他们；要是我没有记错的话,我曾经写信告诉过您,我认为许多卓越的形而上学推证都能够在他们的著作中找到,尽管其中的粗野和混乱应当予以摈除。要是我不曾希望您认为我曾经读过它们,我就不会这样说了。而且,我也确实读过他们的著作,当我在大学里开始研究哲学时,我阅读他们的著作比我的老师所允准的还要过分和心切。其实,他们担心我太拘泥于这些经院哲学家的著作而绕不开其中的礁石。因此,您会发现我对个体性原则(de principio individuationis)、连续体的组合(de compositione continui)和上帝的协助(de concursu Dei)[20] 都做出过一些原创性的和深刻的评论(以至于它们在其他人看来也同样如此)。而且,我从未后悔我曾尝试过这些研究。

我不情愿像您那样,认为笛卡尔只是佯装为上帝的存在和灵魂的不朽进行辩护,我也看不出您这样说的根据究竟何在。他的证明并非诡辩,而是不完满(argumenta ejus non sunt sophistica, sed imperfecta);也就是说,他假定了一些东西,这些东西,他虽然未曾对之进行过推证,但却是可推证的,尽管依照他的原则要将它们推证出来也并不那么容易。不过,确定无疑的是,他的形而上学的大部分内容部分地可以在柏拉图和亚里士多德那里找到,部分地可以在经院哲学家那里找到。至今,我一直坚信我在林特尔恩的一位朋友掌握了有关上帝和灵魂最完满的学说,[21] 我也没有任何理由来改变我的看法。所以,我不希望您在这个问题上固执己见,您似乎是从虚假不实的报道中形成您的意见的,其他人谈论起来则认为是一个善良且有学者风范的人。在动物身上是否存在有被称作感觉灵魂的无形实体(an sit in brutis substantia quaedam incorporeal, quam vocant animam sentientem)是一个需要藉经验予以探究的问题,因为这是一个事实问题。[22] 但倘若我没有弄错的话,上帝肯定能够创造一种类似于动物的机器,这台机器在没有感觉的情况下依然能够实施我们在动物身上看到的所有功能,至少能够实施其中的大部分。相反,我们根本无法确定,动物身上确实存在有一种感觉灵魂,除非我们看到了力学根本无法解释的现象。倘若有人让我看到一只猩猩能够娴熟地且成功地玩响马游戏或象棋,甚至能够与人博弈,我就不得不承认在它身上确实有某种能力为一台机器所不及。但从那时起我就变成了毕达哥拉斯派(Pythagoricus),[23] 且与波菲利(Porphyrio)[24] 相像,谴责进食动物以及人们对它们实施的暴虐行为。而且,我还应在动物死后为它们的灵魂提供一个处所,因为凡无形实体都不可能遭到破坏。

但这些问题现在够多的了。我已经深入到了这些问题的细节。我之所以这样做,既是为了使我自己得以消除人们说我因特别喜好猎奇而彻底倾向于采取一些非常荒谬的信念的嫌疑,也是为了看看像您这样一个伟大天才和颇具洞察力的人物是否对我的发现持有异议。我深信,与所有持中道立场的人们一样,我也似乎不太过分地倾向于站到争论双方的任何一边。毋庸置疑的是,任何时候,只要我同笛卡尔派讨论问题,我在亚里士多德值得颂扬的地方都极力颂扬他,扮演了为古代哲学辩护的角色。因为我看到许多笛卡尔派只阅读他们那个大师的著作,而对他人给予高度评价的东西竟一无所知,从而愚蠢地为他们自己的能力画地为牢。我一点也不赞成人们太过随意地攻击古代哲学,我也不赞成我的某位朋友在这个问题上所提出的证明。我在一封信中曾经这样告诉他,我认为这样两种哲学应当相互配为夫妻,在古老哲学止步之处，新的哲学便应当起步（ubi desinit vetus, incipere novam）。

或许，我的化圆为方（tetragonismus）研究成果有朝一日会在法国发表，在这项成果中，我已经摈弃了我的推证。[25] 它并非像数学家通常欲求的那样，而是他们应当欲求的东西，因为既然不可能以一个数字表达一个圆和一个方之间的比率（nam rationem inter Circulum et Quadratum uno numerexplicare impossibile est），这就要求一个无限持续下去的数字系列（serie numerorum in infinitum prodicta）。我并不认为人们能够获得一个系列会比我的系列更简单一些。

非常遗憾，您的论德意志帝国边界的著作竟会推迟出版，因为我知道在这个问题上您有不少精辟见解。[26] 我希望在您完成您手头正在处理的那些事情之后，您能够有时间坐下来写一写有关医学方面的东西，将您在这一领域内值得称赞的发现公之于世，在这一领域的发现虽然极其困难，但却极其重要。首先，我希望建立起运用身体各个部位的正确学说，探究疾病原因和征兆，在此基础上构建以观察为基础的病理学。[27] 我知道没有谁会比您做这件事情更精准到位。您也可以获得这些和其他一些杰出的服务，我衷心希望您身体健康，延年益寿。

注释

1 赫尔曼·康林（Herman Conring, 1606—1681），赫尔姆施泰特大学教授，是他那个时代杰出的学者和辩者，在医学、法学（法学史的奠基人之一）、哲学、历史和神学等多个学科领域都极其活跃。他与莱布尼茨的通信始于 1670 年，那时，他的朋友博伊内堡男爵（Johann Christian, Freiherr von Boineburg, 1622—1672）寄给他一本《法学研究及教育的新方法》。《新方法》是莱布尼茨于1667年在男爵鼓励下完成的,旨在推进欧洲的法律改革,使之更为理性化。最初(在莱布尼茨旅居巴黎之前),他们的通信主要相关于法学理论;在这一领域,康林倾向于为古代哲学辩护,尤其是为亚里士多德辩护,反对莱布尼茨对新哲学的赞赏态度,这使他们这个时期的通信以对这位值得尊敬的亚里士多德主义者的过急的抗议和劝诫告终:"让我们放弃我们对这位万世天才评价方面的成见吧"(G. W. Leibniz, *Die philosophischen Schriften* 1, Herausgegeben von C. I. Gerhardt, Hildesheim: Georg Olms Verlag, 2008, p. 175)! 当莱布尼茨1676年12月从荷兰来到汉诺威的时候,康林正忙于同汉诺威宫廷里的嘉布遣小兄弟会(Capuchins)进行神学辩论。这封信写于1678年3月9日,着重阐述的是亚里士多德哲学和经院哲学的效用以及实体形式对于有关自然的机械论哲学的无用。但其最重大的意义却在于莱布尼茨对其方法论的阐述,尤其是其对于事实真理和假设用途的考证。

该信原载格尔哈特所编《莱布尼茨哲学著作集》第1卷,莱姆克将其英译出来并收入其所编辑的《莱布尼茨:哲学论文与书信集》中。

本文据 *Leibniz: Philosophical Papers and Letters*, translated and edited by Leroy E. Loemker, D. Reidel Publishing Company, 1969, pp. 186 - 191 和 G. W. Leibniz, *Die philosophischen Schriften* 1, Herausgegeben von C. I. Gerhardt, Hildesheim: Georg Olms Verlag, 1978, pp. 193 - 199 译出。原标题为《莱布尼茨致康林》。现标题系译者依据文本内容拟定。

2 血液循环一直是西方古代和近代医学努力探究的一个重大问题。亚里士多德非常重视心脏问题。在他看来,人的理性灵魂的所在地即为心脏,而非一些哲学家所说的脑子。此外,他还认为,血管内既含有血液,也含有氧气。与亚里士多德将生物区分为植物(生殖灵魂)、动物(感觉灵魂)和人(理性灵魂)三个类型不同,盖伦(Galen,公元129—199)则在动物解剖学基础上,将人的三级活力的基础分别放在消化系统、呼吸系统和神经系统里。他反对亚里士多德关于血管内具有空气的说法,但仍认为空气可自肺进入,静脉血由肝脏形成,流入右心房、右心室,并从室间隔上的小孔流入左心;心脏只是血液发热之所;血液循环有如海潮涨落,原动力在于动脉收缩。在他看来,心脏负责整个呼吸系统:心脏扩张时吸进空气,心脏收缩时排出空气;摄进食物的有用部分以"乳糜"形态从营养道通过脉门转到肝脏,再变为深色的静脉血。食物无用的部分则到了脾里,再变为黑胆汁。肝是成长生命的本部,管理身体营养和生长的自然灵气就在这里准备好并注入静脉血。静脉血由它的推动者,即自然灵气,从肝脏以大体上单程的运动转到右心室。而右心室的血则或是通过心室的分壁,即隔膜,转入左心室,或是通过肺动脉转到肺里。盖伦的心脏和血液流动学说长期以来一直统治着西方医学界,这种情况直到近代才有所改变。1555年,弗兰德斯人维萨里(Andreasalius,1514—约1564)在其《人体的构造》第二版里否认了血液能够透过中隔。而塞尔维特(Michael Serveltus,约1511—1553)则进一步断言:血液是通过肺从右心室流入左心室的,从而提出了心肺之间血液小循环的学说。1559年,哥伦布(Realdus Columbus,1516—1559)建立了肺循环的概念,认为既然心脏的中隔是坚实的,则血液就是通过肺从右心室流进左心室的。此后,法布里奇(Fabricius ab Aquapendente,1537—1619)于1603年发现静脉中有瓣膜,使血液只能朝心脏的方向流动,但他对其所发现的医学意义却缺乏认识。法布里奇的学生哈维(William Harvey,1578—1657)则利用这一发现最终创建了血液循环学说。哈维认识到静脉中的瓣膜使血液只能从静脉流入心脏,而心脏里的瓣膜则使血液只能流入动脉,从而只有血液从静脉通过心脏流入动脉的单向运动。也正因为如此,血液必然要从动脉回到静脉去,以完成整个循环。在莱布尼茨时代,波义耳(Robert Boyle,1627—1691)、马尔比基(Marcello Malpighi,1628—1694)和列文虎克(Antony van Leeuwenhoek,1632—1728)等先后发现了毛细血管,使血液循环的力学问题最终得到了解决。笛卡尔的动物是机器的观点无疑是哈维血液循理论的一个副产品(参阅斯蒂芬·F.梅森:《自然科学史》,上海外国自然科学哲学著作编译组译,上海人民出版社1977年版,第197—208页)。

3 莱布尼茨的这段话有两点值得特别注意:一是他自认为他的分析和推证理论与"事实"和人们的"日常实践活动"相关和一致;二是他自认为他的分析和推证理论能够"应用",有"显著效果",而不是像有些人的方法论原则那样,"毫无效果"。他的这些说法使我们想到了英国经验主义哲学家培根(Francis Bacon,1561—1626)。培根在谈到近代的"知识状况"时,曾特别强调了他那个时代的知识的缺乏"实效"这一根本缺陷。他写道:"从价值和用途方面看,我们必须承认,我们主要从希腊人那里得来的那种智慧,只不过像知识的童年,具有着儿童的特性:它能够谈论,但是不能生育;因为它充满着争辩,却没有实效。因此我们学术界的现状就好像古老的斯居拉寓言里描写的那样,长着处女的头和脸,子宫上却挂满狂吠的妖怪,无法摆脱。我们熟悉的那些科学也是这样,虽有一些冠冕堂皇的、讨人喜欢的一般论点,可是一碰到特殊事物,即生育的部分,需要结出果实、产生成果时,就吵吵闹闹,辩论不休了。这就是事情的结局,就是它们所能产生的全部结果"(参阅北京大学哲学系外国哲学史教研室编译:《西方哲学原著选读》上卷,商务印书馆1981年版,第340页)。由此看来,在强调知识和理论的"与事实相关"和"实效"方面,理性主义哲学家莱布尼茨和经验主义哲学家培根可谓异曲同工。

4 在这里,莱布尼茨事实上已经提出了两种真理问题,即"推理真理"和"事实真理"问题。其实,他对"经验"、"实验"、"观察"、"实效"和"假设"的重视,都与他的这一思路密切相关。毋庸讳言,"事实真理"问题一直是莱布尼茨注意阐述的问题。就在他致信康林讨论分析法的前一年,莱布尼茨就在一篇题为《论达到对物体真正分析和自然事物原因的方法》(1677年)的论文中,在其讨论"分析"的种类时触及了这一重大问题。他指出:"分析有两种。一种是通过各种现象或各种实验,将各种物体分解成各种不同的性质,另一种是通过各种推论将各种感觉性质分析成它们的各种原因或各种理由。所以,当我们进行最精确的推理时,我们就必须寻找各种性质的形式的和普遍的原因,各种性质的各种形式的和普遍的原因对于所有的假说都是公共的,我们还必须对所有可能的变形进行精确而普遍的枚举,……如果我们将这些分析与实验结合起来,我们在无论任何一个实体中都将发现其各种性质的原因。但这藉各种定义和一种哲学语言,却能够非常有效地获得"(G. W. Leibniz, *Die philosophischen Schriften 7*, Herausgegeben von C. I. Gerhardt, Hildesheim: Georg Olms Verlag,2008,pp. 268 - 269)。值得注意的是,在致康林的这封信中,莱布尼茨是在讨论"推证"问题和"真理"问题时提及"观察"或事实真理的。从这个意义上,我们可以说,莱布尼茨在这里比在上篇论文中,对事实真理的观念表达得要更为清晰一些。

5 必须提请读者注意的是,在莱布尼茨这里,分析与综合并不与演绎和归纳相对应,反之亦然。莱布尼茨认为,所有的推理都是演绎的,分析和综合的作用依赖于我们已知的概念究竟是更为简单和更为抽象的概念,还是复合的和更为具体的概念。鉴于中世纪经院哲学家的方法论因其概念贫乏、界定得不严谨而缺乏成效,莱布尼茨的方法则要求对实在定义与名义定义作出明确区分,并且要求对实在定义作出严格的检验。他之所以强调推证乃一定义之链,即是谓此。笛卡尔及其信徒,甚至阿尔诺等人的《思维艺术》都未能对明白和清楚的真理提供标准;而莱布尼茨则从逻辑规律本身得出这样的标准。经验主义哲学家，如洛克，则将方法的可靠性与对心理过程的描述混为一谈。这也遭到了莱布尼茨的反对。莱布尼茨断言，"我们的观念和原则的起源问题并非哲学的一个初步问题，而是一个我们需要经过漫长的历程才有望回答的问题"（G. W. Leibniz, *Die philosophischen Schriften* 5，Her bausgegeben von C. I. Gerhardt, Hildesheim:Georg Olms Verlag,1978,p.16）。莱布尼茨的方法论包含两个阶段：一个阶段是对概念和判断进行批判性分析，将其分解成它的各个组成部分；另一个则是对真理的综合构建阶段，而他这里所说的真理乃实在的代表或表达。就前一个阶段而言，或者说就分析而言，其根本旨趣在于发现复合概念所蕴含的最简单的概念以及比较特殊的原则所蕴含的较为普遍的原则；而这实际上是一种内在的归纳——一种从既定的复杂的事实或关系进展到其中蕴含的更为普遍或更为抽象的概念或原则。莱布尼茨假定原初的或最简单的概念的数目相对而言，相当的少且固定不变。另一方面，综合则是构建性的——由那些简单的真理或看似简单的真理构建出比较具体的真理；而这些具体的真理既包括可能的真理，也包括存在的真理。因此，莱布尼茨所谓的综合实际上也是一种演绎。对于莱布尼茨来说，区别仅仅在于：对于理性真理来说，他的方法提供的是一种确定的真理；对于事实真理来说，他的方法提供的是一种必须藉经验检验和证实的可能的结合，因为我们根本没有能力由完全简单的、确定不移的概念获得它们。这就是莱布尼茨的假设方法。因此，无论是分析还是综合对于我们的知识来说都是必不可少的，而它们两者也都必须从事实和原则开始，并且最终都包括所有的事实。同时，它们还都必须依据最合适的字符以及最根本的理性原则：同一原则，矛盾原则和充足理由原则。由于人们的直觉知识只适合于那些最抽象的理性原则和自明的概念，而所有其他知识则全都依赖于这种推论性的推理原则。

6 欧几里得（Euclid,约公元前330—前275），最负盛名的古希腊数学家之一，被称作几何学之父。其最著名的著作为13卷《几何原本》，直到19世纪中叶非欧几里得几何学出现，一直是几何推理、定理和方法的主要源泉和标准教科书。其著作除《几何原本》外，还另有《数据》、《论图形的剖分》、《光学》、《镜面反射》和《现象》等。

7 阿基米德（Archimedes,公元前287—前212），古希腊数学家、物理学家、力学家，流体静力学的奠基人，享有"力学之父"的美称。他在数学领域的最大贡献在于其对几何的研究。他发展了前人的穷竭法，用来求面积和体积,例如求抛物线弓形、螺线的面积,求圆球及其截体的面积和体积以及求椭球体、抛物面体、双曲面体等截体的体积。在力学领域,曾发现浮力原理和杠杆原理。其名言有:"给我一个支点,我就能将整个地球翻转过来。"其现存的著作主要有:《论球和圆柱》、《圆的测定》、《论螺线》、《论平面板的平衡或平面的重心》、《抛物线面积的求法》、《论浮体》和《沙粒的计算》等。其失传的著作主要有:《论杠杆》、《论重心》和《论球的制造》等。

8 阿波罗尼奥斯(Apollonius of Perga,约公元前262—前190),一译阿波罗尼奥斯,古希腊数学家,与欧几里得和阿基米德齐名,当时以"大几何学家"闻名。其专著《圆锥曲线》为古代科学巨著之一,可以说代表了古希腊几何学的最高水平。其成就直至17世纪才为帕斯卡尔和笛卡尔突破。其著作还有:《截取线段成定比》、《截取面积等于已知面积》、《论接触》、《平面轨迹》、《倾斜》、《十二面体与二十面体对比》和《无序无理量》等。此外,依据托勒密《天文学大成》的说法,他为了解释行星运动,还引进了偏心圆运动和本轮运动系统。

9 莱布尼茨后来将这句话改为:"我们必须谨慎从事,也就是说,不仅这一谓词存在于主词之中,不仅同一个命题中的主词和谓词的内涵一样,而且出现在同一个证明中的所有命题的主词和谓词的内涵也一样。"莱布尼茨从这个时期起开始使用谓词存在于主词之中这项原则,但很清楚,在这里,这项原则从属于"同一原则"。虽然莱布尼茨在这里是将一种代数解视为逻辑推证的一个特例,已经开始设想一个命题中主词与谓词的相等,但这始终是从本质的和内涵的意义上讲的,而不是一种外延性的解释。

10 在这里,莱布尼茨赋予假设极高的认识论意义:一些假设"极其接近真理","能够取代真理应用到实践上"。他对假设的这样一种评价既体现了他对"事实真理"或"偶然真理"的重视,也体现了他对英国经验主义的超越。英国经验主义,由于其狭隘的经验论立场和对"归纳法"的经验论理解,根本否认假设的认识论功能。这在牛顿身上有非常典型的表现。牛顿在其名著《自然哲学的数学原理》中鲜明地表达了拒绝假设的立场。他写道:"我不虚构假设(hypotheses non fingo)。因为凡不能由现象导出的,被称为假设;且假设,无论是形而上学的,或者是物理学的,无论是隐藏的属性的,或者是力学的,在实验哲学中是没有地位的。在这一哲学中,命题由现象导出,且由归纳法使之一般化。物体的不可入性,可运动性,和冲击以及运动的和重力的定律就是如此被发现的。"不仅如此,他还将拒绝假设作为他"研究哲学"的四项"规则"之一。断言:"在实验哲学中,由现象通过归纳推得的命题,在其他现象使这些命题更为精确或者出现例外之前,不管相反的假设,应被认为是完全真实的,或者是非常接近于真实的。"而他之所以拒绝"假设"完全出于其狭隘的经验论立场,一如他自己所强调的"应遵从这条规则,使得归纳论证不被假设消除"(牛顿:《自然哲学的数学原理》,赵振江译,商务印书馆 2015 年版,第 651、478 页)。黑格尔曾对牛顿的这样一种狭隘经验论立场做过认真的批判。他深刻地指出:"'物理学,要谨防形而上学呵'就是他的口号,因此这无异于说,科学谨防思维呵!他和当时的一切物理科学家一样,直到今天,一直忠实遵守他的口号,不许自己对物理学的各种概念予以批判的考察或者对思想加以思维。可是物理学没有思维就会一事无成;物理学只有通过思维才能获得它的范畴和规律,——没有思维,它再也不能前进。"黑格尔还进而指出:"从这时以来,实验科学在英国人那里就叫作哲学;数学和物理学就叫作牛顿哲学"(黑格尔:《哲学史讲演录》,第 4 卷,贺麟、王太庆译,商务印书馆 2016 年版,第 180、181—182 页)。

11 在这里,莱布尼茨将自己的假设学说与笛卡尔的假设学说做了对比。在他看来,笛卡尔的假设学说的根本弊端在于它的片面抽象性及同现实存在、观察和实验的完全脱节,从而不可能产生任何实验。而他自己的假设之所以能够像真理那样应用到实践上,产生实际效果,最根本的就在于它是一种兼具抽象和具体品格的东西,是一种与现实存在、观察、实验和事实真理直接相关的东西。

12 莱布尼茨在这里其实指的是对自然的力学解释,不过,莱布尼茨有时将这样一种解释与微粒哲学混为一谈。微粒哲学是 17 世纪西方自然哲学家在批判亚里士多德物理学的基础上形成的一种自然哲学观点,运动、大小和形状都是该学说的基本范畴。伽利略和波义耳借鉴了古代原子论奠基人德谟克里特物体固有属性的观点,构建了近代微粒哲学。而笛卡尔虽然对德谟克里特的原子论持有异议,但也为近代微粒哲学的发展做出过重要贡献。故莱布尼茨有"笛卡尔和德谟克里特所共有的那些东西"这样一种说法。而且,真正说来,莱布尼茨并不将微粒哲学理解为原子论,因为在他看来,原子论只不过是一种虚构,而是将其理解为以力学解释物理事件的哲学,或者说是一种以大小、形状和运动解释物理事件的学问。参阅段德智:《莱布尼茨物质无限可分思想的学术背景与哲学意义》,《武汉大学学报》2017 年第 2 期。

13　伽利略(Galileo Galilei,1564—1642),近代实验科学的奠基人之一和近代科学革命的先驱。在力学方面成就尤其突出,被誉为"近代力学之父"。他第一次提出了惯性和加速度概念,为近代动力学的奠基人,也为牛顿力学的建立奠定了基础。他通过比萨斜塔落体实验,从理论上否定了统治两千年的亚里士多德的落体运动观点(重物比轻物下落快),断言若忽略空气阻力,重量不同的物体在下落时同时落地,物体下落的速度与物体的重量无关。

14　维埃特(François Viète,1540—1603),一译韦达。法国数学家,第一个引进系统的代数符号,并对方程论做出重大改进,被尊称为"现代代数符号之父"和"代数学之父"。他的《应用于三角形的数学定律》(1579年)被认为是西欧第一部论述利用六种三角函数解平面和球面三角形方法的著作。他的《分析术入门》(1591年)是他的最重要的代数著作,但看起来很像现代初等代数教科书。他对方程论的贡献体现在他的《论方程的整理与修正》一书中,该著阐述了二次、三次和四次方程的解法,说明他当时业已认识到了一个方程式的正根(当时认为方程只有正根)和各项系数之间的关系。他同情胡格诺教派,曾破译了西班牙国王腓力二世在保卫天主教、反对法国胡格诺派的战争中所使用的五百字以上的复杂密码,为他的祖国赢得战争主动权做出了重要贡献。当腓力二世确信这种密码不可能破译时,却发现法国人已经知道了他的军事计划,就向教皇控诉法国人运用妖术来对付他的国家。

15　培根(Francis Bacon,1561—1626),既是英国经验主义传统的先驱,也是西方近代批判中世纪经院哲学的先驱。其著作主要有:《学术的进步》(1605年)、《新工具》(1620年)、《新大西岛》(1624年)和《论说文集》(1597年)。他认为当时的"知识状况"之所以"不景气","没有很大的进展",最根本的原因就在于中世纪经院哲学的束缚以及人们"屈服于习俗意见"。他强调说:"就现在的情形而论,对于自然的研究被经院哲学家的总纲和体系弄得更加困难,更加危殆了。这批经院哲学家尽量把神学归结为严整的条理秩序,把它弄成一种艺术,最后把亚里士多德的富于争辩性而荆棘丛生的哲学勉强和宗教的体系结合起来",在自然哲学家和自然研究者中间造成"迷信和对宗教盲目的狂热",形成"扰乱人心"的四种"假相":"种族假相"、"洞穴假相"、"市场假相"和"剧场假相"(北京大学哲学系外国哲学史教研室编译:《西方哲学原著选读》上卷,商务印书馆 1981

年版,第1—2、36、13—27页)。因此,他呼吁哲学家和自然科学家在复兴科学的事业中要"提防"经院哲学的干扰,"抵御"经院哲学的"进攻"。事实上,培根的基于实验的"新哲学"和经验主义的归纳法就是在批判和抵御经院哲学和四种"假相"的基础上产生出来的。

  16 伽森狄(Pierre Gassendi,1592—1655),法国物理学家、天文学家、数学家和哲学家。早年从事数学和神学研究,1614年获神学博士学位,第二年被任命为教士。1617年,任埃克斯大学哲学教授。后因其反对亚里士多德主义而引起耶稣会神父们的不满,于1623年被迫辞职。翌年,发表《对亚里士多德的异议》(*Exercitationes Paradoxicae Adversus Aristoteleos*)。1628年之后的一段时间,主要研究天文学和物理学,是观察行星凌日现象的第一人,曾先后出版《论假太阳》、《弗卢德学说批判》、《天文学指南》等著作,极力维护伽利略的机械论和天文学说。此后开始研究伊壁鸠鲁的原子论。1640年笛卡尔《第一哲学沉思集》初版后,伽森狄写出了《对六个沉思的第五组反驳》,笛卡尔对他的反驳进行了答辩,伽森狄的反驳与笛卡尔的答辩一并收入笛卡尔于1642年再版的《第一哲学沉思集》。此后,伽森狄又对笛卡尔的答辩进行了反驳。1644年,伽森狄将他对笛卡尔《第一哲学沉思集》所有的反驳和诘难集结成册,以《形而上学的探讨》(*Disquisitio metaphysica*)为书名单独出版。1645年,被任命为法国皇家学院数学教授。自1647年起,他开始深入研究并采纳伊壁鸠鲁的原子论,先后出版《伊壁鸠鲁的生平和学说》(1647年)、《伊壁鸠鲁哲学大全》(1649年)和《哲学体系》(1658年,该书在作者死后由他人代为出版)。伽森狄认为,在解释自然方面,德谟克里特和伊壁鸠鲁的原子论胜过亚里士多德的形式—质料学说。原子论从感性的确定性原则出发,把自然界分解成各种元素,更适合对经验自然的研究。

  17 亚里士多德的《工具篇》是他的逻辑学著作,包括《范畴篇》、《解释篇》、《前分析篇》、《后分析篇》、《正位篇》和《辩谬篇》六篇论文。《修辞学》是他的美学著作。《政治学》是他的伦理学著作。亚里士多德关于动物学的著作主要有:《动物志》、《动物分类学》、《动物的起源》和《动物的繁殖》等。《论天》和《论生灭》则属于亚里士多德自然哲学领域的著作。

  18 由此看来,对于莱布尼茨,现实世界由两个方面组成:物体与心灵,而心灵的构成要素为理智和意志,物体的构成要素则为大小、形状、位置和变化。我们不妨图示如下:

论推证、事实真理与假设　　237

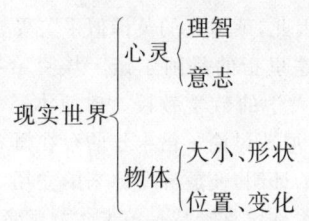

$$\text{现实世界}\begin{cases}\text{心灵}\begin{cases}\text{理智}\\ \text{意志}\end{cases}\\ \text{物体}\begin{cases}\text{大小、形状}\\ \text{位置、变化}\end{cases}\end{cases}$$

19　在莱布尼茨时代,存在有"机械论哲学家"和"经院哲学家"的激烈争论:一方面,"机械论者谴责经院学者,说他们对生活日用一无所知",另一方面,"那些教导经院哲学的经院学者和神学家则仇恨机械论哲学家,断言他们伤害了宗教"。在这个问题上,莱布尼茨,如他自己所宣称的,采取了一种"中道"立场。他在一本题为《论自然科学原理》(1682—1684年)的小书中强调说:"每一件事物就其本性而言,都是可以得到清楚明白理解的,都能够由上帝向我们的理智表明,只要上帝意愿如此,事情就会这样。而一个物体的运作是不可能得到充分理解的,除非我们知道其各部分贡献何在;因此,如果我们不对其各个部分作出安排,我们便根本无望对任何一种有形现象作出解释"(*Leibniz：Philosophical Papers and Letters*, translated and edited by Leroy E. Loemker, D. Reidel Publishing Company,1969,p. 289)。1687年,莱布尼茨在一篇题为《论一项对藉考察上帝智慧来解释自然规律有用的普遍原则》中,又进一步强调指出:"我赞成对自然的各种特殊结果能够而且也应当作出机械学的解释,尽管不能因此而忘却它们的值得赞赏的目的和用途,这是天道已然知道如何图谋的事情。……正因为如此,我们必须使虔诚和理性协调一致,唯其如此,方能说服对机械哲学或微粒哲学的后果心存疑虑的善良的人们,似乎机械哲学或微粒哲学会使我们疏离上帝和非物质实体似的,但其实,只要我们作出必要的矫正并对之作出正确的理解,它反倒引导我们达到上帝和非物质实体"(G. W. Leibniz, *Die philosophischen Schriften* 3, Herausgegeben von C. 3. Gerhardt, Hildesheim：Georg Olms Verlag, 1965,p. 55)。在本段话中,莱布尼茨针对的显然是康林反对机械论新哲学的旧立场。

20　"上帝的协助"的拉丁文原文为 concursu Dei。其中,concursu 的含义为"同趋"、"协助"(论人);"相会"、"互撞"、"集合"(论物);"交战"、"斗争";"竞争"、"竞赛";"集会"、"群集"等。莱姆克取字母雷同的"简单形译"法,将其英译为 concourse。但英文单词 concourse 的基本含义为"流集"、"合流"、"汇流"、"集合"、"群集"、"竞技场"和"宽阔大道"等,恰恰没有"协助"的含义。因此,莱姆克的英译似乎欠妥。

21　莱布尼茨在这里指的是阿尔诺·埃克哈特(Arnold Eckhard)。埃克哈特是林特尔恩大学的数学教授。他原本是一位狂热的笛卡尔信徒,但后来由于同莱布尼茨讨论了笛卡尔的存在概念,尤其是笛卡尔关于上帝本质和上帝存在的证明,便放弃了原来的立场,而采取了莱布尼茨的立场。莱布尼茨后来曾称埃克哈特是笛卡尔派学者中第一批接受他对笛卡尔批评的人物。莱布尼茨曾于 1677 年夏致信埃克哈特,比较深入地讨论了上帝存在的本体论证明。参阅 G. W. Leibniz, *Die philosophischen Schriften* 1, Herausgegeben von C. I. Gerhardt, Hildesheim: Georg Olms Verlag, 2008, pp. 266 – 270。

22　这就进一步表明,在莱布尼茨看来,存在问题或事实问题,从本体论上讲是一个充足理由原则问题和上帝自由选择问题,但从认识论的角度看,则是一个事实真理或偶然真理问题以及与之相关的经验、实验和观察问题。

23　毕达哥拉斯派(Pythagoreans)乃古希腊哲学的一个早期学派,其主要代表人物和奠基人为毕达哥拉斯(Pythagoras,鼎盛年为公元前 532 年或前 531 年)。在本体论方面,毕达哥拉斯派主张数本原说和世界的普遍和谐。在灵魂观念方面,毕达哥拉斯派具有强烈的宗教色彩,主要受奥尔弗斯神秘教义的影响,也可能受到埃及宗教的影响。毕达哥拉斯派主张灵魂转移说,他们所谓灵魂的转移其实是"身体的转换"而非通常所说的"灵魂的轮回"。波菲利曾断言:毕达哥拉斯的教义中只有三样东西比较确定,这就是(1)灵魂不朽;(2)灵魂转移,灵魂能转移到不同种类的各种动物和植物身上,而且按照一定的时期,生物会重新开始它们以前的生命;(3)一切有生命的东西都"同种"。毕达哥拉斯本人就肯定自己是黑梅斯的一个儿子的第五次降生,黑梅斯的这个儿子曾由他父亲传给他一种能力,毕达哥拉斯也继承了这种能力,就是能够记得自己以前各代的全部情况。这种能力,在他们是生存的连续性的标志,也使他们记得他们的灵魂曾经寄寓于植物和动物身上的情况。色诺芬尼曾嘲笑毕达哥拉斯,说他止住了一个正在打他的狗的人的手臂,说:"不要打它了,因为,毫无疑问,这是我的一个朋友的灵魂,听了它的声音我就已经知道是这个灵魂。"亚里士多德也谈到过毕达哥拉斯的一些"神话",照这些神话,不论什么灵魂都能进入不论什么身体。而这只有假定一种特殊的亲族关系把一切有生命的东西都连接起来,才能理解。这些教义构成了毕达哥拉斯派某些禁忌的基础。例如,他们禁食豆类,那是因为这种植物的茎没有结节,是从地狱上升到光明地方来的灵魂的自然通路。某些动物特别神圣,也只是因为他们和地狱中的神灵的关系,别的动物更容易接受来自地狱的灵魂。毕达哥拉斯派除了不允许吃豆子和葵花籽外,还不许吃动物的肉(不是绝对不吃,而是在某些条件下不吃),要求远离毁灭动物的生命的屠夫和猎人,不许穿羊毛的衣服,不许以公鸡或白公鸡作为牺牲等。所有这些禁忌都与他们的灵魂观不无联系。参阅莱昂·罗斑:《希腊思想》,陈修斋译,段德智修订,商务印书馆 2020 年版,第 106—108、88 页。

24 波菲利(Porphyry,公元 233—305),普罗提诺的学生,新柏拉图主义哲学家。其著作主要有:《九章集》《普罗提诺传》《亚里士多德〈范畴篇〉引论》《反基督徒》《尼弗斯神龛》和《要句录》。此外,还著有《毕达哥拉斯生平》和《论节制》。在《论节制》中,波菲利宣扬毕达哥拉斯派的生命观和动物观,反对人类中心主义,强调人类不能为了自己的生存而随意杀生。认为人培养对其他动物的感情有助于培养其对同类的感情,有助于人类和平。他既不主张杀人,也反对自杀。他尊重生命和动物,不仅是一个和平主义者,而且是一个素食主义者。

25 化圆为方是古希腊尺规作图问题之一,即求一正方形,其面积等于一给定圆的面积。由于 π 为超越数,故该问题仅用直尺和圆规无法完成。但若放宽限制,这一问题便可以通过特殊的曲线完成。阿基米德曾将这一问题化成下述形式:已知一圆的半径是 r,圆周就是 $2\pi r$,面积是 πr^2。由此若能作一个直角三角形,其夹直角的两边长分别为已知圆的周长 $2\pi r$ 及半径 r,则这三角形的面积就是:$S=\frac{1}{2}\times 2\pi r\times r=\pi r^2$,与已知圆的面积相等。由这个直角三角形不难作出同面积的正方形来。但是如何作这直角三角形的边,即如何作一线段使其长等于一已知圆的周长,这问题阿基米德可就解不出了。值得注意的是,人们在对化圆为方问题的研究中,发现了化圆为方的一些近似方法。例如,希腊哲学家和数学家安提丰(Antiphon,公元前 426—前 373)为解决此问题而提出了"穷竭法":大意是指先作圆内接正方形(或正 6 边形),然后每次将边数加倍,得内接 8、16、32……边形,他相信"最后"的正多边形必与圆周重合,这样就可以化圆为方了。人们对化圆为方的研究表明:若不受标尺的限制,化圆为方问题并非难事,欧洲文艺复兴时代的大师意大利数学家达·芬奇(Leonardo da Vinci,1452—1519)用已知圆为底,圆半径的 1/2 为高的圆柱,在平面上滚动一周,所得的矩形,其面积恰为圆的面积,所以所得矩形的面积=$(r/2)\times$

$2\pi r = \pi r^2$，然后再将矩形化为等积的正方形即可。但在尺规作图的条件下，此题无解。此后，近代一些哲学家和科学家依然对这个问题非常感兴趣。例如，霍布斯不仅耽迷化圆为方法，而且还与当时第一流数学家约翰·沃利斯（John Wallis，1616—1703）从 1654 年起展开了激烈辩论。

莱布尼茨对这个问题也非常感兴趣，并写过专著。不过，他的研究成果直到 1682 年才在莱比锡的《学术年鉴》上刊发。而他在微分学领域的发现（即《有关最大与最小值的新方法》）最初也是发表在 1684 年的《学术年鉴》上。应该说，在藉微积分的途径解决化圆为方问题上，尽管从 1692 年起，牛顿和莱布尼茨微积分发明优先权的激烈争论一直持续了很久，但历史告诉我们：莱布尼茨和牛顿一样，也是微积分的独立发明者。更何况，他致康林的这封信也可以视为他独立发明微积分的一个凭证。参阅玛利亚·罗莎·安托内萨：《莱布尼茨传》，宋斌译，中国人民大学出版社 2015 年版，第 321—323、386—388、441—442、483—489 页。也请参阅段德智：《莱布尼茨哲学研究》，人民出版社 2011 年版，第 40—50 页。

26 康林研究德意志帝国的重要论著《论德意志帝国的边界》（*De finibus imperii Germanici*）第二卷 1654 年初版，1693 年出了新版本。莱布尼茨关心康林的这部著作不是偶然的。他身为汉诺威公爵府法律顾问，一直关心和研究德意志帝国的历史和现状，长期从事韦尔夫家族史和布伦瑞克王族史的研究，并先后撰写出《韦尔夫家族史概略》、《元神盖亚》、多卷本《布伦瑞克编年史》和《西布伦瑞克帝国年鉴》等著作。

27 莱布尼茨强调建立"以观察为基础的病理学"，再次表明莱布尼茨对观察、实验和事实真理的重视。

第一真理[1]

　　所谓第一真理,指的是那些断定自身某些东西的真理,或者说是那些否定其反面的真理。例如,A 是 A 或者说 A 不是非 A 就是第一真理。倘若 A 是 B 为真,则 A 不是 B,或者说 A 是非 B 即为假。一切东西都与其自身相似或者相等。没有任何东西会大于或小于其自身。诸如此类的真理,虽然可能有不同等级的优先权,却全都能归到同一性的名下。

　　所有别的真理借助于定义或借助于概念分析都可以还原为第一真理。所谓先验证明即在于此,先验证明并不依赖经验。[2] 我将以下面这个命题作为例证对此加以说明,不仅数学家,其他所有的人都一样将其视为一条公理,这就是:整体大于其部分,或者说部分小于整体。这一点借助于第一真理或同一律极其容易由大小的定义推证出来。因为与另一个较大事物的一个部分相等的东西相对于这一较大事物而言总是小的。这个定义极其容易理解,与人们的普通做法也完全一致,因为人们总是相互比较事物,通过从一个较大事物中减去与一个较小事物相等的量来测度余额。因此,人们可能进行下述推理:一个部分等于其所属整体的一个部分,也就是说,依据同一性公理,亦即依据每件事物都等同于其自身这样一条公理,一个部分总是等同于其自身。但等同于一个整体之一个部分的东西,依据关于"小于"的定义,却小于整体。所以,部分小于整体。

因此,谓词或后件(consequent)总是为主词或前件(antecedent)所固有。³ 正如亚里士多德已经注意到的那样,普遍真理的本性或者说一个命题词项之间的联系正在于这一事实。⁴ 在同一命题中,主词与谓词的联系以及主词对谓词的蕴含显而易见。在所有别的命题中,它们的关系往往隐而不显,只有通过对概念的分析方可彰显出来,而对概念的分析便构成了先验推证(a demonstration a priori)。⁵

再者,在每个肯定真理中,无论是在普遍真理中还是在个别真理中,是在必然真理中还是在偶然真理中,不管其词项是内在的名称还是外在的名称(intrinsic or extrinsic denominations),事情都是如此。⁶ 其中隐藏着一个惊人的秘密,这一秘密内蕴有偶然事件的本性,或者说内蕴有必然真理和偶然真理的本质区别,并且能够消除掉那种甚至决定着自由事物的宿命必然性(a fatal necessity)所蕴含的困难。⁷

这些问题至今尚未得到过充分的考察,它们虽然极其简单,但由它们却可以得出许多具有重大意义的结论。例如,由它们可以直接得出下面这条公认的公理:如果没有一个理由,就不会有任何事物存在,或者说如果没有一个原因就不会出现任何结果。⁸ 否则,就会有真理达不到先验的证明,或者说不能分解成同一性命题,这就有违真理的本性,因为真理始终或显或隐地为同一命题。⁹ 由此还可以得出结论说,如果各种论据包含着同样相关的集合,其结论也就将同样如此。因为除非其理由能够在这些论据中找到,任何一种差别都不可能得到解释。[10] 有关推论，更确切地说，有关例证就是阿基米德在其论平衡的著作中开门见山说到的那个公设：如果一个天平的两个臂及其重量被假设为相等，一切都将处于平衡状态之中。这也为永恒事物提供了一个理由。如果断定我们这个世界自始以来就一直存在，而且一直仅仅包含有球体，那就必须说出一个理由为何它只包含球体而不包含立方体的理由。[11]

我们还可以得出结论说：不可能有两个个体事物其本性仅仅在号数上不同。因此，我们无疑必定可以给出一个理由，说明它们为何不同，而这样一个理由也必须在它们之内所存在的某种差异中寻找。托马斯·阿奎那对独立理智有个说法，声言它们决不可能仅仅在号数上不同，他的这个说法也可以用到其他事物上。[12] 永远找不到两个鸡蛋、一个花园里的两片树叶或两棵草相互之间完全一样。[13] 所以，"完全一样"只存在于那些不完全的和抽象的概念之中，在这些概念中，各种问题都是想象出来的，并不存在于它们的整体之中，而只是按照某一个单一的观点想象出来的，例如，当我们只考虑事物的各种形状而完全不考虑构成这一形状的物体的质料时，情况就是如此。[14] 所以，几何学研究相似三角形的方法是正确的，即使我们从未找到两个完全一样的物质性的三角形也是如此。虽然黄金或某种其他的金属或盐类以及许多液体被认为同质的物体，这只是在感觉上讲才有道理，而不是在确切意义上是真实的。

我们还可以得出更进一步的结论：根本没有任何纯粹外在的名称，所谓纯粹外在的名称指的是那些在所推证的事物中完全没有一点基础的名称。因为被命名的主体的概念必定蕴含有其谓词的概念。同样,任何时候,只要一件事物的名称改变了,这件事物本身也就必定随着发生某种变化。

一个个体实体的完全的或完满的概念蕴含有它的所有谓词,既蕴含有过去的和现在的谓词,也蕴含有未来的谓词。毫无疑问,一个未来的谓词在将来也是一个谓词,从而它也蕴含在那件事物的概念之中。所以,彼得或犹大的完满个体概念,如果只被视为纯粹可能的概念而将上帝创造他们的命令撇在一边,其中则包含了在他们身上将要发生的一切事情,无论是必然发生的还是自由发生的,都是如此。而所有这一切都是上帝事先知道的。因此,很显然,上帝是从无限多可能的个体中选择出他认为最适合其智慧的最高的和秘密的目的的人。确切地讲,上帝不会命令彼得犯罪或犹大受到诅咒,而只是相对于其他可能的个体事物而言,宁愿让彼得犯罪,而这个将要犯罪的彼得(当然,彼得事实上也确实犯了罪,不过他不是必然地犯罪而是自由地犯罪的)将会存在,或者说他的可能概念将会变成现实;而犹大在同样的情势下也将受到诅咒。而且,尽管彼得的未来救赎已经包含在他的永恒的可能概念之中,不过倘若没有恩典的帮助,这种情况也是不可能发生的,因为在关于这个可能彼得的同一个完满概念中,作为可能性就已经蕴含了赋予彼得的上帝恩典的佑助。[15]

每个个体实体都在其完满的概念中包含了整个宇宙,而这个宇宙中所存在的一切不是业已存在,就是将要存在。因为没有任何一件与某个真正的名称相关的事物,至少是没有任何一件与比较或关系的名称相关的事物,不能够由另外一件事物施加影响。不过,也没有任何纯粹外在的名称。[16] 我已经以许多别的方式证明了这一点,这些方式相互之间是和谐一致的。

其实,所有个体的受造实体都是对同一个宇宙以及同一个普遍原因即上帝的不同表达。这些表达的完满性并不相同,就像由不同的观点所看到的同一座城市的表象或景观不同那样。[17]

每个受造的个体实体都对所有其他受造的个体实体产生物理作用并受到其他个体实体的物理作用。倘若一个个体实体发生了变化,所有别的个体实体就会发生相应的变化,因为所有别的个体实体的情况已经发生了变化。这一点可以由我们的自然经验予以证实。因为我们看到,在一个充满液体的器皿里(整个宇宙就是这样一个器皿),由其中间造出来的运动会扩散到四边,尽管这种运动远离其源头时可能会变得越来越难以察觉。

可以说,从严格的形而上学意义上讲,任何一个受造的实体都不可能对另外一个实体产生一种形而上学的作用或影响。更不必说任何事物如何能够由一件事物进入另一件事物的实体之中这种情况了;这样一种情况根本不可能得到解释,这就已然表明每件事物所有的未来状态都是由它自己的概念产生出来的。我们称作原因的东西,从严格的形而上学的意义上讲,只要求一种伴随或共存。[18] 这一点凭借我们的自然经验即可以得到说明,因为实际上,各种物体之所以能由其他的物体撤回,靠的是它们自身的弹性而非任何外在的力量,尽管也要求另一个物体使这一物体的弹性(这种弹性是由内在于这一物体本身之中的某种东西产生出来的)处于运作状态。[19]

倘若设定灵魂与身体之间存在有差异,则它们的结合便可以由此得到解释,而根本无需流溢这样一种普通假设,流溢说是不可理解的,[20]而且也根本无需偶因的假说,我们将偶因称作救急神(God ex machina)。[21]因为上帝从一开始就以伟大的智慧和技巧既装备了灵魂,也装备了身体,以至于藉着它们中每一个的原初构造和本质,在其中之一的身上所发生的一切与在另一个身上所发生的情况完全一致,就好像有某种东西由其中一个进入另一个之中似的。我将这称作共存假说(the hypothesis of concomitance)。这虽然适用于整个宇宙的所有实体,但并非全都像在灵魂和身体中那样可以察觉得到。

根本没有任何虚空。因为空的空间的不同部分会完全一样,从而相互之间会完全相等,而不可能靠其自身区别开来。这样,它们就只能在号数上不同,而这显然是荒谬的。时间也可以依照与空间一样的方式被证明并非一件事物。[22]

根本不可能存在有任何一个有形实体(corporeal substance),在其中竟没有任何别的东西,而只有广延、大小、形状及其变形。否则,就会存在有两个有形实体相互之间完全一样,这显然荒谬绝伦。因此,我们可以得出结论说:在有形实体中存在有某种与灵魂相类似的东西,我们通常称之为形式。[23]

根本没有任何原子。实际上,根本没有任何一个物体会如此之小,以至于它不可能被现实地分割下去。事情既然如此,既然它受到整个世界所有别的物体的影响,并且从所有别的物体受到某种影响,而这种影响又必定使这一物体发生变化,它甚至保存有所有过去的印象,并且期待着未来的印象。如果有谁说这种影响包含在给予原子以深刻印象的各种运动中,而这个原子又在其内部没有任何分割的情况下整体上接受了这种结果,那就可以回答说:

不仅这个原子中的效应肯定来自宇宙的所有影响,而且反过来说,整个宇宙的状态可以由这个原子推知的。因此,这一原因就能够由这一结果推断出来,但仅仅由这个原子的形状和运动,我们不可能一步步推断出究竟是什么印象在它上面产生了这一既定的结果,因为同一个运动能够由不同的印象产生出来,更不用说我们根本不可能解释一定大小的物体为何不能进一步分割这样一个问题。[24]

由此,我们可以得出结论说:宇宙每个微小的部分都包含着一个世界,这个世界具有无限多个受造物。[25] 但一个连续体(a continuum)却不能够分割成许多点,它也不可能以所有可能的方式加以分割。[26] 它之所以不能分割成许多点,乃是因为各个点并非各个部分,而是各种限制。它之所以不能够以所有可能的方式受到分割,乃是因为并非所有的受造物都存在于同一个部分之中,而只有它们的一种无限序列。因此,倘若你将一条直线二等分,然后再将它的任何部分都二等分,你就会建立不同于三等分之外建立起了不同的分割的部分。

事物中也没有任何现实的确定的形状,因为没有任何东西能够满足印象的无限性。同样,无论是一个圆还是一个椭圆,还是任何一条别的为我们所确定的线段,在我们的理智之外都不可能现实存在,如果你愿意的话,我们可以说在这条线段被划出或它们的各个部分被辨别出来之前,都不可能现实存在。

空间、时间、广延和运动都不是事物,而只是我们考察对象的有良好基础的样式(well-founded modes of our consideration)。

广延、运动和物体本身,就其仅仅在于广延和运动而言,并非实体,而是一些真实的现象,就像彩虹和幻日一样。因为形状不可能现实存在,如果只考虑广延的话,物体就并非一个实体而是许多个实体。

就各种物体的实体而言,它要求其中有某种没有广延的东西;否则,就会没有任何原则来说明各种现象的实在性和真正的统一体。这样一来,就将会始终存在有许多个物体,永远不会存在有一个物体;从而实际上也就不会有多了。[27] 科德穆瓦藉着这样一个证明来说明原子的存在。[28] 但既然这些都已经被一一排除掉了,那就还是存在有某种没有广延的东西,某种与灵魂类似的东西,这种东西曾经被称作形式或种相。

有形实体既不可能产生也不可能消灭,除非通过创造或毁灭。它一旦持续存在下去,就将永远存在下去,因为没有任何一个理由能够说明它会发生变化。一个物体的分解也没有任何与它的毁灭相同的东西。[29] 因此,这种被赋予灵魂的存在者既无始也无终;它们只能够变形或变样(they are only transformed)。[30]

注释

1 在莱布尼茨 1679—1686 年间发表的论文中,这一篇尤为重要。这篇论文通常用其出现的第一个词组予以命名,这就是"第一真理"。库图拉特曾用来支持他的观点,即莱布尼茨的形而上学基本上是建立在逻辑学的基础之上的。这位研究者发现,虽然包括个体性原则在内的形而上学的各项原则,在这篇论文中被先验发展了,但这篇论文却藉着众多定义从一项抽象的同一原则进展到更为完全的概念和更为具体的原则。而这些定义中有许多从根本上讲是适合形而上学的(参阅 Cuturat, 'Sur la métaphysique de Leibniz, *Revue de métaphysique et de morale* 10(1902), pp.1-25)。持这种观点的,除库图拉特外,还有罗素。罗素在其《对莱布尼茨哲学的批评性解释》的"第二版序"中明确宣布,他的这部著作的"主要论题"便是"莱布尼茨哲学差不多完全源于他的逻辑学"(参阅罗素:《对莱布尼茨哲学的批评性解释》,段德智、张传有、陈家琪译,陈修斋、段德智校,商务印书馆 2000 年版,第 15 页)。诚然,库图拉特和罗素的观点也有可商榷之处,但有一点是可以肯定的,这就是:其中至少具有某种片面的真理性。

我们对这篇论文的具体写作日期并不十分清楚。但这并不妨碍我们依据其内容对之作出初步的判断。按照莱姆克的观点,这篇论文大致写于 1680—1684 年之间。本文原载 Louis Couturat, *Opuscules et fragments inédits de Leibniz*, Paris, 1903, pp. 518 – 523。莱姆克将其英译出来并收入其所编辑的《莱布尼茨:哲学论文与书信集》中。玛丽·莫里斯和 G. H. R. 帕金森也将其译成英文,并收入 G. H. R. 帕金森编辑出版的《莱布尼茨哲学著作集》中。

本文据莱姆克的英译本 *Leibniz: Philosophical Papers and Letters*, translated and edited by Leroy E. Loemker, D. Reidel Publishing Company, 1969, pp. 267 – 271 和 *Leibniz: Philosophical Writings*, edited by G. H. R. Parkinson, translated by Mary Morris and G. H. R. Parkinson, J. M. Dent & Sons Ltd, 1973, pp. 87 – 92 译出。

2 为了将自身限制到形而上学原则的先验起源这个问题上,这篇论文便着重从上帝的观点而不是从人的观点来解说莱布尼茨的宇宙观。在《形而上学谈》中,莱布尼茨进而明确地强调"上帝的活动"与"受造物的活动"之间的区别(《莱布尼茨早期形而上学文集》,段德智、陈修斋、桑靖宇译,商务印书馆 2017 年版,第 11—14 页)。而且,既然一如罗素所指出的:"莱布尼茨认为,对于上帝来说,所有的命题都是分析的"(罗素:《对莱布尼茨哲学的批评性解释》,"第二版序",段德智、张传有、陈家琪译,陈修斋、段德智校,商务印书馆 2000 年版,第 19 页),则我们便不可能指望他在这里特别地指出和强调现实进入其定义和假定之中的经验因素,更不可能奢望他在这里将事实真理提升到第一真理的高度。

3 在这里,莱布尼茨事实上已经提出了"谓词存在于主词之中"的著名论断,罗素据此宣称"莱布尼茨的哲学差不多完全源于他的逻辑学"(罗素:《对莱布尼茨哲学的批评性解释》,"第二版序",段德智、张传有、陈家琪译,陈修斋、段德智校,商务印书馆 2000 年版,第 15 页),即是谓此。

4 亚里士多德曾经说过:"对矛盾的陈述之间不允许有任何居间者,而对于一事物必须要么肯定要么否定其某一方面。这对定义什么是真假的人来说十分清楚。因为一方面,说存在者不存在或不存在者存在的人为假;另一方面,说存在者存在和不存在者不存在的人为真。因而说事物存在或不存在的人,就是以其为真实或者以其为虚假"(亚里士多德:《形而上学》,1011b24—28)。莱布尼茨在这里显然是把亚里士多德的这段话理解成:说"A 是 B"就是在说"A 蕴含有 B"或者是"B 被包含在 A 中"。这也可以视为莱布尼茨对亚里士多德思想的一种改造。

5 主谓词关系问题乃莱布尼茨哲学的一个中心问题,既涉及它的认识论或逻辑学,也涉及它的本体论或形而上学。我们可以从逻辑学的角度将莱布尼茨的形而上学概括为:个体实体能否与一个完全的逻辑主体等同。我们知道,亚里士多德在《范畴篇》里曾经提出并阐述了他的实体概念。他写道:"实体在最真实、最原初和最确切的意义上说,是既不表述,也不依存于一个主体的东西,例如,个别的人或马。在第二性意义上所说的实体,指的是涵盖第一实体的属,以及涵盖属的种。例如,个别的人被涵盖于'人'这个属之中,而'人'又被'动物'这个种所涵盖,因此,'人'和'动物'被称作第二实体"(亚里士多德:《范畴篇》,2a11—17)。在这里,莱布尼茨显然继承了亚里士多德的这一思想。但后来在《形而上学谈》里,当莱布尼茨阐述其个体实体概念时,似乎对亚里士多德的上述思想作了某种批评和发展。他写道:"诚然,当若干个谓词(属性)属于同一个主词(主体)而这个主词(主体)却不属于任何别的主词(主体)时,这个主词(主体)就被称作个体实体。但对个体实体仅仅作出这样的界定还是不够的,因为这样一种解释只是名义上的。因此,有必要对真正属于某一特定主词(特定个体)的东西作一番考察。很显然,所有真正的谓词在事物的本性中都有一定的基础,而且当一个命题不是同一命题时,也就是说,当这个谓词并不明显地包含在主词之中时,它就实际上包含在主词之中了。哲学家们所谓'现实存在'即是谓此,从而他们说,谓词存在于主词之中。所以,主词的项必定包含该谓词的项,这样,任何完满理解这个主词概念的人也就会看到这个谓词属于它。事情既然这样,我们也就能够说,一个个体实体或一个完全存在就是具有一个非常全整的概念,以致它足以包含这个概念所属的主词的所有谓词,并且允许由它演绎出这个概念所属的主词的所有谓词"(《莱布尼茨早期形而上学文集》,段德智、陈修斋、桑靖宇译,商务印书馆 2017 年版,第 12—13 页)。应该说,莱布尼茨在《形而上学谈》中的这些说法与他在本篇论文里对主谓词逻辑关系的表述一脉相承。

6 一直存在有一种倾向,把莱布尼茨在这篇论文中所表述的根本没有任何纯粹外在名称的学说解释成是其在强调所有关系的内在性,尽管它有时伴随着毋宁像英国实在论哲学家穆尔(George Edward Moore,1873—1958)在外在关系和关系属性之间所作的区分。莱布尼茨常常说:实体之间的各种关系实际上就是由知觉的心灵添加上去的,例如"名称"这个词就是如此。不过,一般而言,虽然单子之间存在有实在的关系,但在知觉心灵中,每个表象活动却都蕴含有一种内在的性质。在莱布尼茨看来,各个词项之间的关系可以区分为两种:一种是直接的关系,另一种是间接的关系。当各个词项能够藉相乘或相加结合在一起的时候,它们就是直接相关的;当它们除结合外,还蕴含有一种关系时,它们就是间接地进入一个命题的。虽然莱布尼茨也常常谈到间接关系,但他从未系统地阐述过这种关系。之所以如此,乃是因为莱布尼茨的计算并未越出各个词项和命题的相乘(相加)和解析的范围。他之对间接关系的承认折射出他的"命题包含理论"涵盖众多实体及其相互关系的不充分性。莱布尼茨的这篇论文显然涉及间接关系的本性问题。

7 偶然真理与必然真理的区别问题是莱布尼茨长期关注并不时阐述的问题。在《形而上学谈》(1686年)里,莱布尼茨在强调他的个体实体概念或主谓词逻辑并不损害上帝和人的自由时,指出:"这些命题中主词同谓词的联系在每一个本性中都是有其基础的。但它们并不具有必然的推证,因为那些理由只是以偶然性或事物存在的原理为基础的,也就是说,只是以在许多同样可能的事物中是最好的或看起来是最好的东西为基础的。相形之下,必然的真理则是以矛盾原则、以本质本身的可能性或不可能性为基础,同上帝或受造物的自由意志完全无关"(《莱布尼茨早期形而上学文集》,段德智、陈修斋、桑靖宇译,商务印书馆2017年版,第25页)。与此同时,莱布尼茨在《论偶然性》(约1686年)一文中指出:"偶然真理不可能归结为矛盾原则。否则,除了现实获得存在的事物外每一件事物都将是必然的,没有任何一件事物会是可能的。"他还从认识论的角度指出:"在我看来,对每一个非同一的命题,人们都能说出一个理由,这对于每一条真理都是共同的;在必然的命题中,这个理由是强制的;在偶然的命题中,这个理由是倾向的。……每个真的普遍的肯定命题,不论是必然的还是偶然的,在主词与谓词之间都存在有某种联系。在同一命题中,这种联系是自明的;在其他命题中,它必须藉对词项的分析方能显现出来。藉着这样一个秘诀,必然真理与偶然真理的区别便可以揭示出来"

(同上书,第 392、394 页)。随后,在《论自由》(约 1689 年)一文中,莱布尼茨又进一步从"派生真理类型学"的角度指出:"在我更周全地考察了这些问题之后,在必然真理与偶然真理之间所存在的一个最深刻的真理便昭示出来了。这就是:每一条真理不是原初的,就是派生的。原初的真理是那些我们无法提供理由的真理;同一真理或直接真理,自行肯定同一件事物,或否定其反面的反面,都属于这一类真理。派生的真理又进一步分为两类,其中一些能分解成原初真理,而另一些在其分解中却出现了一系列步骤,一直趋于无限。前者是必然真理,后者则是偶然真理"(同上书,第 406 页)。在《神正论》里,莱布尼茨不仅提出了"存在于自由行为中的假设的必然性和道德的必然性",而且还以此为武器,批判了"穆罕默德式的或伊斯兰教式的命运"和"基督宗教的命运"(参阅莱布尼茨:《神正论》,段德智译,商务印书馆 2016 年版,第 73、62—64 页)。最后,莱布尼茨在《单子论》中又进一步从矛盾原则和充足理由原则的高度来阐述了偶然真理与必然真理的区别。

8 莱布尼茨在这里阐述的事实上是他的充足理由原则。后来,莱布尼茨在《形而上学谈》(1686 年)中在阐述偶然真理与必然真理的区别时又进一步阐释了这项原则。他写道:所有这些偶然命题之成为这样而非那样都是"有其理由"的,或者说,对于那些赋予它们确定性的真理,它们具有"先验的证据"(《莱布尼茨早期形而上学文集》,段德智、陈修斋、桑靖宇译,商务印书馆 2017 年版,第 25 页)。在《论万物的终极根源》(1697 年)一文中,莱布尼茨又进一步指出:"除了世界,亦即除了有限事物的集合之外,还存在有统治着这个世界的某个独一存在,……这个统治着宇宙的独一存在不仅统治世界,而且还塑造或创造这个世界。他高于这个世界,可以说是超越这个世界,从而是事物的终极理由。因为在任何一个个体事物中,甚至在事物的整个集合或序列中,我们都找不到事物何以存在的充足理由"(同上书,第 353 页)。在《单子论》第 32 节中,莱布尼茨明确提出"充足理由律"概念。在《莱布尼茨与克拉克论战书信集》(1715—1716 年)的"莱布尼茨的第四封信"和"莱布尼茨的第五封信"中,莱布尼茨甚至明确宣布充足理由原则是"整个哲学的最好部分"(《莱布尼茨与克拉克论战书信集》,陈修斋译,商务印书馆 1996 年版,第 59 页)。

9 有人认为,莱布尼茨关于所有的真理都可分解成同一性命题是他从未证明过的一个假设(实际上,莱布尼茨作为上帝的一个造物恐怕也没有能力作出这样证明)。存在有所真理都涉及的同一性命题是一回事,将真理还原成同一性命题则是另一回事,因为这预设了完满本质的存在。

10　这条公理使莱布尼茨对几何学中相似性的分析与他的更为普遍的定义理论以及分析和综合理论发生了联系。决定性的东西在于一个足以构成实在定义的概念的各种成分。莱布尼茨于1679年在《位置几何学研究》中对其函数相关原则做出过比较详尽的说明(Leibniz: Philosophical Papers and Letters, translated and edited by Leroy E. Loemker, D. Reidel Publishing Company, 1969, pp. 248 – 258),他在本篇论文中对这条公理的阐述可以看作是前文的一个继续。这条公理在莱布尼茨的科学方法体系中地位极其重要。如果用最简洁的语言讲,我们可以将这条原则或规律概括成:"正如各种已知数据被安排成一个序列一样,各种未知数或要求的数也被安排成一个序列"(datis ordinatis, etiam quaesita sunt ordinata)。均等原则在这里被莱布尼茨用于解释已知要素的关系与所求关系的等同上。莱布尼茨通常是以这种函数关系来解释他的连续律的。

11　阿基米德著有两本重要的讨论平衡的力学著作,即《平面图形的平衡或其重心》和《论杠杆》。莱布尼茨这里所指的很可能是《论杠杆》一书。

12　托马斯·阿奎那在讨论"天使是否在种相上有所不同"这个问题时,断然否定"所有的天使都属于一个种相"的说法,强调指出:"这是不可能的。因为在种相方面一样而在数值上不一样的事物,在形式方面虽然一样,但是在质料方面却不同。因此,如果天使不是由质料和形式组成的,那就必然可以得出这样一个结论:两个天使不可能属于一个种相;正如不可能存在着几个独立的白或几个人性一样,因为,除非就白存在于几个不同的实体中而言,不可能存在有几个白。而且,如果天使有质料,即便这样也不可能存在有属于同一个种相的几个天使。因为天使是无形的,所以,在这种情况下,质料之必然为使一个天使与另一个天使区分开来的原则,并不是就量的不同而言,而是就其能力的不同而言的;而且,这样的质料之不同所造成的,不仅有种相的不同,而且还有属相上的不同"(参阅托马斯·阿奎那:《神学大全》第1集,第4卷,段德智、方永译,商务印书馆2013年版,第15—16页)。在《形而上学谈》中,莱布尼茨曾援引托马斯·阿奎那的这一观点来论证他的个体实体概念及其理论重要性。他指出:从个体实体概念我们可以推断出"没有两个实体完全一样,而仅仅在号数上不同。圣托马斯根据这一点就天使和精灵所讲的话("在这里每个个体都是一个最低级的种")对于所有实体都适用,只要我们像几何学家看待他们的图形那样来看待这种特殊的差别,事情就是如此"(《莱布尼茨早期形而上学文集》,段德智、陈修斋、桑靖宇译,商务印书馆 2017 年版,第 14—15 页)。

13 个体性原则以及与之相关的不可分辨者的同一性原则是莱布尼茨始终持守的一项哲学原则。晚年,他在与克拉克的论战中依然强调指出:"在可感觉的事物中,人们绝找不到两件不可分辨的东西,并且(例如)人们在一个花园中找不到两片树叶,也找不到两滴水是完全一样的。人家承认对树叶来说是这样,而对水滴来说也许是这样。"他甚至将不可分辨者的同一性原则与他的充足理由原则相提并论,称为"两条伟大的原则",断言:"充足理由和不可分辨者的同一性这两条伟大的原则,改变了形而上学的状况,形而上学利用了它们已变成实在的和推理证明的了,反之,在过去它几乎只是由一些空洞的词语构成的"(参阅《莱布尼茨与克拉克论战书信集》,陈修斋译,商务印书馆 1996 年版,第 60、30 页)。

14 具体性原则和个体性原则也是莱布尼茨始终持守的一项重要原则。正因为如此,他的形而上学不是那种拒斥形而下学的东西,反而是一种与形而下学密切相关的东西。鉴于此,我们不妨将他的本体论称作形而中学。至少就他的受造实体学说,我们可以这样说。也正因为如此,莱布尼茨始终批判任何形式的片面的抽象学说,尤其是笛卡尔的抽象的实体学说。例如,我们知道,笛卡尔虽然反对德谟克利特的原子论,断言物质的原子由于其无限可分性而不可能构成真正的实体,但他却将抽象的"不可分"的"数学的点"规定为物质实体的本质属性。莱布尼茨曾指出笛卡尔的"数学原子论"至少有下述三项缺陷:"首先,笛卡尔关于'物质实体的本性在于广延'的说法有自相矛盾之嫌。既然笛卡尔断言物质或广延无限可分,它就不可能构成一种作为终极实存的实体。其次,数量和数目与有广延的实体和被计数的事物并非像笛卡尔所想象的那样是一回事,即使'在思想上'也不是一回事。第三,笛卡尔的'数学的点'之所以不能构成实体,还在于它缺乏任何能动性,而能动性却正是'一般实体的本质'。"其结论是:"无论是德谟克利特和伽森狄的作为'物理学的点'的广延,还是笛卡尔的作为'数学的点'的广延都不足以构成万物的最后单元"(参阅段德智:《莱布尼茨物质无限可分思想的学术背景与哲学意义——兼论我国古代学者惠施等人"尺捶"之辩的本体论意义》,《武汉大学学报》2017 年第 2 期)。而"单子"之所以能够构成实体,就在于所有受造的单子除具有能动性外,都是一种具体存在,一个"个体实体"和"有形实体"。

15 "完满的个体概念"或主谓词逻辑问题是莱布尼茨非常重视的一个问题。在这里,他以彼得和犹大为例来解说这一问题。其中,犹大的例子尤为典型。我们知道,犹大原来是耶稣的十二使徒之一,但后来却为了获得三十块银钱而背叛了耶稣,亲自领人捉耶稣。不过,当耶稣受审时,他却开始自责起来,承认自己出卖了"无辜之人的血","有罪";最后在耶路撒冷城郊自缢身亡。值得注意的是,早在犹大背叛之前,即在耶稣第二次耶路撒冷之行时,耶稣就说过:"我不是拣选了你们十二个门徒么?但你们中间有一个是魔鬼。"而《圣经》紧接着说道:"耶稣这话是指着加略人西门的儿子犹大说的。他本是十二个门徒里的一个,后来要卖耶稣的"(《约翰福音》6:70—71)。据《路加福音》,耶稣在最后的晚餐中,又说道:"看哪,那卖我之人的手,与我一同在桌子上。人子固然要照所预定的去世,但卖人子的人有祸了"(《路加福音》22:21—22)。这就把"犹大的完满个体概念,如果只被视为纯粹可能的概念而将上帝创造他们的命令撇在一边,其中则包含了在他们身上将要发生的一切事情,无论是必然发生的还是自由发生的,都是如此。而所有这一切都是上帝事先知道的"这个道理揭示出来了。

后来,在《形而上学谈》(1686年)中,莱布尼茨用亚历山大这个例子来解说"完满的个体概念":"如果我们能够仔细考察事物之间相互关联的话,我们就可以说,在亚历山大的灵魂中始终存在着对他发生过的每件事情的痕迹以及将要对他发生过的每件事情的标记,甚至存在着整个宇宙所发生的每件事情的印记,尽管只有上帝才能够完全辨认出它们"(《莱布尼茨早期形而上学文集》,段德智、陈修斋、桑靖宇译,商务印书馆2017年版,第14页)。

但真正把这个问题表达得淋漓尽致的还是《神正论》。因为在《神正论》里,莱布尼茨不再限于谈论主谓词逻辑,而是将他的主谓词逻辑引申到人的自由这个意义重大的问题上。因为作为《神正论》压轴戏的塞克斯都的故事清楚不过地告诉我们:尽管一切都是前定的,但人依然是自由的,人的善恶、幸福和命运甚至人类社会的善恶和命运归根到底也是由人自己决定的。塞克斯都既可以成为富翁,也可以沦为乞丐,既可以受人爱戴,也可以遭人唾弃,而所有这一切都是他自己自由选择的结果,而罗马社会的衰退和兴盛也无非是人自由选择的结果。这可以看作是整本《神正论》主旨的注脚(莱布尼茨:《神正论》,段德智译,商务印书馆2016年版,第578—580页)。

16　从1675年马勒伯朗士出版《真理的探求》后,阿尔诺即与马勒伯朗士就认识论问题展开了论辩。1683年,阿尔诺在《论观念的真假》中针对马勒伯朗士"在上帝之中看一切"(la vision en Diew)的观点,断言:知觉虽然是灵魂的必要的变体,但它却能够知觉到外在的甚至永恒的对象。莱布尼茨在这里表明,他先于阿尔诺提出了外在关系依赖于内在性质或样式的观点。

17　莱布尼茨多次运用这个比喻。例如,1702年,莱布尼茨在《培尔〈辞典〉"罗拉留"条的节录与按语》中谈到我们心灵所认识到的"特殊法则"时就写道:"当我们说每一单子、灵魂、心灵接受了一条特殊法则时,我们还得补充一句说,这条法则只是规范着全宇宙的一般法则的一个变型;这正像同一座城市由于从不同的观点去看它而显得不同一样"(莱布尼茨:《新系统及其说明》,陈修斋译,商务印书馆1999年版,第105页)。后来在《人类理智新论》中,莱布尼茨在谈到名义本质和实在本质以及名义定义和实在定义的关系时又指出:"应该考虑只有一种事物的本质,但有多个定义表明同一种本质,就像同一结构或同一城市,可以照着我们看它的角度不同而用不同的景色画面来表现它一样"(参阅莱布尼茨:《人类理智新论》下册,陈修斋译,商务印书馆1982年版,第318页)。在《单子论》第57节中,莱布尼茨在解释每个单纯实体(单子)都是"整个宇宙的一面永恒的活的镜子"这一观点时,又写道:"正如同一座城市从不同的角度去看便显现出完全不同的样子,可以说是因视角不同而形成了许多城市,同样,由于单纯实体的数量无限多,也就好像有无限多不同的宇宙,不过,这些不同的宇宙只不过是唯一宇宙相应于每个单子的各种不同视角而产生的种种景观。"

18　如果从单子没有窗户的立场看问题,莱布尼茨的这段话就不难理解了。

19　莱布尼茨在这里突出地强调了物理活动与形而上学活动的区别。实体之间物理活动的理论在单子的本性限于欲望和知觉的情况下不可能成立。莱布尼茨在《形而上学谈》(1686年)第15节中,在谈到实体之间"外在因果关系"时,曾经解释道:"就实体之表象一切事物言,它是无限延展的,而就其表象方式言,则受到限制,而它之受限制的情形,则视它的表象方式的完满程度而定。这样一来,我们就可以理解实体之间何以会相互障碍或限制,从而在这个意义上我们能够说它们相互作用,甚至还可以说它们相互适应或相互和谐。因为一个实体表象方式的完满程度之有所增加往往能够导致另一个实体表象方式完满程度的降低"(《莱布尼茨早期形而上学文集》,段德智、陈修斋、桑靖宇译,商务印书馆2017年版,第29页)。至于弹性,请参阅莱布尼茨的《发现整个自然惊人奥秘的样本》和《动力学样本》等著作。他在《发现整个自然惊人奥秘的样本》(约1686年)中曾经指出:"一个物体从另一个物体接受推动的原因是物体的弹性本身,这个物体是凭借这种弹性才从另一个物体反弹回来的。但弹性的原因却又在于具有弹性的物体的各个部分的内在运动"(G. W. Leibniz, *Die philosophischen Schriften 7*, Herausgegeben von C. I. Gerhardt, Hildesheim: Georg Olms Verlag, 1978, p. 313)。在《动力学样本》(1695年)中,莱布尼茨又将弹性称作"死力"(Leibniz: *Philosophical Papers and Letters*, translated and edited by Leroy E. Loemker, D. Reidel Publishing Company, 1969, p. 438)。

20 流溢说是一种与新柏拉图主义特别相关的理论。它依据一种来自先验原则的永恒的、自发的流溢来解说实在的源泉。这个先验原则通常被称作"太一"或"上帝"。流溢说可上溯到早期希腊哲学家,但其最明确、最有影响的理论形态却是由普罗提诺(Plotinos,约公元204—270)提供的。他认为,世界的本原是"太一"(神),世界万物都是由太一流溢出来的。具体的流溢过程为:首先从太一流溢出来的是"努斯",亦即宇宙理性;然后从努斯流溢出世界灵魂,从世界灵魂流溢出个别灵魂;最后,由灵魂流溢出物质世界。这样一来,流溢说便不仅排除了创造是无中生有的说法,排除了含有物质永恒存在的内容的构成主义,而且也排除了认为上帝在世界进程之外发展的发生进化论。该学说不仅是一种哲学学说,而且也是一种神学理论。它对犹太教神秘主义喀巴拉(Kabbalah)和基督宗教神秘主义诺斯替教都有过深刻的影响。

21 偶因论是笛卡尔派的一项在所难免的理论。其理论基础在于笛卡尔的二元论,旨在借助于上帝的意志来弥补笛卡尔的二元论或平行论所造成的物质与精神、心灵与身体之间的鸿沟。笛卡尔派中,法国哲学家科德穆瓦(约1620—1684)、拉福格(1632—1666)和比利时哲学家格林克斯(1624—1669)等都曾阐述过偶因论思想。但马勒伯朗士的偶因论无疑最具理论系统,影响也最为深广。马勒伯朗士认为:既然物体的本质在于广延,心灵的本质只是思想,物体(或身体)和心灵便不可能相互作用,从而它们相互关联或一致的唯一原因便只能是作为造物主的上帝的意志。莱布尼茨认为,偶因论的根本错误在于把上帝弄成了一个救急神。他后来写道:"协助的办法是'偶因系统'的办法。我认为这是在一种自然的通常的事情上请来 Deus ex machina('救急神'),在这种事情上,上帝的介入按理只该采取他维持一切其他自然事物的那种方式"(莱布尼茨:《新系统及其说明》,陈修斋译,商务印书馆 1999 年版,第 51 页)。由此看来,莱布尼茨正是在批判偶因论的神秘主义的过程中提出并阐述他的"前定和谐系统"的。因为依据他的前定和谐系统,上帝虽然"介入"事物的联系和发展,但他却并非包办一切,而是"采取他维持一切其他自然事物的那种方式"。值得注意的是:莱布尼茨虽然谴责偶因论者以"一种奇迹的方式"来解释心灵与物体或身体之间的交通,但他本人却并未因此而完全放弃"奇迹",因为事实上,他的前定和谐系统就是以上帝创造世界这样一个奇迹为基础和前提的。他只不过是用这样一个唯一的奇迹取代了马勒伯朗士的无数多个奇迹罢了。

22 "虚空"存在是德谟克里特等古代原子论者的一个基本观点。按照古代原子论,世界上只有两样实在的东西,这就是"原子"和"虚空"。古代原子论的这样一种虚空观遭到了许多近代哲学家的反对,尽管他们反对的理由不尽相同。例如,笛卡尔之所以反对古代原子论的虚空观,乃是因为在笛卡尔看来,正因为根本不存在虚空,世界上的物体才能够通过相互接触(或是直接接触或是间接接触)而相互作用。莱布尼茨之所以反对古代原子论的虚空观,乃是因为在莱布尼茨看来,它从根本上否定了莱布尼茨的连续律、充实原则和最佳原则。按照莱布尼茨的观点,空间不是实在的事物,而是事物存在的一种秩序,从而是一种相对于事物而存在的东西。他写道:"我已经证明空间不是什么别的,无非是事物的存在的一种秩序,表现在它们的同时性中"(《莱布尼茨与克拉克论战书信集》,陈修斋译,商务印书馆 1996 年版,第 62 页)。应当指出的是:尽管表述方式不同,但莱布尼茨和笛卡尔在反对牛顿的"绝对空间"和"超距作用"方面则是一致的。

23 其实,莱布尼茨早期思考的一个根本问题即在于从"形体"进展到"实体",或者说,从"物质"进展到"精神"。他在 1671 年末的一封信中写道:"我看到,几何学或位置哲学是达到运动和物体哲学的一个步骤,而运动哲学又是达到心灵科学的一个步骤"(G. W. Leibniz, *Die philosophischen Schriften* 1, Herausgegeben von C. I. Gerhardt, Hildesheim: Georg Olms Verlag, 2008, p. 71)。从"位置哲学"到"运动哲学"再到"心灵科学"可以视为莱布尼茨对其早期哲学思考心路历程的一种概括。而他所谓"心灵科学",从本质上看,也可以说是一种"形式科学"。后来,莱布尼茨在《新系统》(1695年)一文中把他的这个思想更为清楚地表达出来了。他写道:"为了找到这种实在的单元,我不得不求助于一种可以说是实在的和有生命的点,或求助于一种实体的原子,它应当包含某种形式或能动的成分,以便成为一种完全的存在。因此,我们得把那些目前已身价大跌的实体的形式重新召回,并使它恢复名誉,不过,要以一种方式使它可以理解,要把它的正当用法和既成的误用分开。因此,我发现这些形式的本性在于力,随之而来就有某种和感觉及欲望相类似的东西;因此,我们应该以仿照我们对灵魂所具有的概念的方式来设想它们。但是,正如不应该用灵魂来解释动物形体组织的细节一样,我主张同样也不应该用这些形式来解释自然的特殊问题,虽然这些形式对于建立真正一般的原则是必要的。亚里士多德称这些形式为第一隐德莱希,我则称之为原始的力,或者更可以理解,它不但包含着实现或可能性的完成,而且还包含着一种原始的活动"(莱布尼茨:《新系统及其说明》,陈修斋译,商务印书馆1999年版,第2—3页)。

其实,莱布尼茨在写作本文的同时,还写了一篇其标题为埃德曼称作《论阐述哲学与神学的真正方法》的论文。在这篇论文里,莱布尼茨在批评过笛卡尔的物质理论之后,紧接着写道:"那么,我们还应当添加上一些什么东西才能使物体概念成为一个完整的概念呢?毫无疑问,感觉到的任何一件东西无一不能证实之。也就是说,感觉同时宣布了三样东西:我们在感觉;为我们所感觉到的物体;我们感觉得到的东西是不断变化的、复合的和有广延的。因此,应该添加到广延概念或变化概念之上的当是活动概念。所以,一个物体是一个有广延的活动主体。我们因此便能够说:它是一个有广延的实体;只要主张所有的实体都在活动着以及所有的活动主体都是实体,事情就必定如此。这一点由形而上学的基本原则,即凡不活动的东西都不可能存在,就可以得到充分的说明,因为倘若没有活动之本,便不可能有任何活动能力。倘若有人说,一个弯弓里虽然积蓄了那么多的力,但它却能够不活动。但我会说,事情正好相反,它事实上就在活动;即使在它突然射出来之前,它也依然在努力着。但所有的努力都是活动。至于其他,关于努力的本性和活动的原则,人们能够说到的卓越和确定的东西,或者为经院学者所称谓的,便是实体形式"(G. W. Leibniz, *Die philosophischen Schriften* 7, Herausgegeben von C. I. Gerhardt, Hildesheim:Georg Olms Verlag,1978,pp. 326-327)。由此可见,"形式"

问题实乃莱布尼茨实体学说中的一个核心问题。

24 事实上,在古希腊,亚里士多德在批判德谟克里特原子不可分的观点时提出并阐述了物质无限可分的思想。他主要提出了三项理由:(1)"任何连续物都不可能由不可分割的东西构成"。他举例说,"线不能由点构成",他给出的理由是:"线是连续的,而点是不可分的"。(2)"如若连续物是由各个点构成的,那么,这些点必然或者相互连续或者彼此接触。"(3)"点与点……也不能接续,以至于由这些点构成长度"。他给出的进一步理由是:"点与点之间总有线段,……假如长度……可以被分成它们所由构成的那些东西,那么它们也就能被分成不可分的部分了。但是,没有一个连续物能被分成无部分的东西。"亚里士多德的结论是:"每个连续物都可以被分成总是能够再分的部分"(亚里士多德:《物理学》,231a20—b20)。莱布尼茨继承和发展了亚里士多德的这一思想,不仅从物理学的角度而且从形而上学的高度阐述了他的物质无限可分思想。同时,莱布尼茨也不像同时代的笛卡尔那样将"物理学的不可分的点"转向抽象的思想上的"数学的不可分的点",而是既超越德谟克利特的"物理学的不可分的点",又超越笛卡尔的"数学的不可分的点",而达到"形而上学的点",并因此而建立起他的"单子论"这一新的实体学说(参阅段德智:《莱布尼茨物质无限可分思想的学术背景与哲学意义——兼论我国古代学者惠施等人"尺捶"之辩的本体论意义》,《武汉大学学报》2017年第2期)。

25 这是莱布尼茨从他的物质(物体)无限可分思想得出的一条重要结论。事实上,莱布尼茨还由此得出了他的著名的中国盒式的自然有机主义。莱布尼茨认为上帝的技艺与我们人的技艺之间的根本区别就在于,人造的机器的每个部分并非一架机器,"但自然的机器亦即活的形体却不然,哪怕是它们的无限小的最小的部分也依然是机器"(G. W. Leibniz, *Die philosophischen Schriften* 6, Herausgegeben von C. I. Gerhardt, Hildesheim: Georg Olms Verlag, 2008, p. 618)。究其原因,最根本的就在于:"物质的每个部分不仅如古人所承认的那样无限可分,而且实际上也可以无止境地再分割,每个部分都可以分割成更小的部分,而这些更小的部分也依然具有它们自己的某些运动;否则,便不能说物质的每个部分都能表象整个宇宙了"(G. W. Leibniz, *Die philosophischen Schriften* 6, p. 618)。莱布尼茨由此得出的结论是:"由此可见,即使在最小的物质微粒中,也存在有一个由生物、动物、'隐德莱希'和灵魂组成的整个受造物世界"(G. W. Leibniz, *Die philosophischen Schriften* 6, p. 618)。当代著名的莱布尼茨专家雷谢尔在谈到这一问题时不无中肯地指出："无广延单子的理论使他脱离了古典原子论,看到了物质的无限可分性,达到了点状的单子的层面,从而使得他的中国盒式的有机体理论成为可能,所谓中国盒式的有机体论是说每个有机体内部都包含有无数多个有机体,而这些有机体又进一步包含有无数多个有机体,如此下去,以致无穷"(Nicholas Rescher, *G. W. Leibniz's Monadology*, University of Pittsburgh Press, 1991, p. 227)。诚然,莱布尼茨的中国盒式的有机主义也有其片面性和局限性,但在那个机械论世界图式普遍流行的时代提出这样一种有机论却是非常难能的,而且他的这种有机主义对后世哲学的影响也是深广的。

26 莱布尼茨虽然主张物质无限可分或实无限,但他是从现象层面来谈无限可分或实无限,而不是从实体层面来谈无限可分或实无限的。从实体层面看,根本不存在什么可分的问题。莱布尼茨在这里所说的"连续体"其实也就是他所说的实体。因为现实存在的事物本身由于无限可分而根本没有连续性,也就谈不上"连续体"。作为连续体的实体,既不是一种"物理学的点",也不是一种"数学的点",而是一种"形而上学的点",一种纯粹观念性的东西。正因为如此,莱布尼茨强调连续体既"不能够分割成许多点","也不可能以所有可能的方式加以分割"。在莱布尼茨看来,这是哲学的一个基本问题。在《神正论》中,莱布尼茨将这个问题说成是哲学的"两大迷宫"之一。他写道:"有两个著名的迷宫,常常使我们的理性误入歧途:其一关涉到自由与必然的大问题,这一迷宫首先出现在恶的产生和起源的问题中;其二在于连续体和看来是其要素的不可分的点的争论,这个问题牵涉到对于无限性的思考。第一个问题几乎困惑着整个人类,第二个问题则只是让哲学家们费心。或许我还会有机会陈述我对于第二个问题的观点,并且指出,由于缺乏关于实体本性的正确概念,人们采纳了导致不可克服的困难的错误立场,这些困难是理应用于废除这些错误立场的。然而,如果连续体的知识对于思辨的探索是重要的,则必然性的知识对于实践运用便同样重要;而必然性的问题,连同与之相关的其他问题,即上帝的善,人的自由与恶的起源,一起构成本书的主题"(参阅莱布尼茨:《神正论》,段德智译,商务印书馆 2016 年版,第 61—62 页)。

27 莱布尼茨这句话意在告诉我们:我们不能够说一个物体实际上是由一堆较小的、有形的实体组合而成的。因为这样一来,我们就会退回到古希腊原子论的立场。更何况那些较小的有形的实体归根到底无非是无广延的实体的堆集。

28　科德穆瓦(Géraud de Cordemoy,约 1620—1684),法国历史学家和哲学家。他在发挥物理学说的普遍原则方面颇具独创性。与莱布尼茨将统一性与精神性联系起来以解决连续体与不可分的点之间的关系不同,他通过将统一性与物质性联系起来,把一种新的原子论引入笛卡尔的机械论体系。他认为,物质是同质的,却包含有多种多样的物体,而每一个物体都是一种个别的物质。其代表作为其 1666 年出版的《肉体和灵魂的区别》(Le Discernement de l'âme et du corps)。

29　莱布尼茨在这里讨论的事实上涉及生灭的两种方式:一种是"无形实体"的生灭方式,一种是"有形物体"的生灭方式;前者藉创造和毁灭而生灭,后者则藉"组合与分解"而生灭。后来,莱布尼茨在《单子论》第 6 节中对此做了更清楚的说明。他写道:"我们能够说,单子不仅只能突然产生,而且只能突然消灭;也就是说,它们只能藉创造而产生,也只能藉毁灭而消灭;至于复合物,则只能藉它们各个部分的组合与分解而产生或消灭。"

30　正因为如此,莱布尼茨在《单子论》第 73 节中宣布:"既没有整体的产生,也没有严格意义上的完全的死亡,这里所谓死亡,是说灵魂脱离形体。我们所谓产生乃是发展与生长,而我们所谓死亡乃是收敛和萎缩。"

对知识、真理和观念的默思[1]

现在一些时代精英正致力于观念真假的论战(veris et falsis ideis controversiae),[2] 观念真假不仅是一个事关理解真理的意义重大的问题,而且还是一个连笛卡尔都不曾公正对待的问题,[3] 既然如此,我便觉得有必要对在我看来有望用来构建不同种类的观念和知识及其标准(criteriis Idearum et cognitionum)的东西作一番扼要的解释。知识不是模糊的,就是明白的(vel obscura vel clara);明白的知识不是清楚的,就是混乱的(vel confuse vel distincta);清楚的知识不是不完全的,就是完全的(vel inadaequata vel adaequata),不是符号的,就是直觉的(vel symbolica vel intuitiva)。最完满的知识是那种既是完全的又是直觉的知识(quidem si simul et intuitive sit, perfectissimaest)。[4]

一个概念,倘若不足以使我们识别出其所表象(represent)的事物,便是模糊的(obscura)。例如,当我仅仅记得我曾经见过某朵花或某个动物,当它摆在我的面前时,我无法将它与其他类似的花朵或动物区别开来,我所具有的关于这朵花或这个动物的概念便是模糊的。再如,当我思考经院哲学家曾经界定得非常糟糕的某个术语时,我的概念便是模糊的;例如,当我思考亚里士多德的隐德莱希或原因,将其视为质料因、形式因、动力因和目的因的一个公共术语时,情况就是如此;我所具有的我对其并无任何确定定义的其他术语的情况也是如此。[5] 一个命题当其包含有这样的概念时也会变成模糊的。

因此,知识当其使我有可能辨认出它所表象的事物时,便是明白的(clara ergo cognitio est, cum habeo unde rem repraesentatam agnoscere poossim)。明白的知识(claracognitio)进而又分为两种,如果不是混乱的,便是清楚的(vel confuse vel distincta)。当我不能逐一枚举足以将知识所表象的事物与其他事物区别开来的种种标志时,我所具有的知识便是混乱的,即使这件事物实际上可以具有其概念能够分解成的一些标志和成分,事情亦复如此。因此,我们足够明白地认识颜色、气味、滋味和其他一些特殊的感觉对象,且能够将它们相互区分开来,但只能藉简单的感觉证据(simplici sensuum testimonio),而不能藉可以表象出来的各种标志(vero notis enuntiabilibus)做到这一步。从而,我们便不可能将究竟何为红色给一个盲人解释清楚,也不可能将这样一种性质给其他人解释清楚,除非使这些人来到这件事物面前,使他们看到、闻到和尝到这种性质,或者至少提醒他们过去有过类似的知觉。不过,这些性质的概念一定是复合的,并且一定是能够分解的,因为它们一定具有自己的原因。同样,我们有时也看到画家和其他艺术家能够正确判断哪些作品做得好或做得不好;但他们却对他们何以作出这样判断的理由,而只是告诉询问者他们之所以不喜欢这些作品,乃是因为其缺乏"某种东西,至于它们缺乏的究竟是什么东西,我一时也说不上来"。[6]

但清楚的概念(distinctanotio)是化验师所具有的有关黄金的

那种概念；也就是说，这种概念能够使他们藉充分的标志和观察将黄金与所有别的物体区别开来。对于为许多感觉所共有的对象，[7] 如数目、大小、图形，我们通常有这样一类概念，关于心灵的许多情感，如希望和惧怕，也同样如此。简言之，关于我们对其具有名义定义（Definitionem nominalem）的所有概念，都是如此；而名义定义无他，无非是对充分标志的枚举（enumeratio notarum sufficientium）。[8] 不过，我们对于难下定义的概念，也可能具有清楚的知识，当这种概念是原初的或者其自身即是标志的时候，也就是说，当其是不可化简的且只有藉其自身方能得到理解，从而缺乏必要标志的时候，事情就是如此。但在复合概念中，作为单一构成要素的各种标志有时实际上是虽然明白但却混乱地认识到的，例如重、颜色、硝酸，以及作为黄金标志的其他一些东西。因此，关于黄金的这样一些知识虽然可能是清楚的，却是不完全的。但当构成一个清楚概念之一部分的每个要素被清楚认识到的时候，或者说当分析进行到最后的时候，知识便变得完全了。我虽然不敢担保人们能够提供出这样一个例证，但我们的数的概念可以说极其接近这样一个目标。不过，就大部分而言，尤其是在比较漫长的分析中，我们虽然不可能即刻直觉到问题的整个本性（non totam simul naturam rei intuimur），却可以利用各种字符（signis）来代替各种事物（尽管我们往往为明快计而对存在于实际思想中的符号疏于解释），认知并且相信我们有能力实现这一目标。例如，当我们想到一个多边形的时候，或者当我们想到具有一千个等边的多边形的时候，我并不是总能考虑到一个边、相等和一千（10 的立方）的本性，但我可以运用这些语词（其意义模糊地不完满地呈现在心灵面前),取代我所具有的有关它们的观念,因为我虽然记得我曾知道这些语词的意义,但对它们的解释对于眼下的判断却无必要。这样一种思考,我通常称之为昏昧的(caecam)⁹或符号的;我们在几何中和算术中运用的就是这样一种思考,而且,实际上我们几乎到处都在使用这样一种思考。当一个概念非常复杂的时候,我们无疑不可能同时想到构成这一概念的所有概念。但这种情况有可能出现的时候,至少就这种情况有可能发生而言,我称这种知识为直觉的(intuitivam)。对清楚的原初概念(notionis distinctae primitivae),除直觉知识外,我们没有任何别的知识,对复合概念,对于大多数人来说,我们只有一种符号思想。¹⁰

这就表明,即使对我们已经清楚认识到的那些事物,我们也知觉不到其有关观念,除非我们运用直觉思想(cogitatione intuitiva)。¹¹往往出现这样一种情况:当我们错误地设定我们已经解释清楚了我们正在使用的一些术语时,我们便错误地认为我们自己的心灵里已然有了这些事物的观念。事情并不像有些人所说,如果没有一件事物的观念,我们便根本不可能言说任何东西,根本不可能理解我们所言究竟为何物,至少这种说法似是而非,含混不清。因为我们往往按照一定模式来理解每个个别的语词,往往只记得此前对某个语词的理解;但正因为我们满足于这种昏昧的思想,而不会全力以赴地对各种概念进行分析,我们便有意无意地忽略了复合概念可能蕴含的矛盾。这就迫使我藉一项很久以前在经院哲学家中就极为著名其后又为笛卡尔所复兴的证明对此做出更为清楚的考察。这就是关于上帝存在的本体论证明。该证明的基本内容如下所述:凡从一件事物的观念或定义得出的东西都能够用来言说这件事物本身。存在是由上帝的观念得出来的,或者说是由最完满的存在者的观念得出来的,是由不能设想有比其更伟大的存在者的观念得出来的。因为最完满的存在者蕴含有所有的完满性,而存在无疑是其中的一个完满性。因此,存在能够用来言说上帝。[12]

不过,我们还是应当看到,由这一证明我们能够得出的充其量只不过是:如果上帝是可能的,我们便可以得出结论说他存在。因为我们不可能安全可靠地由这些定义推演出上述结论,除非我们知道它们是实在的,或者说它们不包含任何矛盾。其理由在于:由包含有矛盾的概念也能够得出矛盾的结论,然而这是荒谬的。为了对此作出解释,我通常使用最迅速的运动这样一个例证,最迅速的运动这个说法是蕴含有谬误的。设一个车轮以最快的速度转动,则任何一个人都能够看到这个车轮的一个辐条会延伸超出它的轮辋,其端点的运动速度就将比位于这一轮辋本身上的一个钉子的运动速度更快一些。乍一看我们似乎对速度最快的运动有一个观念,因为我们完满地理解我们在说的究竟是什么意思。但实际上我们对这样一种不可能的事情根本不可能具有任何观念。[13]同样,为了断言我们对一个最完满的存在者有一个观念也不足以想到一个最完满的存在者,而且在我所提到的上述推证中,为了正确地进行推理,我们必定不是证明了就是设定了一个最完满的存在者的可能性。不过,在这样一种说法中,除了说我们有关于上帝的一个观念以及这个最完满的存在是可能的且实际上是必然的之外,并没有任何更加真实一点的内容。因此,上述证明并非确定无疑,[14]并且已经遭到了托马斯·阿奎那的反对。[15]

这倒给我们提供了区别名义定义和实在定义（discrimen inter definitions nominales et reales）的手段，名义定义所包含的只有借以识别一件事物与其他事物的各种标志（quae notas tantum rei aliis discernendae continent），而实在定义则是那件事物的可能性借以得到确认的东西（ex quibus constat rem esse possibilem）。这样，我们便与霍布斯的观点不期而遇。霍布斯认为凡真理都是主观随意地推断出来的（qui veritates volebat esse arbitrarias），因为它们依赖于名义定义，而根本没有考虑到这种定义的实在性并不依赖于我们的主观随意性（non considerans realitatem definitionis in arbitrio non esse），而且并非所有概念都相互结合在一起。[16] 名义定义并不足以形成完满知识（nec definitions nominales sufficient ad perfectam scientiam），除非所定义的事物是可能的这一点已经藉其他方式确立了起来。

至此，真假观念之间的区别就变得明白了（patet etiam, quae tandem sit Idea vera, quae falsa）。当一个概念是可能的时候，这个观念就是真的（vera scilicet cum notion est possibilis）；当其蕴含有矛盾的时候，它就是假的（falsa cum contradictionem involvit）。[17] 不过，我们既可以先验地，也可以后验地认识一件事物的可能性。当我们将一个概念分解成它的各个要素，或是将其分解成其可能性已知的其他概念时，我们就是先验地认识它，而且我们还知道在它们之中没有任何东西是不相容的。例如，当我们理解一件事物得以产生的方法时，这种情况便发生了。因此，因果定义（Definitiones causales）比其他定义更为有用。当我们经验到一件事物的现实存在时，我们便后天地认识到了一个观念，因为现实存在的东西或已经存在的东西在任何情况下都是可能的。任何时候，只要我们的知识是完全的，我们对一种可能性就有了一种先验的知识，因为如果我们将这种分析进行到底而不出现任何矛盾，这一概念显然就是可能的。[18] 至于人们能否将对概念的完满分析进行到底，也就是说，能否将他们的思想还原成最初的可能事物或不可还原的概念（sive an ad prima possibilia ac notions irresolubiles），还原成上帝的绝对属性本身（这是一回事）或事物的第一因或最后目的（sive [quod eodem redit] ipsa absoluta Attributa DEI，nempe causas primas atque ultimam rerum rationem），现在我尚不敢贸然作出决断。[19] 因为在大多数情况下，我们都满足于藉经验获悉某些概念的实在性，然后模仿自然用它们组合成其他概念。[20]

因此，我认为我们能够理解诉诸各种观念并不总是安全可靠，许多思想家因此而滥用这种虚假的语词来编织他们自己的一些幻想。对于我们思想意识到的事物，我们并不总是立刻具有观念，最迅速的运动这个例证已经表明了这一点。在我看来，即使人们提出了这样一条著名原则，强调凡人们在一件事物中清楚明白知觉到的东西或凡可以用来断言它的一切都是真的（quicquid clare et distincte de re aliqua perciio，id est verum seu de ea enuntiabile），那也同样虚假不实。[21] 因为当人们进行轻率判断时，那些在人们看来似乎清楚明白的东西却往往模糊混乱。因此，除非运用我们提出的清楚明白的标准（clari et distincti criteria），除非确立观念的真理或实在性（veritate idearum），这项"公理"便一无用处。就其他方面而言，几何学家也使用的普通逻辑规则（regulae communis Logicae）并不应当被贬低为判断真理的标准。例如，除非经由细心经验或健全推证的证明，没有任何东西能够被视为确定的这样一条规则就是如此。一个推证，当其遵守逻辑学规定的形式时，便是健全的，尽管它并不总是需要遵循以繁琐方式（Scholarum）所安排的三段论形式，一如克里斯蒂安·赫尔利努斯（Christianus Herlinus）和康拉德·达斯坡底乌斯（Conradus Dasypodius）将其应用到欧几里得《几何原本》的前六卷那样。这种证明只是由于其形式才有其必要性。作为以适当形式完成的这种论证的一个例子，人们也能够援引任何一种可靠的计算。因此，任何一个必要的前提都不应当忽略，所有的前提都必须事先得到证明，至少必须被视为假设，在这种情况下，其结论也同样是假设的。一个人，只要他遵循这些规则，他就会轻而易举地摆脱虚假观念的蒙蔽。杰出天才帕斯卡尔（Pascalius）完全赞同这些原理，[22]他在其著名的论几何学精神的论文中说道，这种精神的一个片段很好地保存在安托万·阿尔诺《论思维艺术》这部卓越的著作之中了。[23]给所有的词项作出界定并且证明所有的真理乃几何学家的任务，尽管所有这些词项不曾有什么模糊性，所有这些真理也没有什么可疑之处。我只是希望他能界定好种种界限（definiisset limites），任何概念或判断只要超出这种界限，就无非是一些模糊和可疑的东西（quos ultra aliqua notion aut enumtiatio non amplius parumper obscura aut dubia est）。[24]但了解这一点的必要条件可以藉对我们刚才说过的内容的细心研究来获得。限于篇幅，我们只能简明扼要地做这些说明。

至于我们是否在上帝之中看到一切（严格说来，这是一个不应当完全抛弃的古老意见），[25]或者说我们对自己是否具有一些观念这样的争论,[26] 必定被理解为:即使我们在上帝之中看到了一切,我们自己具有观念照旧必要(etsi omnia in DEO videremus, necesse tamen esse ut habeamus et ideas proprias),这不是在我们具有上帝观念的微型拷贝的意义上而言的(quasi icunculas quasdam),而是就这些观念乃我们的心灵对应于我们在上帝之中所知觉到的对象本身的属性或变形而言的(sed affections sive modifications mentis nostrae, respondents ad id ipsum quod in DEO perciperemus)。因为无论何时,只要各种思想相互连续,我们的心灵中便会发生某种变化。我们的心灵中也有一些我们未曾现实思考过的事物的观念,就像未经加工过的大理石(rudi marmore)上所具有的赫尔库勒的图(figura Herculis)那样。[27] 但在上帝之中,必定现实地具有一些观念,不仅具有绝对的和无限的广延,而且还具有其图像本身,因为图像无他,无非是绝对广延的一种变形(quam extensionis absolutae modificaio)。[28] 再者,当我们知觉到颜色或气味时,我们所具有的不是别的,无非是对各种图像和运动的一种知觉,但这些图形和运动如此复杂和微小,致使我们的心灵在现存状态下根本不可能清楚地知觉到每一个,从而看不到其知觉是由诸多单个极其微小的图像和运动组合而成的。所以,当我们将黄色和蓝色粉末混合到一起而知觉到一种绿色时,其实除了完全混合到一起的黄色和蓝色外,我们什么也没有感觉到,但我们并未注意到这一点,从而假定出现了某种新的本性。[29]

注释

1 本文最初发表在《学术年鉴》1684 年 11 月号上,是莱布尼茨思想成熟时期公开发表的第一篇哲学论文。就学术背景看,莱布尼茨之所以写作这篇论文,在很大程度上与阿尔诺与马勒伯朗士关于知识、真理和观念的争论相关。众所周知,西方近代可以说是一个理性主义时代,绝大多数哲学家都相信我们凭借理性便能够认识真理,尤其是大陆理性主义哲学家,更是坚信我们凭借天赋能力(理性能力)和天赋观念便足以发现真理。但马勒伯朗士在 1674—1675 年出版的《真理的探求》一书中却根本否认达到真理的这一理性道路,断言我们的心灵中不仅没有天赋观念,甚至也没有任何观念,所有的观念都存在于上帝之中,因此,我们只有在上帝之中才能够找到永恒真理,我们只能"在上帝之中看一切"(la vision en Diew)。该书在欧洲学术界引起轰动:既有人拍手叫好,也有人奋起批判。阿尔诺就对之做出认真的批判。1680 年,马勒伯朗士出版《论自然和神恩》(Traité de la nature et de la grace)予以回击。1683 年,阿尔诺发表了《论观念的真假》(Des vraies et des fausses idées),再次对马勒伯朗士进行了批评。1684 年,马勒伯朗士发表《回应》一文。同年,阿尔诺发表《申辩》一文予以再反驳。不过,莱布尼茨对于阿尔诺和马勒伯朗士论战的具体细节并不十分关心,他的兴趣在于借机系统阐述他自己的知识概念、真理概念和观念概念。这篇论文在莱布尼茨的认识论思想生成史上享有极高的地位。他后来的有关论著总是不时地引用它。

  本文原载格尔哈特所编《莱布尼茨哲学著作集》第 4 卷,原文为拉丁文,其标题为 Mediotationes de Cognitione, Veritate et Ideis,莱姆克将其英译出来并收入其所编辑的《莱布尼茨:哲学论文与书信集》中。

  本文据 Leibniz:Philosophical Papers and Letters,translated and edited by Leroy E. Loemker, D. Reidel Publishing Company, 1969, pp. 291 - 295 和 G. W. Leibniz, Die philosophischen Schriften 4, Herausgegeben von C. I. Gerhardt, Hildesheim: Georg Olms Verlag, 2008, pp. 422 - 426 译出。

  2 莱布尼茨在这里意指的主要是 17 世纪 70 年代中期—80 年代中期发生在阿尔诺和马勒伯朗士之间有关观念真假的论战。马勒伯朗士(Nicolas Malebranche, 1638—1715)为法国天主教神父、神学家和哲学家。他力图将笛卡尔主义与奥古斯丁的思想和新柏拉图主义结合起来。其代表作为《真理的探求》(1674—1675 年)。在其中,他提出了一种被称作偶因论的关于身心关系的学说。马勒伯朗士虽然身为笛卡尔的信徒,但在观念论方面却明显地偏离了笛卡尔的学说。笛卡尔从理性主义的立场出发,虽然也承认有来自感觉和想象的观念,但却认为我们全部可靠的观念只能是来自纯粹理智的先天具有的天赋能力或天赋观念。马勒伯朗士则认为,既然笛卡尔主张身心二元论或心物二元论,既然笛卡尔认为我们的心灵是一种有限的精神实体,我们便既不可能藉感觉或想象获得可靠的知识,也不可能藉纯粹理智获得可靠知识,而只能从上帝那里获得可靠的知识和观念。这是因为既然上帝创造了"全部事物",他就势必具有"他所创造的全部事物的观念"。正因为如此,他提出了"我们在上帝之中看一切事物"的惊人论断(参阅冯俊:《法国近代哲学》,同济大学出版社2004年版,第168—169页)。因此,如果说笛卡尔是一个哲学的二元论者的话,马勒伯朗士则是一个典型的神学一元论者。也正因为如此,马勒伯朗士的神学唯心主义一问世,就遭到了哲学家持续不断的反对。傅歇(Simon Foucher,1644—1696)、阿尔诺(Antoine Arnauld,1612—1694)、勒瓦鲁瓦(Louis Le Valois,1639—1700)、波舒哀(Jacques-Bénigne Bossuet,1627—1704)、皮埃尔·席尔文·雷吉斯(Pierre Sylvain Régis,1632—1707)和费内隆(François de Salignac de la Mothe Fénelon,1651—1715)等都做过激烈的批评。阿尔诺不仅是当时著名的神学家,也是著名的哲学家和逻辑学家,对认识论有过系统的研究。他在逻辑学和认识论领域的主要成就是他与皮埃尔·尼科尔(Pierre Nicole,1625—1695)和布莱士·帕斯卡尔(Blaise Pascal,1623—1662)合著了《逻辑或思维艺术》(亦称"波尔—罗亚尔逻辑"或"王港逻辑",1662年)。该书既是近代最重要的逻辑学著作,也是近代最重要的认识论著作之一。无论是洛克的《人类理解论》,还是莱布尼茨的《人类理智新论》,在内容上都与之一脉相承。理性原则是该著的基本原则。该著给逻辑学所下的定义即为:"逻辑是在对事物的认识中正确指导理性的艺术,它对于教导自己和教导他人都是同等重要的。"全著共四篇,依序讨论观念(概念)、命题和判断、推理和方法论,分别阐述了理性的构思作用、判断作用、推理作用和系统作用。阿尔诺曾是法国哲学家和神学家马勒伯朗士的朋友,但后来与之发生了分歧,在《论观念的真假》(1683年)一文中对后者的神秘主义进行了批评。针对马勒伯朗士关于心灵只有与上帝相结合才能认识真理的主张,阿尔诺强调观念的真假在于我们的心灵对事物所做的判断:当我们心灵所做的判断符合真理时,这个观念就是真的,否则便是假的。阿尔诺对马勒伯朗士的批评对后者的学术命运产生了重大影响。罗马教廷因此将马勒伯朗士反击阿尔诺的《论自然和神恩》一书列为禁书。

3 这说明本文旨在藉讨论观念的真假来阐述真理的意义和标准,从而不仅指向马勒伯朗士的神学认识论,而且也指向笛卡尔的真理标准或真理观。

4 在这里,莱布尼茨首次构建了他的比较完整的知识谱系或观念谱系。其基本框架如下:

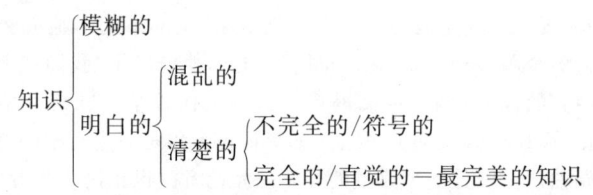

$$
\text{知识}\begin{cases} \text{模糊的} \\ \text{明白的}\begin{cases} \text{混乱的} \\ \text{清楚的}\begin{cases} \text{不完全的/符号的} \\ \text{完全的/直觉的} = \text{最完美的知识} \end{cases} \end{cases} \end{cases}
$$

在《人类理智新论》第 2 卷第 29—31 章,莱布尼茨针对洛克的观点进一步阐述了他的这一知识谱系或观念谱系,并且紧接着在第 32 章专门讨论了"观念的真假",指出:"我毋宁喜欢相对于这些观念全都包含的另一断定,即关于可能性的断定,来称观念之为真为假。这样,可能的观念就是真的,不可能的观念就是假的"(莱布尼茨:《人类理智新论》上册,陈修斋译,商务印书馆 1982 年版,第 284 页)。

事实上,《波尔—罗亚尔逻辑》就曾对观念做过认真的讨论。该著认为观念可分为明白的和清楚的。人们可以说一个观念是明白的,因为它强烈地触动我们。虽然它不是清楚的。例如痛苦的观念很强烈地触动我们,根据这点,它可以成为明白的;不过它是很模糊的,因为它给我呈现的痛苦是在受伤的手上,而其实是在心中。但是我们说,凡观念是清楚的同时就是明白的。模糊的观念,是我们所有的关于感觉性质的观念,例如颜色、声音、气味、寒冷、温热等。此外,该著还讨论了命题或观念的真假问题。它把命题分为"真命题"、"假命题"、"可能命题"与"可能性程度较小的命题"等。断言:"命题又依照它们的实质分为'真'与'假'。并且很明显,没有既不真也不假的命题。因为当一个代表我们对事物所做的判断符合真理时,它是真的;当它不符合时,就是假的"(转引自江天骥主编:《西方逻辑史研究》,人民出版社 1984 年版,第 197 页)。很显然,莱布尼茨在本文以及在《人类理智新论》中对《波尔—罗亚尔逻辑》的上述观点既有所继承又有所发展。

5 莱布尼茨在《人类理智新论》中与洛克讨论过明白的和模糊的观念。洛克分别从简单观念和复杂观念的角度阐述了他的主张。在谈到简单观念时,洛克指出:"我们从之接受这些观念的对象本身,呈现着它们或在具备一种正常的感觉或知觉所必要的一切环境条件下能呈现它们时,就是明白的。当记忆以这样的方式保存着它们时,它们在这种情况下就是明白的观念,而随着它们缺乏这种原本的精确性,或随着它们失去这种最初的鲜明性,以及随着因时间的流逝而好像失去了光泽或褪色,它们就是模糊的。"在谈到复杂观念时,洛克又指出:"那些复杂观念,当组成它们的简单观念是明白的,并且这些简单观念的数目和秩序是固定的时,它们就是明白的。"莱布尼茨则重申了他在本文提出的观点,断言:"一个观念,当它对于认识事物和区别事物是足够的时,就是明白的;……否则就是模糊的。"莱布尼茨认为,他的这一观点既适合于简单观念,也适合于复杂观念。而且,针对洛克的感觉论立场,莱布尼茨强调说:"我认为我们对于可感觉事物是没有什么完全明白的观念的。"这是非常自然的,因为在莱布尼茨看来,感觉不是别的,正在于它是一种非明白的表象。参阅莱布尼茨:《人类理智新论》上册,陈修斋译,商务印书馆1982年版,第266—267页。

6 在这篇短文中,莱布尼茨不仅阐述了明白观念与模糊观念的区别,而且阐述了清楚观念和混乱观念的区别。在莱布尼茨看来,清楚观念和混乱观念的根本区别在于我们能否不仅藉"简单的感觉证据"而且藉"可以表象出来的各种标志"将一事物与他事物区别开来,也就是能否藉"定义"将它们区别开来。在《人类理智新论》中,莱布尼茨针对洛克的经验论立场,对此做了更充分的说明。洛克宣称:"一个清楚的观念就是心灵察觉到它有别于一切其他观念的差别的观念;而一个混乱的观念就是我们不能把它和另一个应该是不同的观念加以充分区别的观念。"莱布尼茨则责备洛克混淆了"清楚观念"和"明白观念"。莱布尼茨追循笛卡尔,坚持认为"一个观念可以同时既是明白的又是混乱的"。他举例说,"那些影响感官的感觉性质的观念,如颜色和热的观念,就是这样的"。他解释说:"它们是明白的,因为我们认识它们并且很容易把它们彼此加以辨别;但它们不是清楚的,因为我们不能区别它们所包含的内容。因此我们无法给它们下定义。我们只有通过举例来使它们得到认识,此外,直到对它的联系结构都辨别出来以前,我们得说它是个不知道是什么的东西。"鉴于此,莱布尼茨对清楚观念和混乱观念做出了新的界定:"我们并不是把能区别或区别着对象的一切观念叫作清楚的,而是把那些被很好地区别开来的,也就是本身是清楚的,并且区别着对象中那些由分析或定义给予它的、使它得以认识的标志的观念叫作清楚的;否则我们就把它们叫作混乱的。"参阅莱布尼茨:《人类理智新论》上册,陈修斋译,商务印书馆1982年版,第267—268页。

7 在《人类理智新论》中,莱布尼茨与洛克讨论过"从各种不同感官来的简单观念"。洛克从感觉论的立场来理解这些观念,断定:"对有些观念的知觉是从不止一种感官来的,这些观念就是对于空间、广延或形状的观念,对于运动和静止的观念。"莱布尼茨则将其理解为"纯粹理智的观念",断言:"被说成来自不止一种感官的这些观念,如空间、形状、运动、静止观念,毋宁是来自共同感官,即心灵本身。因为它们是纯粹理智的观念,但和外界有关而且是感官使我们觉察到的;它们也是能下定义和加以推证的。"参阅莱布尼茨:《人类理智新论》上册,陈修斋译,商务印书馆1982年版,第103页。

8 在这里,莱布尼茨将"名义定义"界定为"对充分标志的枚举"。后来在《人类理智新论》中,针对洛克的经验主义立场,莱布尼茨对此做了更进一步的阐述。洛克曾主张用"实在本质"表示"每一事物的种有一种实在的构造",用"名义本质"表示这事物中依赖这种构造的"一堆简单观念或并存的性质"。针对这一观点,莱布尼茨指出:"人们迄今确谈到名义的定义和原因的或实在的定义,但就我所知没有说除了实在的之外还有其它的,除非所谓名义本质被理解为假的和不可能的本质,它显得像本质而实际不是……本质归根到底不是别的,无非是人们所提出的东西的可能性。人们假定为可能的东西是用定义来表明;但当这定义不同时表明可能性时,它就只是名义上的,因为那时人们就可以怀疑这定义是否表明某种实在的东西,也就是说可能的东西,除非到了那事物确实在世界上存在时,得经验之助使我们后天地认识到了这种实在性;这足以代替理性,理性是通过揭示所定义事物的原因或可能的产生而使我们先天地认识那实在性的。……应该考虑只有一种事物的本质,但有多个定义表明同一种本质,就像同一结构或同一城市,可以照着我们看它的角度不同而用不同的景色画面来表现它一样。"参阅莱布尼茨:《人类理智新论》下册,陈修斋译,商务印书馆1982年版,第317—318页。

9 与"昏昧"相对应的拉丁词是 caecam。其基本含义为"眼睛"、"失明"、"瞽目"、"心瞎"、"昏昧"、"蒙蔽"、"黑暗"、"无光"、"隐蔽"、"隐藏"、"掩饰"和"隐秘"等。

10 这一段话的中心意思在于表明:即使清楚的知识也有两种,一种是符号知识,另一种是直觉知识。符号知识是一种不完全的知识或不完满的知识,直觉知识则是一种完全的或完满的知识,甚至可以说是最完满的知识。我们可以图示如下:

清楚的知识 { 符号知识＝不完全的知识
直觉知识＝完全的知识→最完满的知识

11 强调直觉知识的优先性乃整个西方近代理性主义的共识。大陆理性派哲学家既然执着于理性演绎法，因而必然特别推崇直觉知识或直观知识。因为所谓"演绎"按照笛卡尔的说法，无非是"从业已确切知道的其他事实所进行的任何带必然性的推理"(*Philosophical Writings of Descartes*, Vol. I, Cambridge：Cambridge University Press, 1911, p. 8)。既然如此，"业已确切知道"的东西就是任何一种推理的必要的前提，且最终只能是一种"直觉"知识。关于"直觉"，笛卡尔曾给它做了如下的界定："我所了解的直觉，不是感官所提供的恍惚不定的证据，也不是幻想所产生的错误的判断，而是由澄清而专一的心灵所产生的概念。这种概念的产生是如此简易而清楚，以致对于认识的对象，我们完全无须加以怀疑"(*Philosophical Writings of Descartes*, Vol. I, Cambridge：Cambridge University Press, 1911, p. 7)。笛卡尔所说的"直觉知识"无非是我们心灵中那些简单自明的观念，如三角形有三条边的知识以及上帝存在的知识，其实这些也就是他所说的"天赋观念"。斯宾诺莎更明确地把直觉知识宣布为最高等级的知识。他在《理智改进论》中谈到"直觉"知识时说道："（所谓直觉知识）就是纯粹从一件事物的本质来考察一件事物，或者纯粹从对于它的最近因的认识而得来的知识"（斯宾诺莎：《理智改进论》，转引自《西方哲学原著选读》上卷，商务印书馆 1981 年版，第 406 页）。斯宾诺莎举例说，"当我知道一件事物时，我便知道我知道这件事物"就属于直觉知识。斯宾诺莎认为，理性知识虽然有一定的可靠性，但是，"这种知识却并不必然正确"，唯有直觉知识才是"必然正确"的知识，才是"真观念"。直觉主义是理性主义的最后支柱和内在本质。参阅段德智：《莱布尼茨哲学研究》，人民出版社 2011 年版，第 221—224 页。

12 莱布尼茨这里所说的其实就是中世纪经院哲学家安瑟尔谟在《宣讲篇》中所阐述的关于上帝存在的本体论证明。

13 用"最迅速的运动"来比喻安瑟尔谟—笛卡尔上帝存在本体论证明中的上帝概念的"矛盾性"或"非实在性"，极其生动也极其深刻，可以视为莱布尼茨的一个发明。

14 在莱布尼茨看来，安瑟尔谟和笛卡尔关于上帝存在的本体论证明的真正价值在于：如果上帝的存在是可能的，上帝的存在就是现实的。其根本缺陷在于：它仅仅假设了而未证明上帝存在的可能性。因此安瑟尔谟和笛卡尔所具有的作为完满存在者的上帝的观念和我们所具有的关于"最迅速的运动"的观念一样是虚假不实的。这就提出了构建真实上帝或具有实在性的上帝概念的任务，也就是构建其存在是可能的上帝概念的任务。正是这一点导致莱布尼茨对"名义定义"和"实在定义"的讨论，对"观念真假"和"因果定义"的讨论，以及与之相关的关于上帝存在的宇宙论证明。

15 托马斯·阿奎那对宗教哲学最著名的贡献即在于他首次系统批判安瑟尔谟所提出的关于上帝存在的本体论证明，系统提出并阐述了关于上帝存在的宇宙论证明，亦即所谓五路证明。在《反异教大全》第 1 卷第 11 章中，阿奎那系统驳斥了安瑟尔谟关于上帝存在的本体论证明，指出：我们并不能由"上帝这个名称的定义"推演出"上帝的存在"。这首先是因为并非所有的人都承认上帝存在。其次是"因为一件事物与一个名称的定义应当以同样的方式予以设想。然而，由于上帝这个名称所指谓的东西是由心灵设想出来的，那就不能够得出结论说，上帝现实地存在着，而只能说他仅仅存在于理智之中。由此看来，那不可设想的比其更伟大的东西也可能并不必然存在，而只能说他仅仅存在于理智之中。由此也就不能得出结论说，现实地存在有某个不可设想的更其伟大的东西"。最后，既然我们的理智"软弱无能"，我们便不可能看到"上帝的本质"，则"我们之达到上帝存在的知识，就不是通过上帝本身，而是通过他的结果实现的"（托马斯·阿奎那：《反异教大全》，第 1 卷，段德智译，商务印书馆 2017 年版，第 92、93 页）。在《神学大全》第 1 集第 1 卷中，阿奎那以"五种方式"对上帝的存在作出了"证明"，这就是：(1)"从运动出发的证明"；(2)"从动力因的本性出发的证明"；(3)"从可能性和必然性出发"的"证明"；(4)"从事物中发现的等级出发"的"证明"；(5)"从上帝对事物的管理出发"的"证明"（参阅托马斯·阿奎那：《神学大全》第 1 集，第 1 卷，段德智译，商务印书馆 2013 年版，第 33—37 页）。在对待上帝存在的本体论证明这个问题上，莱布尼茨的立场总的来说与阿奎那一脉相承。

16 霍布斯将命题理解为"两个连接在一起的名称组成的言语"，"通过这种言语，讲者要表示出来的是，他设想后面这个名称与前面那个名称相关的是同一件事物；换言之，前面那个名称包含在后面这个名称之中（这两种说法其实是一回事）。"由此，霍布斯进而断言："真理在于言语，而不在于言说的事物。而且，虽然真（*true*）有时与表面的（*apparent*）或虚假的（*feigned*）相对立，但总是涉及命题的真理性。"他举例说："一个人在镜子中的肖像或一个鬼(ghost),因此而被否认为一个真实的人。因为一个鬼是一个人(a ghost is a man)这个命题并不是真的;但一个鬼是一个真实的鬼却是无可否认的。因此,真理或真实性(truth or verity)并不是那件事物的任何属性(any affection),而只是与之相关的命题的属性"(参阅 Thomas Hobbes, *Concerning Body*, John Bohn, 1839, p. 30, 35)。此前,莱布尼茨在《论事物与语词的关系》(1677 年)一文中即批判过霍布斯的主观主义。此后,莱布尼茨在《人类理智新论》中在批判洛克标记主义的同时又进一步批判了霍布斯的主观主义。在《人类理解论》中,洛克曾将认识论称作"标记之学",断言:"这种学问的职务在于考察人心为了理解事物、传达知识于他人时所用的标记的本性。"而洛克所说的"标记"不是别的,正是"观念"和"文字"。而在讨论真理时,洛克又明确地将真理界定为"各种标记(就是观念或文字)的正确分合"(参阅洛克:《人类理解论》下册,关文运译,商务印书馆 1981 年版,第 566、721 页)。对于洛克的这些说法,莱布尼茨提出了三条批评意见:(1)两个名词的结合并不一定构成一个命题,例如"贤明的人";(2)否定与分离不是一回事。例如,说"人",然后停顿一下,再说"贤明的",这并不是否定;(3)符合或者不符合,真正说来也不是人们用命题所表示的东西。两个鸡蛋是符合的,而两个敌人是不符合的。这里涉及的是完全特殊方式的一种符合或不符合。莱布尼茨由此得出的结论是:"我认为这个定义完全没有说明问题所在的要害之点。"值得注意的是,莱布尼茨在批判洛克时,还顺便提及霍布斯、笛卡尔和马勒伯朗士。莱布尼茨强调说:"我在您的真理定义中发觉最不合我心意的,是您在语词中去寻找真理。这样,同一个意思,用拉丁语、德语、英语、法语来表示,就会不是同一条真理了,而且我们就得和霍布斯一样说真理是随人的乐意而定的;这是非常奇怪的一种说法。人们甚至把真理归之于上帝,他,您将会承认(我相信)是不需要记号的"(莱布尼茨:《人类理智新论》下册,陈修斋译,商务印书馆 1982 年版,第 458 页)。很显然,莱布尼茨这里也涉及马勒伯朗士和笛卡尔。这一方面是因为马勒伯朗士持"在上帝之中看一切"的立场,另一方面是因为笛卡尔曾将真理归因于"上帝的自由意志"(参阅 G. W. Leibniz, *Die philosophischen Schriften* 4, Herausgegeben von C. I. Gerhardt, Hildesheim: Georg Olms Verlag, 2008, p. 253)。

17 莱布尼茨由讨论名义定义与实在定义的区分进展到"真假观念的区别",是非常自然的。因为这两个方面似乎都与莱布尼茨后来所说的推理的"两大原则"密切相关。在《神正论》中,莱布尼茨将这两项原则称作"矛盾原则"和"确定理由原则"(参阅莱布尼茨:《神正论》,段德智译,商务印书馆 2016 年版,第 217 页);在《单子论》第 31—32 节中,莱布尼茨称之为"矛盾原则"和"充足理由原则"。前者涉及"推理真理",后者则涉及"事实真理",前者涉及观念或定义的逻辑可能性,后者则涉及观念或定义的实在性。

18 在《方法谈》中,笛卡尔将其方法论原则归结为下述四条:(1)"决不把任何我没有明确地认识其为真的东西当作真的加以接受";(2)"把我所考察的每一个难题,都尽可能地分成细小的部分";(3)"按照次序引导我的思想,以便从最简单、最容易认识的对象开始,一点一点上升到对复杂的对象的认识";(4)"把一切情形尽量完全地列举出来,尽量普遍地加以审视,使我确信毫无遗漏"(参阅北京大学哲学系外国哲学史教研室编译:《西方哲学原著选读》上卷,商务印书馆 1981 年版,第 364 页)。这些也就是我们通常说的"普遍怀疑"法、"分析法"、"综合法"和"列举法"。需要注意的是,笛卡尔的方法论原则具有狭隘的理性演绎主义性质。他的普遍怀疑法的首要矛头便是经验主义感觉论;他所谓"分析法"并非通常意义上的"由果索因"的方法,而是一种从具体走向抽象的概念演绎法;他所谓综合法并非我们通常意义上的"由因索果"的方法,而是一种从抽象走向具体的概念演绎法;他所谓列举法并非培根的由个别上升到一般的经验归纳,而是对有关"情形"的完全列举。莱布尼茨虽然与笛卡尔一样,也是一个理性主义哲学家,但他借鉴和吸纳了英国经验主义的一些因素。就当前的话题而论,莱布尼茨一方面强调指出:"我们既可以先验地也可以后验地认识一件事物的可能性";另一方面他又强调指出:"因果定义比其他定义更为有用。当我们经验到一件事物的现实存在时,我们便后天地认识到了一个观念,因为现实存在的东西或已经存在的东西在任何情况下都是可能的。"这是我们在阅读本文时应予以特别留意的。

19 莱布尼茨将简单概念等同于"上帝的绝对属性本身(这是一回事)或事物的第一因或最后目的"这种做法值得注意。在《神学大全》第 1 集第 1 卷中,托马斯·阿奎那在讨论了上帝的存在之后,紧接着便讨论了"上帝的单纯性"。"由于我们不可能知道上帝是什么,而只能知道他不是什么,所以,我们就无法考察上帝是怎样的,而只能考察上帝不是怎样的。"那么,我们究竟应当怎样来考察"上帝不是怎样的"呢?阿奎那给出的方案是:(1)"首先,我们必须讨论上帝的单纯性,以便否认他是合成的";(2)"其次,我们将讨论上帝的完满性";(3)"上帝的无限性";(4)"上帝的不变性";(5)"上帝的独一性"。这就是说,在阿奎那看来,上帝的单纯性或非合成性乃上帝的第一属性。在这个题目下,阿奎那先后考察了下述八个小问题:(1)"上帝是否为一个形体?"(2)"上帝是否由形式和质料组成?"(3)"在上帝身上是否存在有实质或者本质、本性与主体的合成物?"(4)"上帝是否由本质和存在组合而成?"(5)"上帝是否由属相加种差组合而成?"(6)"上帝是否由主体和偶性组合而成?"(7)"上帝究竟是完全复合的还是全然单纯的?"(8)"上帝是否进入别的事物的组合?"(参阅托马斯·阿奎那:《神学大全》第1集,第1卷,段德智译,商务印书馆2013年版,第39—61页。)这样一来,莱布尼茨的上述说法便不难理解了。不难看出,当莱布尼茨这样说时,他是将认识论与逻辑学和本体论结合在一起予以考虑的。在这里,还有一点需要提请读者注意,这就是:在莱布尼茨看来,感觉材料或感觉观念并非简单的,而是无限复杂的。完满性的等级与观念实在等级的一致或对应及其与简单性质或简单观念的关联乃莱布尼茨与斯宾诺莎所共享的新柏拉图主义预设。早在1676年莱布尼茨在与斯宾诺莎讨论"完满的存在者存在"这个话题时,就曾指出:"所谓完满性,我指的是每一种肯定的和绝对的简单性质,或是每一种表达着那些无任何限制地表达着的东西的简单性质。"但莱布尼茨强调的是:并非所有可能的本质都能变为存在。

20 由此看来,莱布尼茨虽然借鉴和吸纳了英国经验主义的一些因素,但他始终强调的是理性高于经验,其骨子里毫无疑问是个理性主义哲学家,只不过有别于笛卡尔和斯宾诺莎,是一个借鉴和吸纳了英国经验主义一些因素的理性主义哲学家罢了。

21 在这里。莱布尼茨批判的矛头直指笛卡尔的真理标准。在《方法谈》中,笛卡尔从"我思故我在"推演出了"清楚、明白的知觉"这一真理标准,并将其规定为他的认识论的"一般原则"。他写道:"我觉得在'我思想,所以我存在'这个命题里面,并没有任何别的东西使我确信我说的是真理,而只是我非常清楚地见到:必须存在,才能思想;于是我就断定:凡是我们十分明白、十分清楚地设想到的东西,都是真的。我可以把这条规则当作一般的原则"(参阅北京大学哲学系外国哲学史教研室编译:《西方哲学原著选读》上卷,商务印书馆1981年版,第369页)。莱布尼茨的问题在于:笛卡尔将"明白、清楚的知觉"作为真理的标准,但我们判定知觉"明白、清楚"的标准又在何处?他的这一提问本身即将笛卡尔的真理标准化为乌有。莱布尼茨在真理标准方面的根本努力,如上所述,便在于为知觉或观念的"明白、清楚"规定标准:(1)不"模糊";(2)不"混乱";(3)不是"不完全的",而是"完全的";(4)不是"符号的",而是"直觉的"。总之,要具有"逻辑可能性"和"实在性"。这就将笛卡尔的具有主观随意性的真理观改造成为具有逻辑可能性和客观实在性的真理观。

22 帕斯卡尔在《思想录》中,严格区分了"数学心灵"与"直觉心灵"或者说"几何学精神"与"敏感性精神",不仅提出了著名的"帕斯卡尔赌注",而且强调理性的真正作用在于使人类归附上帝,使人类达到人性所渴求的真理或至善。莱布尼茨早在巴黎期间就阅读和研究过他的《论几何学精神》,并经阿尔诺引荐,见到帕斯卡尔的一些亲属。

23 《论思维艺术》第1篇着重讨论了概念问题;第2篇着重讨论了命题和判断问题;第3篇着重讨论了推理问题;第4篇着重讨论了方法问题,该篇比较系统地讨论和阐述了分析法、综合法和列举法,可以视为西方近代方法论的一个系统表述。

24 该句中 amplius 一词,若译成英文既有 longer 的意思,也有 more than 的意思。因此,词组 non amplius 既可英译为 no longer,也可英译为 no more than。我们结合上下文,采用了后面一种译法,而没有采取莱姆克的译法。

25 莱布尼茨这里所说的"古老意见",可以上溯到奥古斯丁。奥古斯丁曾提出过著名的"光照论",一方面将上帝宣布为真理或光,另一方面又断言我们只有在上帝真理之光的光照下,才有可能认识真理、获得真理,用他的话说就是:真理乃上帝之光在人心镌刻的痕迹。《圣经》就有把道和上帝说成是"真理"和"照亮一切生在世上的人"的"真光"的说法(参阅《约翰福音》1:9)。奥古斯丁的光照说可以说是对《约翰福音》这个说法的神学和认识论解读。马勒伯朗士"在上帝之中看一切"的主张与奥古斯丁的"光照说"一脉相承。其区别一如马勒伯朗士在《真理的探求》中所指出的,仅仅在于:奥古斯丁讲"我们是在看到真理时看到上帝的",而马勒伯朗士则讲我们是在"看到这些真理的观念时看到上帝的"(参阅冯俊:《法国近代哲学》,同济大学出版社2004年版,第169页)。

26 莱布尼茨在这里事实上又在暗示阿尔诺与马勒伯朗士的上述争论。马勒伯朗士认为上帝是"精神的场所","我们的全部观念都存在于有效的神圣实体中"(参阅冯俊:《法国近代哲学》,同济大学出版社2004年版,第168—169页),从而我们只能藉上帝心灵中的种种观念才能看到各种对象。阿尔诺批驳了这种观点,坚持认为我们的各种知觉和观念实际上即是我们自己灵魂的一种变形。也就是说,阿尔诺与马勒伯朗士的争论实际上是一个关于我们的心灵究竟有无观念的争论。在这个问题上,莱布尼茨实际上是站在阿尔诺一边的。他的天赋观念潜在说可以说是对马勒伯朗士观念论的一种批判。

27 莱布尼茨在这里所讲到的其实是他的天赋观念潜在说。任何观念在上帝心中都是现实地存在着的,而对于我们的心灵来说则不然,它的原初状态是潜在的,但经过感觉的唤醒,它便有可能成为现实的。在《人类理智新论》中,针对洛克对天赋观念说的责难,莱布尼茨强调指出:"我也曾经用一块有纹路的大理石来作比喻,而不把心灵比作一块完全一色的大理石或空白的板,即哲学家所谓 Tabula rasa(白板)。因为如果心灵像这种空白板那样,那么真理之在我们心中,情形也就像赫尔库勒的像之在这样一块大理石里一样,这块大理石本来是刻上这个像或别的像都完全无所谓的。但是如果在这块石头上本来有些纹路,表明刻赫尔库勒的像比刻别的像更好,这块石头就会更加被决定用来刻这个像,而赫尔库勒的像就可以说是以某种方式天赋在这块石头里了,虽然也必须要加工使这些纹路显出来,和加以琢磨,使它清晰,把那些妨碍其显现的东西去掉。也就是像这样,观念和真理就作为倾向、禀赋、习性或自然的潜能天赋在我们心中,而不是作为现实天赋在我们心中,虽然这种潜能也永远伴随着与它相应的、常常感觉不到的某种现实"(参阅莱布尼茨:《人类理智新论》上册,陈修斋译,商务印书馆 1982 年版,第 6—7 页)。由此看来,莱布尼茨的天赋观念潜在说可谓一箭双雕:一方面他藉这一学说批驳了洛克的经验主义白板说,另一方面,他又藉这一学说矫正了笛卡尔的天赋观念现实说。

28 莱布尼茨的这个说法涉及马勒伯朗士的上帝之中的可理解的广延理论。这就是说,马勒伯朗士虽然断言我们在上帝之中看到一切,但他的意思却并不是说,我们在上帝之中真的能看到那些可感觉的事物,而是认为我们在上帝之中能够看到作为感性事物本质的事物的纯粹观念。他说道:"我们在上帝之中看到的不是可感的物体,而是物质的本质或实体即广延。但我们在上帝之中看到的也不是物体的实在的广延即长、宽、高三向量,而是物体的'心智的广延'。即这种广延是一种精神性的、心智的东西,它是广延的观念,是上帝创造万物的'原型',它存在于上帝之中"(参阅冯俊:《法国近代哲学》,同济大学出版社 2004 年版,第 170 页)。对于马勒伯朗士的这一观点,莱布尼茨实际上采取有条件的认可的立场。他只是强调说,这并不意味着我们的特殊知识像马勒伯朗士所说的那样也都是来自上帝的。

29　莱布尼茨这里谈的涉及他的微知觉学说。后来,莱布尼茨在《人类理智新论》中系统地阐述了他的这一学说。他写道:"还有千千万万的征象,都使我们断定任何时候在我们心中有无数的知觉,但是并无察觉和反省;换句话说,灵魂本身之中有种种变化,是我们觉察不到的,因为这些印象或者是太小而数目太多,或者是过于千篇一律,以致没有什么足以使彼此区别开来;但是和别的印象联接在一起,每一个也仍然都有它的效果,并且在总体上或至少也以混乱的方式使人感觉到它的效果。……这些微知觉就其后果来看,效力要比人所设想的大得多。就是这些微知觉形成了这种难以名状的东西,形成了这些趣味,这些合成整体很明白、分开各部分则很混乱的感觉性质的影像,这些环绕着我们的物体给予我们的印象,那是包含着无穷的,以及每一件事物与宇宙中所有其余事物之间的这种联系。甚至可以说,由于这些微知觉的结果,现在孕育着未来,并且满载着过去,一切都在协同并发,只要有上帝那样能看透一切的眼光,就能在最微末的实体中看出宇宙间事物的整个序列"(参阅莱布尼茨:《人类理智新论》上册,陈修斋译,商务印书馆1982年版,第8—10页)。关于莱布尼茨的微知觉理论,也请参阅段德智:《莱布尼茨哲学研究》,人民出版社2011年版,第251—274页。

论偶然真理的源泉[1]

残篇之一[2]

依据不可通约量之间的比例,类推处于无限系列之中的偶然真理的源泉(origo):

真理	比例
是……包含[3]	
谓词……在主词之中	一个较大的量中的一个较小的量的,或一个等量中的一个等量的
它藉……表明	
给出(作为真理的)理由[4]	展示(数字之间的)关系
	通过将两个词项分析成公共
概念	量
	这种分析不是有限的,就是无限的[5]

	如果它是有限的，它就被说成是
一个推证，且这个真理就是必然的	发现了一个公约数或可公度量，且这个比例就是可表达的(effabilis)
	因为它被还原成了
同一真理[6]	就同一重复尺度来说的全等
	也就是说，被还原成了……第一原则
矛盾或同一的	那些全等事物相等的
	但如果这种分析无限进展下去，永远完成不了，则
真理就是偶然的，就是一个包含着无限多理由的真理[7]	这一比例就是无法表达的，就是一个具有无限多商的比例
	但却是以永远还存在有某种东西的方式进行分析的，以至于仍然需要
我们必须再次提供某个理由	一个能够提供一个新商的一个新的余数
	再者，持续不断的分析将会产生一个无限系列
不过，只有上帝才能完全知道	关于这一系列，几何学知道

许多东西

而这即是

直觉知识(scientia visions)[8] 　　无理数学说,就像欧几里得《几何原本》第 10 卷中所包含的东西那样

这区别于

纯粹理智知识(sientia simplicis intelligentiae)[9] 　　普通算术

不过,这两者都不是经验的,而是先验无错的,并且其中每一个都……各从其类而得到认识

通过某些对上帝显而易见的理由,只有上帝才能领悟这一无限系列,但它们却并非必然的 　　通过几何学所已知的必然推证。但它们却不可能藉表达出来的数字得到[10]

因为……是不可能的

提供出关于偶然真理的推证[11] 　　无理性的比例藉算术得到理解,也就是说,它们不可能藉重复一个尺度得到解释[12]

残篇之二[13]

存在有偶然真理,不过在其解释中存在有一个无限的理由系列。这一点可以从下面这一事实得到理解,这就是:在宇宙的无论什么样的一个部分中,都存在有现实无限多的受造物,每个个体实体在其完全的概念中都包含着事物的整个系列,且与一切其他事物和谐一致,从而在一定意义上包含着无限者的某种成分。[14] 由于这一点尚未被人理解,灵魂与身体的结合已经被视为一种不可解释的现象。因为从严格的形而上学意义上讲,它们并不能相互流入对方,上帝实际上也并未藉其中一个提供的机缘来推动另一个,使之改变其自身固有的进程。其中每一个虽然自其被以值得赞赏且又正确无误的坚定性(directio)创造出来之时起,就始终遵循自己的规律活动,但却与另一个完全一致,就像它们之间真的存在有一种流溢似的。[15] 而且,在所有的实体中,都存在有一种相似的东西,即使那些距离最远的事物亦复如此,尽管在它们之间,这种一致性表现得并不那么明显。

倘若现实存在的一切都是必然的,那我们便可以得出结论说:只有那些在某段时间存在过的事物是可能的,这与霍布斯和斯宾诺莎所主张的没有什么两样;[16] 我们还可以得出结论说:物质能够接受所有可能的形式,就像笛卡尔所主张的那样。[17] 这样一来,我们便无法想象一部小说所描绘的在某个时间某个地点并未发生过的场景,这显然是荒谬的。我们毋宁说,上帝因种种理由从无限多的可能系列中挑选出了一个系列,将其创造出来的,而这些理由是他的造物理解不了的。[18]

恶的原因出自受造物的原初局限，这些局限在所有罪过之前就存在了。[19] 上帝命令存在的只是那些纯粹可能的事物，或是那些本身完满的东西，从而，上帝只是允许恶存在。[20] 但事物与人不一样，因为人一般来说，并不是凭他们的本性来追求更大的善的。

并非同一命题的每条真理都容许有一个证明；必然真理是藉表明其反面蕴含有矛盾获得证明的，偶然真理则是藉表明已经发生的事情比其他事情有更充分的理由获得证明的。正如充满智慧的人那样，上帝也是如此，首要的命令和意图即在于使一切依据最好的理由而发生。[21] 如是，如果我们设想一种情况，在这种情况下，想要使具有一定周长的三角形存在，而在给定的条件中又无任何东西能够决定我们究竟画出一个什么种类的三角形的内容，我们就必须说：上帝将会创造出一个等边三角形，当然，上帝在创造这样一个三角形时是自由的，但又是毫无疑问的。在给定的条件中，没有任何条件能够阻止别的种类的三角形存在，从而等边三角形并不是必然的。但所有别的种类的三角形之所以未被选中就在于下面这一事实：除等边三角形外，在别的任何种类的三角形中，都不存在有任何一个使人宁愿要它存在而不要别的种类的三角形存在的理由。在前提条件一样的情况下，如果有人要求我们从一个给定的点到另一个给定的点画出一条线，却没有要求我们究竟画一条什么种类的线，或者这条线究竟要画多长，情况也会如此。无疑，我们会画出一条直线，但这条直线却是我们自由地画出来的，一如没有任何东西能够阻止我们画出一条曲线，也没有任何东西会使得任何一个别的种类的线段更为可取。[22]

注释

1 本文大约写于 1685—1689 年间。原文为拉丁文,含两个残篇。其中,"残篇之一"最初公开发表在库图拉特(Louis Couturat)编辑出版的《莱布尼茨未刊短著与残篇集》(1903 年)中。"残篇之二"最初公开发表在格鲁阿(G. Grua)编辑出版的《汉诺威国家图书馆手稿未刊著作集》(1948 年)中。"残篇之一"主要藉"不可通约量之间的比例"来类比偶然真理的源泉,说明偶然真理与必然真理的根本区别在于它们对两个词项分析的无限性和有限性。"残篇之二"着重阐明了偶然真理的本体论意义,如灵魂与身体乃至整个宇宙的前定和谐以及上帝和人的自由等,并对偶然真理与必然真理的关联作出了说明。阿里尤和嘉伯将其英译出来,加上上述标题,收入其所编译的《莱布尼茨哲学论文集》(1989 年)中。

本文据 G. W. Leibniz: Philosophical Essays, edited and translated by Roger Ariew and Daniel Garber, Hachett Publishing Company, 1989, pp. 98 - 101 译出。

2 "残篇之一"原载 Louis Couturat, Opuscules et fragments inédits de Leibniz, Paris, 1903, pp. 1 - 3。其基本内容和宗旨在于用数学上的"不可通约量之间的比例"来类比"处于无限系列之中的偶然真理的源泉"。

莱布尼茨超越牛顿的地方不仅在于他是微积分的发明者之一,而且还在于他类似于毕达哥拉斯,将数学称作"自然的语法",赋予其以哲学的意义,以他的数学来类比他的本体论或形而上学。莱姆克曾经比较中肯地指出:"心理学和数学是莱布尼茨进行存在形而上学类比的主要源泉。他从前者得出了他的作为知觉和欲望的单子内在本性或个体系列的洞见。而在其数学领域的伟大发现中,他发现了同单子之间关系难题的类比,他的逻辑学并不足以将这个难题阐明,他还进而洞察到个体实体的本性。有三个概念对于他的微积分是本质的,这就是:(1)数学功能的概念;(2)数学连续性的概念;(3)数学无限者的概念;尤其是它提供了个体实体关系的暗示,普遍和谐的暗示和事物之间相互和谐的暗示"(Leibniz: Philosophical Papers and Letters, translated and edited by Leroy E. Loemker, D. Reidel Publishing Company, 1969, pp. 28 - 29)。

在"残篇之一"中,莱布尼茨运用的基本方法显然也是他的数学类比。应该说,他的类比还是相当成功的。"之一"的正文共含 13 项对照。其中,前 7 项(第 1—7 项)类比旨在彰显作为一般真理的真理概念的内容及其特征,包括真理的本真含义(第 1 项)、真理的基本目标(第 2 项)和真理的实现途径(第 3—7 项);后 7 项(第 7—13 项)则旨在勾勒作为真理特殊类型的偶然真理的理论特征,包括分析剩余论(第 8 项)、弱不可知论(第 9 项)和直觉知识论(第 10—13 项)。

3 莱布尼茨将真理界定为"谓词包含在主词之中",这再次表明:对于莱布尼茨来说,真理问题说到底是一个逻辑学问题或主谓词关系问题。罗素在谈到莱布尼茨哲学的逻辑学性质时,曾经强调指出:"凡健全的哲学都应当从对命题的分析开始,这样一条真理或许太浅显易懂了,以致根本无须任何证明。莱布尼茨的哲学始自这样一种分析……似乎也同样确实无疑。""每一个命题最终都可以还原为把一个谓项归属于一个主项的命题。在任何一个这样的命题里,除非存在本身是所考察的谓项,谓项都以某种形式包含在这个主项里。这个主项是由它的谓项来界定的;如果这些谓项不同,则它就会是不同的主项。因此,对主谓项的每一个真判断都是分析的;也就是说,谓项构成了这个主项的概念的一部分,只要不是在断言现实存在,情况就必然如此"(罗素:《对莱布尼茨哲学的批评性解释》,段德智、张传有、陈家琪译、陈修斋、段德智校,商务印书馆 2000 年版,第 9、10 页)。罗素的这些评论虽然有将自己的哲学观点强加给莱布尼茨的嫌疑,但大体上还是符合莱布尼茨的哲学面貌的。

此外,在本文中,与包含一词对应的英文为 contaiment。英文单词 contaiment 的基本含义为"控制"、"遏制"、"抑制"和"牵制"等。因此,莱布尼茨对真理和不可通约量比例的这样一种界定或许还内蕴有一种控制论的意味。

4 在这里,莱布尼茨将我们探究真理的基本目标规定为"给出(作为真理的)理由"。他的这个说法值得注意。因为这意味着,无论是偶然真理或事实真理还是推理真理或必然真理,都在一定意义上与莱布尼茨的充足理由原则有关。莱布尼茨的这一思想,在《真理的本性》中似乎就有其端倪。例如,他在界定"真命题"的"客观基础"时就曾明确地提出来"真命题"的"理由"问题。他写道:"真命题是那种其谓词包含在主词之中的命题,用一种更为一般的说法就是,真命题是那种其后件包含在前件之中的命题,从而在其各个词项的概念之间便必定存在有某种联系,也就是说,必定存在有一种客观基础,据此,这个命题的理由便可以得到,或者说一个先验证明便能够找到"(见前文)。不仅如此,他还用"能否给出一主词的所有谓词的理由"来界定"完全概念"和"个体实体概念"。他写道:"一个概念是完全的,也就是说,它是这样一种概念,由它我们总能够说出这一主词的所有谓词的理由,这就将是一个个体实体概念"(见前文)。后来,莱布尼茨在《单子论》第32节中又进一步明确指出:"倘若没有一个为什么是这样而不是那样的充足理由,就……没有任何一个命题能够是真的。"

5　值得注意的是,莱布尼茨在这里以"将两个词项分析成公共概念"的过程来为"必然真理"或"推理真理"和"偶然真理"或"事实真理"划界:如果这种分析是有限的,这种真理就是必然真理或推理真理;如果这种真理是无限的,这种真理则是偶然真理或事实真理。这就是说,在这里,莱布尼茨不是从本体论而是从方法论,即从"证明方法"或"证明过程"的角度来对真理分类的。后来,莱布尼茨在《单子论》第33—35节中又进一步指出:"当一条真理是必然的时候,我们可以用分析法找出它的理由,把它归结为更单纯的观念和更单纯的真理,直到我们达到原始真理。……在整个受造物宇宙中,由于自然界的事物极其繁多,也由于各种物体可以无穷分割,对特殊理由的分析是可以达到无穷的细节(un detail sans bornes)的。"

6　这里,莱布尼茨事实上是在将同一真理宣布为"第一真理"。这无疑是他在《第一真理》所论述的"第一真理"观念的运用。在《第一真理》里,莱布尼茨一方面将"第一真理"界定为"同一真理",宣布:"所谓第一真理指的是那些断定其自身某些东西的真理,或者说是那些否定其反面的真理。例如,A是A或者说A不是非A就是第一真理",另一方面,他又强调:"所有别的真理借助于定义或借助于概念分析都可以还原为第一真理"(见前文)。在《单子论》第33、35节中,莱布尼茨又将其称作"原始真理"和"原始原则",并指出:"有一些简单观念,我们是不能给它们下定义的;还有一些公理和公设,简言之,还有一些原始原则,既不能证明,也无需证明。这就是'同一陈述',其反面包含显然的矛盾。"

7　由此看来,上述7项类比旨在彰显作为一般真理的真理概念的内容及其特征。我们不妨将其主要内容图示如下:

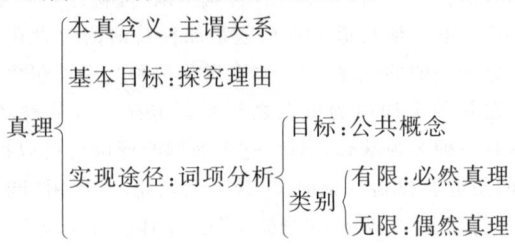

```
        ┌ 本真含义:主谓关系
        │
        │ 基本目标:探究理由
真理 ───┤                      ┌ 目标:公共概念
        │                      │
        │ 实现途径:词项分析 ───┤       ┌ 有限:必然真理
        └                      │ 类别 ─┤
                               └       └ 无限:偶然真理
```

8 直觉知识也有两类:一类是人的直觉知识,一类是上帝的直觉知识。关于人的直觉知识,许多近代西方哲学家都有所论述。例如,笛卡尔曾经将直觉或直觉观念界定为"由澄清而专一的心灵所产生的概念"(*Philosophical Writings of Descartes*, Vol. I, Cambridge: Cambridge University Press,1911,p. 7)。斯宾诺莎将直觉知识界定为"纯粹从一件事物的本质来考察一件事物……得来的知识"(斯宾诺莎:《理智改进论》,转引自《西方哲学原著选读》上卷,商务印书馆 1981 年版,第 406 页)。经验主义哲学家洛克则将其界定为"我们如果一反省自己的思维方式,就可以发现人心有时不借别的观念为媒介就能看到它的两个观念间的契合或相违的知识"(洛克:《人类理解论》下册,关文运译,商务印书馆 1981 年版,第 520—521 页)。在《对知识、真理和观念的默思》(1684 年)一文中,莱布尼茨将清楚的知识区分为两类:一类是"符号知识",一类是"直觉知识";他将我们关于"清楚的原初概念的知识"以及我们同时想到构成复杂概念的"所有概念"形成的知识称作直觉知识。他认为我们的直觉知识相较于符号知识,是一种"完全的知识"和"最完满的知识"(见前文)。

关于上帝的直觉知识,莱布尼茨在其于 1686 年 5 月写出的对阿尔诺关于个体概念意见的评论中将其说成是关于"未来偶然事件"的知识。他写道:"要完满地解释上帝如何具有他原本可以没有的知识,亦即直觉知识,也同样是非常困难的,因为如果未来的偶然事件没有发生,则上帝事先就不会有关于它们的知识了"(《莱布尼茨早期形而上学文集》,段德智、陈修斋、桑靖宇译,商务印书馆 2017 年版,第 121 页)。后来,莱布尼茨在《上帝的事业》(1712 年)一文中,不仅对上帝的直觉知识作出了明确的界定,说它是"有关现实事物及其存在"的知识。他写道:"有关现实事物或现存世界以及有关这一现存世界过去曾经存在、现在存在和将来将要存在的一切知识被称作直觉知识"。而且,他还特别强调了它的"反思性质",说它是一种"反思知识",并断言:"藉着这种反思知识,上帝便可以认识他自己所做使之转变成现存世界的决定。上帝的先知根本无需任何别的基础"(Leibniz, *Theodicy*, Open Court,1997,p. 427)。

9 如果说上帝的直觉知识是上帝有关现实存在事物及其存在的知识,上帝的"纯粹理智知识"则是上帝有关可能事物的知识,前者与后者的区别仅仅在于它是上帝对其自由命令的反思知识。1686 年 5 月,莱布尼茨在对阿尔诺的个体概念意见的评论中不仅强调了上帝的"纯粹理智知识"与"未来偶然事件"的关联,而且还指出这种知识与"上帝意志"的结合问题。他写道:上帝对"未来偶然事物"的发生"也不会没有单纯的知识,而这样的知识当其与上帝的意志结合在一起的时候,便成为预见了"(《莱布尼茨早期形而上学文集》,段德智、陈修斋、桑靖宇译,商务印书馆 2017 年版,第 121 页)。此后,于 1712 年,莱布尼茨在《上帝的事业》一文中又强调"纯粹理智知识"与"直觉知识"一样,相关的是"同一世界"。其差异仅仅在于纯粹理智知识相关的是一个与现存世界相关的可能世界或理念世界,而直觉知识相关的是一个与其可能世界或理念世界相关的现存世界。正因为如此,莱布尼茨说:"如果从其可能性状态审视的话",纯粹理智知识和直觉知识的对象"没有什么两样"(Leibniz, *Theodicy*, Open Court, 1997, p. 427)。

10 为了更好地理解"不可通约量之间的比例"之"不可能藉表达出来的数字得到",我们不妨重温一下莱布尼茨在《对知识、真理和观念的默思》中对笛卡尔所复兴的安瑟尔谟的"本体论证明"的批判。如所周知,安瑟尔谟关于上帝存在的本体论证明最根本的内容就在于从"上帝是一个最完满的存在者"的概念演绎出"上帝的存在"。莱布尼茨则认为:安瑟尔谟的这个证明犯了"不能推出"的逻辑错误。之所以如此,最根本的就在于其前提是一个"伪命题"。他曾经援引"最快速度"这一例证来解说人们所拥有的"完满存在者"概念的"伪性"。他写道:"为了对此作出解释,我通常使用最迅速的运动这样一个例证,最迅速的运动这说法是蕴含有谬误的。设一个车轮以最快的速度转动,则任何一个人都能够看到这个车轮的一个辐条会延伸超出它的轮辋,其端点的运动速度就将比位于这一轮辋本身上的一个钉子的运动速度更快一些。乍一看我们似乎对速度最快的运动有一个观念,因为我们完满地理解我们在说的究竟是什么意思。但实际上我们对这样一种不可能的事情根本不可能具有任何观念"(见前文)。

11 如果说前面 1—7 项类比旨在彰显作为一般真理的真理概念的内容及其特征,那么,后面 7—13 项类比则旨在彰显作为偶然真理的真理概念的特殊内容及其基本特征。因此,如果将"残篇之一"视为一个整体的话,前面 1—7 项构成的只是一个序幕,其作用主要在于为后面 7—13 项的类比做一个铺垫,7—13 项类比才构成其主体。为使读者一目了然,我们不妨将 7—13 项的基本内容图示如下:

偶然真理 { 分析无限论：分析剩余论
　　　　　　弱不可知论
　　　　　　直觉知识论 { ≠纯粹理智知识
　　　　　　　　　　　　≠经验认识
　　　　　　　　　　　　≠推证知识

我们之所以说莱布尼茨在偶然真理问题上持"不可知论"的立场，乃是就我们人不能像上帝那样"完全知道"偶然真理词项分析的"无限系列"而言的。我们之所以说莱布尼茨在偶然真理问题上持"弱"不可知论的立场，主要是出于两个方面的考虑：一是无论如何上帝是能够"完全知道"这一无限系列的；二是我们人虽然不能像上帝那样"完全知道"这一无限系列，但无论如何，我们作为一个"小神"，还是能够对这一无限系列有所知的，莱布尼茨提出充足理由律本身即是一个再明显不过的证明，否则我们人类便根本无法生存下去，而莱布尼茨的充足理由律也就失去了其认识论意义和人学意义。

12　在莱布尼茨的手稿中，后面几页重复了这张对照表，并且还添加上了两项新的对照：

(21)在这两者之间，没有任何中　　(21)在这两者之间，没有任何中项。
　　项，他们称作中间知识的东
　　西无非是关于偶然的可能
　　事物的一种直觉知识。

(22)由上所述，可以看出，偶然性　　(22)由此看来，不可通约性之根在
　　的根在于理性中的无限性　　　　于物质各个部分中的无限性

13　"残篇之二"原载 G. Grua, *G. W. Leibniz: Textes inédis d'après les manuscrits de la Bibliothèque provinciale de Hanovre*, Paris, 1948, pp. 325 - 326. 与"残篇之一"相比较，在偶然真理探源这个问题上，"残篇之二"有两个显著的特征：一是上帝身份的变异，在"残篇之一"中，上帝扮演的是作为全知的"认识主体"的身份，而在"残篇之二"中，上帝则扮演了"偶然事物系列"的创造者的身份，也就是说，上帝已经由偶然事物系列的认识主体转变成这一系列的创造活动的行为主体；二是在"残篇之一"里，莱布尼茨是从偶然真理与必然真理的比照中阐释偶然真理的，而在"残篇之二"里，莱布尼茨则是从偶然性与必然性以及偶然真理与必然真理的关联中来阐释偶然真理的。

14 在这里,莱布尼茨视物质的无限可分性为偶然真理解释中存在有"无限理由系列"的一项重要理论根据。我们知道,在物质是否无限可分这个问题上,莱布尼茨是追随亚里士多德反对古代原子论的,也就是说,莱布尼茨是反对原子不可分的观点的(原子之为原子就在于它的不可分)。事实上,在这个问题上,莱布尼茨不仅主张物质无限可分,而且他还主张物质"实"无限可分。正因为如此,他激烈地反对笛卡尔的物质实体观,并进而提出他的单子论这样一种实体学说。也正因为如此,莱布尼茨才断定"每个个体实体在其完全的概念中都包含着事物的整个系列","物质的每个部分都能表象整个宇宙",从而才有他所谓宇宙的普遍和谐。他写道:"物质的每个部分不仅如古人所承认的那样无限可分,而且实际上也可以无止境地再分割,每个部分都可以分割成更小的部分,而这些更小的部分也依然具有它们自己的某些运动;否则,便不能说物质的每个部分都能表象整个宇宙了。""由此可见,即使在最小的物质微粒中,也存在有一个由生物、动物、'隐德来希'和灵魂组成的整个受造物世界"(G. W. Leibniz, *Die philosophischen Schriften* 6, Herausgegeben von C. I. Gerhardt, Hildesheim: Georg Olms Verlag, 2008, p. 618)。

当代著名的莱布尼茨专家雷谢尔曾将莱布尼茨的这样一种物质观和实体观概括成"中国盒式的有机体理论"。他写道:"无广延单子的理论使他脱离了古典原子论,看到了物质的无限可分性,达到了点状的单子的层面,从而使得他的中国盒式的有机体理论(his Chinese-box organicism)成为可能,所谓中国盒式的有机体论是说每个有机体内部都包含有无数多个有机体,而这些有机体又进一步包含有无数多个有机体,如此下去,以致无穷"(Nicholas Rescher, *G. W. Leibniz's Monadology*, University of Pittsburgh Press, 1991, p. 227)。

15 莱布尼茨在这里既批判了"流溢说",也批判了"偶因论"。流溢说实际上是一种新柏拉图主义者倡导的一种学说,偶因论则是笛卡尔派,特别是马勒伯朗士倡导的学说。流溢说的实质是唯心论,而偶因论的实质则是二元论。莱布尼茨在《第一真理》一文中就曾对之作过批判,并在批判这两个学说的基础上提出和论证了他的"共存说"。后来,在《新系统及其说明》中,莱布尼茨在批判上述错误学说的基础上进一步提出并论证了他的"前定和谐"假说。在那里,莱布尼茨设想了"两个钟表走得完全一致"的三种方式:(1)"自然的影响":一个钟表的走动影响另一个钟表的走动;(2)用一个熟练工人随时将两个走得不一致的钟表"拨得一致";(3)将两个钟表的钟摆做得都十分精巧,十分精确。莱布尼茨解释说:其中第一种是"相互影响"的办法,但由于我们无法设想无论物质的微粒或非物质的意向怎样从这两种实体的一种过渡到另一种从而我们不得不放弃这种见解;其中第二种是"协助的办法",这实际上是"偶因系统"的办法,这种办法实际上是"在一种自然的通常的事情上请来救急神";"因此只剩下我那个假设,也即是'前定和谐'的办法"(莱布尼茨:《新系统及其说明》,陈修斋译,商务印书馆1999年版,第50—51页)。

16 事实上,无论是霍布斯还是斯宾诺莎都根本否认偶然性的存在,只是将其视为我们认识缺陷的产物。例如,霍布斯将我们所说的"偶然性"归结为必然性,并断言我们之所以将必然性称作偶然性乃是由于我们的"无知"、由于我们"未觉察出其中所蕴含的必然性"所致。他在《论物体》里,讨论"能力与活动"这个问题时指出:"一般而论,一切偶然的事物都有其必然的原因,……但它们之被称作偶然的事物,乃是相对于它们并不依赖的其他事件而言的。譬如,明天将要落雨这件事,将是必然的,也就是说,它是由必然的原因产生的。但我们却认为并且说它是偶然地发生的。这是因为我们尚未察觉出落雨的原因的缘故,尽管其原因现在就现实存在着。人们一般正是把他们未察觉出具有必然原因的事件叫作偶然事件"(Thomas Hobbes,*Concerning Body*,John Bohn,1839,p. 130)。

17 莱布尼茨认为存在有无数个可能世界,上帝是在对无数个可能世界的比较后从中挑选出一个最好的世界并将其创造出来,这就是我们这个现实世界。但笛卡尔却否认多个世界的可能性。他在《哲学原理》中写道:"天上的物质和地上的物质没有什么两样;纵然有无数个世界,它们也都是由同一种类的物质构成的。从而就不可能有多个世界,而只能有一个世界:因为我们明白设想到这种物质(其本性仅仅在于它是一个有广延的实体这样一个事实)现在绝对地占据着所有可设想的空间,而其他的世界都必定存在于这些空间之中。而且,我们在我们自身也发现不出对于任何别的种类的物质观念。"参阅 René Descartes, *Principles of Philosophy*,translated by Valentine Rodger Miller and Reese Miller,Dordrecht:D. Reidel Publishing Company,1983,pp. 49 - 50。

18 莱布尼茨认为上帝不仅有理智,而且还有意志和能力。正因为上帝有理智,他才能够在"无数个可能的世界"中认识到究竟哪一个世界是"最好的"世界;正因为上帝有意志和有能力,他才有可能在"无限的可能世界"中"挑选"出这一"最好的"世界并将它创造出来。因为上帝的理智是"本质的源泉",而他的意志则是"存在的本源"。因为"能力相关于'存在',智慧或理智相关于'真理',而意志则相关于'善'"。参阅莱布尼茨:《神正论》,段德智译,商务印书馆2016年版,第184—186页。

19 "恶的原因"问题或"恶的起源"问题是莱布尼茨《神正论》讨论的一个根本问题。莱布尼茨在《神正论》的"前言"里,称《神正论》是一部"关于上帝的善、人类的自由以及恶的起源的论著"。在该著的正文里,他甚至称《神正论》是"就恶的起源论上帝的正义与人的正义"。在《神正论》里,莱布尼茨反复强调的一个基本观点就是:恶的存在既不影响"上帝的正义",也不影响"人的自由"。之所以如此,最根本的原因即在于"恶的原因源自受造物的原初局限"。他写道:"人们会首先提到的问题是:恶从哪里来?既然有上帝,何以会有恶?倘若没有上帝,何以会有善?古人将恶的原因归于质料或物质,他们认为物质不是上帝创造出来的,是独立于上帝的,但我们既然将所有的存在都归因于上帝,我们又该到什么地方去寻找恶的源泉呢?其答案在于:必须在到受造物的观念的本性中去寻找,但这种本性却又包含在存在于上帝理智内的永恒真理之中,从而完全不依赖于他的意志。我们必须看到,早在犯罪之前,受造物中即存在有一种原始的不完满性,因为这种受造物本质上是受到限制的;从而,它便不可能全知,并且因此它不仅会自欺,而且还会犯其他错误。"在莱布尼茨看来,不仅形而上学的恶源自受造物的"原初局限",而且,道德的恶也来自受造物的"原初局限"。他写道:尽管"自由意志是罪过的恶,从而也是受惩罚的恶的最近因",但"已经存在于永恒观念中的受造物原初的不完满性乃其第一个和最遥远的原因"。参阅莱布尼茨:《神正论》,段德智译,商务印书馆2016年版,第61、178、198、465页。

20 但当莱布尼茨强调恶的原因不在于上帝,而在于受造物本身所具有的"原初局限"时,人们仍然不免要问:既然上帝是万物的造主,那么作为本身具有"原初局限"的受造物不也是由上帝造出来的吗?既然上帝造出了成为恶的起源的具有"原初局限"的受造物,那我们还有什么理由将上帝称作"全善"和"正义"呢? 为了应对这个问题,莱布尼茨提出并论证了上帝"允许恶"而非"意欲恶"这样一种观点。为了应对这样的指责,莱布尼茨首先区分了"可能性"和"现实性"、"可能世界"和"现实世界"。他指出:就可能世界而论,具有"原初局限"的受造物本身的确是一种形而上学的恶,而且,这种形而上学的恶的确与善相对立。但就现实世界而论,情况就不同了,虽然一件恶的事物就其本身而言,依然是一种恶,但这种恶的存在却不仅可以彰显善,而且还可以使现实世界赢得最大的善。因此,上帝之所以"允许恶"存在只不过是他创造具有最大的善的"最好世界"的一种手段而已。在《神正论》里,莱布尼茨在谈到上帝允许"道德的恶"即"罪"时,曾经指出:"上帝,通过其超凡的力量,能够从对罪的允许中产生出更大的善,大于这些罪发生前所存在的善。"此外,莱布尼茨还从"前件意志"和"后件意志"的角度对上帝允许恶做了论证。他写道:"上帝先是意愿善的东西,随后是意愿最善的东西。至于恶,上帝根本不意愿道德的恶,他也不绝对地意愿物理的恶或苦难。因此,没有对惩罚的任何绝对的前定;至于物理的恶,人们可以说,上帝往往将其视为罪过应得的惩罚,也常常将其视为达到目的的手段,也就是用作阻止更大的恶或获得更大的善的手段。惩罚也有助于帮人改过或树立以儆效尤的典型。恶常常有助于我们更好地鉴赏善;有时还有助于受到恶的侵害的人获得更大的完满性,就像我们播下的种子在其萌芽之前先行霉烂一样。这是一个非常得体的比喻。耶稣基督自己就曾用过这个比喻。"参阅莱布尼茨:《神正论》,段德智译,商务印书馆 2016 年版,第 188、201 页。

21 正因为如此,莱布尼茨才强调必然真理或推理的真理是建立在"矛盾原则"基础之上的,而偶然真理或事实真理则是建立在"充足理由原则"基础之上的。参阅莱布尼茨:《单子论》,第 31—39 节。

22 莱布尼茨在这里想要强调的其实是一种与偶然性和自由结合在一起的必然性,既非那种完全排拒偶然性和自由的绝对必然性,也非那种完全排拒必然性的偶然性和自由观。正因为如此,莱布尼茨一方面强烈地反对形形色色的宿命论,反对"穆罕默德式的或伊斯兰教式的宿命论",也反对"斯多葛派的宿命论"和"基督宗教的宿命论",另一方面他又激烈地反对莫利纳派的和布利丹式的"均衡的无差别"观点。他将这种必然性称作"假设的必然性"或"道德的必然性"。他的这种偶然性或必然性学说旨在为上帝的自由也为人的自由留有空间。他在《神正论》的"前言"中写道:"绝对必然性,也被称作逻辑的和形而上学的必然性,有时也被称作几何学的必然性,在这种语境下是不可克服的或令人生畏的。这种必然性并不存在于自由的行为中。因此,自由不仅不受限制,而且也免除实在的必然性。我将证明上帝自身,尽管他总是选择最好的,却不是根据绝对的必然性进行选择的,而由上帝所制定的自然律,是建立在事物的适宜性之上的,其意义介于几何学的真理、绝对的必然性和任意的命令之间。这正是培尔和其他现代哲学家所未能充分理解的。我将进一步表明在自由中根本不存在什么无关紧要或漠然态度。因为根本不存在这个或那个过程的绝对必然性,也绝对不会有什么完全均衡的无差别。同时,我还将证明自由的行为中存在着一种超越迄今为止所能设想的一切。最终,我将澄明存在于自由行为中的假设的必然性和道德的必然性可以说是不无理由的,从而'懒惰理性'只是一种纯粹的诡辩。"参阅莱布尼茨:《神正论》,段德智译,商务印书馆 2016 年版,第 72—73 页。

真理的本性[1]

如果有谁想在沙滩上盖一栋楼房，他就必须持之以恒地挖掘，直到他发现了坚固的岩石或坚实的基础。如果有谁想要解开纠缠在一起的一个线团，他就必须找到那团线的线头。如果要移动世界上最重的物体，阿基米德只要求有一个稳固的支点。[2] 同样，如果有谁想要确立人类知识的各项原理，他就需要有一个固定不变的点，不仅可以放心地依赖这个固定不变的点，而且可以毫无顾忌地由此出发讨论问题。

我想，我们应当到真理的普遍本性中来寻找这项原则，而且我们首先应当抱有一种信念：每个命题非真即假。假命题是真命题的否定项。那些矛盾命题只是由于其中一个是肯定命题而另一个为否定命题而相互区别。这些原则如此简单明了，以至于倘若有人要求对其提供证明，则完全是一种徒劳无益之举。既然我们只能够将其用作其他命题的证明，倘若我们同时既肯定又否定它们之为真或为假，则我们把它们提出来予以讨论就真的徒劳无益了。而且这样一来，我们对真理的整个探究从其起步的时候就该止步了。[3] 再者，有些命题，只要被我们使用，我们就总是认为它们是真的，除非出现了相反的例证。[4]

真命题是那种其谓词包含在主词之中的命题，用一种更为一般的说法就是,真命题是那种其后件包含在前件之中的命题,因此在各个词项的概念之间便必定存在有某种联系,也就是说,必定存在有一种客观基础,据此,这个命题的理由便可以得到,或者说它的先验证明便能够找到。谓词的概念不是明显地就是隐晦地存在于主词的概念之中,这一点适用于一切真的肯定命题,无论是普遍的还是特殊的,无论是必然的还是偶然的,都是如此。[5] 在同一命题的情况下,谓词的概念就明显地存在于主词的概念之中,在任何别的情况下,谓词的概念都是隐晦地存在于主词的概念之中的。谓词能够由主词获得证明,或者说后件能够由前件获得证明,但这要经过分析才行:或是只对前件或主词进行分析,或是对前件和后件都进行分析,或是对主词和谓词同时进行分析。在有关永恒真理的各种命题中,主谓词之间的联系是必然的,这些命题仅仅由观念推演出来,或是由普遍观念的各种定义推演出来。但如果一个命题是偶然的,其主谓词之间就没有任何必然的联系,它会随着时间的变化而变化,并且不仅依赖于一条假设的上帝的命令,而且依赖于自由意志。[6] 在这种情况下,其理由总是能够由那件事物的本性获得,或是由构成该命题的词项获得,但无论如何都可以为一个全知者获得,因为已经做出来的事情是已经做出来的,而不是未做过的。但这种理由只是倾向,而非强加上去的必然性。从这样一个观点出发,我们可以得出一条最有用的公理,物理学和道德领域的许多东西都可以由这条公理推演出来。这条公理就是:没有任何一件事情会在得不到其为何应当存在而不是不存在的理由的情况下发生。[7] 例如,作为整个静力学奠基人之一的阿基米德假定:两个等重的物体 A 和 B,当与运动的中心 C 等距时,就处于平衡状态。这显然是我们这条公理的一个推论。如果存在有任何差异(diversity)的话,依据我们的这条公理,便能够说出一个理由。但这是不可能通过假设获得的,因为这两边的一切都被假定为处于同样的状态,没有任何不同的东西能够由此推断出来。

既然我们已经了解了每个命题非真即假,理解了凡非自身为真的命题或直言命题都能够得到先验证明,我们便可以得出结论说:我们应当进一步对证明方法做出说明。这首先包含在下述公理之中:在不失真的前提下,在一个全称肯定命题中,其谓词能够置换主词,或者说在一个肯定命题中,其后件能够置换前件,在另一种命题中,前一个命题的主词即是谓词,或者说前者的前件即是后件。[8] 但我们必须将重复命题(Reduplicative proposition)排除在外,在这类命题中,我们说到的某个词项被表达得竟如此严谨,以至于我们拒绝用另一个词项取而代之。[9] 因为这些命题是反身的(reflexive),它们涉及的是我们的思想,就像实质命题(material proposition)涉及的是我们的语词一样。[10] 这项公理的理由显然来自我们在前面言说的东西。我们假设存在有一个全称肯定命题"所有的 B 是 C",还存在有另外一个命题"A 是 B"。我断定:在后一个命题中,C 能够取代 B。因为既然 A 包含着 B,依据前面的那条公理,B 又包含 C,A 就会包含 C,依据同一项条公理,我们说 A 是 C 就有了充足理由。在这里,我并不希望深究命题的多样性,也不希望构建逻辑规则,对于我来说只要表明置换的基础就够了。

如果一个概念是完全的,也就是说,它是这样一种概念,由它我们总能够说出这一主词的所有谓词的理由,这就将是一个个体实体概念,反之亦然。因为个体实体即是一个主体(主词),它虽然并不存在于另一个主体(主词)之中,但其他的东西却存在于其中;从而这一主词的所有谓词便全都是这一个体实体的谓词。由于这些原因,一个理由就能够从这一个体实体概念中获得,而且仅仅由这一概念获得,这一点从第二项公理看相当清楚。[11] 所以,产生这项公理的概念即是个体实体概念。[12]

注释

  1 本文大约写于 1686 年。其基本目标在于通过对真理本性的考察,找到构建人类知识原理大厦的基础或"阿基米德支点"。这篇论文在内容上不仅与《形而上学谈》(1686 年)和《莱布尼茨与阿尔诺的形而上学通信》(1686—1690 年)等论著密切相关,而且与莱布尼茨此前写出的《第一真理》(约 1680—1684 年)也息息相关。在这篇论文中和在《第一真理》中一样,莱布尼茨也将"同一性原则"或"矛盾原则"视为人类知识原理大厦的理论支点。本文超越《第一真理》之处主要在于他从"同一性原则"或"矛盾原则"出发,进而推演出了两项"公理":"充足理由公理"与"主谓词置换公理"。充足理由公理在莱布尼茨的体系中的重要性自不待言,"主谓词置换公理"不仅与他的个体实体概念和主谓词逻辑学密切相关,而且也与他的"普遍字符"构想密切相关。在文末,莱布尼茨又进一步从本体论的高度,用他的个体实体概念来统摄他的这两项公理,足见其旨在构建一个认识论(真理观)、逻辑学、方法论和本体论四位一体思想体系的苦心和匠心。

  本文原文为拉丁文,最早公开发表在库图拉特编辑出版的《莱布尼茨未发表的短著与残篇》(1903 年),其标题系库图拉特所加。玛丽·莫里斯和 G. H. R. 帕金森将其译成英文,并收入 G. H. R. 帕金森编辑出版的《莱布尼茨哲学著作集》中。

  本文据 Leibniz: Philosophical Writings, edited by G. H. R. Parkinson, translated by Mary Morris and G. H. R. Parkinson, J. M. Dent & Sons Ltd, 1973, pp. 93 - 95 译出。

  2 阿基米德在发现杠杆原理之后,自信地说:"给我一个支点,我就能将整个地球翻转过来。"莱布尼茨援引阿基米德的典故,意在表明他对自己的真理观及其对构建人类知识原理大厦极端重要性的理论自信。

3 莱布尼茨在这里强调的其实就是他在《第一真理》一文中所说的"第一真理",或者说就是莱布尼茨所说的"同一性原则"。不过,莱布尼茨的"同一性原则"与传统逻辑学的"同一律"也不完全是一回事。因为它既蕴含有"同一律",也蕴含有"矛盾律"和"排中律"。例如,他在《第一真理》中说"A 是 A 或者说 A 不是非 A 就是第一真理"(见前文),其中"A 是 A"属于同一律,"A 不是非 A"属于矛盾律。再如,他在本文中所说"每个命题非真即假"又属于排中律。

4 由此可见,莱布尼茨将同一性原则视为一种直觉真理。一如莱布尼茨在这里所强调的,同一性原则是一种"简单明了"、根本无需证明、也提供不出任何证明的东西。进一步说,在莱布尼茨看来,直觉真理或第一真理非但不是需要提供证明的东西,反而是所有其他真理需要藉以证明的东西。这与笛卡尔、斯宾诺莎的立场一脉相承。笛卡尔将我们的知识或观念分为三类:(1)"与生俱生的";(2)"外来的";(3)"我自己做成的"(笛卡尔:《第一哲学沉思录》,庞景仁译,商务印书馆 1986 年版,第 37 页)。其中,他的"与生俱来的"知识或观念也就是他所谓的"天赋观念",显然属于一种直觉知识。斯宾诺莎也将我们的知识区分为三类:(1)感性知识;(2)理性知识;(3)直觉知识(scientia intuitiva)。他还将直觉知识界定为"由神的某一属性的形式本质的正确观念出发,进而达到对事物本质的正确认识"(斯宾诺莎:《伦理学》,贺麟译,商务印书馆 1981 年版,第 74 页)。不仅理性主义哲学家如此,即使一些经验主义哲学家也强调直觉知识。例如,洛克在谈到人类知识的等级时,不仅谈到推证知识和感性知识,而且谈到直觉知识,他还强调说,直觉知识是"最明白、最确定的"知识,是最高等级的知识,"离了直觉,我们就不能达到知识和确定性"(洛克:《人类理解论》下册,关文运译,商务印书馆 1981 年版,第 520—529 页)。不过,他们中尚没有谁像莱布尼茨那样,旗帜鲜明地将直觉真理径直宣布为"第一真理"。就此而言,我们不妨说莱布尼茨在认识论上首先是位直觉主义者,而且,罗素在《对莱布尼茨哲学的批评性解释》(1900 年)、库图拉特在他的《莱布尼茨逻辑学》(1901 年)中一致强调莱布尼茨的哲学差不多都来自他的逻辑学也是不无道理的。

5 根据莱布尼茨在这里的叙述,我们不妨将莱布尼茨的真理谱系图示如下:

$$
\text{真理}\begin{cases}\text{直觉真理（同一命题）}\\ \text{非直觉真理}\begin{cases}\text{理性真理/永恒真理}\\ \text{事实真理/偶然真理}\end{cases}\end{cases}
$$

倘若进一步考虑到直觉真理与理性真理和事实真理的逻辑关系，我们不妨将莱布尼茨的真理谱系又图示如下：

$$
\text{直觉真理} \rightarrow \begin{cases}\text{理性真理（永恒真理）}\\ \text{事实真理/偶然真理}\end{cases}
$$

6 在《第一真理》中，莱布尼茨说道："在每个肯定真理中，无论是在普遍真理中还是在个别真理中，是在必然真理中还是在偶然真理中，不管其词项是内在的名称还是外在的名称，事情都是如此。其中隐藏着一个惊人的秘密，这一秘密内蕴有偶然事件的本性，或者说内蕴有必然真理和偶然真理的本质区别，并且能够消除掉那种甚至决定着自由事物的宿命必然性所蕴含的困难"（见前文）。在那里，莱布尼茨虽然提及"其中隐藏着一个惊人的秘密"，但这个惊人的秘密究竟是什么，他当时并未挑明。在译者看来，莱布尼茨在本文中的这段话可以说是他接着《第一真理》讲，进而挑明了他所谓"惊人秘密"的具体意涵，这就是："如果一个命题是偶然的，其主谓词之间就没有任何必然的联系，它会随着时间的变化而变化，并且不仅依赖于一条假设的上帝的命令，而且还依赖于自由意志。"他的这一思想后来在《神正论》中得到了具体而深刻的阐述。

7 充足理由原则是莱布尼茨哲学的一些基本原则。一般认为，莱布尼茨发现的充足理由律已经构成逻辑学的一项基本规律。莱布尼茨本人也非常珍视自己的这项发现。他不仅将其称作"公理"，而且还将其视为"一条最有用的公理"："物理学和道德领域的许多东西都可以由这条公理推演出来"。莱布尼茨在1686年7月14日致阿尔诺的信中，将充足理由律宣布为一条"基本真理"。他写道："关于形而上学问题，我要求通过几何学的论证予以推进，只提出两条基本的真理；这就是，首先是矛盾律（因为如果两个矛盾的事物同时为真，那么，所有的推理都将无用）；其次是没有任何事物能够没有理由而存在，或者说每一条真理都有其先验的证据律，这条真理是从其各个词项的意义推演出来的，尽管我们并不是始终都有能力达到这一分析"（《莱布尼茨早期形而上学文集》，段德智、陈修斋、桑靖宇译，商务印书馆2017年版，第148—149页）。1714年，莱布尼茨在《以理性为基础的自然与神恩的原则》一文第7节中，将他的充足理由原则称作一项"伟大原则",一项"通常几乎没人用过的伟大原则"。至晚年,在与克拉克的论战中,莱布尼茨不仅将其视为一条"伟大原则",而且视为他借以革新形而上学的基本武器,使当时的形而上学由"几乎只是由一些空洞的词语构成的"东西转变成"实在的和可推理证明了的"东西(参阅《莱布尼茨与克拉克论战书信集》,陈修斋译,商务印书馆1996年版,第30页)。

8 莱布尼茨这句话的意思,如果用更通俗易懂的话来说就是:从主谓词命题的角度看,如果所有的 A 是 B,且所有的 C 是 A,则所有的 C 是 B;另一方面,从前件与后件的关系看,如果 A 蕴含 B,且 C 蕴含 A,则 C 便蕴含 B。

9 "重复命题"(Reduplicative proposition)涉及的是诸如"人,就其是人的感觉对象而言,是易毁灭的"一类的命题。亚里士多德在谈到重复命题时,指出:"在前提中重复出现的词项应当与大词相连,而不是与中词相连。我的意思是说,例如,如果我们要得到一个三段论,证明存在有关于公正的知识,则'好的'(或作为好的)应当与大词相连。设 A 表示'好的知识',B 表示'好',C 表示'公正',那么,A 表述 B 是真实的,因为对于'好',存在有好的知识。B 表述 C 也是真实的,因为公正与好相等同。因此,用这种方式即可对推证作出分析。但设定'它是好的'这一表述被加到 B 上,那就没有分析。因为 A 表述 B 是真实的,但 B 表述 C 却是不真实的。因为用'好的好'来表述公正是虚假的"(亚里士多德:《前分析篇》,49a12—24)。莱布尼茨曾经在一篇论文中写道:"虽然一个三角形和一个三边形是一回事,不过,如果你说'一个三角形本身有 180°',则三边形便不可能取而代之"(Louis Couturat, *Opuscules et fragments inédits de Leibniz*, Paris, 1903, p. 361)。在这里,莱布尼茨似乎在告诉我们:我们不可以说三边形本身具有 180°,因为"三边形"这个词并不涉及角。

10 莱布尼茨在这里似乎想要表达的意思相关于经院哲学家称作实质指代(suppositio materialis)的东西。实质指代所关涉的是语词本身,而非实质指代所指代的东西。例如,在"'黄金'是一个词"这个命题中的"黄金"这个词就是一种实质指代。当考虑到这个词所意指的那件事物时,这种指代就被说成是形式的。例如,在"黄金是一种金属"这一命题中的"黄金"这个词便属于形式指代。

指代理论是西方中世纪逻辑学家所倡导的一种逻辑理论。西方中世纪逻辑学家区分了词项的"意谓"和"指代"。所谓意谓指的是词项所具有的独立的涵义,指代意指的则是命题中的词项的一种特性,也就是词项在命题中用来代表其所指称的东西。西班牙的彼得（Petrus Hispanus, 1210—1277）说："指代是一个实名词对某物的解释。指代不同于意谓，因为意谓是经过把意谓某物的作用置于一个声音上而产生的，而指代是已经有意谓的词项对某物的解释。因此，当我说'一个人在跑'时，'人'这个词代表苏格拉底或柏拉图，等等。意谓是声音的一种特性，而指代是已经从声音和意谓构成的词项的一种特性"（《逻辑大全》6.03）。威廉·奥卡姆（Guillemus de Ockam，约 1285—1349）进一步指出："指代是命题中的词项的一种特性。它之所以称为指代，是因为它是对其他一些事物的断定，使得命题中的词项代替某物时，我们就对那些由这个词所确定的东西使用该词项"（《逻辑大全》1:64）。他们进而将指代区分为"实质指代"和"形式指代"：如果一个词项指称自身或一种声音，那么这个词项就具有实质指代。例如，在"'人'是一个名词"中，"人"指称的是人这个词自身，即指称人的名称，属于自名用法。所谓形式指代，指的是一个词项在命题中代表它所指称的东西，即指称语言外的对象，也就是说，凡不具有自名用法的词项都具有形式指代。例如，在"人是要死的"中，词项"人"便具有形式指代。现代逻辑继承和发展了这种理论，提出并强调"符号的使用"与"符号的提及"之间的区别。其中，符号的使用相当于形式指代，而符号的提及则相当于实质指代。参阅江天骥主编：《西方逻辑史研究》，人民出版社 1984 年版，第 137—144 页。

11　莱布尼茨这里的说法似乎在告诉我们，充足理由原则不仅是一项关于事物存在的原则，而且也是一项涉及事物本质的原则，不仅是事实真理或偶然真理的原则，而且也是涉及推理真理或必然真理的原则。如果从人藉分析即可从一个命题的主词中得出其谓词充足理由的角度看，充足理由原则相关的即是推理真理或必然真理；如果从人藉分析不可能从一个命题的主词中得出其谓词充足理由的角度看，充足理由原则相关的则是事实真理或偶然真理。换言之，倘若我们从个体实体概念的角度看，充足理由原则相关的即是推理真理或必然真理；倘若我们从个体实体存在的角度看，充足理由原则相关的则是事实真理或偶然真理。由此看来，过去我们只是将莱布尼茨的充足理由原则宣布为"关于存在的大原则"，而未对其做出更具体的说明，显然有把问题简单化的缺失。

为了对此做出进一步的说明，我们有必要重温一下莱布尼茨的《单子论》。在《单子论》第 32 节中，莱布尼茨写道："充足理由原则，凭借这项原则，我们认为：倘若没有一个为什么是这样而不是那样的充足理由，就没有任何一个事实能够是真实的或实在的，也没有任何一个命题能够是真的,尽管这些理由在大多数情况下我们都认识不到。"需要特别注意的是,莱布尼茨在这里谈到的不仅有"任何一个事实",而且还有"任何一个命题"。既然这里所说的是"任何一个命题",那就囊括了表达必然真理或推理真理的命题和表达事实真理和偶然真理的命题。这一点,我们在《单子论》第33节可以得到印证。莱布尼茨写道:"当一条真理是必然的时候,我们可以用分析法找出它的理由,把它归结为更单纯的观念和更单纯的真理,直到我们达到原始真理。"

12 莱布尼茨的"个体实体概念"内容相当丰富,至少包括下面几点:(1)只能是主项(主词)而不能够是谓项(谓词);(2)它作为主项(主词),可以具有许多谓项(谓词);(3)它作为主体(主词),可以在时间中持续存在,它就是变化着的主体(主词);(4)具有鲜明的个体性,世界上没有完全相同的两个个体实体。莱布尼茨长期致力于阐述这一概念。在《第一真理》中,莱布尼茨指出:"一个个体实体的完全的或完满的概念蕴含有它的所有的谓词,既蕴含有过去的和现在的谓词,也蕴含有未来的谓词。毫无疑问,一个未来的谓词在将来也是一个谓词,从而它也蕴含在那件事物的概念之中。所以,彼得或犹大的完满个体概念,如果只被视为纯粹可能的概念而将上帝创造他们的命令撇在一边,其中则包含了在他们身上将要发生的一切事情,无论是必然发生的还是自由发生的,都是如此。""每个个体实体都在其完满的概念中包含了整个宇宙,而这个宇宙中所存在的一切不是业已存在,就是将要存在"(见前文)。莱布尼茨在同年撰写的《形而上学谈》中,在谈到个体实体与偶性的区别时,进一步指出:"一个个体实体或一个完全存在(un estre complet)就是具有一个非常全整的概念,以致它足以包含这个概念所属的主词的所有谓词,并且允许由它演绎出这个概念所属的主词的所有谓词。""每个个体实体都以它自己的方式表达着整个宇宙,而对它发生的一切,连同整个环境以及整个系列的外在事物,都包含在它的概念之中"(《莱布尼茨早期形而上学文集》,段德智、陈修斋、桑靖宇译,商务印书馆2017年版,第12—13、14页)。

莱布尼茨赋予个体实体极高的理论地位。我们知道,莱布尼茨曾说过充足理由原则导致了"哲学的最好部分"(《莱布尼茨与克拉克论战书信集》,陈修斋译,商务印书馆1996年版,第59页),但在本文中却明确地将个体实体概念说成是充足理由原则的理论前提,这就将个体实体学说的理论地位突出地昭示出来了。在《形而上学谈》中,莱布尼茨还强调"活动和受动本身只属于个体实体",指出:"为在上帝的活动与受造物的活动之间作出区别,有必要解释清楚个体实体概念之所在"(同上书,第11页)。

必然真理与偶然真理[1]

肯定真理是那种其谓词存在于主词之中的真理;从而在每个真正的肯定命题中,无论是必然的还是偶然的,是普遍的还是特殊的,谓词的概念都以某种方式包含在主词的概念之中,以至于倘若有谁想像上帝那样完满地理解这两个概念中的每一个,他就应当由这一事实本身知觉到谓词存在于主词之中。由此我们可以得出结论说:凡存在于上帝之中的关于命题的知识,不管是属于有关事物本质的单纯理智知识,还是属于关于事物存在的直觉知识或关于有条件存在的居间知识,[2] 都是由对每一个词项的完满理解直接产生的,每个词项都能成为任何一个命题的主词或谓词。这就是说,有关复合物的先验知识是由对并非复合物的事物的理解产生出来的。[3]

绝对必然的命题是那种能够分解成同一命题的命题,或者说是那种其反面蕴含有矛盾的命题。我将列举一个数字的例证。我将每个能够为 2 整除的数称作"二进制数",而将每个能够为 3 或 4 整除的数称作三"进制数"或四"进制数"等。再者,我们还可以理解每个数都能够被分解成那些能够整除它的数。因此,我说"一个十二进制数是一个四进制数"这个命题是绝对必然的,因为它能以这种方式分解成同一命题。一个十二进制数依据定义是一个由两个六进制数组成的数;而一个六进制数依据定义则是一个由两个三进制数组成的数。所以,一个十二进制数是一个由两个乘以两个的三进制数组成的数。再者,一个有两个二进制数组成的数依据定义是一个四进制数;从而,由四个三进制数组成的数是一个由四个三进制数组成的数。因此,一个十二进制数是一个四进制数;证讫。[4] 即使给予了其他定义,那也始终能够表明这个问题最终就会是这个样子。因此,我把这种类型的必然性称作形而上学的或几何学的必然性。[5] 凡缺乏这样一种必然性的,我称之为偶然性,但那种蕴含有矛盾的或者说其反面是必然的,我称之为不可能。其余的我则称之为可能的。

至于偶然真理(Contingenti Vertate),即使谓词现实地存在于主词之中,它也永远完不成一个推证或达至一种同一性,即使对每个词项的分析无限期地持续下去,亦复如此。只有上帝才能将这样的分析无限地持续下去,只有上帝即刻理解这一无限系列,只有他才能先验地理解偶然事物的最好理由;在受造物中,这种理由是藉经验后验地提供的。[6] 因此,偶然真理同必然真理的关系有点像不尽根的比例(亦即不可通约数的比例)同可通约数的可表达出来的比例的关系。[7] 因为正如我们能够藉将两个数中的每一个数分解成它的最大公约数来表示其中那个较小的数存在于那个较大的数中一样,关于本质的命题或真理是通过对词项进行解析,直到这些词项通过定义成为对每个词项都是通用的来证明。但正如一个较大的数包含着另一个与之不可通约的数一样,尽管我们持续不断地无限分解下去,但还是得不到一个公约数,就偶然真理而言,你也永远得不到一个推证,哪怕你对这些概念分析到什么地步,亦复如此。唯一的差别在于：就不尽根关系而言，我们虽然藉表明其中所涉及的错误小于可指定的任何一个错误依然能够建立论证，但就偶然真理而言，即使让一个受造心灵进行推证，他也推证不出来。因此，我认为我已经解开了这个长期以来一直使我大惑不解的奥秘。因为此前我并不理解一个谓词如何能够存在于一个主词之中，而这个命题却不是一个必然命题。[8] 但几何学知识以及对无限系列的分析却在我的心头点燃了一盏明灯，使我得以理解各种概念也同样能够被无限地分析下去。

由此，我们认识到存在有一些关于本质的命题，而其他的则是关于事物存在的命题。[9] 关于本质的命题是那些能够藉分析词项予以推证的命题。这些命题是必然命题，实质上是同一命题，因此它们的反面是不可能的，或者说实际上是矛盾的。这些命题的真理是永恒的。它们不仅随世界的存在而持续存在，而且即使上帝以另外一种方式创造了世界，它们也照样存在。存在的命题或偶然的命题则与此全然不同。它们的真理只有无限的心灵才能先验地理解，而且不可能藉任何分析的方式予以推证。这些命题是那些在某个时刻为真的命题。它们不仅表达有关事物可能性的东西，而且还表达现实存在的东西，或者说偶然存在的东西，只要某些事物得到了承认，如我现在还活着，或者太阳正在照耀，事情就是如此。因为即使我说太阳在这个时刻在我们这个半球照耀着，因为太阳的此前运动往往如此，只要我们承认太阳运动的连续性，这一事件便肯定会发生，但这种说法却根本没有触及太阳的连续运动并不具有必然性这一事实，太阳先前如此这般的运动这样一个事实类似于一个偶然真理，对此我们还必须寻找一个理由。[10] 不过,除非我们对整个宇宙的所有角角落落都具有完全的知识,我们便根本不足以获得这样一种理由,对这样一项任务,受造物完全力不能及。因为没有物质的任何部分实际上不可再被分割成其他部分;因此任何一个物体的各个部分实际上是无限可分的,无论是太阳还是任何一个别的物体都不可能为一个受造物完全认识。更不用说我们能够如愿以偿地找到每个受到推动的物体的推动者,进而寻求这一推动者的推动者了。[11] 因为我们总是没完没了地得到一些更小的物体。[12] 但上帝却根本无需从一个偶然事物过渡到另一个在先的或更为简单的事物,而这样一种转进会是没完没了的。再者,一个偶然事物并不能现实地构成另一件偶然事物的原因,即使在我们看来似乎如此。毋宁说,在每个个体实体中,上帝都能从它的概念知觉到它的所有偶性的真理,根本无需诉诸任何外在的东西;因为每一个个体实体都以它自己的方式包含所有其他的个体实体,乃至整个宇宙。因此,所有关涉存在和时间的命题都具有事物的整个系列作为它的一个要素,"此时此地"除非相关于其他事物便不可能得到理解。所以,这样的命题并无推证的可能,也就是说,这样的命题并无可能具有其真理借以显现的容许有终端的分析。这同样适用于受造个体实体的所有偶性。实际上,即使有人能够知道整个宇宙的整个系列,他也依然对此给不出一个理由,除非他将其与所有可能的宇宙做过一番比较。由此看来,为何我们找不到偶然命题的任何一个推证的理由不言自明,不管我们把对概念的分析向前推进得多远,事情都是如此。

但我们也不必认为只有特殊的命题才是偶然的,因为存在有一些大部分为真的命题,能够藉归纳推断出来;还有一些命题,至少在自然过程中,几乎始终是真的,以至于一旦出现了例外,人们便会将其归诸奇迹。我认为,在这一系列的事物中,确实存在有一些命题,它们具有绝对普遍性的真,[13] 即使奇迹也不可能与之相左。[14] 这并不是说,连上帝也不能违背它们,毋宁说当他选择这一系列的事物时,凭借这一行为,他颁布了连他也将服从的命令,作为他挑选出来的这一系列事物的特殊属性。而且,通过这些命题,一旦它们藉着上帝命令的力量确立起来,就能为其他普遍命题提供一个理由,甚至能为这一宇宙中能够观察到的许多偶然事物提供一个理由。这一系列事物的第一基本规律,是真正的一无例外的规律,包含有上帝选择这一宇宙的全部目的,甚至也包含有奇迹;从这样一些第一基本规律,能够派生出自然的一些次要规律,这些次要规律只具有物理的必然性,除非藉奇迹,考虑到一些更有力的目的因便不可能废止。最后,由这些次要规律还能够推论出其普遍性更小的其他一些更为次要的规律。[15] 但上帝甚至能够向受造物启示出有关这类普遍命题的推证,这类普遍命题互为中介,其中一部分构成了物理科学。但藉任何分析,我们从未得出绝对普遍的规律以及个体事物的完满理由;因为这样一种知识只有上帝才有。我刚才所说的存在有一些有关这一系列事物的基本规律,尽管我在前面说过这些规律并非必然的和有关本质的,而是偶然的和有关存在的,也不至于使任何人感到惶恐不安。因为既然这个系列本身之存在这一事实是偶然的,依赖于上帝的自由命令,则它的规律在绝对的意义上也就是偶然的;但它们在假设意义上却是必然的,而且仅仅在提供这一系列的意义上才是本质的。[16]

这将有助于我们区别自由实体与其他实体。[17] 每个个体实体的偶性,如果对它有所论断的话,就会形成一个偶然命题,并不具有形而上学的必然性。一块石头如果移开其支撑物石头便会落下来,这并非一个必然命题,而是一个偶然命题,这样一个事件不可能由石头的概念借助于进入其中的普遍概念得到推证,因此只有上帝才能完满地知觉到这一事件。因为只有上帝才知道他是否会藉奇迹悬置自然的次要规律,而重物正是由于这些次要规律才被推动下坠的。因为除上帝外,既没有谁理解得了其中所蕴含的绝对普遍规律,也没有谁能够对这块石头的概念同整个宇宙的概念或绝对普遍规律的关联作出无限的分析。但无论如何,我们也能够由自然的次要规律事先知道:除非引力定律由于奇迹而被悬置,这块石头的降落就会发生。但自由的或理智的实体却具有某种更加伟大的和更加不可思议的东西,有几分类似于上帝。[18]因为他们并不受制于宇宙的任何次要规律,他们行动起来仿佛凭借他们个人的奇迹,仅仅依照他们自己能力的首创精神,而且他们凭借一个目的因而中断了按他们的意志行动的动力因的联系和过程。诚然,没有任何一个受造物"能够认识那个心",[19]能够确切地预见某个心灵如何按照自然规律进行选择;倘若自然过程不被中断的话,某个物体将会如何活动也能够预见得到,无论如何天使是可以预见到的。因为正如整个宇宙的过程能够为上帝的自由意志所改变,心灵的思想过程也能够为它的自由意志所改变;以致就心灵而言,任何一个足以预见心灵选择的次要的普遍规律都不可能建立起来(但就物体而言却有可能)。[20]但这无碍于心灵的未来活动对于上帝一目了然,一如他对自己的未来活动一目了然那样。因为他完全知道他所选择的那个事物系列的重要性,他也深知他自己命令的重要性;同时,他也理解这一心灵概念中所蕴含的所有内容,因为正是他亲自允准将要存在的事物的数量,因为这一概念牵涉一系列事物本身及其绝对普遍的规律。尽管最真实不过的是,心灵决不会选择当下显得较坏的事物系列,但也不总是选择当下显得更好的事物系列。因为它能够推迟并悬置它的判断,使它有时间深思熟虑,转而思考其他的事物。它究竟选择这两个事物系列的哪一个并不是由任何一个适当的符号或受到规定的规律所决定的。这无论如何都适用于那些未被充分证实善恶的心灵的情况;至于那些受到祝福的心灵,则应另当别论。

由此我们便能够理解伴随着自由而出现的"中立"立场。正如偶然性与形而上学必然性相对立一样,中立立场不仅排拒形而上学的必然性,而且还排拒物理的必然性。上帝以一切可能的方式中最好的方式做一切事情,这在某种程度上是一种物理必然性问题,[21] 尽管将这种普遍规律应用到个体事物上面,并且由此对上帝的自由行为得出任何确定的结论并非任何一个受造物都力所能及。那些已被证实为善的人,如天使和受到祝福的人,应当遵照美德行事,也是一个物理必然性问题,以至于在一些情况下,即使受造物也能够确定地预言他将会干什么事情。再者,一些重物降落下来,入射角与反射角相等以及诸如此类的其他事情,也是一种物理的必然性。但人应当在今生选择某些东西,不管一种特殊的善可能多么冠冕堂皇和显而易见,却并非一种物理必然性问题,尽管有时达到那种结果的根据极其充分。其实,永远都不可能存在有一种绝对形而上学的中立,致使心灵对矛盾双方的任何一方都处于完全一样的状态,任何事物都与它的整个本性处于一种平衡状态。²² 因为我们已经注意到,一个谓词,即使是未来的,也已经真实地存在于其主词的概念之中,从而心灵也并非处于形而上学意义上所说的那种中立。因为上帝已经由他所具有的有关这一心灵的完满概念知觉到了它的所有未来的偶性;而且,这一心灵现在对它自己的永恒概念也并不持中立的立场。但这一心灵却可以说是具有这样一种物理学的中立,以至于它甚至能够不服从物理的必然性,远不像它对于形而上学的必然性那样。也就是说,任何一条普遍理由或自然规律都不可能指派出来,不管这一心灵的状态多么完满,多么见多识广,它都能使得一个受造物在不借助于上帝额外的协助下,以一种自然的方式确定无误地推断出这一心灵将会选择什么。

至此,我们已经如愿地阐释了真理、偶然性和中立的本性,而首先是人的心灵自由。然而,我们现在必须进而考察偶然事物,尤其是自由实体在其自由选择和运作中究竟以什么样的方式依赖于上帝的意志和前定。我的看法是:万物高度依赖于上帝,这丝毫无损于上帝的正义,这一点确定无疑。²³ 首先,我主张万物所具有的无论什么样的完满性和实在性都是由上帝持续不断创造出来的,但它们的局限性或不完满性却属于作为受造物其自身,²⁴ 一如由活动主体传送给任何一个物体的力因这一物体的质料或物质团块以及各种物体的自然缓慢而受到某种局限,并且这一物体越大,在其他情况相同的情况下,所引起的运动便越小。同样,在一个自由实体的某一终极决定中,实在的事物也必定是由上帝创造出来的,我认为这一事实涵盖了可以合理地说是有关物理前定的一切。当一件事物以物理的必然性进入即将发生的状态时,我理解就是一个决定作出了。在变化的事物中,永远不会有任何形而上学的必然性,因为倘若没有任何一个别的物体予以阻止,一个物体就将持续不断地运动下去,这甚至不是一个形而上学必然性问题,一如某个偶然的事物除非其现实存在便不会以形而上学的必然性受到决定。这种决定是充分的,藉着这种决定,某个活动便在物理学方面成为必然的了。我是从词项的分析或自然的规律推断出这种与中立相反的决定,亦即与某种形而上学的必然性或物理学的必然性相关的决定,或一种可推证出来的结论的。因为一项决定虽然并不将必然性强加到偶然事物上面,却提供了确定性和绝对可靠性,[25] 在这个意义上,未来偶然事物的真理便受到了决定,这样一种决定虽然从来没有开始,但始终存在,[26] 因为它永恒地包含在其得到完全理解的主体的概念之中,并且构成上帝知识的一种对象,无论其构成的是上帝直觉知识的对象还是上帝居间知识(scientia media)的对象,亦复如此。[27]

由此看来,调和上帝的前定与上帝现实的有条件的命令显然是可能的(或者说无论如何这一命令依赖于某些前见的因素),因为上帝毕竟是藉这种现实的有条件的命令来决定其是否实施其前定的。[28] 上帝完全理解这一被视为可能的自由个体实体概念,由这一概念他也事先看到了其选择的将会是些什么事物,因此他决定适时地将它与他的前定调和一致,他理所当然地决定承认它为现存事物。但倘若人们考察一下这一最内在的理由,就会遇到新的困难。因为受造物的选择乃一种本质上包含有上帝前定的活动,如果没有上帝的前定,受造物的选择便根本无法实行。再者,我们也不可能认可有什么不可能的条件能够强加到上帝的命令之上。

由此，我们便可以得出结论说，上帝当其事先看到这一受造物的未来选择时，他也就同时事先看到了他自己的前定，从而也就事先看到了他自己的未来的前定。因此，就所有偶然事物本质上都蕴含有上帝的命令而言，上帝也事先看到了他自己的命令。所以，他之所以会命令某件事物，乃是因为他看到了他已经命令过这件事物。这显然是荒谬的。

  在这一证明中，所遇到的困难确实很大，但在我看来这种困难却可以以下述方式加以克服。我承认，当上帝决意事先使这一心灵具有某种选择的倾向时，由于他已经事先看到了如果它获准存在它就会以这样一种方式进行选择，他便事先也看到了他自己的前定以及他自己的有关前定的命令，但这只是就可能性而言的。他并不会因为他已经下了命令而不再发号施令。其理由在于：上帝在他命令这一心灵现实存在之前，他先考察的是作为可能的心灵。因为一个受造心灵的可能性或概念并不包含存在。但当上帝将这一心灵视为可能的东西，并且完满地知道其中所蕴含的它的所有可能的且与之相关的未来事件（虽然偶然相关但却绝对无误）时，他在这一瞬间便理解了他完全认识的东西，因它的存在而出现的所有东西。再者，当他完满理解这一依然被视为可能的个体实体概念时，由于这样一个事实，他也就理解了同样被视为可能的他自己的命令。因为正如必然真理关涉的只是上帝的理智那样，偶然真理关涉的只是上帝意志的命令。上帝看到了他能够以无限多的方式创造事物，而且如果他选择了事物系列的不同规律，亦即如果他选择了其他一些原初命令，一个不同的事物系列就将存在。如是，当他考察这一其自身即包含这一事物系列的心灵时，他也就藉这一行为考察了这一心灵以及这一事物系列所包含的那个命令。但他将所考察的这两个中的任何一个都视为可能的,因为此时他尚未决定下达命令,或者说尚未下达具体什么样的特殊事物系列的命令,既没有下达与它们相关的一般命令,也没有下达与它们相关的特殊命令,他还要对它们作出选择。但当上帝选好了这些事物系列中的一个及其中所包含的这一特殊心灵(在未来会被赋予这些事件)与此有关,他也因这一事实而颁布了与其他所选中的事物的概念中所包含的他的其他命令或事物规律的命令。而且因为上帝在决定选择这一事物系列时,也根据这一事实就包含在其中的一切下达了无限多的命令,他对其将要由可能性转变为现实性的可能性的命令或规律也同样下达了无限多的命令,由此看来,很显然,虽然有一个命令是上帝在作出决定时所考虑的,但还有另一个是上帝借以决定使这一命令成为现实的命令,也就是说,还有另一个是上帝借以选择使这一事物系列、存在于这一事物系列之中的这一心灵以及存在于其中的那个命令得以现实存在的命令。这就是说,事物系列概念中所蕴含的可能的命令,进入这一事物系列之中的事物的概念中所蕴含的可能的命令,与上帝决定使之成为现实的事物的概念中所蕴含的可能的命令,其实是一回事;但上帝借以使可能的命令成为现实的那个命令则是另一类命令。[29]我们对藉一类命令来反思另一类命令应当不会太感诧异,因为上帝意志的自由命令在其作出之前便已经被理解了,这也可以提出来作为拒绝上帝理智的理由。因为上帝不了解他在做的事情,他是不会做的。据此,我们现在便理解了上帝前定的物理必然性如何能够与由事先见到的行为产生出来的前定的命令相一致了。我们理解上帝远非绝对地命令犹大必须变为一个叛徒；毋宁说，他由犹大的概念，不依赖他自己的现实命令而看到了犹大将会是一个叛徒。他所命令的一切在于：他事先看到将成为一个叛徒的犹大必定存在，因为他以无限的智慧看到犹大的这种恶将会因在更大的善方面的巨大获得而抵消，事情以任何一种别的方式发生，其结果都不可能比这更好。对犹大的这种背叛行为本身，上帝并不意愿它出现，但在他的命令中，上帝却允许犹大这个罪人现在存在，于是他便下达了一条命令：当背叛时刻到来的时候，他的现实前定的协调便会与此相适应。[30] 但这一命令却仅限于在这种恶的行为中存在有导致完满性的东西。就受造物的概念蕴含有局限性（这种局限性并非一种因上帝而有的东西）而言，致使这一行为趋向于恶的东西不是别的，正是受造物的概念本身。所以，我认为如果我们持守这两点——受造物所有的完满性都来自上帝，所有的不完满性都来自它们自己的局限性，所有别的意见，在经过一番认真考察之后，归根到底，都可以臻于和解。

注释

1 本文大约写于 1686 年。真理问题，特别是偶然真理及其与必然真理的关系问题可以说是莱布尼茨早期认识论思考最多的一个问题或问题之一，也可以说是早期莱布尼茨认识论的一个核心问题或核心问题之一。一如本文集所表明的，莱布尼茨此前即发表过《论推证、事实真理与假设》(1678 年)、《第一真理》(约 1680—1684 年)、《对知识、真理和观念的默思》(1684 年)、《论偶然真理的源泉》(约 1685—1689 年)和《真理的本性》(1686 年)等作品，本文在一定意义上可以说是对上述作品的一种深化和系统化。本文的特殊贡献主要在于：(1)从本质与存在二分的本体论高度阐述了必然真理与偶然真理以及与其相关的必然性和偶然性,更确切地说,是绝对的必然性与假设的必然性;(2)在上述基础上,提出并论证了两种实体学说,即一方面是非自由实体,另一方面是自由实体;(3)在论述自由实体时,同时反对了"强制"立场和"中立"立场,可以说开了《神正论》有关论述的先河;(4)在论述偶然真理时,如果不是首次,也是较早地提出并论证了"物理的必然性"和"假设的必然性";(5)首次提出和讨论了"自由实体在其自由选择和运作中"对"上帝的意志和前定"的"依赖方式"问题,在承认自由实体在其自由选择和运作中对上帝意志和前定依赖性的同时,为自由实体在其自由选择和运作中的自发性或自主性保留了空间;(6)对上帝的命令做了一种类型学分析:一种是"可能的命令"(上帝的前定),一种是"现实的命令"(上帝的现实的有条件的命令),对预防读者误读其"前定"说无疑有积极的影响。

本文原文为拉丁文,最早公开发表在库图拉特编辑出版的《莱布尼茨未发表的短著与残篇》(1903年)中,其标题系库图拉特所加。玛丽·莫里斯和 G. H. R. 帕金森将其译成英文,并收入 G. H. R. 帕金森编辑出版的《莱布尼茨哲学著作集》中。

本文据 Leibniz: Philosophical Writings , edited by G. H. R. Parkinson, translated by Mary Morris and G. H. R. Parkinson, J. M. Dent & Sons Ltd,1973,pp. 96 - 105 译出。

2 莱布尼茨关于上帝三种知识的学说对于我们准确理解他的必然真理与偶然真理思想至关重要。其中,"单纯理智知识"(la science de simple intelligence)关涉的是"可能世界"或"理念世界",而"直觉知识"(la science de la vision 或 scientiavisionis)虽然与过去曾经存在的东西相关,但这些东西现在却是现实存在的或将来会成为现实存在的。1686年5月,莱布尼茨在回应阿尔诺的相关批评时曾经指出:"要完满地解释上帝如何具有他原本可以没有的知识,亦即直觉知识,同样是非常困难的,因为如果未来的偶然事件没有发生,则上帝事先就不会有关于它们的知识了。诚然,上帝对于这样的事情也不会没有单纯的知识(la science simple),而这样的知识当其与上帝的意志结合在一起的时候,便成为预见了。从而,上述困难便被归结为由设想上帝的意志而提出的困难,也就是说,上述困难便被归结为上帝如何有自由去意愿这样一个问题了。这一点无疑超出我们的理解能力,不过在我看来,为了解决我们的问题,理解这一点并无必要"(《莱布尼茨早期形而上学文集》,段德智、陈修斋、桑靖宇译,商务印书馆 2017 年版,第 121—122 页)。在《上帝的事业》(1712年)一文中,莱布尼茨在谈到上帝的直觉知识时进一步明确指出:"有关现实事物或现存世界以及有关这一现存世界过去曾经存在、现在存在和将来将要存在的一切的知识被称作直觉知识。它与有关同一世界的单纯理智知识,如果从其可能性状态审视的话,没有什么两样,它只是添加上了反思的知识,藉着这种反思知识,上帝便可以认识他自己所做出使之转变成现存世界的决定。上帝的先知根本无需任何别的基础"(Leibniz, *Theodicy*, Open Court, 1997, p. 427)。

"居间知识"(scientia media, la science moyenne)则是莱布尼茨从西班牙耶稣会会士莫利纳(Louis Molina, 1536—1600)和葡萄牙耶稣会会士丰塞卡(Fonseca, 1528—1599)那里借用的一个术语。在《神正论》里,莱布尼茨在谈到莫利纳的"居间知识"概念时曾经介绍说:"他认为神的知识有三种对象:可能的事件、现实的事件和有条件的事件,有条件的事件如果要转化为行为,就会作为一定条件的结果而发生。关于可能事件的知识是那种被称作'纯粹理智的知识';关于在宇宙发展进程中实际发生的事件的知识,被称之为'直觉知识'。既然在纯粹可能的事物与纯粹的和绝对的事件之间有一种中项,即有条件的事件,按照莫利纳的意见,也可以说有一种介乎直觉知识和理智知识之间的居间知识"(莱布尼茨:《神正论》,段德智译,商务印书馆 2016 年版,第 214 页)。

3 这就是说,有关命题的知识依赖于对概念的理解。在《奥秘百科全书导论》中,莱布尼茨对这个意义上的"简单"和"复杂"做过解释。他写道:"可思想的东西不是简单的,就是复杂的。简单的思想对象,我称之为'概念'或'意念'。复杂的思想对象是那种在其自身之中包含有一个命题的思想对象,也就是那种在其自身包含有一个肯定或否定、真或假的思想对象"(参阅 Leibniz: *Philosophical Writings*, edited by G. H. R. Parkinson, translated by Mary Morris and G. H. R. Parkinson, J. M. Dent & Sons Ltd, 1973, p. 6)。由此看来,在这里,莱布尼茨将概念逻辑视为命题逻辑的基础和前提。这样一来,概念问题不仅构成了其认识论和逻辑学中的一个问题,而且构成了其认识论和逻辑学的一个基本问题;从而使得莱布尼茨的认识论或逻辑学获得了辩证逻辑的意义。古希腊的亚里士多德极其重视概念问题或范畴问题,提出过著名的"十范畴"说。莱布尼茨的概念学说可以说是对亚里士多德范畴理论的一个继承和发展。

4 一个"十二进制数"是一个能被 12 除尽的数:下面证明所用的一

个"六进制数"是一个能够被 6 除尽的数。莱布尼茨在《论自由》(约 1680 年)一文中也做过类似的说明。他写道:"所谓推证不是别的,无非是展示谓词与主词的相等或一致,为此,就需要分解一个命题的词项,用一个定义或一个定义的一部分取代被定义的事物,在其他情况下,至少要展示出其所包含的事物,以便通过推证使隐藏在这一命题之内的事物或是实际上包含于其中的事物变得显而易见且清楚明白。例如,如果所谓一个三进制、六进制和十二进位的数,我们将其理解为可以被 3,6,12 整除的数,则我们就能够推证出每个十二进位数都是六进制数这样一个命题。因为每个十二进位数都是一个二进制数—二进制数—三进制数(这就是将一个十二进位数分解成它的原初因素,$12=2\times2\times3$,也就是一个十二进位数的定义),而每个二进制数—二进制数—三进制数即为二进制数—三进制数(此乃一个同一命题),而每个二进制数—三进制数即为一个六进制数(这也就是六进制数的定义,$6=2\times3$)。因此,每个十二进位数都是六进制数($12=2\times2\times3$,以及 $2\times2\times3$ 除以 2×3,以及 2×3 等于 6。所以,12 能够被 6 整除。"参阅《莱布尼茨早期形而上学文集》,段德智、陈修斋、桑靖宇译,商务印书馆 2017 年版,第 406—407 页。

5 "形而上学的必然性"是那种"其反面蕴含有矛盾的必然性"。斯宾诺莎所强调的必然性其实是一种形而上学的必然性。他在《伦理学》中写道:"自然中没有任何偶然的东西,反之一切事物都受神的本性的必然性所决定而以一定方式存在和动作。""无限多的事物在无限多的方式下都自神的无上威力或无限本性中必然流出;这就是说一切事物从永恒到永恒都以同等的必然性自神流出,正如三内角之和等于两直角是从三角形的必然性而出那样"(斯宾诺莎:《伦理学》,贺麟译,商务印书馆 1981 年版,第 27、19 页)。但由于近代西方哲学的一个根本特征在于崇拜和模仿数学,特别是崇拜和模仿几何学的理论模式,这种形而上学的必然性也往往被称作"几何学的必然性"。与笛卡尔、霍布斯和斯宾诺莎等西方近代哲学家不同,莱布尼茨虽然也承认形而上学的必然性或几何学的必然性,但他没有将这一形式的必然性绝对化,没有将其视为必然性的唯一形式,而是承认和强调在形而上学的或几何学的必然性之外还另存在有物理的必然性和道德的必然性,而且他几乎处处强调的都是物理的必然性和道德的必然性与形而上学的或几何学的必然性的"区别"(参阅莱布尼茨:《神正论》,段德智译,商务印书馆 2016 年版,第 72—73、119—120、303—304、348、360、364—365、384—385、386—387、410—411、459—460、465—

466、482—484、533—534 页）。

6 "无定限"与"无限"是两个不同的概念。无限是个先验概念，而无定限则是一个经验概念，是由人们的理性设想出来或想象出来的东西。在《对知识、真理和观念的默思》(1684 年)一文中，莱布尼茨谈到过"最快的速度"这个说法，断定这样的说法蕴含有"矛盾"和"谬误"。

其实，在莱布尼茨之前，笛卡尔就强调过"无定限"与"无限"的区别。在笛卡尔看来，尽管"无定限"概念有诸多缺陷，但对于我们这些有限的人来说却是唯一可以现实追求的东西。他在《哲学原理》中写道："我们永远也不要去讨论无限，但我们却必须把我们所说的那些没有任何限制的事物作为无定限的东西予以考察。例如，世界的广延，物质部分的可分性，以及星辰的数目等，都是这样一些无定限的事物。"鉴于此，笛卡尔特别强调了"无定限"与"无限"之间的区别。他写道："我们之所以说这些事物是无定限的，而不说它们是无限的，只不过是为了把'无限'这个词只留给上帝使用。这不仅因为我们认识到他的完满性在任何方面都没有任何限制，而且因为我们在一种肯定的意义上也理解他确实根本不存在任何限制。与此同时，我们却既不能同样在肯定的意义上理解其他事物在某些方面没有限制，在否定的意义上也承认如果它们有任何限制的话，我们也是发现不了的"(René Descartes, *Principles of Philosophy*, translated by Valentine Rodger Miller and Reese Miller, Dordrecht: D. Reidel Publishing Company, 1983, pp. 13 - 14)。

7 莱布尼茨在这里采用的是数学类比。莱布尼茨一方面用"可通约数的可表达出来的比例"来类比必然真理，另一方面，又用"不尽根的比例"来类比偶然真理。这是非常形象的。因为在莱布尼茨看来凡必然真理都可以藉对两个词项的"有限"分析而达到某个同一真理，而我们对偶然真理词项的分析过程将是无限的，永远达不到尽头的(参阅 G. W. Leibniz: *Philosophical Essays*, edited and translated by Roger Ariew and Daniel Garber, Hachett Publishing Company, 1989, pp. 98 - 100)。既然如此，莱布尼茨用"可通约数的可表达出来的比例"来类比必然真理，另一方面，又用"不尽根的比例"来类比偶然真理就有其合理之处了。因为所谓不尽根无非是说一个数的 n 次方根不能化为有限小数，从而我们便只能用一个数的无限系列加以表示。例如，我们用 1 来表示 $\sqrt{2}$ 的值固然不够精确，但用 1.4 来表示它的值也依然算不上精确，即使我们用 1.41421356 来表示，也依然说不上精确。既然 $\sqrt{2}$ 本身的值是一个无限不循环小数，即不尽根数,要想较为精确地表达它的值,除藉一个无限的数字系列来表示外,没有任何更妥当的办法。而这种情况与我们探求偶然真理的理由颇有几分类似。

8 近代西方哲学家,特别是霍布斯和斯宾诺莎,都片面地强调必然性和必然真理,而根本否认偶然性和偶然真理,以至于恩格斯在谈到西方近代哲学时,批评西方近代哲学家"力图用根本否认偶然性的办法来打发偶然性。按照这种观点,在自然界中占统治地位的,只是简单的直接的必然性。这个豌豆荚中有五粒豌豆,而不是四粒或六粒;这条狗的尾巴是五英寸长,一丝一毫不长,也一丝一毫不短;……这一切都是由一连串不可更改的因果链条,由一种不可动摇的必然性引起的,……可见,偶然性在这里并没有从必然性得到说明,而是反倒把必然性降低为纯粹偶然性的产物"(《马克思恩格斯选集》,第4卷,人民出版社1995年版,第324—325页)。应该说,莱布尼茨的因果关系学说明显区别于这样一种片面的决定论;这一方面是因为莱布尼茨不仅承认必然性和必然真理,而且也承认偶然性和偶然真理;另一方面是因为莱布尼茨不仅强调必然性和偶然性、必然真理和偶然真理的同时存在,而且还强调它们二者的关联和同一性;偶然命题与必然命题一样,其"谓词也同样存在于主词之中"。而且,一如莱布尼茨反复强调过的,偶然事物归根到底是由上帝依据最佳原则从无数可能的必然事物中选择出来的,就此而言,它也同样是一种必然事物(作为一种理念和可能事物),正因为如此,莱布尼茨将偶然性理解为一种必然性,只不过不是那种绝对的形而上学的逻辑学的和几何学的必然性,而是一种物理的必然性和道德的必然性。恩格斯在肯认必然性与偶然性、必然真理与偶然真理差异的基础上强调和阐述了二者之间的统一性或同一性,断言"偶然的东西是必然的,而必然的东西同样是偶然的"(同上书,第323页)。如果仅仅从方法论的角度考虑问题,我们可以说莱布尼茨的偶然性或偶然真理学说与恩格斯在《自然辩证法》中所阐述的思想并无任何实质性的区别。

还需要指出的是:莱布尼茨虽然提出并阐释过三种必然性,即"绝对的形而上学的或几何学的必然性"、"物理学的必然性"和"道德的必然性",但鉴于近代西方哲学家,如霍布斯、斯宾诺莎和笛卡尔等所强调和阐述的几乎都是一种绝对的形而上学的或几何学的必然性,则他便很自然地将自己的着眼点放在偶然性和偶然真理学说方面,致力于揭示偶然性和偶然真理的理论本身及其与绝对的形而上学的或几何学的必然性的差异性和统一性。偶然性或偶然真理学说可以说是莱布尼茨真理学说中最具理论特色的内容。从本文集所收录的上述论文看,无论是《论推证、事实真理与假设》、《第一真理》、《对知识、真理和观念的默思》和《论偶然真理的源泉》,还是《真理的本性》和《必然真理与偶然真理》,突出强调和阐述的都是偶然性和偶然真理问题及其与必然真理的关联,用莱布尼茨的话说,都是为了"解开这个长期以来一直使"他"大惑不解的奥秘"。

9 莱布尼茨在这里讲的虽然是命题理论,但其实依然是真理问题。因为莱布尼茨所说的"关于本质的命题"说到底无非是具有绝对必然性的必然真理,其相关的无非是他所谓绝对的形而上学的逻辑学的或几何学的必然性。而他所说的"关于事物存在的命题"说到底无非是偶然真理,其相关的无非是一种偶然性,换言之,是一种物理的必然性和道德的必然性,简言之,是一种相对的必然性。不过,在这一节,莱布尼茨不仅从命题理论出发阐释了两种真理,而且阐释了作为这两种真理推论基础的两项基本原则:这就是作为必然真理或推理真理推论基础的矛盾原则以及作为偶然真理或事实真理推论基础的充足理由原则。当然,这是就作为有限心灵的人的认识能力而言的,就作为无限心灵的上帝而言,其对应的便分别是上帝的"单纯理智知识"和"直觉知识"。

10 休谟在《人类理解研究》中,曾经将"人类理性(或研究)的一切对象"区分为两种:一种是"观念的联系",一种是"实际的事情"。他认为,属于第一种的有"几何、代数、三角诸科学",其根本的理论特征在于它们有"直觉的确定性"或"推证的确定性"。实际的事情则不同,"我们关于它们的真实性不论如何明确,而那种明确也和前一种不一样。各种事实的反面总是可能的;因为它从不曾含着任何矛盾,而且人心在构想它时也很轻便,很明晰,正如那种反面的事实是很契合于实在情形那样。'太阳明天不出来'的这个命题,和'太阳明天要出来'的这个断言,是一样可以理解,一样不矛盾的。我们无论如何也不能解证出前一个命题的虚妄来。如果我们能解证出它是虚妄的,那它便含有矛盾,因而永不能被人心所构思"(休谟:《人类理解研究》,关文运译,商务印书馆 1981 年版,第 26 页)。至少从字面上看,休谟的"两分法"及其有关论证与莱布尼茨所说的何其相似乃尔。我们知道,休谟以其上述两分法和不可知论而成了现代逻辑经验主义的理论先驱。在一个意义上,我们不妨说,休谟问题亦即因果问题和归纳问题一直是现代逻辑经验主义力图解决的核心问题。鉴于休谟的《人类理解研究》一书写于 1748 年,我们不妨将上述观点的发明权归于莱布尼茨。而且,这两位西方大哲的一项根本区别在于:莱布尼茨是一位西方近代理性主义哲学家和形而上学大师,而休谟则是一位排拒形而上学的经验主义哲学家(参阅巴里·斯特德:《休谟》,周晓亮、刘建荣译,俞宣孟校,山东人民出版社1992年版,第287页)。

11 寻求"推动者"的"推动者"历来是上帝存在宇宙论证明的一项重要路径。正如古希腊的亚里士多德是从"运动"开始其关于上帝存在的"证明"一样,中世纪哲学家托马斯·阿奎那也是从"运动"出发开始其对上帝存在宇宙论证明的(参阅托马斯·阿奎那:《反异教大全》,第1卷,段德智译,商务印书馆2017年版,第98页)。托马斯在《反异教大全》中是如此,在《神学大全》中也是如此。他在《神学大全》中虽然提出了关于上帝存在的"五路证明",但将"从运动出发的证明"列为第一种。之所以如此,乃是因为从运动出发的证明对于我们"比较明显":一方面,我们随时随地都可以看到,"世界上有些事物处于运动之中";另一方面,我们也同样容易看到,"凡是运动的事物,都为别的事物所推动"。既然如此,"如果推动别的事物运动的事物是自身运动的,那么这也必定是为另一个事物所推动,而这另一个事物又必定为第二个另一个事物所推动。但是,我们不可能这样无限地延续下去,因为如是,就不会有第一推动者,并且因此也就没有别的推动者了。因为随后的推动者只是由于它们为第一推动者所推动才得以运动的,正如拐杖只是由于手的推动才得以运动的一样。所以,我们达到没有任何别的事物推动的第一推动者是非常必要的。而这第一推动者正是我们人人了解的上帝"(参阅托马斯·阿奎那:《神学大全》第1集,第1卷,段德智译,商务印书馆2013年版,第33—34页)。莱布尼茨在这一节中所说的寻求"推动者"的"推动者"的努力显然与托马斯·阿奎那关于上帝存在的宇宙论证明一脉相承。

12 由此看来,物质无限可分性不仅构成了莱布尼茨批判笛卡尔物质实体学说的一项武器,而且还构成了其偶然真理学说的一项不可或缺的理论前提。

13 "具有绝对普遍性的真"这一短语若恰当地理解,其意思便为"最普遍的真"。同样,下面所用的短语"绝对普遍的规律",若恰当地理解,其意思即是"最普遍的规律"。从上下文看,莱布尼茨在这里所说的"具有绝对普遍性的真"的命题与后面所说的"这一事物系列的第一本质规律"应该是一回事,至少是同一层次上的东西。

14 莱布尼茨在这里讲的涉及上帝的意志与上帝的理智和上帝的意

志的关系问题。早在中世纪,托马斯·阿奎那就提出和讨论了这一问题。在《反异教大全》中,托马斯强调指出凡不能构成上帝理智对象的东西也不能构成上帝意志的对象。他写道:"凡不能够成为理智对象的东西也不能够成为意志的对象。但自身不可能的东西是不能构成理智的一个对象的,因为它自相矛盾,当然,除非一个人犯错,他不理解属于这些事物的东西。然而,这是不能够用来言说上帝的。所以,凡自身不可能的事物都不可能成为意志的对象"(托马斯·阿奎那:《反异教大全》,第1卷,段德智译,商务印书馆2017年版,第374页)。莱布尼茨显然继承了托马斯·阿奎那的这一思想。

15 这就是说,在偶然事物的系列中存在有三个层次的普遍性规律:(1)具有"绝对普遍性"的"第一基本规律";(2)"自然"的"一些次要规律";(3)"自然"的一些"更为次要的规律"。这三种规律就其所蕴含的普遍性而言,总体上呈降次幂趋势。这就是说,"第一基本规律"的普遍性程度最高,而"自然"的一些"更为次要的规律"的普遍程度最低。但无论如何,它们作为"偶然命题"都并非一种特殊命题。

16 莱布尼茨的这一说法表明,对于他来说,物理的必然性虽然从"绝对的意义上看"是一种"偶然性",但同时也是一种必然性,即一种"假设的必然性"。正因为如此,罗素在《对莱布尼茨哲学的批评性解释》中径直将莱布尼茨所讲的物理的必然性称作"假设的必然性"。他写道:"同可能性和可共存性相关,莱布尼茨区别了几种必然性。首先是形而上学的或几何学的必然性。……其次是假设的必然性。在这种必然性中其结论是以形而上学的必然性从偶然的前提推断出来的。例如,物质的运动便具有假设的必然性,因为它们是运动法则的必然结果;而这些运动法则本身却是偶然的"(罗素:《对莱布尼茨哲学的批评性解释》,段德智、张传有、陈家琪译,陈修斋、段德智校,商务印书馆2000年版,第80页)。但在莱布尼茨著作里,他似乎有时也赋予"道德的必然性"以"假设的必然性"意义,有时又赋予"假设的必然性"以"道德必然性"的意义。例如,莱布尼茨在讨论善恶和正义问题时,曾使用了"一种纯粹道德的或假设的必然性"这样一个说法,并且还以"意志"作为假设的必然性的"前提"。他写道:"这些意志活动及其后果,不管人们可以做些什么,也不管人们是否意欲它们,都不会发生;这些意志活动及其后果是由于人们将要去做导致它们的事情,由于人们将要意欲去做导致它们的事情才将会发生的。而这恰恰包含在预见和事先规定之中,而且还构成了它们的理由。这样一些事件的必然性被称作有条件的必然性或假设的必然性,或者被称作后果的必然性。因为它是以意志和其他必要条件为前提的"(参阅莱布尼茨:《神正论》,段德智译,商务印书馆2016年版,第590页)。而他在讨论"假设的必然性"时却又赋予其"道德必然性"的意义。他写道:"物理的必然性是以道德的必然性为基础的,也就是说,是以有智慧的人做出的与其智慧相称的选择为基础的"(同上书,第96页)。莱布尼茨甚至在"道德的必然性"的框架内来讨论"假设的必然性"。例如,他在讨论"两种具有重大区别的必然性"时写道:"一种必然性驱使智慧人士行善,被称作道德的必然性,它甚至存在于与上帝相关的事情之中;另一种必然性是盲目的必然性"。从上下文不难看出,其中所说的"它甚至存在于与上帝相关的事情之中"所意指的即是一种"假设的必然性"或"物质的必然性"(同上书,第610页)。也许正因为如此,罗素在《对莱布尼茨哲学的批评性解释》一书中在将莱布尼茨的"物理的必然性"称作"假设的必然性"的同时,又强调道德必然性所具有的"假设必然性"的性质。他写道:"最后一种是道德的必然性。这是一种上帝、天使和至圣据以选择善的必然性。自由精神的活动,在有关必然性问题方面,占有特殊的地位。就它们是先前状态的结果而言,不仅它们的状态,而且这种结果本身都有假设的必然性"(同上书,第80—81页)。

17 由此看来,莱布尼茨的两种真理(必然真理与偶然真理)学说是与他的两种实体(自由实体与非自由实体)学说紧密结合在一起的。从一个意义上,我们甚至可以说,莱布尼茨之所以大谈偶然性和偶然真理,其根本目的即在于强调和阐述人的自由,即在于强调和阐述自由实体。

18 强调作为有限心灵的人与神或上帝的类似性乃莱布尼茨一个比较一贯的做法。他的这样一种努力的最有价值的学术成果在于使他得以藉此极大地提升人在整个宇宙体系中的地位和尊严,从而使其整个哲学由此而获得了一种比较鲜明的人学意义。早在1686年,莱布尼茨就在《形而上学谈》中从将人与上帝同为一个心灵的高度,强调作为有限心灵的人能够"最大限度接近上帝"。他写道:"上帝具有的这种性质,即他自身之为一个心灵,高于他能够具有的有关受造物的所有其他考虑。只有心灵才是按照他的形象造出来的,似乎可以说和他是一个族类,或者说是他的家族的孩子。因为只有他们能够自由地服侍他,并且有意识地仿效神的本性行动。一个单一的心灵,其价值抵得上整个世界。因为他不仅表象世界,而且也认识他自己,并且还能够像上帝那样支配他自己,以至于尽管所有的实体都表象整个宇宙,但除心灵外的别的实体表象的只是世界而非上帝,而心灵表象的则是上帝而非世界。心灵所具有的这种极其高贵的本性,使他们得以以受造物所能达到的最大限度接近上帝"(《莱布尼茨早期形而上学文集》,段德智、陈修斋、桑靖宇译,商务印书馆 2017 年版,第 66 页)。第二年,莱布尼茨在其致阿尔诺的一封信中,从强调人高于物质实体乃至动物实体的角度,更是明确地使用了"小神"(de petits Dieus)这个字眼。他写道:"君主或立法者的身份无限多地高于工匠或机械师的身份;上帝对于物质实体的关系,也就是他对于宇宙内每件事物的关系,也就是说,上帝乃万物的普遍造主。但对于各种精神,他却扮演了另外一种角色,各种精神都将其设想为具有意志和道德品质;因为他自己就是一个精神,而且他就像是我们当中的一员,和我们发生一种社会关系,从而成为我们的头。整个宇宙最高贵的部分就是这个至上君主治下的由各个精神所组成的这一普遍的社会或共和国,这一普遍的社会或共和国由许许多多的小神构成,受治于这个独一伟大的上帝"(同上书,第 252—253 页)。在《单子论》第 83 节中,莱布尼茨在强调作为精神的人与普通灵魂的区别时,又再次使用了"小神"这个字眼。他写道:"一般灵魂只是反映受造物宇宙的活的镜子,而精神则又是神本身或自然造主的形象,能够认识宇宙的体系,还能够以宇宙体系为建筑原型来模仿其中的一些东西,每个精神在它自己的领域内颇像一个小神。"

  19 莱布尼茨在这里用的是一个希腊词 kardiognōstes。这个形容词在《使徒行传》中被用来言说上帝,但莱布尼茨在这里却几乎没有论及上帝。《使徒行传》曾论及犹大自杀身亡后,耶稣门徒聚会决定增补一个人为耶稣的使徒。当时有两个人选,一个是叫巴撒巴又称呼犹士都的约瑟,一个是马提亚。于是,"众人就祷告说:'主啊,你知道万人的心,求你从这两个人中,指明你所拣选的是谁,叫他得这使徒的位分。这位分犹大已经丢去,往自己的地方去了。'于是众人为他们摇签,摇出马提亚来。他就和十一个使徒并列"(《使徒行传》1:24—26)。

  20 接下来的两句似乎有点离题,因为它们讨论的并非人的心灵的认知能力,而是相关于上帝的知识。只是到了"尽管最真实不过的是"处,莱布尼茨才言归正传,重新谈受造的心灵,谈任何一个受造的存在者都不可能事先知道心灵将如何活动。

  21 由此看来,物理的必然性既可以视为事物的一种联系方式,也可以视为活动主体运作事物的一种方式。作为一种假设的必然性,其命题形式为"假言判断",亦即"如果 p 那么 q"这样一种形式。从这个意义上,我们可以说,"物理的必然性"并不仅仅适用于自然界和动力因,它同样适用于道德界,适用于人,甚至适用于上帝。

22 这实际上即是莱布尼茨的观点。他论证说,由于不可分辨者的同一性,根本不可能有两个活动过程完全一样。布里丹驴子的情况也是如此,因为假定这头驴被放到两捆具有同样吸引力的稻草之间是一个不可能出现的情节。莱布尼茨在《神正论》里指出:"布里丹的那头站在两块草坪之间的驴子,受到这两块草坪同等的吸引,这个例子在宇宙和自然秩序中是一种不可能存在的虚构的故事,尽管培尔先生对此持另外一种看法。诚然,假设这种情况可能出现,人们就必定说,这头驴子将会饿死。但从根本上看,这个问题所讨论的是一件不可能的事情,除非上帝特意使这样的情况发生。因为这个宇宙不可能从穿过这头驴的中间划出的一个平面一分为二,这个平面垂直地将宇宙和这头驴切开,以致这两边是同等的和相似的,一如一个椭圆以及每个我称之为两面序列中的平面图形能够为任何一条穿过其中心的直线这样二分。无论是这个宇宙的两个部分,还是这个动物的内脏的两个部分,都不一样,从而也就都不可能同样地放在这个垂直平面的两边。因此在这头驴身上和这头驴之外,都始终有许多东西,它们虽然并未显现给我们,但却决定着这头驴走向这一边而不是另一边。而且尽管人是自由的,而这头驴没有自由,但由于同样的理由,两个方面完全均衡的情况在人身上也同样不可能。进一步说,一个天使,至少上帝,总是能够解释人所采取的决断,指出那种实际上使其采取这种决断的原因或一个事先倾向的理由。然而,这种理由往往非常复杂,致使我们理解不了,因为连接在一起的因果链条实在太长"(莱布尼茨:《神正论》,段德智译,商务印书馆 2016 年版,第 221—222 页)。

莱布尼茨之所以反对莫利纳派的"中立"学说,显然旨在表明与人的自由相关的偶然性虽然与绝对的形而上学的或几何学的必然性迥然有别,但却并非一种主观随意、没有任何理由或根据的东西,一种完全排拒必然性的东西,正相反,它本身即要求一种形式的必然性,即道德的必然性,亦即要求一种推论原则,即充足理由原则。在《神正论》里,莱布尼茨不仅批评了莫利纳派的"均衡的无差别"观点,而且也反复批评了伊壁鸠鲁的原子偏斜说。莱布尼茨指出:莫利纳派的"均衡的无差别"与伊壁鸠鲁的原子"偏斜说"极其类似,因为均衡的无差别所强调的无非是"我们可以在没有任何东西推动我们去选择的情况下作出选择",而伊壁鸠鲁的原子偏斜说所表明的无非是"原子的微小偏离是没有任何原因或理由而发生的"(同上书,第478页)。莱布尼茨还指出:与莫利纳派的"绝对的无差别"一样,伊壁鸠鲁的原子偏斜说也是一种虚幻不实的东西。他写道:"原子的这种偏离在伊壁鸠鲁的心里有一种目的因,其目标在于使我们免去命运的束缚;但是,它却不可能在事物的本性中找到动力因,此乃所有幻想中最不可能的事情"(同上书,第478页)。

23 这就意味着早在17世纪80年代,莱布尼茨就开始认真思考《神正论》中所阐述的根本问题,这就是"就恶的起源论上帝的正义与人的自由"问题。这一问题不仅涉及上帝的自由和自由选择,而且也涉及人的自由与自由选择,不仅涉及上帝的预定和上帝的正义,而且也涉及人的自由及其与上帝的关系问题,一句话是一个涉及我们如何走出"自由与必然"这一哲学迷宫的问题。参阅莱布尼茨:《神正论》,段德智译,商务印书馆2016年版,第61—62页。

24 莱布尼茨关于"万物所具有的无论什么样的完满性和实在性都是由上帝持续不断创造出来的,但它们的局限性或不完满性却属于作为受造物其自身"的论断是他论证上帝的善和正义的一项基本理据。现实世界里恶的存在这一事实自然而然地提出了如何理解和诠释上帝的全善和全能问题:既然上帝是全善的,他为什么会允许恶存在,既然上帝是全能的,他为什么不能使现存世界避免恶,这就极其尖锐地提出了"恶的起源"问题,而上述论断便可以视为莱布尼茨对这一问题的基本答案。关于这一点,莱布尼茨在《神正论》中做出过相当坦率的交代。他写道:"上帝乃纯粹绝对实在或完满性的惟一根本原因;次级原因藉助第一因发挥作用。但倘若人们将实在这个词理解为局限性和缺乏,人们便可以说,次级原因参与有局限的事物的产生;否则,上帝就会成为罪的原因,甚至成为罪的惟一原因"(莱布尼茨:《神正论》,段德智译,商务印书馆2016年版,第558页)。莱布尼茨自觉他的这一论断事关重大,在《神正论》出版后,他对他的这一论断又进一步作出了较为详尽的说明。他在发表于《特雷伍斯纪实》1712年7月号上的一篇题为《〈神正论〉第392节附笔》的文章中曾以"负载的船"的例证对此解释说:"一艘船负载越重,它被河流推动向前的速度也就越慢。在这个例证中,人们清楚地看到,河流既是这种运动中实有东西的原因,也是完满性、力量以及船的速度的原因,而负载则是对这种力量加以限制的原因,因为负载造成了减速"(同上书,第602—603页)。

25 "确定性"(détermination)是莱布尼茨阐述其"未来偶然事件真理"一个重要术语。确定性既非一种绝对必然性,也非一种现成的确实性(certitude)。既然确定性并非一种绝对必然性,而是一种与必然性有关的偶然性,它便无损于上帝和人的自由。在《神正论》里,莱布尼茨这样刻画未来偶然事件真理的确定性:"当今时代,哲学家们都赞同,关于未来偶然事件的真理(la vérité des futures contingents)是确定的(déterminée),也就是说,偶然的未来事件是未来的,或者说,它们将要存在,亦即这些事件将要发生。确实,未来事件将要存在,正如过去的事件曾经存在。今天我将写作,这在一百年之前就已经真实无疑了,正如我曾经写作之在一百年之后也将是真的一样。因此,偶然事件,并不因为它是未来就减少了它的偶然性;而确定性(détermination),当其被认知的时候,就被称为确实性(certitude),其与偶然性并非不可共存。人们常常把确定性与确实性混为一谈,因为一个确定的真理总是能够认识到的。因此我们可以说,确定性就是一种客观的确实性。这种确定性来自真理的真实本性,而不可能损害自由"(莱布尼茨:《神正论》,段德智译,商务印书馆 2016 年版,第 211—212 页)。

26 如果藉强调所谓"物理的必然性",莱布尼茨所意指的是当某件事物变成如此这般时依然有效的那种决定来进行论证,他的证明或许会更加清楚明白一些。未来偶然事物的真理并非一个物理必然性的问题;因为虽然它们的真理受到了决定,但这种决定却从来未曾开始过,它是始终存在着的。

27 关于上帝的直觉知识和居间知识,莱布尼茨在《神正论》里和《上帝的事业》中都有所论述。

28 莱布尼茨在这里提出的对"上帝的前定"与"上帝现实的有条件的命令"的"调和"无论是对我们正确认识上帝本身还是对我们正确认识必然与自由的关系都至关紧要。而实现这样一种调和的关键一着又在于我们究竟如何正确地理解莱布尼茨的"前定"概念;如果我们将上帝的前定理解成一种"绝对必然性",我们便根本不可能实现这样一种调和;如果我们将其理解成一种"假设的必然性",这个问题便可以迎刃而解。一些读者之所以对莱布尼茨的"前定"说发生这样那样的误解,从根本上讲,即在于对这两种必然性的混淆。为了正确理解莱布尼茨"前定"说的本质规定性,我们不妨认真品味一下他的下面一段话:"但有人会问,难道上帝自己就不能够改变世界上的任何东西吗?可以肯定地说,他现在如果不想减损其智慧的话,他是不会对世界作出任何改变的。因为正是他已经事先看到了这个世界的存在及其所包含的一切,也正是他已经形成了将其产生出来的决断,而上帝是既不会犯错也不会后悔的,他也不会作出一种不完满的决断只顾及世界的一个部分而不考虑世界整体。因此,既然一切从一开始都被安排好了,那就只是由于这种为每一个人都承认的假设的必然性,在上帝先知先见之后,或者在上帝决断之后,不再发生任何改变,然而这些事件本身却依然是偶然的。因为事件本身并没有任何使其成为必然的东西,也没有任何东西让人设想任何别的事物都不可以取而代之"(莱布尼茨:《神正论》,段德智译,商务印书馆 2016 年版,第 214 页)。莱布尼茨这段话中最为重要的一点在于他明白无误地强调了上帝"前定"的事物所具有的只是一种并不排除偶然性的"假设的必然性"。在莱布尼茨看来,不仅上帝的前定具有一种"假设的必然性",而且,人的前定也同样具有一种"假设的必然性"。他写道:"这些意志活动及其后果,不管人们可以做些什么,也不管人们是否意欲它们,都不会发生;这些意志活动及其后果是由于人们将要去做导致它们的事情,由于人们将要意欲去做导致它们的事情才将会发生的。而这恰恰包含在预见和事先规定之中,而且还构成了它们的理由。这样一些事件的必然性被称作有条件的必然性或假设的必然性,或者被称作后果的必然性。因为它是以意志和其他必要条件为前提的"(同上书,第 590 页)。为了进一步解说上帝前定的本真意涵,莱布尼茨还藉塞克斯都这个亦真亦幻的人物的故事详尽地解说了上帝对塞克斯都的前定:他既可以成为一位富翁,也可以成为一位国王,他还可以成为一个恶棍,沦为一个乞丐,但塞克斯都最终还是选择了第三条道路,成了一个恶棍和一个乞丐(同上书,第 578—580 页)。这样一个故事极其生动地告诉我们:上帝的前定本质上是一种假设的必然性,而非那种绝对的形而上学的必然性,从而既无损于上帝的自由和自由选择,也无损于我们人的自由和自由选择。

29 在这里,莱布尼茨明确地将上帝的命令区别为两类:一类是上帝的"可能的命令",另一类是上帝的"借以使可能的命令成为现实的"那类命令。其中,前一类命令涉及的是"可能世界"或"理念世界",是形而上学的必然性,是上帝的理智和"前见";后一类命令则不仅涉及"可能世界"或"理念世界",而且也涉及"现实世界"和"事物世界",不仅涉及形而上学的必然性,而且也涉及"道德的必然性",不仅涉及上帝的理智和"前见",而且也涉及上帝的意志和"前定"。在《上帝的事业》(1712 年)一文中,莱布尼茨在谈到事物对于上帝的依赖性时,不仅论述了可能事物对于上帝的依赖性,而且也论述了现实事物对于上帝的依赖性。他写道:"事物对上帝的依赖性既包括一切可能的事物,或者说一切自身不包含矛盾的事物,也包括一切现实的事物。"在谈到纯粹可能的事物对于上帝的依赖性时,莱布尼茨指出:"现实中并不存在的事物的可能性本身在上帝的存在中有其实在的基础。因为倘若上帝不存在,就不会有任何可能的事物,可能性永远包含在上帝理智的观念之中。"在谈到现实事物对于上帝的依赖性时,莱布尼茨指出:"现实的事物不仅在其存在中而且在其活动中都依赖于上帝。不仅依赖于上帝的理智,而且还依赖于上帝的意志。现实的事物之所以在其存在中依赖于上帝,乃是因为一切事物都是上帝自由创造的,同样也是由上帝保存的。……事物之所以在其活动中依赖于上帝,乃是因为上帝参与了事物的各种活动,在这些活动中所存在的一切完满性全都来自上帝的管理。"参阅 Leibniz, *Theodicy*, Open Court, 1997, p. 426。

30 在这里,莱布尼茨旨在通过犹大事件阐述上帝允许恶而非意欲恶这一哲学—神学原理。上帝允许恶而非意欲恶无论对于阐述上帝的善良意志,还是对于阐述上帝的正义都极端重要。上帝并不意欲恶这一点不难理解,因为既然上帝是全善的,我们便无法想象上帝会意欲恶。问题在于如何给上帝允许恶一个说法。人们之所以会提出上帝允许恶这样一个问题,乃是因为作为"所有可能世界中最好世界"的现实世界总包含有"一定份额的恶",不仅包含有形而上学的恶(纯粹的不完满性),而且还包含有物理的恶(苦难)和道德的恶(罪)。上帝既然"既不作恶也不意愿恶",那我们便只有藉上帝"允许恶"来解释了。那么,莱布尼茨究竟是如何解释上帝允许恶这样一个难题呢?他主要是从对上帝意志的分析入手的。按照莱布尼茨的观点,上帝的意志可以区分为两种或两个等级:其中一种或一个等级叫"前件意志",另一种或另一个等级叫"后件意志"。上帝的意志"当其是独立的或超然的并且从善的接纳能力方面分别考察每一个善的时候",便被称作前件意志。从前件意志的维度看,我们可以说:上帝意欲善,意欲"一切作为善的善",并且完全拒斥恶。但从后件意志的维度看,上帝意欲最大的善,从而为了获得最大的善而允许恶。莱布尼茨说"上帝先是意愿善的东西,随后是意愿最善的东西",即是谓此。也就是说,上帝是为了获得"最善的东西"而允许恶的。《约翰福音》中说:"一粒麦子不落在地里死了,仍旧是一粒。若是死了,就结出许多子粒来。爱惜自己生命的,就失丧生命。在这个世上恨恶自己生命的,就要保守生命到永生"(《约翰福音》12:24—25)。莱布尼茨引用《圣经》里的这段话想要告诉我们的正是上帝允许恶的理据:"恶常常有助于我们更好地鉴赏善;有时还有助于受到恶的侵害的人获得更大的完满性"(莱布尼茨:《神正论》,段德智译,商务印书馆 2016 年版,第 199—201 页)。

论区别实在现象与想象现象的方法[1]

一个存在者(ens)是那种其概念包含有某种实在内容的东西，或者说是那种能够为我们所设想的东西，只要我们设想的东西是可能的且其中并不包含任何矛盾，情况就必定如此。更确切地说，如果这一概念能够得到完满解释且不包含任何混乱的内容，[2] 简言之，如果这件事物现实存在(actu extiterit)，我们就一定能够认识到它，因为凡存在的东西无疑都是一个存在者或者说都是可能的(quod enim exisit utique est Ens vel possibile)。[3]

不过，正如存在者(Ens)是藉清楚的概念(distinctum conceptum)展现出来的那样，其存在(Exitens)也是藉清楚的知觉(distinctam perceptionem)展现出来的。为了更好地理解这一点，我们必须看到存在究竟是藉什么方式得到证明的。首先，我无需任何外在证据，仅仅由一个简单的知觉或经验(simplici perceptione sive experientia)即可作出判断，认定我意识到的那些存在于我自身之内的事物存在。在这些事物中，首先有正在思想着各种各样事物的自我(me varia cogitantem)，其次是存在于我心灵中的各种不同的现象本身(ipsa varia phaenomina sive apparitions, quae in mente mea existunt)。既然它们两者都能够由心灵直接察觉(immediate a mente percipiantur)，根本无需任何别的事物干预，它们也就能够毫无疑问地得到认可，[4] 从而当我做梦时，我心中出现的一座金山或人首马身怪物（montis aurei aut centauri）的现象自然也就是确实无疑的，一如正在做梦的我之存在确实无疑一样，因为这两者都存在于一个人首马身怪物确实出现在我的面前这样一个事实之中。[5]

现在，让我们看看依据什么样的标准我们方可知道哪一些现象是实在的。我们既可以从现象本身（ipso phaenomeno）也可以从那些先于和后于这一现象的现象（antecedentibus et consequentibus phanomenis）对此作出判断。一个现象，倘若它非常生动鲜明（si vividum），比较复杂且具有内在的一致性（si multiplex, si congruum），我们便能够从这一现象本身作出判断。一个现象，倘若它的各种性质，如光、色和温暖非同寻常，它便是生动鲜明的。一个现象，倘若它的这些性质多种多样，使我们得以开展许多实验，进行新的观察，它就是复杂的；例如，如果我们在一个现象中不仅看到了颜色，而且还可以听到声音、闻到气味以及尝到滋味和感受到可以触摸的性质，在这一现象中，这两者无论是作为整体还是作为这一整体的各个不同的部分，我们都能够依据原因对之作出更进一步的探讨，这一现象就是复杂的。这样一种观察的长链通常唯有藉设计和选择方能出现，通常既不可能在各种梦境中也不可能在各种想象中出现，因为在这些梦境和想象中出现的只是记忆或幻象（memoria aut phantasia），其中的影像通常是模糊的，一旦我们对之进行考察，它就消失不见了。一种现象如果由许多现象构成，它就会是连贯一致的，其理由既能够由它们本身发现，也能够藉它们所共有的某个极其简单的假设发现；其次，如果它合乎其他现象反复显现给我们的习以为常的本性，以至于它的各个部分与这一现象具有同样的位置、秩序和后果（这些为类似现象一向所有），它就会是连贯一致的。否则，这些现象就会受到怀疑，因为倘若我们看到有人腾空跨过阿里奥斯托的角鹰兽，[6] 在我看来，会使我们无法确定我们是梦是醒。

但这一标准能够使我们回到由先前现象得出的另一种普遍类型的检验（alterum examinum caput, sumtum ex phaenomenis praecedentibus）。当下现象如果持守的是同样的一致性，或者说如果能够由先前现象为其给出一个理由，或者说都因同样的假设而一致，就像是因一个公共理由（rationi communi）而相互一致那样，它就必定与这些现象连贯一致。但最可靠的标准无疑是与整个人生序列的一致（Validissmum autem utique indicium est consensus cum tota serie vitae），尤其是有许多他人所确认的同一件事物与其现象的连贯一致，因为这不仅是盖然的（probable），而且是确实的（certum），例如，我马上就会证明存在有与我们相类似的其他实体。不过，现象实在性最有效的标准，甚至其自身就足以构成标准的（potissimum realitatis phaenomenorum indicium quod vel solum sufficit），乃是由过去和现在的现象成功地预测未来的现象，不管这样的预测是基于理性，基于一种先前成功的假设，还是基于此前观察到的各种事物之间的习以为常的一致性，事情都是如此。[7] 其实，即使整个人生被说成只是一场梦，可见世界只是一种幻象，只要我们充分运用理性我们就绝不会上当受骗，我们还是应当将这场梦和这种幻象称为真的。但正如我们由这些标记而认识到哪一种现象应当被视为真的，我们同样也能得出结论说，任何与我们判定为真的东西相冲突的现象,同样,那些我们由其原因便能够理解其谬误的东西,都只不过是似真非真的(apparentia)。[8]

我们必须承认迄今为止所提供的有关实在现象的各种标准,[9]即使将它们加到一块,也不是推证的,即使它们具有最高等级的盖然性(maximam probabilitatem),亦复如此。[10] 通俗地讲,它们提供的只是道德的确定性(certitudinem moralem),并未建立起形而上学的确定性(certitudinem Metaphysicam),以至于若肯定其反面便蕴含有矛盾。[11] 例如,凭借任何一种证明,我们都不可能绝对地推证出各种物体存在,也没有任何东西能够阻止一些秩序井然的梦构成我们心灵的对象,使我们将这些东西说成是真实的,而且由于它们的相互一致,就其与实践相关而言,也就等同于真理。通常提供的这种一致使上帝成为一个骗子的证明并无什么重大的意义。至少,没有谁会看不出它远非具有形而上学确定性的推证(demonstratione certitudinis metaphysicae)。因为我们确实并不是受上帝的骗,而是受自己判断的骗(nam nos non a Deo, sed a judicio nostro decipiemur),因为在没有确凿证据之前我们就先入为主地主张了某种观点。因而,尽管其中蕴含有一种超乎寻常的盖然性,但上帝却并不会因其将这种盖然性提供给了我们就成了一个骗子。因为要是我们的本性根本不适合实在现象,那又该怎么办?因此,上帝启示并不应当受到太多的谴责,以至于要承担什么责任,因为既然这些现象根本不可能成为实在的,上帝便使之至少相互一致(saltem consentientia essent),他也就在人生实践方面向我们提供了某种与实在现象等值的东西。假如这整个短暂的一生,实际上只不过是一个长梦,我们直到逝世时方才醒来,就像柏拉图派似乎认为的那样,那又该怎么办?既然我们注定要过来世生活,那么整个今生,即使它有千百万年长,相对于永恒而言,也只不过是一瞬而已,这场短梦放到如此充实的真理长河之中,该是一件多么微不足道的事情,它与这条充实的真理长河的比值比一场梦与一生的比值无疑要小得多。但倘若心灵经验到的是一场完全清楚且连贯一致的短梦,则任何一个通情达理的人也都不会因此说上帝是一个骗子。

至此,我谈的都是现象。现在,我们必须考察那些虽然并不显现出来但却可以由现象推断出来的东西(de non apparentibus quae tamen ex apparentibus colligi possunt)。其实,每个现象确实都有一个原因(causam)。但倘若有谁说现象的原因即存在于包含着这些现象的我们心灵的本性之中,他说的虽然并无什么错误,但并未告诉我们整个真理。因为,首先,必定存在有一个理由,来解说我们自己何以存在而非不存在(enim necesse est rationem esse,cur nos ipsi simus potius quam non simus)。[12] 即使我们假定我们永恒存在,我们也依然必须找到我们何以永恒存在的理由,而我们也必须不是到我们心灵之中就是到我们心灵之外来寻求这一理由。而且,毫无疑问,没有任何东西能够阻止不计其数的其他心灵像我们一样存在,尽管并非所有可能的心灵都会存在。[13] 所有现存的事物都是相互关联的(inter se habent commercium),由此我们便可以推证出上述结论。不过,同样能够设想,具有另外一种与我们本性不同的心灵与我们的心灵也是相互关联的。再者,所有现存事物相互之间都具有这样一种交往关系,这一点能够由下面这个事实得到证明,这就是:否则便没有谁能够说任何一件事物现在是否正在产生，以至于这样一种命题便无所谓真假，但这显然是荒谬的；而且还因为根本不存在任何外在的名称（denominations extrinsecae），在印度也没有谁会因为他在欧洲的妻子的死亡而变成鳏夫，除非他身上发生了一种实在的变化。因为每一个谓词实际上都包含在一个主词的本性之中。这样一来，倘若一些可能的心灵存在，则问题便是：为何不是所有可能的心灵存在？再者，既然所有的存在者都必定是相互关联的，则它们的相互关联也必定有一个原因；实际上，虽然每件事物都必定表达着同一个自然，但其表达的方式却各不相同。但这一原因既然引导所有的心灵相互交往，表达同一个自然，从而存在，则它便是那个完满表达整个宇宙的原因，也就是上帝。[14] 这一原因并无任何更进一步的原因，它是独一无二的。因此，除我们之外还存在有许多心灵，这一点即刻昭然若揭，因为很容易设想同我们交往的那些人有完全一样的理由来怀疑我们的存在，一如我们必定怀疑他们存在那样。而且既然没有任何一条理由对我们比对他们更为有利和奏效，他们也就和我们一样存在，并且也都具有心灵。这样一来，神圣的和世俗的历史（Historia sacra et profana），以及属于心灵状态或理性实体（substantiarum rationalium）的一切，都可以说得到了考察和证实。

　　至于各种物体，我则能推证出不仅光、热、色及类似的性质是表面上的，而且运动、形状和广延也是表面上的。倘若有什么东西是实在的，那就只有活动和被动的力（vim agendi et patiendi），从而一个物体的实体正在于此（也可以说，就在于质料和形式）。[15] 但那些没有实体形式（formam substantialem）的，只不过是种种现象，无论如何也只不过是真正实体的各种堆集。

实体就其混乱地表达某些事物而言,具有形而上学的质料(materiam Metaphysicam)或被动的力(potentiam passivam),[16] 而就其清楚地表达某些事物而言,则具有能动的力(potentiam activam)。[17]

注释

1 这篇论文着重讨论的是检验事实真理的标准问题。其写作日期不详。不过根据其内容,当写于17世纪80年代后半期或90年代初期。因为本文不仅涵盖有《对知识、真理和观念的默思》(1684年)的内容,而且还涵盖有《形而上学谈》(1686年)的内容。不过,由于本文不仅讨论了现象的实在性,而且还讨论了现象的效用性,极大地丰富了有关内容,特别是极大地丰富了《对知识、真理和观念的默思》一文的内容。不仅如此,莱布尼茨还使其一些本体论概念,特别是其物体和力的概念更为清楚明白,从而为90年代在《形而上学勘误与实体概念》(1694年)、《新系统》(1695年)、《动力学样本》(1695年)、《论万物的终极根源》(1696年)和《形而上学纲要》(约1697年)等论文中对实体学说或动力学思想的阐述奠定了基础。莱布尼茨的现象主义虽然可以一直上溯到17世纪70年代,具体地说,可以上溯到莱布尼茨致傅歇的信(1675年)以及《论事物与语词的关系》(1677年),但本文在对实在的和谐秩序在现象本身、现象的横向联系和纵向联系的证明方面,尤其是在对其他心灵即他我存在的证明方面,无疑向前推进了一大步。

本文原载格尔哈特所编《莱布尼茨哲学著作集》第7卷。原文为拉丁文。莱姆克将其英译出来并收入其所编辑的《莱布尼茨:哲学论文与书信集》中。

本文据 Leibniz: *Philosophical Papers and Letters*, translated and edited by Leroy E. Loemker, D. Reidel Publishing Company, 1969, pp. 363 – 365 和 G. W. Leibniz, *Die philosophischen Schriften* 7, Herausgegeben von C. I. Gerhardt, Hildesheim: Georg Olms Verlag, 2008, pp. 319 – 322 译出。

2 依照莱布尼茨的概念论,一个存在者"能够得到完满解释且不包含任何混乱内容"的"概念"具有下述几点性质:这一概念(1)是"明白的",

而不是"模糊的";(2)是"清楚的",而不是"混乱的";(3)是"实在的",而不是"幻想的";(4)是"完全的",而不是"不完全的";(5)是"真的",而不是"假的"。所谓这一概念是"明白的"而不是"模糊的",是说"它对于认识事物和区别事物是足够的"。所谓是"清楚的"而不是"混乱的",是说它能使我们"很好地区别开事物"。所谓是"实在的"而不是"幻想的",是说它具有"实在的内容"或者说它是"可能的"。所谓是"完全的"而不是"不完全的",是说"其一切成分都是清楚的"。所谓是"真的"而不是"假的",是说它是一个"可能的概念",而不是一个"不可能的概念"。总之,一个存在者"能够得到完满解释且不包含任何混乱内容"的"概念"当是一个完全清楚的实在的或可能的概念。参阅莱布尼茨:《人类理智新论》上册,陈修斋译,商务印书馆1982年版,第266—284页。

3 莱布尼茨关于"凡存在的东西无疑都是一个存在者或者说是可能的"的论断值得留意,其中"或者说是可能的"这一表述尤其值得揣摩。我们知道,洛克在《人类理解论》里曾给"实在的和幻想的观念"作出了相当明确的界定,这就是:"所谓实在的观念,就是说在自然中有基础的。凡与事物的真正存在或观念的原型相符合的,都属于这一类。所谓幻想的,或狂想的观念,就是指那些在自然中无基础的观念而言,这就是说,它们和它们暗中指向的那个实在的事物——原型——不相符合"(参阅洛克:《人类理解论》上册,关文运译,商务印书馆1981年版,第349页)。针对洛克的"符合"说,莱布尼茨强调了"可能概念"的实在性。他写道:"一个观念,当它虽无任何现在的存在物与之相应,确实可能的时候,也会是实在的;否则如果一个种的一个个体都丧失了,这种的观念也会变成是幻想的了"(莱布尼茨:《人类理智新论》上册,陈修斋译,商务印书馆1982年版,第277页)。

应该说,莱布尼茨与洛克的争论与中世纪唯名论与实在论的争论有某种相似之处。因为中世纪的唯名论与实在论之争的焦点问题即在于如何看待种相和属相概念,亦即共相问题。实在论强调共相即种相和属相的实在性,主张种相和属相不但先于个体事物而存在,而且还是个体事物得以存在的理据和原因。与此相反,唯名论则强调个体事物的实在性,而根本否认共相即种相和属相的实在性,认为后者只不过是人们为了认知的方便而杜撰出来的"共名"而已。不难看出,洛克的观点比较接近唯名论,因为他特别强调的是现实个体事物的实在性;莱布尼茨的观点则比较接近实在论,因为他特别强调了种相和属性概念的实在性,强调"可能概念"的实在性。

但我们也不能因此而将莱布尼茨与中世纪实在论者混为一谈,尤其不能将之与中世纪极端实在论者混为一谈。因为他并不是不分青红皂白地强调观念的实在性,而是将观念区分为"可能观念"和"不可能观念",从而他所强调的便只是"可能观念"的实在性,而非"不可能观念"的实在性。例如,他在《人类理智新论》里,就曾极力主张用"关于可能性的断定"来区别"观念的真假":"可能的观念就是真的,不可能的观念就是假的"(同上书,第284页)。按照这样一种判定标准,我们就可以否定"圆形的正方形"概念的实在性,因为它是一个蕴含有矛盾的概念,从而是一个不可能的概念。倘若用胡塞尔的术语说,那就是:我们对于像"圆形的正方形"这类"不可能的概念",只能进行"意义赋予",而不可进行"意义充实"。由此看来,莱布尼茨并非那种极端实在论者,而只能说是一个温和的实在论者。

4 莱布尼茨的这些话集中地表达了理性主义认识论模式与洛克经验主义认识论模式的本质区别:洛克经验主义立足于"外在证据"或外在感觉,而莱布尼茨的认识论则立足于"内在反省"或心灵(亦即理智)的反思活动。应该说,在这里,莱布尼茨大体上沿袭了笛卡尔"我思故我在"的认识论或本体论理路。

诚然,洛克也将"反省"作为我们获得知识的两种基本"途径"之一。但他在讲"反省"时,强调的是反省对于感觉的依赖性和"后在性"。例如,他在谈到"知觉"这一"最初"的反省观念时,就强调说:"人心只有在接受(感觉)印象时,才能发生知觉。"他还解释说:"要问什么是知觉。则一个人如果反省自己在看时、听时、思时、觉时,自身所经验到的,就可以知道"(参阅洛克:《人类理解论》上册,关文运译,商务印书馆1981年版,第109页)。正因为如此,洛克特别强调了我们心灵在知觉活动中的"被动性"。我们知道,洛克在将"知觉"界定为"人心运用观念的第一种能力"的同时,又反对将知觉与思想混为一谈,指出它们的区别最根本的就在于知觉的"被动性"。他写道:"按照英文的本义来说,所谓思想应该是指人心运用观念时的一种自动的作用;而且在这里人心在考察事物时,它的注意一定是有几分自动的。——这里所以谈思想是自动的,乃是因为在赤裸裸的知觉中,人心大部分是被动的,而且它所知觉的亦是它所不能不知觉的"(同上)。与洛克不同,莱布尼茨则将反省理解成"反思"、对自我的一种"注意"或"直接觉察"。按照本文的说法,我们的反省对象"首先有正在思想着各种各样事物的自我","其次是存在于我心灵中的各种不同的现象本身"。在《人类理智新论》里,莱布尼茨进一步强调了"反省"对于"感觉"的独立不依性。他写道:"所谓反省不是别的,就是对于我们心里的东西的一种注意,感觉并不给与我们那种我们原来已有的东西。既然如此,还能否认在我们心灵中有许多天赋的东西吗?因为可以说我们就是天赋于我们自身之中的。又难道能否认在我们心中有存在、统一、实体、绵延、变化、行为、知觉、快乐以及其他许许多多我们的理智观念的对象吗?这些对象……直接而且永远呈现于我们的理智之中"(莱布尼茨:《人类理智新论》上册,陈修斋译,商务印书馆1982年版,第6页)。也正因为如此,与洛克将知觉视为反省的"第一种能力"不同,莱布尼茨坚持将"反省"与"知觉"区别开来。他写道:"此外,还有千千万万的征象,都使我们断定任何时候在我们心中都有无数的知觉,但是并无察觉和反省;换句话说,灵魂本身之中,有种种变化,是我们察觉不到的"(同上书,第8页)。在《以理性为基础的自然与神恩的原则》第4节中,莱布尼茨进一步强调了"反省"(统觉)与"知觉"的区别。他写道:"最好是在知觉和统觉之间作出区别:知觉是单子表象外在事物的内在状态,而统觉则是对这种内在状态的意识或反思的知识,它并不是赋予所有灵魂的,也不永远赋予某个给定的灵魂"(G. W. Leibniz, *Die philosophischen Schriften* 6, Herausgegeben von C. I. Gerhardt, Hildesheim:Georg Olms Verlag, 2008, p. 600)。

5 莱布尼茨在这里讨论的问题其实也是洛克提出和讨论的问题。洛克在《人类理解论》里坚持用"符合论"解释实体观念的实在性,断言:"我们所形成的复杂的实体观念,既然完全参照于万物,而且我们原想以它们来表象真正存在的实体,因此,它们所含的各个简单观念必须实在联合在一块,必须是在共存于外物中,然后它们才能成为实在的。它们所含的那些简单观念的集合体,如果并没有实在的联合,如果并不存在于任何实体中,则它们便完全是幻想的。"洛克接着还进而用"人首马身怪物"和"比水还轻的黄金"为例来解说实体观念的非实在性或幻想性。他写道:"你如果说有一个理性的动物,具有人首马身,如人所说的人马怪那样;你如果说有一个物体,色黄、可展、可熔,而又确定,可是比普通的水还轻;……你如果这样说,则你的观念显然是幻想的"(参阅洛克:《人类理解论》上册,关文运译,商务印书馆1981年版,第351—352页)。针对洛克的这样一种"符合论",特别是洛克的关于"实体性事物""只有当它们是存在的时才有实在的观念"的说法,莱布尼茨则强调指出:"但想要相对于存在来说时,我们就几乎无法决定一个观念是不是幻想的,因为那可能的东西,虽然在我们所在的地方和时间,可能过去曾存在过,或可能将来有朝一日会存在,或甚至可能现在就已在另一个世界存在着,或甚至就在我们这个世界中存在着而人们不知道,就像德谟克里特对于银河所具有的观念那样,它已为望远镜所证实;所以,似乎最好是说,可能的观念,只有当人们毫无根据地联上实际存在的观念时才变成幻想的,就像那些自命能找到'哲人之石'的人所做的,或相信有一个半人半马怪物的民族的那些人所做的那样"(同上书,第280页)。

不过,需要指出的是:在当前这段话中,莱布尼茨想要强调的并不是"我心中出现的一座金山或人首马身怪物"的"实在性"(这是后面的文字要处理的),而是"我心中出现的一座金山或人首马身怪物的现象"的"实在性"。不难看出,这是两个不同层次的东西:"我心中出现的一座金山或人首马身怪物"的"实在性"涉及的是我们的意识对象,是一个不仅需要"意义赋予"而且还需要"意义充实"的问题,而"我心中出现的一座金山或人首马身怪物的现象"的"实在性"涉及的则是意识内容,是一个仅仅需要"意义赋予"的问题。换言之,前面一个问题涉及的是"一座金山或人首马身怪物"的"观念存在"和"现实存在",而后一个问题涉及的则仅仅是"一座金山或人首马身怪物"的"观念存在"。

6 角鹰兽,见于意大利诗人阿里奥斯托(Ludovicus Ariostus,1474—1533)的代表作《疯狂的罗兰》。

7 因此,与事实的一致,与过去经验的一致,与他人经验的一致以及藉假设预见之卓有成效,在莱布尼茨看来,都是经验真理的标准。对于他来说,真观念的标志之一即是它的实效,而缺乏实践应用价值的各种符号或性质的结合并不能表达观念。

莱布尼茨将现象之间的一致视作现象实在性的一项重要标准固然有一个认识论和方法论问题,但归根到底是一个本体论问题。因为莱布尼茨之所以能够将现象间的一致视为现象实在性的一个重要标准,其根本理据即在于宇宙万物的普遍一致或普遍和谐。普遍和谐既是莱布尼茨的一个惯常提法,也是他的宇宙论的一项重要内容。在《形而上学谈》第3节中,莱布尼茨就明确地提出了"宇宙的普遍和谐"概念。后来,在《单子论》第87、79节中,莱布尼茨又进一步具体地阐述了宇宙普遍和谐的两种形式,即"在每个自然界域之间,亦即动力因与目的因之间"的"完满的和谐",以及"存在于自然的物理界与神恩的道德界之间"的"完满的和谐"。并且具体指出:"灵魂依据目的因的规律,凭借欲望、目的和手段而活动,形体依据动力因的规律或运动而活动。这两个界域,动力因的界域和目的因的界域,是相互协调的。"事实上,莱布尼茨不仅从宇宙的横向维度对普遍和谐作出了静态的或逻辑的解说,而且还从宇宙的纵向维度对普遍和谐作出了动态的考察,并且因此而提出了"万物协同并发"概念。他在《人类理智新论》的"序言"中写道:"现在孕育着未来,并且满载着过去,一切都在协同并发(如希波克拉底所说的万物协同并发[συμπνοια παντα]),只要有上帝那样能看透一切的眼光,就能在最微末的实体中看出宇宙间事物的整个序列"(莱布尼茨:《人类理智新论》上册,陈修斋译,商务印书馆1982年版,第10页)。在《单子论》第61节中,莱布尼茨不仅重申了这一观点,而且从宇宙充实的角度进一步论证了他的这一观点。他写道:"既然全体是充实的,这就使得全部物质都是连接的。在充实中,所有的运动都按距离的远近对远处物体产生影响。因为每个物体都不仅受到与它相接触的物体的影响,并以某种方式感受到这些物体中所发生的每件事情的影响,而且还以这些事物为媒介,感受到与其所直接接触到的这些事物相接触的那些事物的影响。由此,我们可以得出结论说,物体影响的这样一种传递可以一直达到任何遥远的距离。这样一来,每个物体便都受到宇宙中所发生的每件事情的影响,以至于一个人若能看到一切,他便因此而能在每个事物身上看到每个地方发生的事情,而且,他甚至还能够看到过去曾经发生过的事情以及将要发生的事情,能在当下即观察到在时间上和空间上都甚为遥远的事情。希波克拉底曾经说过:'万物协同并发'。"

8 与"似真非真"相对应的英文单词是 apparent,相对应的拉丁词是 apparentia。英文单词 apparent 的基本含义为"显然的"、"明白的"、"可见的"、"外表上的"和"似乎的"。拉丁词 apparentia 的基本含义为"外观"、"明观"和"假象"。因此,倘若我们将其译作"假象",亦未尝不可。

9 莱布尼茨这里所说的"我们必须承认迄今为止所提供的有关实在现象的各种标准"主要涉及三个方面的内容:(1)来自现象本身的标准(现象的生动鲜明与内在一致);(2)来自诸现象横向维度的标准(亦即来自诸现象空间维度或逻辑维度的连贯一致);(3)来自诸现象纵向维度的标准(亦即来自诸现象时间维度的连贯一致)。

10 莱布尼茨将知识区分为三类:(1)直觉知识;(2)推证知识;(3)感性知识。直觉知识是具有最高确定性等级的知识。通过直觉,我们能够认识到各种"原初真理"或"原始真理":其中一种为原初理性真理(亦即莱布尼茨所谓同一真理),一种为原初事实真理(如我思故我在等)。直觉知识或直觉真理的最根本特征在于它们是"无需"也"不能"用"某种更确实可靠的东西来证明"的知识或真理。推证知识或推证真理是那种需要通过推理加以证明的知识和真理。这种知识或真理以直觉知识或直觉真理为前提,具有逻辑的或几何学的必然性,不过它们所具有的确定性在一般情况下往往低于直觉知识或直觉真理。感性知识是那种关于我们之外的有限存在物的特殊存在的知识。"在感觉对象方面的真正的标准,是现象间的联系,也就是在不同的地点和时间,在不同的人的经验中所发生者之间的联系"(莱布尼茨:《人类理智新论》下册,陈修斋译,商务印书馆 1982 年版,第 429 页)。莱布尼茨也将推证知识称作理性真理,将感性知识称作事实真理,认为我们藉推证所获得的理性真理具有必然性,而我们藉感觉获得的感性知识则只具有偶然性或盖然性。

盖然性或概然性也有不同的等级。洛克在《人类理解论》第 4 卷第 16 章"论同意的各种等级"中专门讨论了盖然性的等级。按照他的理解,我们的同意可分为下述几个等级:(1)"确信";(2)"信赖";(3)"坚决的信念";(4)"相信";(5)"猜测";(6)"怀疑";(7)"不定";(8)"不信"(参阅洛克:《人类理解论》下册,关文运译,商务印书馆 1981 年版,第 658—661 页)。他还断言我们所确信的盖然性"几乎上升到确实性",从而是"第一等最高度的盖然性"。他写道:"任何特殊的事物,如果在相似的情形下,都同我们和他人的恒常经验相符,而且凡提到它的人都有互相契合的各种报告来证明它,则我们便容易接受它,并且能稳固地在其上有所建立,正如它是确定的知识似的。在这里,我们便可以毫无疑义地根据它来推论,来实行,正如它是完全的推证一样"(同上书,第 658—659 页)。莱布尼茨虽然大体认同洛克对"盖然性—同意"等级的划分,尤其是认同洛克关于确信为第一等盖然性—同意的意见,但在处理确信与推证的关系上却持不同的立场:与洛克强调确信与推证的"相似"不同,莱布尼茨强调的则是它们之间的"相别"。他在本文中之所以强调即使"最高等级的盖然性"也非"推证",即是谓此。其理据显然在于,在莱布尼茨看来,凡推证的知识都具有必然性,凡感性的知识都只具有偶然性或盖然性,最高等级的盖然性无非是最高等级的偶然性,从而也不具有必然性(形而上学的或几何学的必然性)。

11 莱布尼茨所谓由现象本身或诸现象之间的连贯一致所证明的现象的实在性只具有"道德的确定性",是说这样一种知识虽然也具有一定的确定性和可信性,但却终究达不到数学所具有的那样一种绝对的无条件的必然性,而只具有一种偶然性,尽管所具有的是一种具有一定程度确定性的偶然性。

12 对"必定存在有一个理由,来解说我们自己何以存在而不是不存在"这个说法,有两点值得注意。

首先,莱布尼茨在这里讲的不是我们自己的"存在",而是"我们自己何以存在而不是不存在"。前者关涉的是一个"事实判断",一个关于我们是否存在的判断;而后者关涉的则是一个关系判断,一个关于因果关系的判断,一个关于我们自己存在的原因或理由的判断。

其次,莱布尼茨对于"我们自己何以存在而不是不存在"理由的这样一种探究或追溯所体现或依据的实际上即是他的充足理由律。充足理由律是莱布尼茨首创且为他自己经常运用的一项重要原则。早在1675年,莱布尼茨就在致傅歇的一封信中事实上提出了充足理由律,并从充足理由律的高度论证了他的实体学说。他写道:"既然经历一些变化这样一种事情并非由这件事物本身自行决定的,而是由他物决定的,我们便不能在不言说公认为没有任何理由的某种东西的情况下,将任何一种变化归诸某物,……在我们之外,便必定存在有某个原因导致我们思想发生这种变化。而且,既然我们同意这样一种变化也有一些次要等级的原因,而这些原因依然需要一个原因,则我们便必须建立起我们将某种活动可以归因的特殊起点或实体,也就是说,由这些起点或实体的变化,我们想到我们身上会发生一些变化"(G. W. Leibniz, *Die philosophischen Schriften* 1, Herausgegeben von C. I. Gerhardt, Hildesheim: Georg Olms Verlag, 1875, p. 372)。1686年,在《真理的本性》一文中,莱布尼茨不仅将充足理由律称作"最有用的公理",而且还对其作出了经典的表述:"没有任何一件事情会在得不到其为何应当存在而不是不存在的理由的情况下发生"(见前文)。在1686年7月14日致阿尔诺的信中,他又将充足理由律与矛盾律相提并论,将其视为两条形而上学的"基本真理"之一(《莱布尼茨早期形而上学文集》,段德智、陈修斋、桑靖宇译,商务印书馆2017年版,第148—149页)。后来,莱布尼茨在《论万物的终极根源》(1697年)、致索菲·夏洛特的一封信(1702年)、《理由原则的形而上学推论》(1712年)、《以理性为基础的自然与神恩的原则》(1714年)、《单子论》(1714年)与莱布尼茨致克拉克的第四封信和第五封信(1716年)中不仅反复重申了充足理由律,而且还将其视为一条"几乎没人用过的伟大原则",构成了他的

"整个哲学的最好部分"。

13 我们知道,笛卡尔藉"我思故我在"先于莱布尼茨讨论了自我的存在,但莱布尼茨在这个问题上似乎比笛卡尔向前走得更远。一方面,莱布尼茨不仅像笛卡尔那样,藉反思或直觉讨论并解释了自我的存在,而且还藉他的充足理由律,讨论并阐释了自我存在的更深层的原因或理由。另一方面,莱布尼茨还藉他的普遍联系和普遍和谐的思想,讨论和阐释了"他我"(其他心灵)的存在。

事实上,"他我"对于任何一个主张自主自足的自我存在的哲学家来说,都是一个不能回避的问题。莱布尼茨超越其同时代哲学家的地方正在于他不仅没有回避这一问题,而且还依据他的哲学的基本原理作出了顺理成章的解释。同时,他也不像胡塞尔那样,将他我简单地理解为自我藉类比和移情而实施的一种主观投射或构建,而是将他我理解成与自我一样的心灵存在,从而避免了胡塞尔的主观主义现象学路线。

14 莱布尼茨在这里想要告诉我们,包括我们在内的万物存在的充足理由即是上帝。强调上帝乃万物存在的充足理由或终极理由是莱布尼茨的一个一以贯之的根本思想。例如,在《论万物的终极根源》(1697 年)一文中,莱布尼茨写道:"除了世界,亦即除了有限事物的集合之外,还存在有统治着这个世界的某个独一存在,……这个统治着宇宙的独一存在不仅统治世界,而且还塑造或创造这个世界。他高于这个世界,可以说是超越这个世界,从而是事物的终极理由。因为在任何一个个体事物中,甚至在事物的整个集合或序列中,我们都找不到事物何以存在的充足理由"(《莱布尼茨早期形而上学文集》,段德智、陈修斋、桑靖宇译,商务印书馆 2017 年版,第 353 页)。在《以理性为基础的自然与神恩的原则》(1714 年)第 8 节中,莱布尼茨又进一步明确指出:"这个宇宙存在的充足理由,在偶然事物的系列中,是不可能发现的,……因此,这种无需任何别的理由的充足理由,便必定在这一偶然事物的系列之外,从而必定在作为其原因的实体中发现,这样的实体乃一必然存在,自身即具有其存在的理由。否则,我们便会永远找不到我们得以终止这一事物系列的充足理由。而万物得以存在的这一终极理由即被称作上帝。"从这个意义上,我们可以说,充足理由律本身即是莱布尼茨关于上帝存在的一种宇宙论证明,尽管我们也同样有理由将其称作上帝存在的一种本体论证明(参阅罗素:《对莱布尼茨哲学的批评性解释》,段德智、张传有、陈家琪译,陈修斋、段德智校,商务印书馆 2000 年版,第 210—211 页)。

15 从表层现象到内在本质,从物体的第二性质到物体的第一性质再到"活动和被动的力",正乃莱布尼茨物体哲学或有形实体学说生成的进路。不过更具体地说,即使"活动和被动的力"也含有两个层次,这就是"派生的活动和被动的力"和"原初的活动和被动的力"。其中,即使"派生的活动和被动的力",真正说来,也是现象层面的东西,唯有"原初的活动和被动的力"才构成本体论层面的内容。这样,莱布尼茨的物体哲学或有形实体学说便具有下述四个层面的内容:(1)第二性质(光、热、色等感性性质);(2)第一性质(物体的运动、形状和广延等);(3)"派生的活动和被动的力"(力学);(4)"原初的活动和被动的力"(本体论或形而上学)。参阅莱布尼茨:《动力学样本》(1695 年)(G. W. Leibniz: *Philosophical Essays*,edited and translated by Roger Ariew and Daniel Garber, Hachett Publishing Company, 1989, pp. 117 – 138)。

此外,在这里,莱布尼茨继承和发展了亚里士多德的"质型论"(hylemorphism,其中 hyle 表示质料,morphe 表示形式),将第二性质、第一性质、派生的被动的力和原初的被动的力视为有形实体的质料,而将活动的力,尤其是原初的活动的力视为有形实体的形式。

16 提请读者注意,莱布尼茨这里所说的"形而上学的质料",或"原初质料",乃单子或个体实体的一个方面,而非复合物体的一个方面。

莱布尼茨在《动力学样本》(1695 年)中从"受动的力"的角度对这两种质料的关系作出过比较明确的界定。在莱布尼茨看来,"形而上学的质料"作为"原初质料"实际上是一种"原初的受动的力",而"物体的质料",作为一种"次级质料",实际上是一种"派生的受动的力"。他写道:"受动的力(passive force)也有两种:原初的受动的力和派生的受动的力。原初的遭受或抵抗的力,如果正确解释的话,构成了经院学者称之为原初质料(materia prima)的那种东西本身。它使一个物体不为另一个物体所穿透,而与它的障碍相对立,同时又可以说具有一种惰性,或者说对运动具有一种抵触,从而在不以某种方式冲破作用于它的物体的力的情况下并不允许它自身开始运动。因此,派生的遭受的力其后以各种不同的方式在次级质料(secondary matter)中将自身显示出来"(Leibniz: *Philosophical Papers and Letters*, translated and edited by Leroy E. Loemker, D. Reidel Publishing Company, 1969, p. 437)。

从西方哲学史的角度看问题,莱布尼茨的"原初质料"大体类似于托马斯·阿奎那的"原初质料",他的"次级质料"则大体类似于托马斯·阿奎那的"特指质料"(materia signata)。在托马斯·阿奎那看来,特指质料既有别于原初质料,也有别于泛指质料。因为特指质料关涉的并非一个抽象概念,而是一种个体实存,是一种"有限定的维度的质料"。托马斯解释说:"这种质料并不是被安置在人之为人的定义中,而是被安置在苏格拉底的定义中,如果苏格拉底有定义的话,事情就是如此。然而,被安置在人的定义中的是一种泛指质料。因为在人的定义里所安置的,并不是这根骨头和这块肌肉(hoc os et haeccaro),而只是绝对的骨和肉(os et haec caro absolute),而这种绝对的骨和肉正是人的泛指质料。"这就是说,在托马斯看来,尽管与作为逻辑概念的原初质料相比,泛指质料对实存的个体事物也有所指,但它毕竟只是一种抽象概念,不能像特指质料那样构成实存的个体事物的特殊本质,不能用来述说个别实体或"个体的人"(参阅段德智、赵敦华:《试论阿奎那特指质料学说的变革性质及其神哲学意义》,《世界宗教研究》2006 年第 4 期。也请参阅段德智:《中世纪哲学研究》,人民出版社 2013 年版,第 166—176 页)。鉴于莱布尼茨的"次级质料"的含义与阿奎那的不尽相同,为区别计,我们有时也将其译作"次级物质"。

在西方哲学史上,单子的原初质料(乃单子的静态的、性质的方面)与物体的原初质料(即广延和惰性)的关系问题乃一个有争议的问题。

17 从实体的认识能力(表象能力)来审视实体的质型结构是莱布尼茨认识论的一项重要规定性,也是近代西方哲学的一项重要特征。例如,笛卡尔的"我思故我在"就是从我们心灵的认识活动来审视和确定我们心灵的存在的。再如,斯宾诺莎将实体规定为"在自身内并通过自身而被认识的东西"(斯宾诺莎:《伦理学》,贺麟译,商务印书馆 1981 年版,第 3 页),也同样体现了从认识论到本体论的理论进路。正因为如此,莱布尼茨在《单子论》第 17 节中,曾经明确地将知觉或知觉的变化视为单子的基本规定性:"在单纯实体中所能找到的也只有这个,也就是说,只有知觉和知觉的变化。各个单纯实体的所有内在活动也只能在于此。"

但在古代,例如,在亚里士多德那里,本体论问题则构成哲学的首要问题。正因为如此,亚里士多德将"研究所是的东西"的"学问"称作"第一哲学"(亦即后人所谓"形而上学"),而且还明确地将"所是的东西"(其基本含义为"其所是"和"这一个")说成是"第一实体"(亚里士多德:《形而上学》,1031b 19—21;1032a 5—6)。这就显然将本体论放到了哲学的首位。至近代,随着新兴自然科学的兴起,特别是随着近代实验科学的兴起,认识论逐步取代本体论成了哲学的首要问题。西方近代哲学最初以英国经验论和大陆理性论命名这样一个基本事实,便是近代西方哲学中心从本体论向认识论转移的一项重要表征。

但我们也不能因此而将近代西方哲学中心的转移这个说法绝对化。因为在许多情况下,近代西方哲学家,特别是西方近代理性主义哲学家虽然突出地考察了认识论,但并未因此而拒斥本体论(尽管英国经验主义哲学家有拒斥本体论和形而上学的倾向,而且这样一种倾向在其发展过程中愈演愈烈)。例如,在莱布尼茨看来,除上帝外,所有的实体之所以都具有质料,在知觉和表象宇宙万物时,也都程度不同具有"混乱"的表象或知觉,究其深层原因,正在于所有这些实体都具有形体,都是有形实体,都具有原初的和派生的被动的力。这也明白无误地说明,在莱布尼茨这里,认识论与本体论其实是一种互存互动的关系。

论洛克先生的《人类理解论》¹

在洛克先生《人类理解论》(sur l'entendrement de l'homme)和《教育论》²(sur l'éducation)给予我们的诸多教益中,我发现有许多内容都显示了他过人的睿智。我把这个问题看得如此重要,以至于我曾想到:我不应该把我应该用来阅读这种有益读物的时间竟然无目的地白白花费掉。由于我自己也曾深思过我们知识的基础(les fondements de nos connoissances)这个题目,就越发感到如此。这就是我要写下在阅读《理解论》时曾经出现过的一些思考的缘由。

在所有的学术研究中,没有比这个题目更加重要的了,因为它是理解和解决所有其他问题的关键(la clef de toutes les autres)。³《理解论》第一卷首先研究那些被说成是与生俱来的原则(les principes qu'on dit estre nés avec nous)。⁴ 洛克先生不赞成这些原则,这和他不赞成天赋观念(ideas innatas)没有什么两样。在这个问题上,他无疑有充分的理由反对流行的偏见,因为观念和原则的名称一向被肆无忌惮地滥用。哲学家们一般都根据幻想大而化之地构建各自的原则;而那些以精细自称的笛卡尔主义者,也仍然隐藏在所谓广延、物质和灵魂的观念的背后,希望以下述口实来规避证明他们所提出的各种观念或原则的必要性,这就是:那些愿意对这些观念进行沉思的人会在他们心中发现和他们一样的观念或原则。这就是说,那些使自己习惯于他们的行话和思想方式(s'accounumeront à leur jargon et à leur manière de penser)的人将会具有同样一些成见(les même preventions),这倒是真的。[5]

而我的观点是:除了经验和同一律(les expériences et l'Axiome de l'identicité)或矛盾律(它们其实是一回事)外,没有什么东西堪称第一原则(principe primitif)。同一律肯定是原初的。因为不然的话,真理和谬误就会毫无二致;而倘若是与非是一回事的话,则一切研究都会因此而立即终止。只要我们想要进行推理,我们就不能不使我们自己预设这项原则。所有别的真理都是可推证的。我给欧几里得[6]的方法以高度评价。欧几里得并不止步于为人们所假定的所谓的观念充分证明了的东西上,而是对例如三角形中的一边永远小于其他两边的和进行了推证。然而,如果欧几里得之把某些公理视为当然正确,并不是由于把它们看作似乎是真正原初的和不可推证的,而是由于如果他想要仅仅在对这些原则作精确讨论之后才来得出他的结论,那他就会停顿下来无法前进。这样,他就判定下面的做法是适当的,这就是:满足于把这些证明推进到为数不多的命题为止,以便可以说:如果这些命题是真的,则他所说的所有其他命题也都是真的。他把进一步推证这些原则本身的任务留给了别人,此外,这些原则也已经为经验所证实;但是,就这些问题而言,我们对这一点是不满足的。这就是阿波罗尼奥斯[7]、普罗克洛斯[8]和别的一些人曾经不辞辛苦地推证欧几里得的几条公理的缘由。哲学家们应当仿效这种传统方法,以求最后达到某些确定不移的原则,即便依我刚才指出的那种方法,它们只是临时的(provisionnels)。

　　至于观念,我已经在刊印于莱比锡的《学术年鉴》1684年11月号上题为《关于认识、真理和观念的沉思》(*Meditationes de Cognitione，Veritate，et Ideis*)的一篇短论[9]中作了一些说明,希望洛克先生看看并对它作一些研究。因为我属于那类最温顺的人,而且,没有什么比有识之士的考察和建议更能促进我们的思想。只要这些建议是以慎重和诚意的态度作出的,情况就每每如此。在此,我只是说,真观念或实在观念(les idées vrayes ou réeles)就是那些我们确信其实现是可能的,而另外一些则是可疑的,或是(在被证明为不可能的情况下)怪诞的。而观念的这种可能性通过推证,通过利用其他更简单的观念的可能性而获得先天证明(a priori par des demonstrationes),就如通过经验获得后天证明(a posteriori par les experiences)一样,因为凡存在的东西就不能不是可能的。不过,原初的观念就是那些其可能性为不可推证的观念,而且原初的观念实际上不是别的,无非是上帝的属性(les attributes de Dieu)。

　　我看不出是否有与生俱来的观念和真理这个问题对于思维艺术(l'art de penser)的开端或实践是绝对必要的。不论它们全部来自我们的外部还是全部来自我们自身,只要我们遵守如上所述的那些办法,并且井然有序地、毫无偏见地做下去,我们就能正确地进行推理。而我们的观念及准则的起源,并不是哲学上首先要解决的问题。[10] 因为为要解决这个问题,我们就须先行取得很大的进展才行。然而,我认为,我能够说:我们的观念,甚至那些可感事物的观念,都来自我们自己的灵魂内部。根据我曾发表过的关于实体的本性和联系以及称作灵魂与身体的结合的见解,[11]你便能够更好地判断上述观点。因为我发现,这些思想并未得到很好的理解。我一点也不赞成亚里士多德的白板说(la Tabula rasa),而在柏拉图称作的回忆说(la reminiscence)中,倒是有某种实实在在的东西,甚至还有更多的东西。[12]因为我们不仅可以回忆我们过去的全部思想,而且还可以预感到我们全部未来的思想。的确,这些观念在我们的心灵中是混乱的,我们的心灵是不能把它们区别开来的。这种混乱就如同我们听到海洋的声音时一样:我们听到的是由所有个别波浪的声音组合而成的作为整体的声音,我们虽然混乱地听到了构成这海洋声音的所有的波浪,但是我们却分辨不出其中的这个波浪与那个波浪。[13]事情在一定意义上确实如此:如我已经说过的,不仅我们的观念,而且我们的感觉,都是从我们自己的心灵内部产生出来的;[14]而灵魂比思想更加独立不倚,尽管其中所发生的事物确实永远没有什么是不被决定的,在受造物中也找不到什么东西不是上帝持续创造的。

《理解论》第二卷进而讨论了观念的种种细节。毋庸讳言,洛克先生提出的用来证明灵魂有时不思想任何东西而存在的理由,看来并不能使我折服,除非他把思想这个词仅仅给与显著得足以识别和保留的那些知觉。我认为,灵魂(甚至身体)是决不会不活动的,因而灵魂是决不会无知觉的,即便在无梦的睡眠状态中,我们也对我们所在的地点有混乱的和迟钝的感觉,对其他东西也有类似的感觉。[15]而且,即使经验没有进一步证实这个看法,我也还是相信:它是可以推证的。我们同样不能用经验绝对地证明在空间中是否有虚空(de vide),物质是否是静止的。尽管如此,这类问题在我看来,也和在洛克先生看来一样,都是可用推证的方式确定的。

我承认,洛克提出的物质与空间之间的差异是很有道理的。[16] 但是,至于虚空,很多有识之士都曾相信过,洛克先生也是属于他们之列的。我自己也曾几乎为它们所动。但是,很早以前,我就放弃了这种观点。[17] 无与伦比的惠更斯[18] 先生,也曾赞成过虚空和原子,但到最后他也思考起我的理由来了,他的信件可以为证。洛克使用的虚空源于运动的证明,他假定物体原本是坚实的,并且是由一定数量的不可改变的部分组合而成的。因为在这种情况下,无论断定多少有限数量的原子,运动都确实不能没有虚空而发生。但是,凡物质的部分都是可分的,甚至是能够接受变化的。[19]

第二卷中还有引起我注意的其他一些问题。例如,当说到无限仅仅属于空间、时间和数目时(见第 17 章),就是这样。[20] 其实,我同洛克先生一样认为:严格地讲,我们可以说没有什么空间、时间和数目是无限的。因为一空间、时间或数目无论怎样大,都确定无疑地永无止境地有比它更大的空间、时间或数目。因此,在由部分组成的总体中就找不到真正的无限。不过,真正的无限却依然能够在别处找到,即能够在绝对中找到,它是没有部分的,是能够影响复合物的,因为各种复合物都是从对这绝对的限制产生出来的。[21] 因此,这种积极无限(l'infini positif)不是别的,只能是这绝对。在这个意义上,可以说有关于无限的积极观念(une idée positive de l'infini),并且它先于有限的观念。[22] 至于在其他方面,我在否定合成无限(un infini composé)的同时,并不否认几何学家们关于无限序列(Seriebus infinites)的推证,特别是牛顿先生给我们作出的卓越的推证,更不用说我自己在这个科目上的贡献了。

　　至于关于完全观念(ideis adaequalis)所说的,可以容许给这个术语一个令人感到合适的含义。然而,我并不是挑剔洛克先生的错误,只是把程度(degrees)放进观念中(即认为观念有程度之别),据此我把那些其中没有更多东西需要解释的观念称作完全的观念,就像在数目上那样。而所有关于感觉性质的观念,如关于光、色、热的观念,既然并不具有这种本性,我就认为它们并不在完全观念之列。[23] 所以,不是通过它们自身,也不是先天地,而是通过经验,我们才能认识它们的实在性或可能性。

　　在洛克论述语词或名辞的第三卷中,有更多很好的见解。一切事物都是不能定义的,感觉性质(les qualités sensibles)并无名义定义(definition nominale),这些都是很对的。因此,在这个意义上,它们可以被称作是原初的;但是,它们依然能够得到一种实在定义(definition réelle)。在前面引证的《沉思》(la méditation)里,我已经说明这两种定义之间的区别。名义定义用事物的标志来解释名称;而实在定义则使人先天地知道所定义的事物的可能性。[24] 此外,我还热烈地称颂洛克先生关于道德真理可推证性(la démonstrabilité des vérités morales)的学说。

　　第四卷或最后一卷,论述了有关真理的知识,指出了刚才说到的那些思想的用处。我在其中,也如在上述各卷中一样,发现了无数绝妙的思考。要对这些思考作出合宜的评论,就得写一部同这部著作本身同样篇幅的著作才行。在我看来,公理在其中得到的尊重要比它们理应得到的为少。[25] 这方面的表层理由是:除数学公理外,我们通常找不到任何重要的和坚实的公理。我曾努力弥补这一不足。我并不藐视同一性命题,而是发现:即使在分析中,它们也有很大的用处。通过直觉,我们知道我们自己的存在,通过推证,我们知道上帝的存在,这是完全真实的。一个其部分没有知觉的物质团块,并不能造成一个能思想的整体。我并不藐视若干世纪以前坎特伯雷大主教安瑟尔谟[26]所发明的那个证明完满存在必定存在的推证。尽管我发现这个推证缺点什么东西,因为它假定了完满的存是可能的。倘若对这一点另加证明的话,这整个推证就会是完美无缺的。[27]

至于其他方面的知识,说单靠经验并不足以造成物理学的充分进展,这也说得很好。一个灵敏的心灵从一些十分普通的经验中得出的结论,会比另外一个人从最上乘的东西中得出的为多。此外,还有一种对自然进行实验以及可以说是进行询问的艺术。然而,永远确实的是:我们只能在物理学的细节上取得与我们的经验相应的进展。[28]

我们的作者与很多有才能的人都持一种看法,认为逻辑形式(la forme des Logiciens)用处很小。[29]而我却持完全不同的看法。我常常发现:谬误推理,甚至数学的谬误推理,都是由于逻辑形式的错误所致。惠更斯先生也提出了同样的看法。关于这一点可以说的还有很多。有许多东西之所以受到轻视,是由于我们有能力使用的东西不是由它们所造成的。我们都倾向于轻视我们在学校里学过的东西。我们确实在那里学了很多无用的东西,但发挥一下"扬场"(della Crasca)[30]的职能是合适的,也就是说,要分别开好的东西与坏的东西。

洛克先生能够把这项工作做得和别人同样出色。此外,他把他自己发明的重要思想展现给了我们大家,他的睿智和公正随处可见。由于他在这一版中还增添了一些卓越的内容,[31] 他就不仅是位检测员,而且是一位革新家(Il n'est pas seulement essayeur, mais il est encore transmutateur)。要是他继续把他的卓越思想呈现给公众,我们将受惠更多。

注释

1 《人类理解论》是洛克花了近 20 年才完成的一部鸿篇巨制,不仅是洛克的一部代表作,而且也是英国经验主义的一部代表作,在西方近代哲学史上享有崇高的地位。莱布尼茨称赞它是"当代最美好、最受人推崇的作品之一"(莱布尼茨:《人类理智新论》,上册,陈修斋译,商务印书馆 1982 年版,第 1 页);马克思在《神圣家族》中将其界定为"一部能够把当时的生活实践归结为一个体系并从理论上加以论证的书",即使在欧洲大陆,也像"一位久盼的客人一样受到了热烈的欢迎"(《马克思恩格斯全集》,第 2 卷,人民出版社 1965 年版,第 162 页)。该著 1690 年首次出版,1694 年出了第二版,1695 年出了第三版。1696 年,莱布尼茨在完成《新系统》之后,便集中力量批评性地考察洛克的这部著作。当年,他写下对该著作的初步看法,即本文,并将它转交给《理解论》作者;两年后,即 1698 年,又写下了《反思〈人类理解论〉第一卷的样本》,再次托人转交给洛克。1699 年(一说 1700 年),《人类理解论》第四版问世。该版对原作作了重要修订,特别是新增了《论观念的联合》和《论狂信》两章。针对新增的这两章内容,莱布尼茨于 1700—1701 年间又写出了《关于〈人类理解论〉的一些摘要和评论》。1700 年,《人类理解论》的法文版出版,莱布尼茨在认真研读法文版《人类理解论》的基础上,开始动手写作他的《人类理智新论》,至 1704 年,大体完成了他的这部大部头著作。

本文是莱布尼茨所写的评论洛克《人类理解论》的第一部作品。中译文初稿是译者本人于 20 世纪 80 年代初在陈修斋先生指导下依据 N. Jolley, *Leibniz's Critique of Locke with Special Reference to Metaphysical and Theological themes*, University of Cambridge, 1974, pp. 13 – 19 译出

来的。

在收入本论文集时,译者又参照 G. W. Leibniz, *Die philosophischen Schriften* 5, Herausgegeben von C. I. Gerhardt, Hildesheim: Georg Olms Verlag,1978,pp. 14 – 19 对初稿作出了重要修订。

2 这里所谓《教育论》就是现在市面上流行的《教育漫话》或《教育漫谈》(Some Thoughts Concerning Education)。该著 1693 年出版,由作者在流亡荷兰期间写给友人讨论子女教育的几封信件整理而成。全书的主题是绅士教育,分为三个部分,依序讨论体育(健康教育)、德育(以理智克制欲望)和智育(掌握事业家的知识)。该著很受欢迎。目前在全球至少出版了 120 版以上,不仅有英文本,而且还有法语、意大利语、德语、瑞典语、荷兰语和汉语等 40 多种语言的译本,被公认为可以与卢梭的《爱弥儿》相媲美的世界经典教育名著。《教育漫话》的认识论基础与《人类理解论》完全一致。该著突出地强调了经验在心灵成长中的作用和地位。据此,他特别强调了教育的力量,断言:"小孩子的心灵就如水本身一样,很容易转向这一边或那一边";同时,这也使洛克相对地低估了天生的差异:"我们生而具有几乎能够做一切事情的官能和能力",不仅"在躯体方面如此,在心灵方面也是如此,实践使它成为它所是的那样"。依据这样的思路,达到对教育重要性及其广阔目标的深刻信念:教育必须使人适合于生活——适合于世界,而不是适合于大学;知识教育并未穷尽它,它本质上是一种性格训练(参阅索利:《英国哲学史》,段德智译,陈修斋校,商务印书馆 2017 年版,第 116 页)。

3 莱布尼茨的这一说法显然基于他对西方近代哲学理论特征的判断。总的来说,在古代,西方哲学的中心问题可以说是本体论。古代西方哲学虽然也研究认识论,但对认识论的研究,通常是作为论证本体论的一种方式而隶属于本体论的。只是到了近代,认识论问题才获得了前所未有的地位,变成了日益突出的问题,一跃而成为哲学的主要问题,至少成了哲学的主要问题之一。培根的《新工具》、笛卡尔的《方法谈》、洛克的《人类理解论》、莱布尼茨的《人类理智新论》、巴克莱的《人类知识原理》和休谟的《人类理解研究》等都是近代西方哲学的名著,而近代经验主义和近代理性主义也被视为近代西方哲学的两个基本派别。也正是在这个意义上,莱布尼茨才认为洛克在《人类理解论》中提出的认识论问题涉及近代所有学术研究中最重要的问题。

4 洛克的《人类理解论》分四卷。其中,第一卷为"论天赋观念",第二卷为"论观念",第三卷为"论语词",第四卷为"论知识"。"论天赋观念"一卷含四章。其中第一章为"引论";第二章为"人心中没有天赋的原则";第三章为"没有天赋的实践原则";第四章为"关于思辨的和实践的两种天赋原则的一些其他考虑"。参阅洛克:《人类理解论》上册,关文运译,商务印书馆1981年版,第1—67页。

5 洛克《人类理解论》第一卷的主题在于否定和反对天赋原则,强调我们心中没有任何天赋原则,既没有天赋的思辨原则,也没有天赋的实践原则。而他否定和反对天赋原则的一个重要武器就是批判人们的"普遍同意论"。他写道:"人们以为普遍的同意是一个最大的论证——人们都普遍地承认,有一些思辨的和实践的(因为他们两者都说到)原则,是一切人类所一致承认的,因此,他们就说,这些原则一定是一些恒常的现象,一定是人类心灵在受生之初就必然而切实地受之于天,带到世界上来的,就如他们带来自己任何一种天赋的才具似的。"洛克通过多种论证指出"普遍的同意并不能证明有什么天赋的东西"(同上书,第7页)。莱布尼茨认为既然笛卡尔派把他们自己构建的基本哲学概念和基本哲学原则视为普遍同意的天赋原则,则洛克对天赋原则的否定和批判也同样适用于笛卡尔派。这是因为在莱布尼茨看来,笛卡尔派的物质、广延和灵魂概念都并非任何天赋的真理,而是一些虚妄不实的东西。例如,广延并不是像笛卡尔派所说的那样构成物质实体的本质,反倒是由力和运动派生出来的东西(参阅 G. W. Leibniz, *Die philosophischen Schriften* 7, Herausgegeben von C. I. Gerhardt, Hildesheim: Georg Olms Verlag, 1978, p. 314)。因此就否定人们杜撰出来的种种天赋原则论,莱布尼茨与洛克是站在同一条战线上的。

6 欧几里得的代表作为《几何原本》。全书共分13卷。书中包含了5条"公理"、5条"公设"、23个"定义"和467个"命题"。按照他的这一几何学体系,所有的定理都是从一些确定的、不需证明的基本命题及公理推证或演绎出来的。在这一推证演绎过程中,对定理的每个证明都必须以公理为前提,或者以先前已被证明了的定理为前提,最后得出结论。欧几里得的这种公理化的方法后来成了建立任何知识体系的典范,被奉为必须遵守的严密思维的范例。

7 阿波罗尼奥斯(Apollonius of Perga,约公元前262—前190),古希腊数学家,当时以"大几何学家"闻名于世,其专著《圆锥曲线》是古代科学巨著之一。流传于世的著作除《圆锥曲线》外,还有《比例截割》。其大部分著作均已失传。从他人著作中得知,他的著作还有《论切触》、《论点火镜》、《快速投球法》和《论无序有理数》等。他在《快速投球法》中计算了 π 的近似值,比阿基米德的还要精确;他的《论无序有理数》扩展了由欧多索斯提出并在欧几里得《几何原本》中出现过的无理数理论。

8 普罗克洛斯(Proclus,约公元 410—485),著名的希腊哲学家、天文学家、数学家和数学史家。在哲学方面,他是新柏拉图主义雅典派的主要代表人物之一,著有《神学要义》和《柏拉图神学》等。在数学方面,其最主要的贡献是他写出了《欧几里得〈几何原本〉注释》,该著有许多版本和译本,其标准本为弗里德莱因的校订本,该著阐述了数学与哲学的关系以及数学在哲学上的应用,可以视为史上最早的数学哲学文献;此外,该著还叙述了几何学发展简史,常被称作《普洛克罗斯概要》(Proclus's Summary),列举了大量参考文献,是后世研究希腊数学史的重要原始资料。值得注意的是,他的重要哲学著作《神学要义》就是模仿欧几里得《几何原本》写出来的,其演绎推理的原则是"三重发展律"。首先是与自身同一的"统一体",其次是由统一体活动产生出来的"生成体",最后是生成体返回统一体的"复生体"。其中,统一体包括太一、理智和灵魂,它们是纯粹的、真正的神;生成体包括理智对象、对象和活动的同一,以及理智活动;复生体包括上天世界、内在世界和可感的自然。从一定意义上,我们不妨将其视作古代的斯宾诺莎。在天文学方面,他写过《天文学家的假设》,对托勒密的天文学作了详细的解释。

9 参阅 G. W. Leibniz, *Die philosophischen Schriften* 4, Herausgegeben von C. I. Gerhardt, Hildesheim: Georg Olms Verlag, 2008, pp. 422–426。其中译文见本文集。

10 在如何看待观念起源地位问题上,莱布尼茨与洛克的观点截然不同。对于洛克来说,观念的起源是一个"哲学上首先要解决的问题"。洛克认识论的出发点在于"人心中有各种观念"这样一个心理学事实。从这样一个心理学事实出发,他的哲学工作就是研究"这些观念是如何出现于心中的",这也就是观念的起源问题。至于有关本体论问题,他则不予考虑。他明白无误地宣称:"我的目的既然在探讨人类知识的起源、确定性和范围,以及信仰的、意见的和同意的各种根据和程度,因此,我现在不愿从物理方面来研究心理,不愿费力来研究人心的本质由何成立;不愿研究我们所以凭感官得到感觉,而且理解力所以有了观念,是凭借于元精的某些运动,或身体的某些变化;亦不愿研究那些观念在形成时是否部分地或全体地依靠于物质。……现在我们只考究人的辨别能力在运用它所观察的各种物像时,有什么作用好了"(参阅洛克:《人类理解论》上册,关文运译,商务印书馆1981年版,第1、5—6页)。但在莱布尼茨看来,认识活动中总有个认识的主体问题,既然如此,则为要解决好有关认识问题,我们就必须解决好有关认识主体或实体问题。对于莱布尼茨来说,各种观念无非是作为有形实体或个体实体的认识主体的知觉能力的实现,无非是其知觉活动的一些结果,则为要认识清楚这些观念,我们就必须先行地认识作为认识主体的有形实体或个体实体,也就是说,我们必须从认识论进展到本体论。莱布尼茨所谓为要解决观念的起源问题,"我们就须先行取得很大的进展才行",即是谓此。

11 莱布尼茨在这里指的是他于1695年发表在《学术年鉴》6月号上的《新系统——论实体的本性和交通,简论灵魂和形体之间的联系的新系统》一文。参阅莱布尼茨:《新系统及其说明》,陈修斋译,商务印书馆1999年版,第1—23页。

12 "回忆说"是柏拉图先验认识论的一项基本内容。按照柏拉图的说法,我们的灵魂在进入肉体之前,居住于理念世界之中,对理念早已有了认识。但当灵魂投生到人体以后,由于肉体的玷污,就把它原有的理念知识暂时忘记了,为了重新获得那些原有的知识,就必须经过一段时间的"学习"。而所谓学习,也就是将那些生前已经知道而现在却已经忘记了的知识重新"回忆"起来。他写道:"如果我们在出世前获得了知识,出世时把它丢了,后来又通过使用各种感觉官能重新得到了原来具有的知识,那么,我们称为学习的这个过程,实际上不就是恢复我们固有的知识吗?……那些所谓学习的人后来只不过是回忆,而学习只不过是回忆。"参阅北京大学哲学系外国哲学史教研室编译:《西方哲学原著选读》上卷,商务印书馆1981年版,第81页。

13 莱布尼茨在这里阐释的其实是他的"微知觉"学说。关于微知觉,莱布尼茨在《人类理智新论》中做过相当明确的说明。他写道:"还有千千万万的征象,都使我们断定任何时候在我们心中都有无数的知觉,但是并无察觉和反省;换句话说,灵魂本身之中,有种种变化,是我们察觉不到的,因为这些印象或者是太小而数目太多,或者是过于千篇一律,一直没有什么足以使彼此区别开来;但是和别的印象联结在一起,每一个也仍然都有它的效果,并且在总体中或至少也以混乱的方式使人感觉到它的效果。"参阅莱布尼茨:《人类理智新论》上册,陈修斋译,商务印书馆1982

年版,第8—9页。

14 莱布尼茨这里所说的显然涉及他的个体实体概念或主谓词逻辑。早在1686年,莱布尼茨在《形而上学谈》中就将个体实体界定为:"一个个体实体或一个完全存在(un estre complet)就是具有一个非常全整的概念,以致它足以包含这个概念所属的主词的所有谓词,并且允许由它演绎出这个概念所属的主词的所有谓词"(参阅 G. W. Leibniz, *Die philosophischen Schriften* 4, Herausgegeben von C. I. Gerhardt, Hildesheim: Georg Olms Verlag, 2008, p. 433)。罗素在谈到莱布尼茨的个体实体概念和主谓词逻辑对于莱布尼茨哲学的绝对必要性时,强调指出:"是否凡命题都可以还原为主—谓形式这个问题对于所有的哲学都具有基本的意义,对于那些运用了实体概念的哲学就更其如此了。因为实体概念,如我们将会明白的,是由主项和谓项的逻辑概念派生出来的"(参阅罗素:《对莱布尼茨哲学的批评性解释》,段德智、张传有、陈家琪译,陈修斋、段德智校,商务印书馆2000年版,第13页)。

15 洛克在阐述观念的经验起源时,比较集中地批判了笛卡尔关于"灵魂是一个永远思想的实体"及"心灵永远在思想"的观点。在他看来,知觉并非心灵的本质,而只是它的"一种作用"。因此,我们虽然能够说我们醒时心灵在思想,却不能说我们酣睡时心灵也在思想。因为我们在酣睡时完全缺乏意识和自我意识,而且往往缺乏记忆。这样一来,"如果睡者只思想却不知道自己思想,则人在睡时和醒时,便成了两个人"。如果考虑到莱布尼茨的实体学说和微知觉理论,莱布尼茨不肯苟同洛克的说法便不难理解了。在莱布尼茨看来,我们的灵魂不仅能够进行反思活动,而且能进行感觉活动,不仅能够具有清楚的感觉,而且能具有混乱的知觉,还能具有微知觉。既然如此,否定它永远都能够思想就站不住脚了。而且,在莱布尼茨看来,世上既没有"整体的产生",也没有"严格意义上的完全的死亡",生死只不过是"发展"和"收敛"。既然生死都改变不了我们的灵魂的本性,遑论"醒"、"睡"?还有,按照莱布尼茨的单子论,即使最低级的单子都具有知觉能力,更何况我们人呢?正是基于这样的考量,莱布尼茨明确宣称他同意"笛卡尔派所说的灵魂永远在思想",只是在下列两点上与之不同:(1)动物并非只是一台机器,它们也有"不灭的灵魂";(2)"人和其他一切的灵魂是决不会没有某种身体的"。参阅洛克:《人类理解论》上册,关文运译,商务印书馆1981年版,第72—81页;莱布尼茨:《人类理智新论》上册,陈修斋译,商务印书馆1982年版,第83—91页。

16 物质与空间的同一性与非同一性问题可以说是西方哲学史上一个一直争论不休的问题。德谟克里特既然强调虚空的存在,则他在事实上便否定了物质与空间的同一性。他的这种观点遭到了亚里士多德的反对。亚里士多德从物质与空间的同一性立场出发,不仅强调"事物能够同时互相提供空间",而且还提出了自然厌恶虚空的口号。笛卡尔继承并发展了亚里士多德物质与空间相同一的立场,并且进而用空间或广延来界定物质,强调广延乃物质的本质属性。洛克在《人类理解论》中批评了笛卡尔的观点。洛克承认"广延同物体不可分离"。这是因为"广延观念同一切可见可触的性质完全不可分离,因此,我们在看到或触到任何外界物像时,很少不同时接受了广延印象。人们所以认物体的全部本质就成立于广延,我猜想就是因为广延太容易同别的观念在一块被人注意"。但在洛克看来,广延同物体的不可分离并不能证明它们的"同一性"。他强调说:"人们所以说物体的本质就是广延,有的只是因为他们在判断失误的可能性时,只依据于自己的狭隘粗疏的想象;有的乃是因为他们说,他们离了广延,便不能想象物体的任何可感性。前一种人,我是不同他们讨论的,我只可以同后一种人来研究。我希望他们知道,他们如果能反省自己的滋味和嗅味观念,一如其反省自己的视觉观念同触觉观念一样;而且他们如果能考察自己的饥渴观念,以及别的痛苦观念,则他们一定会看到,那些观念完全不包含广延观念。实在说来,广延观念亦只是感官所发现的物体的一种性质,正同别的性质一样,而我们的感官在这里是难以足够敏锐地洞见事物的纯粹本质的"(洛克:《人类理解论》上册,关文运译,商务印书馆1981年版,第145—146页)。在物质与空间是否具有同一性问题上,莱布尼茨显然是站在洛克一边的。这一方面是因为在莱布尼茨看来,空间只具有相对的性质,另一方面是因为从动力学的立场看问题,物质的根本规定性在于力,在于它本质上只是一种受动的力,归根到底是一种原初的受动的力。正因为如此,莱布尼茨在《发现整个自然惊人奥秘的样本》一文中明确指出:"物体的本质不应当定位于广延及其变形,亦即不应当定位于形状和运动,因为这些都蕴含有某些想象的成分,一如热、颜色以及其他感觉性质。物体的本质仅仅应当定位于作用力和抵抗力,而对于这样一种力,我们是藉理智而不是藉想象知觉到的"(G. W. Leibniz, *Die philosophischen Schriften* 7, Herausgegeben von C. I. Gerhardt, Hildesheim:Georg Olms Verlag,1978,p. 314)。

17 洛克和莱布尼茨虽然都主张物质与空间的非同一性,但二者却得出了不同的结论。洛克由此得出了虚空存在的结论,强调说:"人们既然讨论、研究事实上究竟有无虚空,这就足以证明他们有一个虚空的观念,因为他们如果不曾有'无物体的空间观念',则万不会过问到它的存在。他们的物体观念所包含的,如果不是于赤裸裸的空间观念之外,还另有一些东西,则他们亦不会猜想世界之为实空"(参阅洛克:《人类理解论》上册,关文运译,商务印书馆1981年版,第146页)。而莱布尼茨则从动力学的立场得出了根本不存在虚空的结论。莱布尼茨断言:"在空间和时间中根本不存在任何虚空;离开了力的运动(或者说就其仅仅包含有对大小、形状及其变形的几何学概念的考虑而言)实际上不是任何别的东西,而无非是位置的变化;从而作为现象的运动在于一种纯粹的关系"(参阅 Leibniz: *Philosophical Papers and Letters*, translated and edited by Leroy E. Loemker, D. Reidel Publishing Company, 1969, p. 445)。

18　惠更斯(Christian Huyghens, 1629—1695),荷兰物理学家和天文学家,光的波动理论的创立者,法国科学院的创始人之一。1672年秋季,莱布尼茨在旅居巴黎期间结识惠更斯,此后两人成为挚友。

19　在《人类理解论》中,洛克为了论证虚空的存在而提供了三项证明:(1)"在物体的极限以外,定有虚空";(2)"毁灭的能力可以证明有个虚空";(3)"运动可以证明虚空"(参阅洛克:《人类理解论》上册,关文运译,商务印书馆1981年版,第143—145页)。关于第三项证明,洛克论证说:"物体所分成的最小分子如果同芥子一样大,而且物体分化后那些分子如果要在各表层的范围以内自由运动,则他们必须要有和芥子体积同样大的虚空才行,同样,物体的分子纵然小于芥子万万倍,它们亦必须要有小于芥子万万倍的无物体的虚空才能运动。……这种虚空无论小至如何程度,它总会把实空的假设取消了"(同上书,第145页)。莱布尼茨则以物质的无限可分性和流动性予以回击。莱布尼茨在《人类理智新论》中写道:"的确,要是世界上充满了坚硬的微粒,它们既不能屈缩让位又不能分割,就像人们所描述的原子那样,那么运动就是不可能的。但实际上并没有根本的坚硬性;相反,流动性倒是根本的,而物体是可以随着需要分割开的,因为没有什么能阻止它的被分割。这就把那从运动得出虚空的论证的全部力量都剥夺了"(参阅莱布尼茨:《人类理智新论》上册,陈修斋译,商务印书馆1982年版,第133页)。总之,与洛克主张空间的绝对性相反,莱布尼茨强调空间的相对性,把空间理解为物体之间的一种关系或秩序,从而根本否认虚空的可能性。这一点在他后来同克拉克的论战中得到了进一步的发挥(参阅《莱布尼茨与克拉克论战书信集》,陈修斋译,商务印书馆1996年版,第18页)。

20 洛克强调"无限的本义原是应用在空间、绵延和数目上的"。他写道:"在我看来,所谓有限与无限,人心只当它做数量的两种情状,而且它们原来只应用于有部分的事物上,只应用于可以增减的事物上。属于这类的事物,就如……空间观念、绵延观念和数目观念;它们都是可以跟着极小分子的增减而增减的。"参阅洛克:《人类理解论》上册,关文运译,商务印书馆1981年版,第178页。

21 针对洛克将无限规定为广延和绵延的样态或情状的观点,莱布尼茨反驳说:"我并没有发现已经确立了这一点:凡是有大小和多少的地方,就会产生关于有限和无限的考虑。而真正的无限并不是一种样态,它是绝对;相反地,一旦加之以样态,就是加了限制,或使之成为一个有限的东西了。"参阅莱布尼茨:《人类理智新论》上册,陈修斋译,商务印书馆1982年版,第141页。

22 洛克从经验论的立场出发,否定我们对"无限"能够具有"积极的观念"。他写道:"数目的无限性只是在于人们有一种能力可以任意把任何单位的集合体加在以前的数目上;在空间和绵延的无限性方面,亦是一样,亦是因为人心有一种能力来无限地在其空处一直往前增加。……我们所有的任何积极的空间观念或绵延观念,无一不是由呎、码、日、年等重复的数目所构成的,无一不是可以归还于这些单位的,因为它们是我们心中所能观念到的公共尺度,而且我们要根据它们来判断那些数量的大小"(参阅洛克:《人类理解论》上册,关文运译,商务印书馆1981年版,第185—186页)。与此相反,莱布尼茨从唯理论的立场出发,强调我们能够具有积极的观念。他写道:"我认为我们对于这两者都有一个积极的观念,并且这个观念是真的,只要我们不把它设想为一个无限的全体,而是设想为绝对,或没有限制的属性,它在永恒性方面来说是在上帝存在的必然性中的,不是依赖于部分,也不是通过时间的相加形成这种概念"(参阅莱布尼茨:《人类理智新论》上册,陈修斋译,商务印书馆1982年版,第143—144页)。

23 洛克从反映论的角度将观念区分为"完全的观念"和"不完全的观念"。他将完全的观念界定为"完全表象着人心所假设的那些观念的原型"的观念,而将不完全的观念界定为"只是部分地、不完全地表象它们所参考的那些原型"的观念(参阅洛克:《人类理解论》上册,关文运译,商务印书馆1981年版,第352页)。莱布尼茨则从观念论的立场来区分这两类观念。他将完全的观念界定为"其一切成分都是清楚的"观念,也就是他所谓"完全清楚的观念";而将不完全的观念界定为"并非其一切成分都是清楚的"观念。他举例说:一个数的观念就有可能是一个完全的观念;而金子的观念则可能是一个不完全的观念。因为当我们说金子是一种能抵得住冶炼和硝镪水的作用的金属时,我们可以说对金子具有了一个清楚的观念,但由于我们对冶炼和硝镪水的本性往往缺乏清楚的认识,从而我们的金子观念就是不完全的或不完满的(参阅莱布尼茨:《人类理智新论》上册,陈修斋译,商务印书馆1982年版,第281—282页)。

24 "名义定义"与"实在定义"的说法实际上是依照我们对本质的理解区分开来的。洛克从经验论的立场出发,将本质理解为"可感性质所依托的""事物的内在组织"。但经院哲学因为忙于探究并辩论事类和物种的缘故,而将本质一词几乎完全用于"类"和"种"的"人为组织"。洛克将前一种本质称作"实在本质",而将后一种本质称作"名义本质"(参阅洛克:《人类理解论》下册,关文运译,商务印书馆1981年版,第398—399页)。与此相应,就有了"实在定义"和"名义定义"的说法。莱布尼茨则从可能性与现实性、本质与存在的关系来界定本质,强调指出:"本质归根到底不是别的,无非是人们所提出的东西的可能性"(莱布尼茨:《人类理智新论》下册,陈修斋译,商务印书馆1982年版,第318页)。也请参阅他在《关于认识、真理和观念的沉思》中关于名义定义和实在定义的有关论述。

25 在《人类理解论》第四卷第7章中,洛克专门讨论了公理问题。他明白表示,公理对我们的别的知识并无什么"大的影响"。其原因在于:(1)"它们不是我们首先认识的真理";(2)"我们知识的别的部分并不依靠于它们"。"各种公理的实在用途"主要在于两点:(1)"在已经达到的科学范围内,我们如果用普通方法把科学教人,则这些公理是有用的;不过我们想要促进科学,则这些公理是没有什么用处的";(2)"在争辩中,我们可用它们来平息固执的争论者,并且使那些争论得到一个结束"。但洛克强调说,公理并不合乎下述用途:(1)它们"并不能用以证实或证明概括性较小的自明命题";(2)"它们不是,而且也不曾是任何已成的科学的基础";(3)"它们并不能帮助人们来推进科学,或发现未知的真理"(参阅洛克:《人类理解论》下册,关文运译,商务印书馆1981年版,第589—595页)。与之不同,莱布尼茨则特别注重公理的认识论意义和价值。在他看来,离开了同一性命题或同一性原则,我们便不可能具有任何形式的必然真理或推理真理。莱布尼茨认为公理的一个重要用途恰恰在于它们能够证明"一切次级的公理",从而能够建立和推进科学。他强调说:公理对于其他知识是"非常有用并且甚至是很重要的"。他举例说:"对我们通常所用的一切次级的公理都加以证明将是很重要的,办法就是把它们还原为原初的公理或直接的和不可证明的公理,这些我最近在别处称之为同一性命题。""几何学无疑就是一门这样的科学。欧几里得在证明中就明确地用了公理,……在几何学中也不能不用那些同一性的公理,例如矛盾律和那种导致不可能的证明法"(参阅莱布尼茨:《人类理智新论》下册,陈修斋译,商务印书馆1982年版,第472—483页)。

26 安瑟尔谟在《宣讲篇》里提出过著名的关于上帝存在的本体论证明。所谓本体论证明,按照康德的说法,是一种仅仅依赖于概念的分析而不依赖于经验事实的证明。在安瑟尔谟看来,既然人人都有上帝的观念,只要我们厘清上帝观念的意义,我们就能够理解上帝必然存在的道理。那么,上帝观念的意义究竟何在呢?这就是上帝是一个无与伦比的伟大的东西。因此由这样一个观念,我们便能够推证出上帝必然存在。其推证过程如下:(1)大前提:"被设想为无与伦比的伟大的东西不仅存在于思想之中,而且也在实际上存在";(2)小前提:"上帝是一个被设想为无与伦比的伟大的东西";(3)结论:"上帝在实际上存在"。安瑟尔谟证明上帝存在的这样一种方式从一开始就遭到了人们的反对。当时,法国僧侣高尼罗就写过一篇题为《就安瑟尔谟的论辩为愚人辩》,用一个更完满的岛屿的观念并不能保证它的存在来说明对上帝进行本体论证明的人如果不是在开玩笑,就是一个真正的愚人。安瑟尔谟关于上帝存在的本体论证明不仅遭到了高尼罗的嘲笑,而且也遭到了托马斯的否定和批驳。托马斯指出,既然"上帝这个名称所指谓的东西是由心灵设想出来的,那就不能够得出结论说,上帝现实地存在着,而只能说他仅仅存在于理智之中"。正因为如此,托马斯走上了"藉上帝所产生的结果"来认识上帝存在的道路,也就是我们所说的藉"宇宙论证明"来推证上帝存在的道路(托马斯·阿奎那:《反异教大全》,第1卷,段德智译,商务印书馆2017年版,第92、93页)。

27 莱布尼茨的这番言论既可以看作是对中世纪托马斯与安瑟尔谟争论的一个回应,也可以看作是对近代洛克与笛卡尔争论的一个回应。我们知道,笛卡尔从他的理性主义认识路线出发,在上帝存在证明问题上,坚持的基本上是安瑟尔谟的本体论证明的"道路"或"路线"。但鉴于托马斯对本体论证明的批评,他对安瑟尔谟的证明做了一定的修正。他将他的证明称作"由上帝的本质或本性出发对上帝存在的证明"。笛卡尔的根本努力在于对"可能的存在性"和"必然的存在性"作出区分,断言"可能的存在性是包含在我所清楚、分明地领会的一切东西的概念里或观念里,而必然的存在性只有包含在上帝的观念里",企图藉此使他的这样一种本体论证明获得一种"合法性"(参阅笛卡尔:《第一哲学沉思集》,庞景仁译,商务印书馆 1986 年版,第 119—120 页)。洛克从他的经验主义立场出发,虽然并未从根本上否认本体论证明的可能性和有效性,但却否认本体论证明的"唯一性",而强调宇宙论证明的"力量"和"无可争辩性"。他写道:我们甚至可以由上帝"所造的万物"看出他的"永久的能力和神明";"我们的存在对于上帝的存在给了一个明显而不可争辩的证明,而且任何人只要仔细一考察这个证明,就不能不承认这个证明的有力"(洛克:《人类理解论》下册,关文运译,商务印书馆 1981 年版,第 617、618 页)。莱布尼茨对托马斯将安瑟尔谟的本体论证明视为"一种谬误推理"的做法极为不满,批评托马斯和否定本体论证明的经院哲学家在这个问题上"大错特错了"。莱布尼茨认为,"笛卡尔先生从坎特伯雷大主教安瑟尔谟那里借来的那个证明,是很美并且真的很机智,但还是有一个漏洞须加以修补"。其漏洞就在于"它假定了某种要使它具有数学式的显明性就还须加以证明的东西,这就是暗地里假定了这个关于具有全部伟大性或全部完满性的观念,是可能的和不蕴涵矛盾的"。但这事实上就是要重新启用托马斯的宇宙论证明。这一点虽然看来有点吊诡,但莱布尼茨还是明白无误地宣称:"我主张他(指上帝——引者注)的可能性和存在是以不止一种方式证明了的。而前定和谐本身也提供了一种新的无可争辩的证明方法。我也相信几乎所有用来证明上帝存在的办法都是好的和可以有帮助的,如果我们把它们弄完善的话,我也完全不同意人们应该忽视从事物的秩序得出的那种证明"(参阅莱布尼茨:《人类理智新论》下册,陈修斋译,商务印书馆 1982 年版,第 513—515 页)。在这个问题上,莱布尼茨与洛克可谓殊途同归。

28 应该说,洛克是一个比较务实、比较清醒的经验论者。在莱布尼茨看来,洛克的"物理学"中有下述三点值得注意:(1)"我们关于各种物体的知识,只能借经验来促进",而不能藉考察我们的抽象观念来进行;(2)但经验"只能使我们得到方便,却不能使我们得到科学",也就是说,物理学或"自然哲学""不能成功为一种科学";(3)"我们有能力在道德方面有所知识,在自然方面有所进步。""道德学是一般人类的固有的科学和职务

(因为他们很关心他们的至善),至于各种艺术,则既关涉于自然的各部分,因此,'特殊的'人们应该用其专能来从事研究,一则为人生公共的利用,一则为他们个人的生计"(参阅洛克:《人类理解论》下册,关文运译,商务印书馆1981年版,第641—644页)。但其中还有一点也会让莱布尼茨感兴趣的就是:在物理学方面,洛克虽然强调经验或实验,但却不像后来的牛顿那样完全排除假设,而是对"假设的功用"作出了一定的肯定,断言:"各种假设如果拟定得好,至少可以给我们的记忆以很大的帮助,而且往往指导我们获得新的发现"(同上书,第645页)。正因为如此,莱布尼茨在《人类理智新论》中响应洛克的说法,说道:"发现现象的原因或真的假说的技术,就像辨认潦草技术一样,这里一种机智的猜测往往可以大大缩短途径"(莱布尼茨:《人类理智新论》下册,陈修斋译,商务印书馆1982年版,第538页)。

29　洛克在《人类理解论》里从经验论的立场出发,否定逻辑学,尤其是否定三段论法的认识论功能。洛克不仅否定"三段论并不是理性的最大工具",而且还强调"三段论无用论",断言三段论无非是"学者的游戏"(参阅洛克:《人类理解论》下册,关文运译,商务印书馆1981年版,第667—678页)。莱布尼茨的立场则与此截然相反。莱布尼茨宣称:"三段论形式的发明是人类心灵最美好、甚至也是最值得重视的东西之一。这是一种普遍的数学,它的重要性还没有被充分认识,其中包含着一种不谬性的技术,只要我们知道并且能够很好地加以运用的话"。不仅如此,莱布尼茨还认为,逻辑学或语言哲学,作为一种"普遍数学"或"普遍字符",并非如洛克所说的只是一种"标记之学",它还是一种"发明的技术"(参阅莱布尼茨:《人类理智新论》下册,陈修斋译,商务印书馆1982年版,第573、587页)。关于莱布尼茨的逻辑学、普遍字符和综合科学的思想,请参阅段德智:《莱布尼茨哲学研究》,人民出版社2011年版,第308—340页。

30　在这里与"扬场"对应的外文单词为意大利文词组 *dellaCrusca*。其基本含义说的是麦子、谷物和豆类等收割回来并经过脱粒后,用木锨、机器等工具将它们扬起,藉风力吹掉它们的壳子或糟糠,分离出干净的子粒。莱布尼茨之所以使用意大利文 *dellaCrusca*,乃是因为这个典故与1852年在意大利佛罗伦萨成立的秕糠学会(Accademia della Crusca)相关。该学会旨在纯洁意大利文艺复兴时期的文学语言托斯卡纳语。该学会的成员撰写了许多对彼特拉克(Petraca,1304—1374)和薄伽丘(Bocàccio,1313—1375)著作的诠释,列举了他们使用语言的范例;从这些作家的作品中找出可以接受的习惯用语和形象化比喻并编纂辞典;把许多作品翻译成他们认为的纯粹的托斯卡纳语。1612年,秕糠学会出版了第一部辞典——《秕糠学会辞典》(也称《意大利语法辞典》)。由于该学会成员的努力,尤其是彼特拉克和薄伽丘曾经使用过托斯卡纳方言的历史影响,用这一方言写作的作品逐步成为16—17世纪意大利文学的典范。该学会后来一直从事语言和文学的研究及出版工作。20世纪初,意大利政府的法律限制其出版范围为:古典作家作品、语言学文献和期刊。

31 按照莱布尼茨后来在《关于〈人类理解论〉的一些摘要和评论》中的说法,在《人类理解论》的第二版中,"许多部分都予以扩充,尤其是新添了《论同一性和差异性》(der Identität und Diversität)一章,以非常明确和卓越的方式论述了这一问题"。

论实体的"神秘性"与思想能力
——致托马斯·伯内特[1]

至于伍斯特主教爱德华·斯蒂林弗利特先生与洛克先生之间的论战,以及我对这位主教先生的《辩护》与洛克先生致这位主教先生的信和这位主教的答复的看法,[2] 我相信像他们这样具有如此卓越品格的杰出人士的见解不可能像我们乍看起来那样有天壤之别,他们往往只不过是在表达方式方面有所区别罢了。[3]《基督宗教并不神秘》的作者极其大胆地运用了《人类理解论》的一些思想进行论证;[4] 他对《人类理解论》的滥用使这位教士惊恐不安,他自认为自己有义务对此作出回应,尽管他也承认洛克先生并无恶意。后者则声称,他并不拒斥实体(qu'il ne rejette point la substance),而他也根本无需拒斥那些术语,因为我们对之并无明白、清楚的概念(qu'il ne pretend point qu'on rejette des termes don't on n'a point de notion claire et distincte)。他以这样一种方式充分表明,他并不认可这位匿名作者对其著作的滥用。[5] 他希望有人能够给他拿出一个更清楚的实体概念,而不只是简单地说它是一个基础(c'est un substratum)。[6] 我则认为我发表在《莱比锡学术年鉴》(Acta Eruditorum of Leipzig)的那篇短文已经为澄清实体概念作出了积极的贡献。因为在那篇论文里,我实际上已经将实体概念视为构建真正哲学的一个关键因素(je considère effectivement la notion de la substance comme une des clefs de la véritable philosophie)。[7] 我们的简单观念(idées simples)是否真的是经感觉和反省进入我们的心灵,且是在什么意义上事情才可能如此,对于这些问题,我在这里并不打算深究;我倒宁愿说,这些只不过是在我们身上唤醒这些观念的一些手段而已(elles sont reveillées seulement en nous par ces moyens);[8] 对此,我在寄给您的一篇论文中解释过了。要是洛克先生对您说过他觉得我的观点在什么地方含混不清,亦请直言相告,我将尽力予以澄清,不过,这事与眼下这场争论似乎并无关联。这两位才华卓著的辩手似乎差不多一致认为,存在有一些观念,它们都无一例外地得益于这些简单观念的比较,或者说它们都无一例外地得益于这些简单观念的单纯结合,[9] 而且,为形成实体观念,除归之于实体的各种偶性的集合外,还另外需要某种别的东西。[10] 诚然,对于实体观念的形成,洛克先生曾经断言,在将各种偶性集合到一起之后再给它起一个名字称呼它,我们后来不经意地言说它,就像是一个简单观念似的,于是我们自己习以为常地假定了实体的存在。印度哲学家在谈到实体时,有一段费尽心机的戏言(railleries ingenieuses),[11] 说一个乌龟支撑着地球,而地球支撑着诸多房子,而这些房子又支撑着我们。[12] 洛克的上述说法连同印度哲学家关于乌龟的戏言,使得这位伍斯特主教先生认为《人类理解论》的作者根本拒斥基于粗心大意和习惯的实体概念(la notion de la substance comme fondée sur l'inadverlance et sur la coustume)。但洛克先生却解释说:习惯是建立在理性基础之上的(la coustume est fondée en raison),而漫不经心和印度哲学家的乌龟说法则只适用于那些仅仅满足于实体这个语词的人士,以及那些谈论我们不知道我们称之为主体还是基础的东西时自以为谈了很多的人。关于这个问题,洛克在他的信中相当正确地说道:我们做出的有关判断就像是一个被母亲抱着的婴儿一样,他也看出支撑他的东西又受到他不知其为何物的某种东西的支撑,[13] 但更加清楚的知识却使得我们类似于一个颇有见地的人,知道这些房子的基础究竟是什么,不管这些房子是建筑在岩石上、砂砾上,还是建筑在树上,岩石、砂砾或树这些东西都是为了使地基更加坚固些。但这位伍斯特主教在回信中所谈的意见也很有分量:当哲学家说实体支撑偶性时,他们便进而讲道:实体是自行存在的(elle subsiste par elle même),也就是说,没有任何东西支撑实体,换言之,实体乃一终极支撑(elle est le dernier support)。因为实际上存在有一些偶性支撑其他偶性的情况。诚然,单凭这一点尚不足以使我们对这些支撑者或内在基础(ces supports ou inhésions)有一个清楚的概念。但也正因为如此,伍斯特主教先生无需这些东西来达到他的目的,但这却向我们表明,我们完全有理由承认哲学中有许多东西,尽管我们对之并无任何清楚的观念,因而我们便不应当以我们并无任何此类观念为托词来拒斥这些神秘(les mystères)。[14] 这虽然对反对洛克先生不起作用,但却能用来反对《基督宗教并不神秘》一书的匿名作者。对此,这位伍斯特主教先生也是承认的。要是他一开始就更加明确地陈述他的这一观点,他便会因此而消除将洛克先生与这位匿名作者混为一谈的任何顾忌。但如果我心怀防备,就会使我们失去了认真体会他们两位的重要论著的机会,我便发现我自己因此便很难全景式地审视他们之间的这场严肃认真的可以说对人类有益的争论。

因此,他们之间所开展的这场争论依然是附带的(incidentes),不管实体观念是否像感觉观念那样明白、清楚,事情都是如此(参阅洛克先生的复信,第 48 页)。现在,倘若我不揣冒昧,将我的思想与这两位杰出人士的思想统筹考虑,我就有望将"明白"与"清楚"区别开来(je distinguerois entre clair et distinct),就像我刊在《莱比锡学术年鉴》上的一篇论文中所做的那样。[15] 当一个观念足以识别一件事物的时候,我们就称它就是明白的,就像当一个颜色拿到我面前时,我很容易想到这种颜色,且足以使我将它识别出来;但当我设想一个观念的各种先决条件(les conditions ou requisits),简言之,当我有了这一观念的定义(要是它有的话)时,我就说这一观念是清楚的。因此,我对所有颜色并没有一个清楚的观念,因为对于我明白感觉到的东西,我往往只能说此乃我不知其为何物之物,不能解释清楚。同样,我认为对于实体,我们虽然有一个明白的观念(une idée claire),却没有一个清楚的观念(une idée distincte),这种观念在我看来是由下面这一事实产生出来的,这就是作为实体的我们在我们自身之中具有一种内在知觉(le sentiment intérieur)。在牛顿先生出版了他的论述颜色的著作之后,我们方能更清楚地了解颜色。[16] 我想,有朝一日,哲学家们会对实体概念有一个更为妥当的理解。因此,当伍斯特主教先生在其《辩护》第 238 页上说,我们心中的实体概念与我们由感觉得到的那些概念一样明白和清楚,我同意这种说法。洛克先生在其复信第 49 页中答复说:在我们确实听到的声音中,既没有任何模糊之处,也没有任何混乱之处,我则同意其中并无任何模糊之处;为在明白知识和清楚知识之间做出区分,我将这样的概念称作明白的,但不视为清楚的。但每个人都会按照自己的观点来理解这些术语,而且人们确实通常都会与洛克先生一样说,声音是被清楚地听到的。我也认为,在这个意义上,伍斯特主教先生说我们清楚地知道实体之清楚所是的东西无疑是正确的。实际上,我们看到人们很清楚如何去识别它,并将它与偶性区别开来,即使他们未能将它的概念中所蕴含的东西区别开来。在我看来,我对"明白"和"清楚"这些术语的运用与笛卡尔相去不远,这些术语之所以如此流行主要得益于笛卡尔的努力。但我也承认这位著名的作者多少滥用了这些概念。[17] 在这个问题上,我倒是赞同伍斯特主教先生的意见,而洛克先生似乎也赞同他的观点,即今天,在观念方面争吵不休的一些学者更是变本加厉地在滥用这些观念。不管人们谈论的是观念还是概念,也不管人们谈论的是清楚的观念还是定义,都被认为是一码事,至少当一个观念并非是绝对原初的时候,事情是如此。那些确定其观念含义的人除非他们对之做出解释,除非他们依据逻辑规则进行推理,他们对之实际上就什么也没说。几年之前,我在刊登于《莱比锡学术年鉴》的一篇论文中曾试图为辨别真假观念提供一个合适的标记,我在文中也谈及笛卡尔由上帝观念推演出来的那种证明的缺陷。他的那种证明其实是从您的前任大主教、著名的圣安瑟尔谟那里借用过来的。因为我发现那证明虽然不能说是诡辩,但就其设定了一些仍然需要证明的东西而言却不够完满。[18]

还有另一个附带的却更为重要的问题,这就是:思想与物质是否绝对不可兼容(savoir si la pensée est absolument incompatible avec la matière)。洛克先生在《人类理解论》第 4 卷第 3 章第 6 节里承认,他并未察觉到这种不可兼容性;[19] 再者,他在其复信的第 67 页中希望有人为他作出推证,在第 75 页里,他甚至似乎相信这样一种推证不可能由我们的观念得到。但在《人类理解论》第 2 卷第 23 章第 17 节以及其他地方,他却似乎将心灵的本性与物体的本性二元对峙起来(il sembloit avoir pris la nature de l'esprit comme opposée à celle du corps),将前者的本性置放到藉思想思考和推动物体的能力之中(dans la faculté de penser et de mouvoir par là le corps),而将后者的本性置放进它是一个有广延的、坚实的、能够藉碰撞传递运动的实体(une substance étendue solide et capable de communiquer le movement par impulsion)这样一个事实之中。[20] 伍斯特主教先生在对洛克来信的复信的第 50 页及其以下注意到了《人类理解论》的这种显而易见的前后矛盾。我未曾看到洛克先生的答复。但倘若在第 15 节里,他未曾将心灵与非物质实体混为一谈,说我们对其中一个的知觉和对另一个的知觉一样明白,[21] 我们便能以他的名义答复说:既然按照他在第 30 节里陈述的观点,物体实体与心灵实体是我们同样不可知的(这与我所说的我们通常对它们没有充分清楚的观念相同),洛克先生也并不否认:就其最内在的本性而言,其中一个是可以归结为另一个的,尽管它们从现象上看也可能是清楚的,正如有些人对几何学不甚熟悉,当其枚举圆柱的截面和圆锥的截面时,开始时可能将圆柱的卵形线与圆锥的卵形线对立起来,因为他并不知道它们两个都并非椭圆,这只有借助于围绕着两个中心运动的一条线才能够在一个平面上画出来,这是一种唯有藉更精确的分析方能发现的东西。但我相信,归根到底,我们能够推证出:思想实体没有任何部分(la substance qui pense n'a point de parties),尽管我也赞同仅仅靠广延构不成物质的本质(l'entendue seule ne fait pas l'essence de la matière)。[22]因此,我认同那些相信灵魂是凭其本性而非藉恩典而成为不朽的人士的观点。[23]我不对另一个附带事实问题发表意见(cette autre question incidente de fait),不管就事实而言,是否有一些民族对神一无所知,事情亦复如此。我记得一位才华出众的名叫法布里希乌斯的普法尔茨的神学家写过一篇针对谴责无神论的而为人类进行辩护的著作,[24]在这篇论著里,他回应了这些所谓的例证。但我还是相信,至上存在的观念是我们先天就有的(l'idée de l'estre supreme est née avec nous),即使有许多人通过明确的反思也意识不到,亦复如此。[25]在离开这一题目之前,我想说,您告诉我伍斯特主教先生和洛克先生的健康状况恶化,这一消息使我深感惶恐。他们的健在无论对于社会公益还是对于贵国的荣誉都至关紧要。

* * * * *

在洛克先生的复信中,我发现有一段话特别值得注意。在看到牛顿先生给如何藉假设引力,即物质对物质的吸引出色地解释了许多自然现象之后,洛克希望收回他在《人类理解论》里说过的一个观点,这就是:物质除非藉另一个物体的碰撞,不可能具有任何一种运动。[26]本特利先生在他的《布道辞》中也彰显了牛顿先生杰出思想的优点。[27]既然这个问题至关紧要,我便非常乐意对之作一番反思。已故惠更斯先生虽然与我的观点相左,[28] 但我还是强烈地倾向于相信牛顿先生的意见并非不值得一顾,而我自己也持下面一种看法:弹力为物质必不可少(la force élastique est essentielle à la matière),而且到处都能看到。[29] 不过,即使我相信物质之中之所以既有引力也有弹力,只是由于系统的结构(la structure du système)所致,从而能够藉力学或藉碰撞予以解释,但按照我的理解,我们还可以由此得出下面两点:(1)宇宙的这一系统是由秩序的形而上学理由(des raisons Métaphysiques de l'ordre)形成和维系的;(2)每个有形实体(chaque substance corporelle)只有经由它自己的力(par sa proper force)才能够活动,从不接受任何高于它的东西。[30] 至于伍斯特主教先生与洛克先生所争论的这一重要问题,即思想能否赋予物质(si la pensée peut ester donnée à la matière),应该能够从中引申出一些区别。在物体中,我不仅将有形实体与物质区别开来(distingue la substance corporelle de la matière),而且还将原初物质与次级物质区别开来(distingue la matière première de la seconde)。次级物质乃若干有形实体的堆集或组合,例如一群动物就是由若干个动物组合起来的。但每个动物和每株植物也是一个有形实体,其自身也有一个统一原则(le principe de l'unité),使其真正地成为一个实体而非一个堆集。而这种统一原则即是人们称之为灵魂的东西,或者说是某种与灵魂相类似的东西。但除这统一原则外,有形实体还具有其物质团块或它的次级物质,也就是说,它也是其他一些更小的有形实体的一种堆集,如此继续下去,以至无穷。[31] 但原初物质或物质就其本身而言,即是当我们撇开其所有的统一性原则后我们在物体中所设想的东西,也就是说,它是一种被动的东西,由此产生出两种性质:抵抗与迟缓或惰性(resistentia et restitantia vel inertia)。这就是说,一个物体让位于另一个物体,而不是让它自己受到穿透,但它却并不会轻易地让步,也不会在不减少推动着它的那个物体的整个运动的情况下让步。因此,我们能够说,物质本身,除广延外,还蕴含着一种原初的被动的力(une Puissance passive primitive)。但统一性原则却蕴含有原初的能动的力(la puissance Active primitive),或者说蕴含有一种原初的力(la force primitive),这种原初的力永远不可能受到破坏,从而始终存在于其内在变形的精密的秩序之中,表象着外在于它的事物。[32] 结果,那些本质上被动的东西便不可能在不接受与之结合在一起的某种能动的实体原则(principe substantial actif)的情况下,而同时接受思想的变形;因此,虽然物质若单独地看不可能思想,但什么东西也挡不住能动原则或者说统一原则(les principes actifs ou d'unité),这些原则在物质中无处不在,它们实质上包含着一种知觉(de perception),可以提升到我们称之为思想的知觉等级(ce degré de perception que nous appellons pensée)。因此,即使物质本身不可能思想,也没有任何东西能够阻止有形实体进行思想(rien n'empeche que la substance corporelle ne pense)。

注释

  1 本文摘自莱布尼茨1699年1月于汉诺威写给托马斯·伯内特的一封信。托马斯·伯内特(Thomas Burnett,1635—1715)系《关于地球的神圣理论》(Telluristheoria sacra)(1681—1689年)一书的作者,也是洛克《人类理解论》的著名评论家和批评家。曾先后发表过多篇评论洛克《人类理解论》的文章:《评〈人类理解论〉》(1697年),《再评〈人类理解论〉》(1697年)和《三评〈人类理解论〉》(1699年)。莱布尼茨在这封信中着重讨论了实体的"神秘性"问题和物质是否具有思想能力问题。莱布尼茨一方面在对洛克和伍斯特主教所论述的实体的"神秘性"进行批判性考察的基础上,昭示了他们所言说的实体神秘性的谜底,另一方面在观念论和动力学的基础上对他们所争论的物质能否思想问题作出了积极回应,强调了具体的物质即有形实体具有思想能力的可能性,比较充分地展现了莱布尼茨理性主义可知论的认识论立场。

本文原载格尔哈特所编《莱布尼茨哲学著作集》第3卷。原文为法文,其标题为《莱布尼茨致托马斯·伯内特》。本文共含两部分,其中一部分选自格本第3卷第243—253页,第二部分选自格本第3卷第254—265页。阿里尤和嘉伯分别从中摘译了一部分内容,并将标题修改为《致托马斯·伯内特:论实体》,收入其所编译的《莱布尼茨哲学论文集》(1989年)中。为突出洛克的核心观点,我们将标题又作了上述修订。

本文据 G. W. Leibniz: *Philosophical Essays*, edited and translated by Roger Ariew and Daniel Garber, Hachett Publishing Company, 1989, pp. 285 - 290 和 G. W. Leibniz, *Die philosophischen Schriften* 3, Herausgegeben von C. I. Gerhardt, Hildesheim: Georg Olms Verlag, 1965, pp. 245 - 249, 259 - 261 译出。

2 斯蒂林弗利特(Edward Stillingfleet, 1635—1699),英国神学家和英国国教(圣公会)的杰出辩护者和论辩家。1696 年,他在《对三位一体学说的辩护》中攻击洛克的经验主义认识论。他特别关注的是从洛克《人类理解论》中可能得出的神学结论。其实,他所说的可能从中得出的神学结论与其说是洛克自己的,毋宁说是托兰德在《基督宗教并不神秘》中所得出的。至于有关哲学问题本身,这位主教似乎并不太感兴趣。但他的批评却引起了人们对《人类理解论》的广泛注意,特别是对洛克实体学说的广泛注意,并使一些人开始对洛克的"观念的新道路"表示怀疑。1697 年1月,洛克在《致伍斯特主教的一封信》中回答了对于他的批评。当年5月,斯蒂林弗利特对洛克的来信作了回复。当年8月,洛克第二次复信斯蒂林弗利特。1698年,斯蒂林弗利特再次复信洛克。1699年初,洛克发表了他的第三封信。当年3月27日,斯蒂林弗利特辞世,论战至此结束。关于斯蒂林弗利特与洛克之间的论战,请参阅索利:《英国哲学史》,段德智译,陈修斋校,商务印书馆 2017 年版,第 100 页。

莱布尼茨长期以来一直称洛克为洛克先生,在本文中亦是如此,但英译本却省去了"先生"二字(即 Monsieur 一词)。为尊重历史计,在本文中,我们恢复了"先生"这一尊称。对牛顿的称谓,我们也依据原文作了同样的处理。

3 莱布尼茨在这里强调的是伍斯特主教与洛克之间的"同",而非他们之间的"异"。一如后文所指出的,在莱布尼茨看来,无论是伍斯特主教还是洛克都承认和强调"实体"的"神秘性"和"不可知性",他们只不过在表述方式方面有所"区别"罢了。正因为如此,莱布尼茨断言:伍斯特主教所驳斥的与其说是洛克的观点,毋宁说是《基督宗教并不神秘》的作者托兰德的观点。因为托兰德之所以否认基督宗教的"神秘性",一项根本的原因即在于他将洛克的经验主义认识论绝对化,并从中得出了否定实体乃至基督宗教教义"神秘性"的神学结论。

4 《基督宗教并不神秘》(Christianity Not Mysiterious)于 1695 年出版,是英国自然神论的代表作,其作者为托兰德。英国自然神论是后宗教改革时期一项旨在"改革""宗教改革"的基督宗教神学学说的一项思想运动。与宗教改革时期旨在改革基督宗教(天主教)的新教神学家普遍强调信仰至上不同,自然神论则强调人类的理性,将基督宗教解释成一种纯然理性的自然宗教。《基督宗教并不神秘》之所以能够成为英国自然神论的代表作,乃是因为它旗帜鲜明地否认存在有任何超越理性的基督宗教真理,宣布:"任何人发表任何启示,也就是说,任何人述说我们以前所不知道的事情,他的话必须是可以理解的,并且是具有可能性的事情"(转引自 Peter Gay, Deism: An Anthology, Princeton, N. J.: Van Nostrand, 1968, p. 61)。

洛克虽然反对宗教狂热,认为信仰和启示不可反乎理性,但却认定信仰和启示可以超越理性(参阅洛克:《人类理解论》下册,关文运译,商务印书馆 1981 年版,第 691—695 页)。托兰德超出洛克的一步在于:在托兰德看来,信仰既不可以反乎理性,也不可以超越理性,理性乃信仰和启示真实性的至上判官(参阅奥尔森:《基督教神学思想史》,吴瑞诚、徐成德译,周学信校订,北京大学出版社 2003 年版,第 571 页)。

5 事实上,在西方基督宗教哲学史上,关于信仰与理性的关系,历来都存在有两种极端倾向:一种是极端信仰主义,一种是极端理性主义,而西方基督宗教哲学一般来说,总是在反对这两种极端倾向的斗争中向前发展的。例如,在基督宗教初期,极端理性主义者,如《真逻各斯》的作者塞尔修斯(Celsus),用理性拒斥信仰,用纯粹的哲学拒斥基督宗教神学。极端信仰主义者,如主张"惟其不可能,我才相信"的德尔图良(Tertullian,公元145—220),用信仰拒斥理性,用基督宗教神学拒斥哲学。奥古斯丁的"基督宗教学说"就是在反对这两种极端主义的斗争中产生和发展起来的。再如,在中世纪中期,贝伦加尔(Berengar de Tours,1010—1088)首先发出了用理性和辩证法审视宗教信仰和神学的呼吁,强调:"理性不知比权威高多少,它才是真正的主人和裁判"(David Knowles, The Evolution of Medieval Thought, London: Longmans, 1962, p. 37)。而波那文都(Bonaventura,1221—1274)在《心向上帝的旅程》一书中则强调用"永恒艺术"取代"世俗学艺"。托马斯·阿奎那执两用中,坚持并阐述了他的"两重真理论",强调了"理性真理"与"信仰真理"的并存与互动(参阅段德智:《中世纪哲学研究》,人民出版社2014年版,第74—79页)。

洛克虽然也是个自然神论思想家,但他并为此而否定信仰及其超越理性的性质。他一方面反对宗教狂热,反对德尔图良式的极端宗教信仰主义,另一方面又反对极端理性主义,不仅承认"超理性事物"的存在,而且还宣称:"在有些事情方面,我们的理由如果不能判断,或者仅能有或然的判断,则我们应当听从启示"(参阅洛克:《人类理解论》下册,关文运译,商务印书馆1981年版,第693—696页)。托兰德虽然以洛克的学生自居,但他却根本否认"高过或超越理性"的基督宗教真理之存在,从而离开洛克,走上了极端理性主义的道路。尽管"在托兰德的心目中,他只是从洛克的宗教思想,按照洛克的方法,单纯地抽出自然神学的结论而已",但他及其《基督宗教并不神秘》还是遭到了洛克义正词严的"谴责"(参阅奥尔森:《基督教神学思想史》,吴瑞诚、徐成德译,周学信校订,北京大学出版社2003年版,第572页)。

6 就洛克本人的观点而言,实体无非是支撑事物偶性的一种"基础",他也常常将这种基础称作"支撑"或"支托"。他在《人类理解论》第2卷第23章第2节中写道:"人们如果一考察自己的概括的纯粹实体概念,就会看到,他的观念只是一个假设,因为他只是假设有一种莫名其妙的东西,来支撑能够给我们产生简单观念的那些性质(这些性质普通称为偶性)。……因此,我们以概括的实体一名所称的那种观念,只是我们所假设而实不知其如何的一种支托。我们以为它是支撑一切存在着的性质的一种支托,因为我们设想那些性质'离开了支托'便不能存在。我们叫这种支托为实体,而实体这个名词,在英文中的真正意义,就是支撑或支持"(参阅洛克:《人类理解论》上册,关文运译,商务印书馆1981年版,第266页)。

7 莱布尼茨在这里所说的当是他于1684年发表在《学术年鉴》上的题为《对知识、真理和观念的默思》的那篇论文。在该文中,莱布尼茨在讨论观念真假标准这样一个重大问题时首次比较系统地阐释了他的知识谱系学或观念谱系学,对明白知识、清楚知识和完全知识的关联和区分,尤其是对明白知识与清楚知识的关联和区分,作出了相当系统的阐释,从而为他的实体学说的建立奠定了基础。

8 这里所说的"我们的简单观念是否真的是经感觉和反省进入我们的心灵,且是在什么意义上事情才可能如此",对于洛克的经验主义认识论来说,是一个至关紧要的问题。因为洛克经验主义认识论的基础和本质正在于"我们的简单观念是经感觉和反省进入我们心灵"的。洛克在《人类理解论》第2卷第1章中曾经依据"白板说"强调了经验即感觉和反省乃我们的知识和观念的唯一来源。他写道:"一切观念都是由感觉或反省来的——我们可以假定人心如白纸似的,没有一切标记,没有一切观念,那么它如何会又有了那些观念呢?……我可以一句话答复说,它们是从'经验'来的,我们的一切知识都是建立在经验上的,而且是最后导源于经验的。"他还强调说:"一切耸高的思想虽然高入云霄,直达天际,亦都是导源于此,立足于此的。人心虽然涉思玄妙,想入非非,可是尽其驰骋的能力,亦不能稍为超出感觉或反省所供给它的那些思维材料——观念——以外"(参阅洛克:《人类理解论》上册,关文运译,商务印书馆1981年版,第68、83页)。

与主张白板说的洛克不同,莱布尼茨倡导"天赋说",从而从根本上否认了洛克经验主义认识论路线,但莱布尼茨的观念天赋说既与柏拉图的"回忆说"有别,也与笛卡尔的"天赋说"有别。因为他虽然主张天赋观念论,但却认为这些天赋的观念并不是现成地存在于我们心中的,唯有藉感觉这样的机缘,我们的心灵才能察觉到这些观念的存在。这也就是所谓的"天赋观念潜在说"。在《人类理智新论》的"序"里,莱布尼茨写道:"我也曾经用一块有纹路的大理石来作比喻,而不把心灵比作一块完全一色的大理石或空白的板,即哲学家的所谓白板。……如果在这块石头上本来有些纹路,表明刻赫尔库勒的像比刻别的像更好,这块石头就会更加被决定用来刻这个像,而赫尔库勒的像就可以说是以某种方式天赋在这块石头里了,虽然也必须要加工使这些纹路显出来,加以琢磨,使他清晰,把那些妨碍其显现的东西去掉"(参阅莱布尼茨:《人类理智新论》上册,陈修斋译,商务印书馆1982年版,第6—7页)。莱布尼茨在本文中所谓经验乃"在我们身上唤醒这些观念的一些手段",其实也就是在强调经验对我们心灵中那些潜在的天赋观念的"唤醒"作用或"加工"作用,或者说是在强调经验对我们心中的天赋观念由潜在转变为现实的促进作用。

9 洛克认为,我们心中的观念可分为两种:简单观念和复杂观念。其中,简单观念分为感觉观念和反省观念两种。而复杂观念则分为"情状观念"、"实体观念"和"关系观念"。尽管所有的复杂观念都是由人心"随意做成"的,但都是"由简单观念造成的"。洛克在《人类理解论》中强调说:"那些只是由感觉和反省得来的简单观念,它们不是人心所能自己造成的,而且人心所有的任何观念,亦无一不是由此组成的。不过人心在接受简单观念方面,虽然是完全被动的,不过在另一方面它也能施用自己的力量,利用简单观念为材料、为基础,以构成其他观念"(参阅洛克:《人类理解论》上册,关文运译,商务印书馆1981年版,第129—130页)。

10 其实,在洛克那里,存在有两种不同的实体观念:其中一种可称之为"实然的实体观念",说的是我们心灵中实际存在的那种实体观念;另一种可称之为"应然的实体观念",说的是所谓实体观念不仅蕴含有我们心灵中实际存在的有关观念,而且还蕴含有我们心灵中虽然并不实际存在但却应然存在的有关观念,亦即洛克所谓"假设"的观念。就"实然的实体观念"而言,它与情状观念并无本质的不同,也是"简单观念的集合体",或者都是事物"偶性"的集合体。就"应然的实体观念"而言,它却具有某种超出情状观念的内容,或者说具有某种超出简单观念或偶性集合体的内容;这些内容对于实体概念至关紧要,因为它们不仅是各种偶性(简单观念)的"基层"、"支撑"或"支托",而且也是各种偶性(简单观念)"产生的源泉";正因为如此,实体观念之成为实体观念,最根本的就在于这种"基层"、"支撑"或"支托"。但对于这种"基层"、"支撑"或"支托",我们"实不知其为何",或者说它们只不过是一种"我们不知其为何物之物"。因此,这些东西于我们,只不过是一种"假设",而根本没有任何一种"观念",遑论"明白"、"清楚"的"观念"。也正因为如此,在洛克那里,"实体"或"实体观念"依然是一个"奥秘"或"神秘"。洛克在讨论实体观念时,并未明确区别"实然"观念和"应然"实体观念,因而往往给人以"前后矛盾"的印象(同上书,第131—132、265—267页)。这是我们阅读《人类理解论》时需要认真留意的。

11　与"费尽心机的戏言"对应的法文词组为 railleries ingenieuses。其中,法文单词 ingenieuses 的基本含义为"动足脑筋"、"费尽心思"和"尽力设法"。阿里尤和嘉伯将其英译为 ingenious。而英文单词 ingenious 的基本含义则为"灵巧的"、"足智多谋的"、"善于创造发明的"、"制作精巧的"和"巧妙的"。英文翻译虽说并无什么大错,但却给人以"望形生义"和"言不尽意"之感。

12　由此看来,有关"印度哲学家关于乌龟的戏言"至少有两个版本。因为洛克本人在《人类理解论》第 2 卷第 23 章里,把这一戏言的内容说成是:"他说,世界是为一个大象所支撑的。可是人又问他说象在什么上站着,他又说,在一个大龟上。可是人又追问他说,什么支撑着那个宽背的大龟,他又说,反正有一种东西,不过他不知道"(同上书,第 266 页)。这两个版本尽管在细节上有些差异,但在昭示"实体"的"神秘性"或者说在昭示经验主义的狭隘性方面可谓异曲同工。

13　其实,洛克在《人类理解论》里在谈到实体的不可知性时,也曾用小孩作过比喻。他写道:"在这里,亦同在别处一样,我们虽用文字,可是并没有明白清晰的观念。因此,我们的谈话,就如同小孩似的。你如果问他一个他自己不知道的东西,则他会立刻给你一个满意的回答说,那是某种东西。这话不论出于儿童或成人,究其实质都不过是说,这种东西是他们所不知道的,而且他们所装为知道,假作谈论的那种东西,实在是他们所不曾清晰地观念到的,实在是他们所完全不知晓,而对之漆黑一团的"(参阅洛克:《人类理解论》上册,关文运译,商务印书馆 1981 年版,第 266 页)。

14　与"神秘"相对应的法文单词为 les mystères。法文单词 les mystères 的基本含义有"奥义"、"奥秘"、"神奇"、"秘密"、"谜团"、"神秘的东西"和"神秘(性)"等。因此,若将其译作"奥秘"亦未尝不可,但考虑到我们将托兰德的著作 Christianity Not Mysiterious 译作《基督宗教并不神秘》这样一个既成事实,也考虑到伍斯特主教对该著持明显的反对立场,我们觉得若译作"神秘"也许会更为贴切些。

15　莱布尼茨 1684 年发表在《莱比锡学术年鉴》上的论文《关于知识、真理和观念的默思》,对"明白"观念和"清楚"观念作了认真的区分。他断言:"知识当其使我有可能辨认出它所表象的事物时,便是明白的。明白的知识,进而又分为两种,如果不是混乱的,便是清楚的。当我不能逐一枚举出足以将知识所表象的事物与其他事物区别开来的种种标志时,我所具有的知识便是混乱的,即使这件事物实际上可以具有其概念能够分解成的一些标志和成分,事情亦复如此。……但清楚的概念却是为化验师所具有的有关黄金的那种概念;也就是说,这种概念能够使他们藉充分的标志和观察将黄金与所有别的物体区别开来"(见前文)。针对洛克常常将感觉观念说成是清楚观念,莱布尼茨则强调清楚观念的理性性质。因此在莱布尼茨这里,明白观念与清楚观念的区分显然具有感觉观念与理性观念区分的意蕴,从而也蕴含有将理性主义与经验主义区别开来的意图。

16 牛顿于1666年用三棱镜将太阳光分解成红、橙、黄、绿、青、蓝、紫的七色色带。据此,牛顿得出了太阳光是由七色光混合而成的结论。不仅如此,牛顿还通过实验,发现红光和蓝光作为单色光不能再被分开。牛顿还发现,在光亮的屋内,物体之所以看起来有颜色,乃是因为它们反射或散射了各种颜色的光,并非物体本身带有颜色,例如红色的沙发主要反射红光,绿色的桌子主要反射绿光,绿松石反射的是蓝光和少量的黄光,其他颜色也都是由各基色或单色混合而成的。1704年,牛顿出版了《光学》一书,比较系统地阐述了他的颜色理论。在这里,莱布尼茨藉牛顿的光学理论一方面想告诉我们,洛克所谓的简单观念其实并不简单,另一方面,洛克自认为明白、清楚的简单观念其实既不明白,也不清楚。

17 在近代西方哲学史上,笛卡尔可以说是第一个倡导"明白"、"清楚"观念并将其视为真理标准的哲学家。在《方法谈》中,笛卡尔明确地将以明白、清楚观念为真理标准的认识论原则确定为他的"第一条""方法论原则"。他写道:"第一条是:决不把任何我没有明确地认识其为真的东西当真的加以接受,也就是说,小心避免仓促的判断和偏见,只把那些十分清楚明白地呈现于我的心智之前,使我根本无法怀疑的东西放进我的判断之中"(北京大学哲学系外国哲学史教研室编译:《西方哲学原著选读》上卷,商务印书馆1981年版,第364页)。但在莱布尼茨看来,即使笛卡尔也有滥用这些术语的嫌疑。在莱布尼茨看来,笛卡尔的嫌疑很可能体现在下述几个方面:(1)笛卡尔将"明白"、"清楚"的观念统统理解为"直觉"观念,从而将这两个概念放到了同一个层次上,而未能对之作出理论层次上的区分;(2)因此,笛卡尔也就未能对"混乱"的明白观念和"清楚"的明白观念作出区分;(3)笛卡尔将"广延"视为物质"实体"的本质属性,说明他对实体概念并无一个"明白"、"清楚"的观念;(4)从笛卡尔对上帝存在的本体论证明可以看出笛卡尔对"上帝"及其"存在"并无一个"明白"、"清楚"的观念。

18　莱布尼茨认为安瑟尔谟—笛卡尔关于上帝存在的本体论证明的主要贡献在于证明了如果上帝的存在是可能的,则上帝的存在便是现实的,但缺陷却在于:他们都未对上帝存在的可能性做出证明。莱布尼茨对此所采取的补救措施在于:他从世界的存在或偶然事物的存在对上帝存在的可能性作出了证明,也就是说,他追随托马斯·阿奎那对上帝的存在进一步作出了宇宙论证明,从而也为比较完善的关于上帝存在的本体论证明提供了理论前提。请参阅莱布尼茨《论假设真理与言说现实存在事物的真理》(1675年)和《对知识、真理和观念的默思》(1684年)等文的有关论述。

19　洛克在《人类理解论》里从信仰不反乎理性但可以超越理性的立场出发,讨论了物质能否具有思想能力的问题。他写道:"我们虽然有'物质'和'思想'两个观念,可是我们恐怕永不能知道,纯粹'物质的东西'是否也在思想。离了上天默示,则我们不能只凭思维自己的观念来发现,'全能者'是否给了某些组织适当的物质以一种知觉和思想的能力,是否在那样组织的物质上,赋予一种能思想的、非物质的实体。因为在我们的意念范围内,我们不但容易存想,上帝可以凭其意旨在赋予物质以有思想能力的另一种实体,而且可以存想,他可以任意在物质本身赋予一种思想能力。因为我们不知道,思想是由何成立的,亦不知道上帝愿意在何种实体上,赋予那种能力(这种能力只凭造物者的慈悲和乐意,才能存在于有限的生物中)"(参阅洛克:《人类理解论》下册,关文运译,商务印书馆1981年版,第531页)。

20　洛克在《人类理解论》第2卷里阐述的似乎是一种笛卡尔式的二元论。洛克写道:"我们没有抽象的实体观念——我们只知道物质实体有广延、有形相、有颜色,以及其他可感的性质,并借此对它们形成'一个'复杂的观念,可是我们仍然远非得到物质实体的观念,正如我们完全不知道这些性质一样。"在谈到物体和精神的"原始观念"时,洛克则进而明确指出:"坚实的各部分的粘合和推动力是物体的原始观念","思想和运动力是精神方面的原始观念"。他写道:"我们在物体方面所有的特殊的原始观念,就是那些坚实而可分离的各部分的粘合,和借推动力而传达运动的那种能力。……我们在精神方面所特有的观念,就是思想意志(就是以思想来使身体运动的那种能力)同自由(这是由运动而来的)"(同上书,第277页)。尽管我们不能将洛克的实体观与笛卡尔的实体观混为一谈,但就其都强调物质实体与精神实体观念的二元并存方面,则是一致的。不过洛克的实体学说有时也展现出了一种一元论的趋向(例如提出物质能否思维这样的问题),一如我们在前面所指出的那样。也许正因为如此,伍斯特主教认为《人类理解论》中有一种"显而易见的前后矛盾"。

21 洛克在《人类理解论》第2卷第23章第15节里谈到"精神实体的观念同物质实体的观念明白的程度一样"这个问题。他写道:我们不仅可以"对物质的可感的实体形成复杂的观念",而且"亦可以借自己对于自己日常心理作用所形成的简单观念,对非物质的精神形成一个复杂的观念。因为我们日日在自身经验到:各种心理作用,如思想、理解、意欲、知识,发生运动的能力,同时共存于一个实体以内。因此,我们在把思想、知觉、自由、自动力、他动力等等观念,集合在一块以后,则我们对于非物质的实体亦可以得到一个相当的知觉和意念,而且那种意念的明白程度正如我们对物质的实体所形成的意念一样。"不仅如此,洛克还从狭隘经验论的立场强调了这两个实体概念的"假设"性质。他写道:"至于我们的实体观念,则它在两方面,都是一样含糊,或是完全不存在的。它只是假设的一种'我所莫名其妙'的东西,它只是假设的一种支持所谓偶性的东西"(同上书,第276—277页)。

22 莱布尼茨1695年在《新系统》一文中不仅将实体界定为"实在而绝对没有部分的单元",而且还宣布无论是数学的点还是物理学的点都不可能构成实体,唯独"绝对没有部分"的"形而上学的点"才能够构成"实体"。这就把实体或"不可分的单元"的"不可分性"典型地表达出来了(《莱布尼茨早期形而上学文集》,段德智、陈修斋、桑靖宇译,商务印书馆2017年版,第293—295页)。在《单子论》第1节里,莱布尼茨进一步强调指出:"单子,不是任何别的东西,只是一种构成复合物的单纯实体,所谓单纯,就是没有部分的意思。"因此,莱布尼茨这里所说的"思想实体没有任何部分"便明显具有一种普遍意义。而且,倘若考虑到莱布尼茨实体学说的生成史(从物质哲学到运动哲学再到心灵科学),考虑到莱布尼茨的有形实体学说,则莱布尼茨在这里所说的"仅仅靠广延也构不成物质的本质"也别有一番深意。莱布尼茨的上述两个说法乍看起来风马牛不相及,但其实却是内在地紧密地联结在一起的。

23 莱布尼所谓"灵魂是凭其本性而非藉恩典而成为不朽的",所要强调的主要是这样一种观点:灵魂是因其非物质性而成为不朽的。我们知道,洛克在《人类理解论》里讨论过质能否思想的问题。对此,莱布尼茨在《人类理智新论》里回应说:"物质能感觉和思想,并不是自然的事,它要能如此,只能由于两种方式:一种方式是上帝使它和另一种自然能思想的实体相结合,另一方式是上帝用奇迹把思想放在物质之中"(莱布尼茨:《人类理智新论》上册,陈修斋译,商务印书馆1982年版,第25页)。很显然,洛克在《人类理解论》中所主张的是第二种方式,而莱布尼茨在《人类理智新论》中所主张的则是第一种方式,也就是他所主张的有形实体能够思想的立场。而物质之所以和"另一种自然能思想的实体相结合"便能够思想,最根本的就在于这样一种"自然能思想的实体"本身即是一种"非物质的灵魂"。既然凡灵魂都有知觉,从而便有可能成为一种"自然能思想"的实体;既然灵魂是"非物质的",则它便是永远"不可分"的,从而是"不朽"的,因此便能成为一种"实体"。正是在这个意义上,莱布尼茨才强调说:"我们灵魂的不死是随着自然本性来的,因为我们不能主张它们熄灭,除非是由于奇迹,或者把物质提高,或者把灵魂化为乌有"(同上书,第25—26页)。

24 法布里希乌斯(J. L. Fabricius,1632—1697),海德堡大学希腊文教授和哲学、神学教授,于1662年出版《人类对无神论责难的申辩》一书。

25 在《人类理解论》里,洛克以无神论者的存在来论证"上帝的观念不是天赋的"。他不仅以许多野蛮民族,如在索尔达尼亚湾和加勒比海诸岛上的许多国家,至今都没有上帝观念为例,而且还以中国等这些"文明大有进步"的国家至今没有上帝观念为例加以论证(参阅洛克:《人类理解论》上册,关文运译,商务印书馆1981年版,第49—51页)。莱布尼茨则针锋相对地指出:尽管一些民族未必都有关于上帝观念的抽象知识,但这并不妨碍他们具有上帝的观念。莱布尼茨驳斥说:"在达到抽象知识方面所发现的这全部困难,丝毫也产生不出什么能否定天赋知识的东西。有一些民族根本没有一个相当于'是'的这个词;难道有谁怀疑他们具有对于'是'是什么的知识吗?尽管他们很少抽象地想到它"(莱布尼茨:《人类理智新论》上册,陈修斋译,商务印书馆1982年版,第74页)。莱布尼茨还指出:"必须承认,我们所具有的认识上帝观念的倾向,是在人的本性之中的。而且,即使把首次教人上帝观念归之于天启,人们所显出的那种很容易接受这种教理的心理状态也还是来自他们灵魂的本性"(同上书,第38页)。

26 莱布尼茨在这里提到的这段话可以在洛克对斯蒂林弗利特第二封信(1699年)的答复中找到(in John Locke, Works, London, 1824,

pp. 467 - 468)。在那里，他承认："牛顿先生的无与伦比的著作"，即《自然哲学的数学原理》影响了他，使他放弃了他的物质只能够通过接触作用于物质的观点。洛克在《人类理解论》第 2 卷第 8 章第 11 节，在谈到第一性质产生观念的途径时，写道："这分明是由于物体的碰撞而然的，因为我们只能想到，物体能借这个途径发生作用"（参阅洛克：《人类理解论》上册，关文运译，商务印书馆 1981 年版，第 101 页）。但在 1700 年出版的第 4 版中，却将其修改为承认超距作用的可能性。莱布尼茨在《人类理智新论》的"序"中，曾经对此做过详尽的说明。他写道："我应该不加掩饰地表明我曾注意到我们这位卓越的作者在这方面有过一种退缩的情形，……那是在他给已故的伍斯特主教先生的第二封信的答复中，印行于 1699 年，第 408 页，在那复信中，为了替他曾经坚持而反对这位博学的教长的主张，即关于物质也许能够思想的意见作辩护，他在别的事情之外曾说到，'我承认我说过（《理解论》第 2 卷第 8 章第 11 节），物体活动是靠碰撞而不是以别的方式。我当时写这句话的确是持这种意见，而且现在我也还是不能设想有别的活动方式。但是从那时以后，我读了明智的牛顿先生无可比拟的书，就深信想用我们那种受局限的概念去限制上帝的能力，是太狂妄了。以我所不能设想的方式进行的那种物质对物质的引力，不仅证明了上帝只要认为好就可以在物体中放进一些能力和活动方式，这些都超出了从我们的物体观念中所能引申出来、或者能用我们对于物质的知识来加以解释的东西；而且这种引力还是一个无可争辩的实例，说明上帝已实际这样做了。因此我当留意在我的书重版时把这一段加以修改'"（参阅莱布尼茨：《人类理智新论》上册，陈修斋译，商务印书馆 1982 年版，第 17—18 页）。

27 本特利（Richard Bentley, 1662—1742），英国古典学术史专家。曾任剑桥大学三一学院院长、钦定神学院讲座教授。曾著《驳斥无神论的八篇布道辞》（伦敦，1693 年）。关于《布道辞》的有关内容，可以参阅 *Isaac Newton, Papers and Letters on Natural Philosophy*, ed. I. B. Cohen, 2nd ed., Cambridge, Mass., 1978, pp. 271 - 394。此外，他还发表了一篇著名的评论柯林斯著作的文章。柯林斯（Anthony Collins, 1676—1729）是洛克的学生和朋友，也是一位著名的自然神论者和自由思想家。曾著有《论理性在赖人证明的命题中的应用》（1707 年）和《论自由思想，由一个叫作自由思想家的学派的出现和发展所引起》（1713 年）。本特利于《论自由思想》出版的当年即匿名发表了一篇题为《评一部新近发表的论自由思想的著作》的评论文章。该文"在破坏自由思想家方面要比驳斥自由思想更成功些"(参阅索利:《英国哲学史》,段德智译,陈修斋校,商务印书馆2017年版,第138页)。

28 惠更斯比较详尽地研究过完全弹性碰撞问题(当时叫作"对心碰撞"),著《论物体的碰撞运动》(De motu corporum ex percussione)。在其中,惠更斯纠正了笛卡尔动量方面的错误,首次提出完全碰撞前后的守恒。他还研究了岸上和船上两个人手中小球的碰撞情况,并把相对性原理应用于碰撞现象的研究。他还提出了碰撞问题的一个法则,即"活力"守恒原则。作为能量守恒原则的先驱,他断言:物体在碰撞的情况下,m与v^2乘积的总数保持不变。莱布尼茨早在1672年就在巴黎结识了惠更斯,并与之结下了深厚的友谊。惠更斯的碰撞理论对莱布尼茨也产生了深刻影响。但莱布尼茨在引力问题上却与之意见相左。

29 莱布尼茨不仅承认弹力和引力,而且还将其称作"基本的力"。他在《动力学样本》一文中,写道:"力也有两种:一种是基本的,我称之为死力,因为其中尚不存在有运动,而只有一种运动的诉求,……另一种是与现实运动结合在一起的通常的力,我称之为活力。死力的例子有离心力,重力或向心力也是死力;拉直的具有弹性的物体藉以开始恢复它自身的那种力也同样是死力。但在碰撞中,无论这是由已经降落了一些时候的重物产生出来的,还有由一张已经恢复了一段时间的弓产生出来的,这种力都是活力,都是由死力的无限数量的连续不断的效果产生出来的"(Leibniz: Philosophical Papers and Letters, translated and edited by Leroy E. Loemker, D. Reidel Publishing Company, 1969, p.438)。

30 莱布尼茨的自然哲学始终蕴含有两个因素,即机械论因素和形而上学因素。在《单子论》第79节和第87节里,莱布尼茨藉"动力因"和"目的因"的和谐一致以及"自然的物理领域"和"神恩的道德领域"的和谐一致,强调了这个因素的并存及其和谐一致关系。在莱布尼茨看来,在考察任何自然现象时,我们都必须同时注重这两种因素,否则我们便不是陷于片面的和狭隘的机械论,就是陷于片面的和狭隘的偶因论。莱布尼茨在其动力学系统里,之所以既重视派生的力(包括派生的能动的力和派生的被动的力),又重视原初的力(包括原初的能动的力和原初的被动的力),也在于此。

31 这就是当代著名的莱布尼茨专家雷谢尔所说的莱布尼茨的"中国盒式的有机体论"。雷谢尔在谈到莱布尼茨的有机主义思想时,相当形象地写道:"无广延单子的理论使他脱离了古典原子论,看到了物质的无限可分性,达到了点状的单子的层面,从而使得他的中国盒式的有机体理论(his Chinese-box organicism)成为可能,所谓中国盒式的有机体论是说每个有机体内部都包含有无数多个有机体,而这些有机体又进一步包含有无数多个有机体,如此下去,以致无穷"(Nicholas Rescher, *G. W. Leibniz's Monadology*, University of Pittsburgh Press, 1991, p. 227)。也请参阅段德智:《莱布尼茨物质无限可分思想的学术背景与哲学意义——兼论我国古代学者惠施等人"尺捶"之辩的本体论意义》,《武汉大学学报》2017年第2期。

32 在谈到有形实体时,首先,我们应当注意的是有形实体的结构。从质型论的观点看有形实体,其结构大体如下:(1)有形实体由物质与形式构成;(2)物质区分为原初物质和次级物质;(3)与原初物质相对应的是原初的被动的力;(4)与次级物质相对应的是派生的被动的力;(5)形式本质上是一种能动的力;(6)能动的力区分为原初的能动的力和派生的能动的力。

其次,我们还应当注意到有形实体的普遍性。世界上存在有两类实体;一类是无形实体,一类是有形实体。严格意义上的无形实体只有一个,这就是上帝;所有其他的实体都是有形实体。

再次,我们还应当注意到有形实体的基本规定性。有形实体的最基本的规定性是知觉和欲望。其中,最低等级的有形实体(无机界、植物界)具有微知觉和本能(盲目欲望);较高等级的有形实体(动物)则有感觉、记忆、想象和动物意欲;更高等级的有形实体(人、天使等)则有理性(必然真理)和意志(自觉意欲)。

最后,我们还应注意到有形实体的最本质的规定性即在于它的能动性原则,即生生不已的知觉活动和欲望活动。正因为如此,每一个人都不仅可以使自己由微知觉状态上升到感觉、记忆和想象状态,然后再上升到理性状态,亦即所谓思想状态。对于人类来说,思想乃是其应该达到也能够达到的一种知觉状态。人的心灵无疑是能够思想的,但从另一个方面看,具有肉体的人是能够思想的。从这个意义上,"物质"也是能够思想的。

关于《人类理解论》的一些摘要和评论[1]

在作者业已免除了我们给这部名著做全面摘要的任务之后，我们大可不必再去做这样一种全面的摘要了。实际上，早在1688年，在他的这部著作即将付梓之际，他就准备好了这样一个摘要，由勒克莱尔[2]刊登在他的《各国书讯》(Bibliothèque univeselle)上。1690年，当它最初在伦敦以对开本形式出版时，勒克莱尔先生又在《各国书讯》上发表了一个篇幅相当大的摘录。此后不久，又出现了一个新的英文版本。在这一版本中，许多部分都予以扩充，尤其是新添了《论同一性和差异性》(der Identität und Diversität)一章，以非常明确和卓越的方式论述了这一问题。[3]

在第二版中，洛克承认在第一版中，他依照通常的见解，断言在一切自愿活动中使意志改变的是对更大的善的期许，他是弄错了。因为在对这一问题作了更认真的考察后，他发现不是这样一种期许，而是存在于欲望中的不快或为其恒常伴随的当下的不快(eine gegenwörtige unruhigkeit)决定着意志。[4]要想了解他这种看法的诸多理由，只要翻翻该著第2卷第21章就行了。[5]然而，他却令人高兴地获得了一个较为妥帖的观点。经过一段时间之后，这一观点在第三版，并且在随后1699年的第四版里也出现了。而在这后一个版本中，洛克不是藉增补内容来进一步解释他的先前的思想，就是以全新的根据来支持他的思想。彼得·考斯特[6]（Peter Coste）就是依据这个版本进行翻译的。当洛克将他的手稿寄给考斯特时，他的翻译工作已经进行两年多了。洛克本人也认为他的这个法文译本非常出色，因此而向他致谢，相信法译本必定受到人们的欢迎。

将洛克增添的新内容一一列举出来，将会花费太多的时间。因此，我们只满足于提及其中最为重要的两点，只关乎其中个别的章节。首先是第 2 卷第 33 章《论观念的联合》。[7]

洛克说，几乎没有什么人不会在别人的意见、推论和行动中发现一些东西在他看来似乎非常奇特和荒诞，而且实际上也往往如此。每个人都能藉其慧眼留意并洞察别人这样一类最小不过的瑕疵，只要它们与他们自己的稍有区别，事情就会如此，而他自己也具有充分的判断力来谴责这类东西，即使他自己的意见和行为中很可能具有更大的错误，即使他自己意识到了这些错误，他对之也感到难以置信。[8]

他继续说道，这种现象并不完全出于自爱（Dieses kommt nicht blosz don der eigenliebe），尽管自爱在这个问题上往往有很大的作用。因为我们常常看到一些人虽然也有同样的毛病，但在其他方面却非常公正，并不趾高气扬，一味自夸。[9]

人们往往习惯于将理智的这样一种缺陷归因于教育和偏见。这种说法照通常的意见看，也不无道理。但在洛克看来，这种解释浅尝辄止，并未触及病根，不能完全说明它的根源及特质。[10]

他自己的解释如下：我们的一些观念相互之间有一种精确的契合和联系（eine genaue übereinstimmung und Verbündnifsz）。

我们理性的职责和至上的完满性正在于不仅呈现出这些观念,而且将它们联合成为一体,使之与它们在存在中有基础的那种特有的联系相符合。但除此之外,还有一种观念的联合(Verbündnifsz der Ideen)。这种联合完全由机会和习惯得来,以至于有些观念本来毫无关联,但人心却将它们确定不移地联合到一起,致使它们难分难解。这些观念永恒地相伴相随:只要其中一个观念出现在理智之中,这样连结在一起的另一个或多个观念就跟着出现在理智之中,它们完全不可分离。[11]

这种联合不是由人心自愿造成的,就是偶然形成的。此乃我们目下所讲的理智缺陷的唯一源泉。既然观念的这样一种联合并非根于自然,它就完全因人而异:人们的爱好、教育和权利不同,他们观念联系的方式也就不同。[12]

按照洛克的意见,一个人只要认真地考究一下他自己和他人,就不会怀疑习惯在许多人心里确实能够形成这样一些观念的联合。我们在人们之间所发现的同情和反感,大部分都很容易非常合理地归因于这一理由。而且这种感应作用极强,能够有规则地产生出结果,仿佛它们是自然地产生出来的。虽然人们乍一看将这种情况称作自然的,但其实这种情况除了两个观念偶然的联合外,再无任何别的源泉。因为这两个观念的联合不是由于初次印象的力量,就是由于过度放纵的力量而稳定不变地结合到一起,以至于在一个人的心里自始至终都永远一起存在,仿佛它们只是一个观念似的。但洛克在任何意义上都不否认有依赖于我们原始构造的与生俱来的完全自然的反感存在。在他看来,大部分反感虽然被认为是自然的,但实际上它们却是由早年未经注意的一些印象或荒诞的幻觉产生的。因此,只要适当地考察一下,我们就不难发现,这些印象或幻想才是它们的原因。洛克偶尔也注意到自然的反感和习惯形成的反感会导致不同的结果,旨在提醒那些有孩子并负有教育他们之责的人,应当依据这种原则留意孩子们心中观念的联合,谨慎从事,努力预防孩子们心中出现这种杂乱的联合。[13]

　　洛克随即藉一些例证指出,这种并非自然的相互依赖的观念的联合足以妨碍我们的道德的和自然的活动,甚至妨碍我们的概念本身。[14]

　　幽灵鬼怪观念(Die Ideen des Esprits)与黑暗并无真正的联合,一如这些观念与光明并无真正的联合。然而,倘若一个愚蠢的女仆不断地向一个儿童的心里灌输和唤醒这些观念的联系,仿佛它们真的是相互联系在一起似的,则他在一生中或许永远也不能将它们分开,以致在他那里,黑暗的观念往往与这些可怖的观念伴随在一起。[15]

　　倘若一个人因另一个人蒙受了刻骨铭心的不白之冤,他就会不时地想到那个人或他的那一行为,而且既然他长时期念念不忘这两个观念,他就因此而使这两个观念如胶似漆地粘附在一起,它们粘附得如此紧密,以至于几乎合二而一,竟至他一想到那个人,他所蒙受的不白之冤就不由得进入了他的脑海。因此,既然他几乎不能将二者区别开来,则他之厌恶其中一个观念,就如他之厌恶其中另一个观念。因此,洛克强调说:人们往往因为一些无足轻重的理由而滋生出憎恶的情感,致使世上常有持续不断的争执。[16]

　　洛克的一位朋友告诉他一个故事:有个人因为接受了一个让他感到极度痛苦的手术而完全治愈了他的疯病。这位先生终身对这位医生心存感激,以为这位医生给他的是他一生中所需要的最大的恩惠。不过,不管他如何有理性,如何感激,他终究不敢见那位给他动手术的外科医生一面。因为如果他看到了那位医生,这个人的样子就会将他曾经忍受的那种极度痛苦的观念重新引发出来。他不能忍受这样一种观念,由此足见这一观念在他心里产生的印象是何等的强烈![17]

许多儿童把在学校里遭受的责罚归因于他们手上的书本。他们将这两个观念结合得如此紧密,致使他们讨厌书本,以至于他们以后一生都十分厌恶读书,不爱读书。对于他们来说,本来可以给他们带来极大快乐的阅读反而成了一种折磨。[18]

还有一个非常奇怪和著名的例子。有个非常优秀的人物曾向洛克担保他亲眼见到过这样一件事:有位青年人学习跳舞,舞姿优美,舞技精湛。不过,他在学习跳舞的时候,适逢屋子里有一口破箱子。这口破箱子的观念同他跳舞时转动的步伐结合得竟如此紧密,以至于尽管他在这个屋子里跳得极好,但只有那口破箱子摆在屋里的时候才能如此,只要换个地方,他就完全跳不好了,除非那口破箱子或另一口与之相似的箱子摆在他已经习惯的位置上。[19]

藉这种观念的联合所养成的智力习惯所造成的影响,一如洛克进一步告诉我们的,即使很少为人们所留意,但非常强烈和非常广泛。"存在"和"物质"这两个观念(die Ideen des Sehn und der Materrie)倘若或是由于教育或是由于它们在心灵中的反复运用而紧密地结合在一起,人们对于各种精神不就会产生出荒谬的概念和推论吗?如果人们从童年时起就形成了一种习惯,将一种形象与上帝的观念联系在一起,则这样一种思想习惯在思考神时,难道不会陷入极其荒谬的境地吗？洛克解释说，我们无疑应当发现，这没有别的而无非是一些观念的毫无根据的非自然的结合，从而为许多哲学和宗教派别的不可调和的冲突开辟了道路。因为我们不能想象这些不同派别的每个成员都自愿地弄错，违背他所拥有的更好的知识和良心，一味反对由明白无误的证据推证出来的真理。毋庸讳言，在诸如此类的事情上，有时各人的利益肯定也会有很大的关系，但谁也不会断言说，一个人的利益竟能使整个社会陷入迷信，并误入歧途，以至于他们全都毫无例外地坚信那些明白无误的和蓄意造成的谬误，因为必定至少总有些人在做他们自许的事情，亦即他们是实心实意追求真理的。[20]

因此，必定有某些东西蒙蔽了他们的理智，妨碍他们承认他们视为纯粹、确切真理的东西的荒谬性。不过，只要我们认真考察一番那些俘获理智、致使一些原本极其诚实的人变得昏聩的东西，我们就会发现它们只不过是一些极不严肃的观念，严格说来，在它们之间毫无联系可言，只是由于教育、习惯以及人们接连不断的喧哗的缘故，才像一个观念一样，不可分离和没有区别。因此，洛克继续写道：这就使得人们将最拙劣的东西误认为有价值的意见，使那些不能容忍的谬论得到推证，藉一些强有力的推理演绎出来。[21]

我们打算介绍的另外一章是《论狂信》（handelt vom Enthusiasmo），为《理解论》第 4 卷第 19 章。[22] 这一章的思想有如下述：

凡想要认真探究真理的人首先就需要有一种对真理的爱。不管是谁，只要你说他不爱真理，他都必定会见怪于你。因此，在那些自命探究真理的人中，很少有人是真爱真理的。有一种人，我们可以承认他们是一个对真理的真正的探究者,这就是一个命题的确定性只在于其所依据的各种证明,除此之外,他不承认还有什么更大的确定性。不管是谁,只要他超出这一限度,则他之接受真理就不是出于对真理的爱,而是出于某种不正当的目的。因为既然一个命题的真正的不容置疑的明白性就在于它的有关证据(那些足以自明的命题除外),因此,明白无误的是就人们的同意超出一个命题的不容置疑的明白性而言,人们确信的其余部分便都不是出于对真理的爱,而只是出于某种别的情感。因为对真理的爱不可能使任何一个人对任何一个命题的同意程度超出为真理本身所能证实的范围。同样,任何一个爱真理的人都不可能依据那种他不能确定一个命题是否为真的证据来同意这一命题。不然的话,我们之同意这个命题就只是因为它含有与真理不相符合的可能性或盖然性。[23]

　　洛克先生接着又说道:人们从心灵安排的这样一种弊端中可以无可争辩地得出结论:一个人可以由此获得用他自己的意见来支配别人的意见的权威。因为一个人既然已经欺骗了他自己的信仰,他怎么就不能欺骗别人的信仰呢?一个人直面自己时都不习惯于运用正当的论点和证明,不惜伤害他自己的官能,虐待他自己的心灵,冒犯真理的特权(一个人只认同无可争议地为真的东西),何以能够指望他在论及别人时竟愿意使用正当的论点和证明呢?[24]

　　洛克以上述论述为基础,进而研究狂信。一些人把狂信说成是与理性和信仰一样的官能,他们企图不借助于理性来建立启示。他们因此便既破坏了理性,又破坏了信仰,毫无理由地用他们头脑中伪造的幻想来取代它们,并且用这类幻想来审视他们自己的意见和行为。理性无他,无非是一种自然启示(eine natürliche Offenbahrung）。凭借理性，上帝便把人类的自然官能所能达到的那部分真理灌输给他们。启示乃自然理性（Die Offenbahrung ist die natürliche Vernunfft），只是为上帝直接灌输的一套新发现所扩大，不过那些新发现仍待理性予以证明和证实，表明它们确实是来自上帝的。因此，不管是谁，只要他破坏了理性来为启示开路，他就是在同时熄灭这两个方面的光亮。[25]

但既然人们发现，藉一种直接启示（eine unmittelbahre Offenbahrung）来增强他们自己的意见，指导他们的行为，要比依据完全的推论加以排列整理容易得多。因为严格的推论通常不仅令人厌烦，无所助益，而且大部分都没有成功的希望。无怪乎人们往往标榜自己得了启示，自信他们的行为和意见特别得到了上帝的指导。当他们不能用理性原则来证实他们的行为和意见时，他们就更加如此自诩了。他们的心灵一旦有了这样一种想法，那些牢固地刻印在他们想象中的大多数荒谬的意见，就必定仿佛是来自上帝之灵的光明，享有神圣的权威。任何为这种强烈冲动所引导的离奇的行为，他们都不容置疑地视为我们必须服从的上天的命令；而且既然这样的命令来自上天，则他们替天行道便不会出任何错误。[26]

真正说来，这就是狂信的含义。它既不是建立在理性的基础之上，也不是建立在启示的基础之上，而只是一种由兴奋的或傲慢的灵魂中或隐或显的情绪产生的东西，因此，它一旦站稳了脚跟，就比理性和信仰对人的意见和行为产生更强有力的影响。[27]

尽管人们因陷入狂信而产生出种种奇特的意见和行为足以鞭策他们警醒，不要采取错误的原则将他们的信仰和行为引入歧途，但人们由于喜欢猎奇，以轻而易举受到启示为荣，而且这种不同寻常的知识途径颇能满足他们的懒惰、无知和虚荣,也使他们兴奋不已,从而一旦进入这样一种直接启示的知识途径:根本无需考察便获得光明,根本无需证明和研究即可获得确定性的知识,在这种情况下,要想把他们挽回就非常困难了。[28]

这些确定性的知识是以超理性的方式传达给他们的,在这种情况下,理性是不起任何作用的。他们看到一缕微光注入了他们的理智,也就不会再犯任何错误。这样一缕光明显而易见,犹如一道最明亮的日光,根本无需比它自身更明白的其他证明。[29] 按照他们的说法,上帝的手在他们的心灵之中转动,圣灵在他们的心灵之中跃动,而他们的这样一些感觉都准确无误。因此,他们相信理性与他们所觉所见的事物毫无干系。他们明白经验到的事物不容置疑,无需证明;他们所有的海外奇谈都是如此。他们之所以相信这些东西,乃是因为他们相信它们;他们的意见之所以正确,乃是因为他们心里牢固地持守这些意见。倘若我们撇开他们披上外衣的有关真见实感的隐喻,他们种种说辞的要点便不过尔尔。[30]

洛克还研究了为这些人十分坚定地视为基础的内在的光(innerlichen Lichts)和感觉的根据。他诘问道:所谓内在的光指的究竟是人们看到了一种特殊命题的真理的知觉呢,还是来自上帝的一种启示呢?再说感觉,它指的究竟是那种关于人们要做某件事情的幻想的意向的知觉呢,还是指人们感到上帝促动这种意向的圣灵呢?倘若我们不肯自欺的话,我们就必须承认这是我们必须予以仔细分辨的两种完全不同的感觉。我虽然能够知觉到一个命题的真理,但至此我却并不能因此而知道它是否是一个直接来自上帝的启示。而且,我纵然可能知道我不可能以自然的途径获得这种知识,从而实际上可以得出结论说,对于我来说,它是启示出来的,我却不能因此就知道它是一个来自上帝的启示。因为很可能有些精灵虽然在这件事情上未受到神的委托,但能在我的心中引起这些观念,亦能以适当的秩序安排它们,使我们可能知觉到它们之间的联系。这样,既然我并不知道进入我心灵中的一个命题的知识究竟是如何进入我们的心灵之中的,这就不能成为它来自上帝的一个证明。更加没有说服力的是断言我之所以相信这种幻想是真实的,其证据并不在于我实在地知道它是真实的,而只是在于它是来自上帝的。[31]

人们虽然可以把这样一种幻觉称作"光"和"见",但我却认为它充其量只不过是一种信仰和信念。因为所论的命题倘若是一个被想象为真的命题,并不确知其为真,那么,无论如何,它就不能是"见",而只能是"信"。一个人可以给这样的幻觉以他所喜欢的任何一个名称。但我所信的东西,我必定是依据他人的证据权且设定它为真的,就此而言,我必定知道我确实获得了这种证据。因为倘若没有这样的证据,我之信便会变得毫无根据。我必须勘定清楚:究竟是上帝把这样的启示直接传达给了我,还是我什么也没有"见"。因此,现在的问题是:我如何能够知道确实是上帝将一些东西启示给了我,我又如何能够知道这一印象确实是由圣灵印在我心上的,从而我应该服从它。如果我不能确知这一层,则我的确信不论强到什么程度,也是毫无根据的;不论我自诩见到什么样的光明,那也不过是一种狂信而已。因为我们所假设的由启示所出的那个命题,不管是原本真实的或显然可能的,还是由知识的自然途径难以证明其为真的,都必须首先明白地建立和证明这样一个命题:"这个命题确实是由上帝启示出来的,而我所认作启示的东西,确实是由上帝原原本本印入我的心灵之中的,而不是由别的精灵注入我的心灵的一种幻觉,或是由我自己的幻象所生起的一种幻觉。"如果一个人没有进展到这一步,则他的来自上帝的所有信念便统统不过是一种纯粹的推测而已;而使之眼花缭乱的这种光明也只不过是一种鬼火,只能使我们陷入一种循环论证:"它之所以为启示,乃是因为他们坚信它是启示;他们之所以相信它,乃是因为它是一种启示"(Dieses ist Offenbahrung weil ichs feste gloube; und ich gaube es, weil es eine Offenbahrungist)。[32]

由此,我们必定能够得出结论说:那些设想他们具有关于这个或那个真理的这种启示的人必定相信,这个或那个真理都是由上帝启示给他们的。因为他们通常会说,他们是凭借它带来的光明而知道它是由上帝而来的启示。因为那种光明在他们心中照耀闪烁,是他们抵抗不了的。但这种说法仅只意味着:它之所以是一种启示,仅只是因为他们坚定地相信它是一个启示。既然如此,他们所谓的光明就无非是他们心中牢固地建立起来的强烈的毫无作为真理根据的想象。倘若他们假定他们之所以接受它,乃是因为他们具有它合乎理性以及它之为一条真理的根据,他们便必须承认他们实际上并没有这样的根据。因为倘若他们具有这样的根据,他们就不必把它们当作启示加以接受,而只需依靠他们接受别的真理时所依靠的普通根据。但如果他们之所以相信它是真的只是因为它是一种启示,而他们之所以知道它之为一个启示又没有任何别的根据,而只是因为他们凭借自己的幻想,充分相信它是一个启示,则他们之相信它为一个启示就只是因为他们充分相信它是一个启示了。谁都看得出，我们若以这样的根据加以推证，就必定听任我们的幻想支配我们的意见和行为，从而使我们罹受这种最奇怪的错误和最让人窝火的谬行。因为我们意见全部力量所系的东西竟然根本没有表明其正确的任何证据。这样一来，人们便能够指鹿为马，将任何一个错误都证明成真理，就像我们在那些极力主张两种相互矛盾意见的狂信人士那里常常看到的那样。[33]

因此，洛克很有理由地说道：如果每个人都认为他心中原本有的光明在这种情形下只不过是他自己意见的力量，从而将其视为他自己的思想来自上帝的一种证明，那么，我们就必定能够得出结论说，所有相互矛盾的意见都有权宣布为神圣的启示；而上帝也就不仅会成为众多光明之父(ein Pater des Lichts)，而且还会成为所有相互反对的光明之父(ein Pater gantz entgegen gesetzter Lichter)，这就使人们陷入莫衷一是的窘境。[34]

洛克由此得出结论说：一个人如果不甘心身陷这样一种杂乱无序的困境和错误，他首先就必须彻底考察一下作为他的向导的内在光明(das innerliche Licht)。他说：上帝在造先知时，并不曾因此而毁坏了人；他依然让人的各种官能保持其自然状态，使他依然能够判断他内心所接受的灵感究竟有无神圣的来源。倘若上帝想使我们认同任何一个命题的真实，则他就或是用自然理性的寻常方法来证明其真理性，或是用他的权威来表明我们应当认同这一真理，而且他还会以理性不能误认或反对的一些标记，使我们相信这样一种真理是源自他的。不过，洛克又说道：他的意思并不是说，我们必须运用理性来考察上帝启示给我们的命题能否为自然原则所证明，倘若得不到证明，我们就应当予以否定；而是说，我们必须咨询理性,必须借助理性的帮助来澄清它是否来自上帝的启示。理性如果发现它是神圣的启示,当即就宣布赞成它,一如赞成任何别的真理一样,并且因此而把它当作自己的一道命令,不能加以反对。[35]

这种内在的光明或我们由于启示而在心灵中呈现出来的任何一个命题,如果与理性原则相契合,或者与上帝的语言(即证明过的启示)相契合,则我们的理性就会保证赞成它,就会把这种光明当作真理加以接受,并用作我们行为和信仰方面的向导。不过,倘若这种光明具有上述规则的证据或证明,则我们就不能视之为一个启示,甚至也不能视之为一条真理。因为如果我们在相信它为一个启示的同时却又不能说明它确实是一个启示,则无论如何就需要一些实在地作为一个启示的其他标志来加以证明。因此,古代的先知们,当其从上帝那里得到启示时,除了有使他相信这些启示实在地来自上帝的内在光明外,还另有别的证明。他们不仅设想他们的想象来自上帝,而且他们还有外在的标志,使他们相信上帝是那些启示的作者。如果他们要相信其他同类的东西,他们就需要事先得到一种特权,以可见的标志宣示出他们从上帝那里禀受的真理。因此,摩西去埃及前就看到灌木着了火,却并未烧毁灌木,而且还听到有声音从灌木丛中传出来。所有这些就表明把以色列的弟兄们从埃及法老手里解救出来这条启示并不只是一种冲动或内在感觉。[36]不过,摩西仍然认为这还不足以给他一权力,使他得以以上帝代理人的名义进入埃及。直到上帝以另一种奇迹,把他的手杖变成蛇,他才真正自信起来。[37]因为这体现了上帝的真正的意志力,上帝创造的是一种连埃及法老都看得见的奇迹。与之完全类似的例子还有发生在基甸身上的情况。[38] 关于古代先知的这样一些例证以及其他一些例证都明白无误地告诉我们：如果没有别的证明，他们并不认为他们心中的内在视觉或他们自己的想象就足以成为它们来自上帝的充分证明，尽管圣经上也没有到处说他们始终需要或得到了这样一类证明。[39]

这些摘自洛克这部智慧著作中很少几节。依照精到翻译家考斯特的译本，我将这些写出来作为了解和思考的例证。

* * *

附　释[40]

洛克所说的观念的联系及其相关内容非常值得注意，其中一些联系往往容易滋生情绪。错误和荒谬的判断往往是由其他一些邻近的和特殊的原因造成的。例如，一个人设想一种谬误的原则，他想象他在自己的心中已然有了关于它们的证明，而现在则由于记忆的失误而导致这样的判断发生；其实，他所设定的这些已知的原则，由于其当初即没有花费足够的时间和劳苦进行井然有序的研究，原本就是错误的。同时，情绪也极大地助推了人们对一些原则的粗心的轻信，因为一个人总是相信和容易得出他喜欢的结论。[41] 在洛克的这部著作中，除那些最为重要的内容外，还有一点值得注意，这就是他在反对爱德华·斯蒂林弗利特主教的信件中，已经改变了他在《人类理解论》中的一些看法。[42] 原来，洛克同近代哲学家笛卡尔和伽森狄的信徒们一样，也认为我们在物体中碰到的无非是大小、坚固性或不可入性以及运动和变化,而现在他却开始认为,物体中有些东西藉这些性质并不能显示出来。其次,在这部论著中,他还拒绝接受天赋观念和自然之光,看来他尚未将源自可能性的必然真理与来自实在经验的其他东西区别开来,认为所有的知识都必定是从外面得来的。[43]

因此,他接受了亚里士多德的白板说(Aristotelis tabulam rasam),而非更为合适的柏拉图的天赋说(Platonis einpflangtzungen angenommen)。诚然,在这些最抽象的问题上,没有外在感觉也不可能突然冒出思想,但就这些必然真理而论,这样的感觉更多的是作为提醒者而非作为证明在起作用;而证明则必定只能单纯地来自内在的根据。那些很少通过恰当的推证处理知识问题的人士并未充分理解这一点。[44]

注释

1　本文写于 1700—1701 年间,发表于 1701 年。目的在于对洛克《人类理解论》第四版中新增加的内容作出摘要并予以简单的评论。

本文以德语写成,曾刊载于 1701 年的《文萃月刊》(Monatlicher Auszug)。发表时,莱布尼茨又增补了一些内容。所增补的内容用作正文的一个附释。此后,莱布尼茨即开始对洛克的《人类理解论》作出全面的评论,其结果就是他的《人类理智新论》。原文无标题,该标题系译者依据内容添加上去的。

本文据 G. W. Leibniz, *Die philosophischen Schriften* 5, Herausgegeben von C. I. Gerhardt, Hildesheim:Georg Olms Verlag,1978, pp. 25-37 译出。

2　勒克莱尔(Jean Leclerc,1657—1736),瑞士新教神学家,瑞士百科全书编撰学家和圣经学家,他曾将洛克《人类理解论》的摘要译成法文,发表在《各国书讯》上。

3 这一章为《人类理解论》第 2 卷第 27 章,含 29 节。在这一章里,洛克在确认了"同一性"概念和"个体性原则"内涵的基础上,先后论述了"实体的同一性"(上帝的同一性,有限精神的同一性和物体的同一性)、"人的同一性"和"人格的同一性",强调指出人格的同一性在于意识或自我意识,从而既不同于实体的同一性,也不同于人的同一性。参阅洛克:《人类理解论》上册,关文运译,商务印书馆 1981 年版,第 301—325 页。

4 洛克的《人类理解论》第二版 1694 年问世。关于第二版,洛克写道:"在此版内,关于同一性有新添的一章,而且在别的地方,亦有许多增益和改正。不过读者应当知道,这些增益和改正并不是新的东西,它们大部分只是进一步来证实我以前所说过的话,并且对那些话加以解释,免得人误解了第一版中的议论。因此,它们并非与原意有出入。不过我在第 2 卷第 21 章内所加的修正,可以说是一个例外"(参阅洛克:《人类理解论》上册,"赠读者",关文运译,商务印书馆 1981 年版,第 15 页)。

在正文中,洛克坦率地写道:"不快能决定意志——现在我们可以返回来考察,'在动作方面,究竟是什么在决定意志?'在我再思之后,我就猜想,那种东西并不是人所着眼的一种较大的好事,如一般人所假设的那样,它只是人们当下所感到的一种不快(多半是很逼迫人的意志不快)。这种感觉连续不断地决定我们的意志,使我们进行各种动作"(同上书,第 221 页)。

值得注意的是,洛克是在"追求真理"的名义下修正自己的这一错误的。他写道:"我在那里关于'自由'和'意志'所说的话,应该受极其严格的复勘。因为那些题目曾经在各时代使世上的学者们发生了许多的问题和困难;而且那些问题和困难又在人所急欲明晓的道德学和神学中,引起了很大的纷扰。我在前已经论到,在一切自愿的运动中,所谓意志究竟以什么为最后决定的动机;不过在进一步考察了人心的各种作用以后,在较精密地观察了支配那些作用的各种动机和观点以后,我觉得以前的思想有修正的必要。这一点是我必须向世人承认的,而且我在承认时是很坦白、很爽快的,一如我以前出版时认自己为合理的一样。因为我的任何意见只要有违于真理,我是很愿意抛弃它的,我并不愿意反对他人的意见。因为我所追求的只是真理,不论它何时、何地而来,我总是要欢迎的"(同上书,第 15 页)。

5 参阅洛克:《人类理解论》上册,关文运译,商务印书馆 1981 年版,第 221—257 页。

6 通常译作皮埃尔·考斯特,其依据的外文为 Pierre Coste。我们之所以译作彼得·考斯特,所依据的是本文中的 Peter Coste(参阅 G. W. Leibniz, Die philosophischen Schriften, Herausgegeben von C. I. Gerhardt, Hildesheim: Georg Olms Verlag, 1978, p. 26)。莱布尼茨主要是依据考斯特的这个法文译本来理解和评论洛克的《人类理解论》的。

7 参阅洛克:《人类理解论》上册,关文运译,商务印书馆 1981 年版,第 374—382 页。也请参阅莱布尼茨:《人类理智新论》上册,陈修斋译,商务印书馆 1982 年版,第 284—287 页。

8 参阅洛克:《人类理解论》上册,关文运译,商务印书馆 1981 年版,第 374—375 页。

9 同上书,第 375 页。

10 同上。

11 同上书,第 376 页。洛克在这里所批评的这种"肆意狡辩"的情形实际上也就是佛学上所说的"我执"。洛克非常痛恨"我执",常称之为"疯狂",把它说成是"全人类所具有"的"弱点"和"污点"。但洛克之批评"我执",并不以酣畅淋漓地骂一通了事,而是从认识论和观念论上昭示其根源。他的这样一种致思路线可以说与英国经验主义的始祖弗兰西斯·培根一脉相承。当年培根就用"扰乱人心"的"种族假相"来解释人的各种"根深蒂固"的"错误观念"的根源。他在《新工具》中写道:"'种族假相'的基础就在于人的天性之中,就在于人类的种族之中。因为认为人的感觉是事物的尺度,乃是一种错误的论断,相反地,一切知觉,不论是感官的知觉或者是心灵的知觉,都是以个人的尺度为根据的,而不是以宇宙的尺度为根据的。人的理智就好像一面不平的镜子,由于不规则地接受光线,因而把事物的性质和自己的性质搅混在一起,使事物的性质受到了歪曲,改变了颜色"(参阅北京大学哲学系外国哲学史教研室编译:《十六—十八世纪西欧各国哲学》,商务印书馆 1975 年版,第 13 页)。

12 同上书,第 376—377 页。

13 同上书,第 377—378 页。

14 同上书,第 378 页。洛克高度重视观念的非自然的联合的危害性,认为这几乎是"世上最值得注意的"。他写道:"要把本不相关、互相独立的一些观念错误地联合在心中,实在有一种危险的影响。这种联合的力量很大,往往使我们在行动中、在情感中(道德的和自然的)、在推理中、在意念中,牵强起来、乖错起来。因此,这件事情几乎是世上最值得注意的。"

15　同上。

16　同上。

17　同上书,第 379—380 页。

18　同上书,第 380 页。

19　同上。

20　同上书,第 380—381 页。这段话所表述的洛克的思想,既与洛克的实体观念密切相关,也与洛克的宗教观密切相关。首先,洛克的这段话与他的实体学说密切相关。洛克认为,既然我们有两种经验,即感觉经验和内省经验,那就存在有两种实体,这就是物质实体和精神实体,其中物质实体的本性主要在于坚固性或广延,精神实体的本性在于思想。但洛克的实体学说既不同于霍布斯的唯物主义一元论,也不完全等同于笛卡尔的二元论。因为在洛克看来,尽管我们理解不了物质本身何以能够思想,但万能的上帝却有可能把思想能力赋予物质。洛克曾以否认上帝能够使物质具有思想能力就是在限制上帝的万能为由来非难斯蒂林弗利特。他写道:"他们断言,我们不可能理解物质怎么能够思维。我假定这一点是对的。然而由此便应得出结论说,因此上帝便不能给物质以思维的能力,也就是说,上帝的万能是有限的"(*The Philosophical Works of John Locke*, V.11, ed., J. A. ST. John, London, pp. 391 - 392)。其次,洛克的观念联合学说显然也与他所主张的宗教宽容思想和宗教和解立场密切相关。

21　同上书,第 381—382 页。对于洛克对非自然的观念的联合的分析和批评,莱布尼茨非常认同。他写道:"指出的这一点是重要的,并且完全合我的心意,也还可以举出无数例子来加强它。笛卡尔在年轻时曾对一个斜眼的人有过感情,他就一辈子不禁对有这种毛病的人有所倾心。另一位大哲学家霍布斯,据说不能独自一人留在一个黑地方而心里不害怕鬼怪的影像,虽然他一点也不相信鬼怪,这种印象是在儿童时期听人家讲故事给他留下来的。有许多很有学问并且有很健全理智的人,也断乎好似超脱迷信的,却不能下决心十三个人在一桌吃饭而不感到极端狼狈,因为以往曾受这样的想象所打动,以为这样当年其中一个人就要死"(莱布尼茨:《人类理智新论》上册,陈修斋译,商务印书馆 1982 年版,第 287 页)。

22　参阅洛克:《人类理解论》下册,关文运译,商务印书馆 1981 年版,第 696—707 页。也请参阅莱布尼茨:《人类理智新论》下册,陈修斋译,商务印书馆 1982 年版,第 608—618 页。

23　参阅洛克:《人类理解论》下册,关文运译,商务印书馆 1981 年版,第 696—697 页。

24　同上书,第 697 页。

25　同上书,第 698 页。洛克批评人们取消理性来为启示让路,断言:"他这种做法正好像一个人劝另一个人把眼睛拔了,以便用望远镜来观察不可见的星体的辽远光亮似的。"

26　同上书,第 698—699 页。在这里,洛克旨在探究狂信的由来,说明妄图走捷径,投机取巧,乃狂信滋生的心理基础。

27　同上书,第 699 页。

28　同上书,第 699—700 页。

29　洛克在这里似乎也将批评的矛头指向了狭隘理性主义者的直觉主义。例如,斯宾诺莎就将"真观念"视为真理的最高标准,断言:"具有真观念的人,必同时知道他具有真观念,他决不能怀疑他所知道的东西的真理性。"他写道:"凡具有真观念的人无不知道真观念包含最高的确定性。因为具有真观念并没别的意思,即是最完满、最确定地认识一个对象。……现在试问:一个人如果不首先了解一个东西,谁能知道他确定知道那个东西?并且除了真观念外,还有什么更明白更确定的东西足以做真理的标准呢?正如光明之显示其自身并显示黑暗,所以真理既是真理自身的标准,又是错误的标准。"参阅斯宾诺莎:《伦理学》,贺麟译,商务印书馆 1981 年版,第 75—76 页。

30　同上。在洛克看来,狂信者的症结在于根本否认理性乃一种自然的启示,而启示乃自然的理性这样一条真理。洛克在分析狂信者的盲目自大心理时,活龙活现地写道:"他们所分明经验到的,并不容怀疑,亦无需乎试验,一个人如果要求人来给自己证明:光是在照,他是看见了光,那不是很可笑的么?只有光自己能证明自己,别的东西并不能给它证明。圣灵只要在自己心中带来光明,他就会把黑暗驱除掉。我们看到它,正如我们看到午时的太阳一样,并不用理性的微光来指示我们。由上天来的这种光明,本是强烈、明白、纯洁的,它本身就可以解证它自己。我们若以自己幽暗的光明——理性——来考察天光,那就无异于借萤火的微光来发现太阳了。"参阅洛克:《人类理解论》下册,关文运译,商务印书馆 1981 年版,第 699—700 页。

洛克在这里似乎也将批评的矛头指向了狭隘理性主义者的直觉主义。

例如,斯宾诺莎就将"真观念"视为真理的最高标准,断言:"具有真观念的人,必同时知道他具有真观念,他决不能怀疑他所知道的东西的真理性。"他写道:"凡具有真观念的人无不知道真观念包含最高的确定性。因为具有真观念并没有别的意思,即是最完满、最确定地认识一个对象。……现在试问:一个人如果不首先了解一个东西,谁能知道他确定知道那个东西?并且除了真观念外,还有什么更明白更确定的东西足以做真理的标准呢?正如光明之显示其自身并显示黑暗,所以真理既是真理自身的标准,又是错误的标准"(参阅斯宾诺莎:《伦理学》,贺麟译,商务印书馆1981年版,第75—76页)。

31　参阅洛克:《人类理解论》下册,关文运译,商务印书馆1981年版,第700—701页。

32　同上书,第701—702页。

33　同上书,第702—703页。洛克进而驳斥说:"我们如果认自己的幻想为自己的崇高的唯一的指导,而且我们所以认某个命题为真实,某种行为为正直,只是因为我们如此相信,那么,陷自身于谬误、错见的,还有比此更容易的方法吗?我们的信念虽强,那也完全不能证明它是正直的;弯曲的东西,亦可以同直的东西一样坚硬,一样不屈;而且人们在错误方面,亦可以和在真理方面一样专断,一样肯定。若非如此,则纷纭的党派如何会有了那么多不可控制的热忱信徒呢?"

34　同上书,第703—704页。洛克进而举例说明"坚确的信念并不足以证明任何命题是由上帝来的"。他写道:"圣保罗在杀戮基督宗教徒时,亦相信自己的做事是对的,亦相信他自己负着这种使命,亦相信他们是错的。不过错误的是他,而不是他们。善人亦是不能免于错误的,他们有时亦会把错误认为神圣的真理,以为它们是在自己心中极其光明地照耀着的,因此,他们亦会很热心地卫护各种错误"(参阅《使徒行传》7:57—60;8:3;9:1—30)。

35　洛克:《人类理解论》下册,关文运译,商务印书馆1981年版,第704—705页。早期拉丁护教士德尔图良(Tertullianus,公元145—220)在《论基督肉身》一书中强调过信仰与理性的对立。他写道:"上帝之子被钉在十字架上,我不感到羞耻,因为人必须为之感到羞耻。上帝之子死了,这是完全可信的,因为这是荒谬的。他被埋葬又复活了,这一事实是确实的,因为它是不可能的"(德尔图良:《论基督肉身》,第15章)。针对德尔图良的这一立场,洛克在《人类理解论》中阐述并强调了"启示超乎理性,但不反乎理性"的观点,并且指出:"使人类陷于热狂互相歧视的各种宗教,所以有了许多荒谬的情节,我想多半是由于人们夸张信仰,以来反对理性的缘故。因为人们如果习于一种意见,以为在宗教的事理方面,不论它们怎样显然与常识、与一切知识的原则相冲突,我们亦不能求商于理性,他们就已放纵自己的想象和迷信了。他们既然竭尽迷信的能事,因此,他们就在宗教方面发生很奇特的意见、很荒谬的行为,使一个好思的人不能不惊异其愚昧,而且以为他们那样,不但是伟大全知的上帝所不能喜悦的;而且就在清醒而善的人看来,亦是很可笑、很可厌的。因为这种缘故,那本该使我们有别于禽兽、本该特别把我们当做理性动物看,使我们高出于生畜之上的宗教,反而使人往往成为最无理性的,而且比畜类还要愚蠢。人常说,'我所以相信,正因为其不可能'。这话,在一个好人方面虽亦可以算做热心的表现,不过人们如果用这个规则来选择自己的意见和宗教,那就太过危险了"(洛克:《人类理解论》下册,关文运译,商务印书馆1981年版,第692—696页)。我们应当从这样一个高度来理解洛克的上述一段话。

36 《出埃及记》第3章曾谈到有关"大异象"和"证据"。其中写道:"摩西牧养他岳父米甸祭司叶忒罗的羊群,一日领羊群往野外去,到了上帝的山就是阿烈山。耶和华的使者从荆棘里火焰中向摩西显现。摩西观看,不料,荆棘被火烧着,却没有烧毁。摩西说:'我要过去看这大异象,这荆棘为何没有烧毁呢?'耶和华上帝见他过去要看,就从荆棘里呼叫说:'摩西!摩西!'他说:'我在这里。'上帝说:'不要近前来,当把你脚上的鞋脱下来,因为你所站之地是圣地。'又说:'我是你父亲的上帝,是亚伯拉罕的上帝,以撒的上帝,雅各的上帝。'摩西蒙上脸,因为怕看上帝。耶和华说:'我的百姓在埃及所受的困苦,我实在看见了。他们因受督工的辖制所发的哀声,我也听见了。我原知道他们的痛苦。我下来是要救他们脱离埃及人的手,领他们出了那地,到美好宽阔流奶与蜜之地,就是到迦南人、赫人、亚摩利人、比利洗人、希未人、耶布斯人之地。现在以色列人的哀声达到我耳中,我也看见埃及人怎样欺压他们。故此我要打发你去见法老,使你可以将我的百姓以色列人从埃及领出来。'摩西对上帝说:'我是甚么人,竟能去见法老,将以色列人从埃及领出来呢?'上帝说:'我必与你同在,你将百姓从埃及领出来之后,你们必在这山上事奉我,这就是我打发你去的证据'"(《出埃及记》3:1—12)。

37 摩西手杖变蛇的神迹载《出埃及记》第4章。其中写道:"摩西回答说:'他们必不信我,也不听我的话。必说:耶和华并没有向你显现。'耶和华对摩西说:'你手里是甚么?'他说:'是杖。'耶和华说:'丢在地上。'他一丢下去,就变作蛇。摩西便跑开。耶和华对摩西说:'伸出手来拿住他的尾巴,他必在你手中仍变为杖。如此好叫他们信耶和华他们祖宗的上帝,就是亚伯拉罕的上帝,以撒的上帝,雅各的上帝,是向你显现了。'耶和华又对他说:'把手放在怀里。'他就把手放在怀里。及至抽出来,不料,手长了大麻风,有雪那样白。耶和华说:'再把手放在怀里。'他就再把手放在怀里。及至抽出来,手已经复原,与周身的肉一样。又说:'倘或他们不听你的话,也不信头一个神迹,他们必信第二个神迹。这两个神迹若都不信,也不听你的话,你就从河里取些水,倒在旱地上,你从河里取的水必在旱地上变作血'"(《出埃及记》4:1—9)。洛克援引这个圣经故事显然旨在进一步强调外在标记(亦即理性)在验证启示中的极端重要性。

38 《士师记》讲述了基甸要求验证启示的故事。以米甸为首的异族曾向以色列人大举进攻,掳掠、蹂躏以色列人7年之久。陷入绝境的以色列人向上帝呼救。上帝于是派使者向农夫基甸显现,让他受命于危难之中,拯救以色列人脱离苦海。圣经上说:"耶和华的使者向基甸显现,对他说:'大能的勇士啊,耶和华与你同在。'基甸说:'主啊! 耶和华若与我们同在,我们何至遭遇这一切事呢? 我们的列祖不是向我们说,耶和华领我们从埃及上来吗? 他那奇妙的作为在哪里呢? 现在他却丢弃我们,将我们交在米甸人手里。'耶和华观看基甸,说:'你靠着你这能力去从米甸人手里拯救以色列人。不是我差遣你去的吗?'基甸说:'主啊! 我有何能拯救以色列人呢? 我家在玛拿西支派中,是至贫穷的。我在我父家是至微小的。'耶和华对他说:'我与你同在,你就必击打米甸人,如击打一人一样。'基甸说:'我若在你眼前蒙恩,求你给我一个证据,使我知道与我说话的就是主。求你不要离开这里,等我归回,将礼物带来供在你面前。'主说:'我必等你回来。'基甸去预备了一只山羊羔,用一伊法细面做了无酵饼,将肉放在筐内,把汤盛在壶中,带到橡树下,献在使者面前。上帝的使者吩咐基甸说:'将肉和无酵饼放在这磐石上,把汤倒出来。'他就这样行了。耶和华的使者伸出手内的杖,杖头挨了肉和无酵饼,就有火从磐石中出来,烧尽了肉和无酵饼。耶和华的使者也就不见了。"基甸在使者所行的奇迹面前折服,接受了这一重要使命。他只带了三百精兵,拿着火把和号角来包抄米甸人的营地,用突袭的策略以少胜多,击溃米甸人,杀死其首领。请特别参阅《士师记》6:12—21。

39　洛克:《人类理解论》下册,关文运译,商务印书馆1981年版,第705—706页。作为近代理性主义哲学的主要代表人物之一,莱布尼茨对洛克启示超乎理性却并不反乎理性的立场原则上是持赞同态度的。不过,他对狂信还是采取了一种分析的态度。他在《人类理智新论》中写道:"L'Enthousiasme(狂信)开始时本来是个好名词。正如'灵异'(le sophvolumus, Basisme)本来是表示一种智慧的运用一样,狂信原意是指在我们之中有一种神性。上帝在我们之中活动着(Est Deus in nobis)。苏格拉底以为有一种神或灵异(démon)给他内心的劝告,所以狂信也是一种神圣的本能。但人们既把他们的情感、幻想、梦境,乃至怒变成了某种神圣的东西,狂信就开始指一种被归因于某种神性的力量影响的心灵的扰乱,人们设想为在那些受这种力量所侵袭的人身上的,因为那些占卜的武士和巫婆,当他们的神附身的时候,都显出一种精神错乱,像维吉尔诗中说的阿梅的女巫那样"(参阅莱布尼茨:《人类理智新论》下册,陈修斋译,商务印书馆1982年版,第610—611页)。

40　关于这个附释,格尔哈特注明:"在1701年的《文萃月刊》(Monatlichen Auszug)中,莱布尼茨对上述草稿作了如下增补"(参阅G. W. Leibniz, *Die philosophischen Schriften*, Herausgegeben von C. I. Gerhardt, Hildesheim: Georg Olms Verlag, 1978, p. 25)。关于《文萃月刊》,请参阅玛利亚·罗莎·安托内萨:《莱布尼茨传》,宋斌译,中国人民大学出版社2015年版,第350、351页。

41　洛克曾在《人类理解论》第四卷第20章中,将"强烈的情欲或心向"说成是一种"错误的尺度"或根源。他写道:"特别得势的情感——各种可靠的理由如果违反了人们的意向和得势的情感",人们便"不能免于错误的危险"。他举例说:"一个贪鄙的人推论起来,只要一边有钱,则另一边虽有很可靠的理由,你也会容易预先见到那一边要占优势。尘俗的人心,究竟如污泥的墙壁似的,会抵抗最强的枪炮。一种明白论证的力量,有时虽亦可以给他们一些印象,可是他们会屹立不动,把敌人——真理——赶出去,不让它们来围攻自己,扰乱自己。你虽然告诉一个正在热恋的人说,他的情人对他的爱情是假的,并且拿出二十种证据来,证明他的情人对他不忠,可是她只用三句甜语,就会使一切证据归于无效。古人说,'我们所愿望的事,我们是容易相信的'(Guod volumus, Bacile, credimus),我想人人都已屡次经验过这番道理"(参阅洛克:《人类理解论》下册,关文运译,商务印书馆1981年版,第715页)。

42　关于洛克与斯蒂林弗利特的论战,请参阅索利:《英国哲学史》,段德智译,陈修斋校,商务印书馆2017年版,第99—100页。

43　洛克是在批判天赋观念学说的基础上详尽论证知识和观念起源于感性世界这一经验主义的基本原则的。他的《人类理解论》共四卷,其中第一卷就是专门用来批判天赋观念的。洛克在这一卷中提出并论证的根本思想在于:人心中根本没有任何天赋原则,既没有天赋的思辨原则,也没有天赋的实践原则。后面三卷分别为"论观念"、"论语词"和"论知识",但其核心观点在于提出、论证和强调"我们的一切知识都是建立在经验上的,而且最后是导源于经验的"(参阅洛克:《人类理解论》,上册,第68页)。莱布尼茨反对洛克的这样一种观点,他认为我们具有两种真理,这就是"推理真理"或"必然真理"和"事实真理"或"偶然真理",其中"事实真理"或"偶然真理"与我们的感性经验相关,而"推理真理"或"必然真理"则来自"矛盾原则"或"可能性原则",来自理智自身(参阅莱布尼茨:《单子论》,第31—38节)。他强调说:凡是在理智中的,没有不是先已存在于感觉中,"但理智本身除外"。因此,他批评洛克混淆了必然真理和偶然真理,把必然真理也归结为偶然真理了。

44　莱布尼茨在谈到他和洛克在认识论上的根本差别时,强调指出:"我们的差别是关于一些相当重要的主题的。问题就在于要知道:灵魂本身是否像亚里士多德和《理解论》作者所说的那样,是完完全全空白的,好像一块还没有写上任何字迹的板(Tabula Rasa),是否在灵魂中留下痕迹的东西,都是仅仅从感觉和经验而来;还是灵魂原来就包含着多种概念和学说的原则,外界的对象是靠机缘把这些原则唤醒了。我和柏拉图一样持后面一种主张"(莱布尼茨:《人类理智新论》上册,陈修斋译,商务印书馆1982年版,第2—3页)。不过真正说来,莱布尼茨的观念说也有别于柏拉图。因为在柏拉图那里,所有观念都是现成地存在于人的心灵中,但莱布尼茨却强调天赋观念的潜在性,认为它们只是"作为倾向、禀赋、习性或自然的潜在能力而天赋在我们心中",只有在感觉经验的诱发下,这些观念才能变得明晰和清楚起来。这就好像一块"有纹路的大理石",只有经过雕琢,其纹路才能逐渐清晰起来。这就是莱布尼茨的"有纹路的大理石"的主张(同上书,第6—7页)。这样,在莱布尼茨这里,我们的心灵虽然也和在柏拉图那里一样,不是一块白板,但却并非各种观念的一个储藏室,而是一种需要雕琢的"有纹路的大理石",而我们的认识也不复是一种简单的"回忆",而成了一种由不清楚的知觉向清楚知觉的转变或进展过程,感觉因此也不复是我们进入心灵这一观念储藏室的一把钥匙,而成了我们认识进展的一个必要环节。这就不仅将"过程"思想引进了认识论,而且还将更多的经验主义因素引进了理性主义认识论体系。这后面一点是莱布尼茨理性主义认识论区别于笛卡尔和斯宾诺莎认识论的一项根本特征,也是莱布尼茨认识论对西方近代认识论所作出的一项特殊贡献。

论不依赖感觉与物质的东西
——致普鲁士王后索菲·夏洛特的一封信[1]

我最近在汉诺威遵命读了您前不久从巴黎寄到奥斯纳布吕克[2]的那封信,我觉得它确实充满智慧,妙不可言。这封信讨论了两个重大问题(deux questions importantes)。[3] 在这两个问题上,我坦然承认,我并不完全赞同作者的意见。这两个问题中的一个是:在我们的思想中是否存在有一些并非来自感觉的东西(s'il y a quelque chose dans nos pensées qui ne vienne point des sens);[4] 另一个是:在自然中是否存在有一些并非物质的东西(s'il y a quelque chose dans la nature qui ne soit point matériel)。我希望我能够同样富有魅力地将我的观点阐述清楚,以表明我在遵命行事,且满足王后陛下您的好奇。

用一位古代作家的比喻来说,我们之使用外在感觉(des sens externes)就好像一个盲人使用一根手杖,它们可以帮助我们认识到它们的特殊对象,如颜色、声音、气味、滋味以及触觉的性质。但它们却并不能帮助我们认识到这些感觉性质究竟是何物?或者说它们究竟在干什么?例如,倘若红是有人所说的一些形成光的小球的旋转,倘若热是极其微小的灰尘的一种涡流,倘若声音在空气中被造出来就像一块石头投进水里会在水里形成涟漪那样,正如一些哲学家所主张的,我们无论如何也看不到声音,我们不可能理解这种旋转、这些涡流和涟漪(如果它们是实在的话)是如何产生我们所具有的红、热和声响等特殊知觉的。因此,我们可以说感性性质(les qualités sensibles)其实是隐蔽性质(des qualités occultes),必定存在有一些更显而易见的东西,这些东西能够使它们成为可理解的。[5] 我们理解不了的,并非只是感性事物,恰恰是最难以理解的隐蔽性质。即使我们非常熟悉它们,我们也不可能更好地理解它们,正如一个向导并不比其他人更好地理解磁针的本性一样,尽管罗盘针每时每刻都在他的眼前晃来晃去,他却习以为常,对此几乎没有一点好奇。

我并不否认,对于这些隐蔽性质的本性,人们已经有了许许多多的发现。例如,我们已经知道究竟是哪一种折射产生了蓝色和黄色,以及这两种颜色混合在一起产生了绿色。但我们还是理解不了我们所具有的对这三种颜色的知觉是如何由这些原因产生的。还有,为了解释这些术语,我们甚至连这些性质的名义定义(des definitions nominales)也没有。名义定义旨在提供充足的标记,帮助我们辨认事物。例如,化验师[6]总掌握一些标记,凭借这些标记,他们能够将黄金与所有别的金属区别开来,即使一个人从未见过黄金,要是有朝一日他碰到黄金,这些标记也能够教会他,使他准确无误地辨认出黄金。但这些感觉性质却不属于这样一种情况。例如,一个人要是从未见过蓝色,我们无论如何也不可能给他提供识别蓝色的任何一个标记。因此,蓝色本身即是它自己的标记,为使一个人认识什么是蓝色,就必须把蓝色拿给他看。[7]

由于这层理由，人们通常会说：这些性质的概念是明白的，因为它们有助于我们识别它们，但这些同样的概念却并不是清楚的，因为我们识别不了或彰显不了其中所蕴含的内容。它就是一个"我不知其为何物之物"，对于这种东西，我虽然知觉到它，却解释不清楚。另一方面，我们也能够使他人理解一件事物之所是，只要我们对它做出某种描述或具有名义定义就行，即使我们手边并没有这件事物可以拿给他看，亦复如此。不过，我们必须公平对待我们的感官，我们应当承认：除这些隐蔽性质外，它们能够使我们认识到其他更明显的性质并提供更为清楚的概念。这些也就是我们通常归诸公共感官（sens commun）的东西，因为没有它们特别附着和从属的任何一个外在感官（des sens externe）。[8] 我们所运用的各种术语或语词的定义都能够由这些性质获得。例如，数目的观念就是如此，这种观念在声音、颜色和触觉性质中也同样能够找到。我们知觉到的形状也是这样，这些形状虽然为颜色和触觉性质所共有，但我们在声音中却观察不到。诚然，为了清楚地设想数目乃至形状，为了由它们建构科学，我们必须达到某种东西，这样一些东西，感官不能提供，但理智却能够给它添加上去。[9]

因此，既然我们的灵魂能够将颜色的数目和形状与触觉所发现的数目和形状相比较，那就必定存在有一种内在感官（un sens interne），在这种感官里，不同于外在感官（ces differens sens externes）的知觉被发现是连接在一起的。这就是所谓想象（l'imagination），想象即刻对各种特殊感觉概念进行比较，这些特殊感官的概念虽然是明白的，但却是混乱的，而那些公共感官的概念则是明白的和清楚的。[10] 而且,这些隶属于想象的明白而清楚的观念构成了数学科学的对象,也就是说,构成了算术和几何的对象,算术和几何都是纯粹数学科学(des sciences mathématiques pures),但它们又都可以应用于自然,从而构成了混合数学(les mathématiques mixtes)。特殊的感觉性质只是就其具有为若干种外在感官对象所共有且属于内在感官内容而言,才能够予以解释和进行理性思考。因为任何一个人无论什么时候,只要他试图清楚地解释感觉性质,他总会回到数学的观念,而且,这些观念总是包括大小或许多部分。诚然,数学科学并非推证的(les sciences mathématiques ne seroint point démonstratives),而总是由一种简单的归纳或观察所组成(consisteroient dans une simple induction ou observation),倘若想象和感觉得不到唯有理智才提供的某种更高层次东西的援助,这种归纳或观察就永远也不能确保我们在其中发现的真理具有完全的普遍性(une parfaite généralité)。

因此,还存在有另外一种自然对象(des objects d'une autre nature),我们无论在特殊的感官对象中还是在公共感官的对象中所观察到的东西里,都完全不包含这样一种自然对象,它们因此也不应当成为想象的考察对象。所以,在感觉和想象的东西之外,还另存在有纯粹理智的东西,因为它只构成理智的对象。而当我思考我自己时,我的思想对象就是这样的东西。

既然自我知觉感觉对象,并且也知觉到由此产生的我自己的活动,则对自我的这样一种思想便将某种东西添加到了感觉对象上。思想某种颜色,考察我对这种颜色的思想,这两种思想迥然不同,正如颜色本身与思考颜色的我迥然不同。而且既然我能够设想,存在有其他也有权说"我"的存在者,或者说存在有能够这样言说的其他存在者,我便能够一般地设想被称作实体的东西。正是对自我的这样一种考察,给我提供了其他形而上学概念,诸如关于原因、结果、活动、相似性等,甚至还能够给我提供逻辑学和伦理学概念。[11] 因此,我们可以说理智中的任何东西没有不是来自感觉的,只有理智本身除外,或者说只有进行理智活动者除外(il n'y a rien dans l'entendement, qui ne soit venu des sens, excepté l'entendement même, ou celui qui entend)。[12]

因此,概念分三个层次:第一个层次仅仅是感觉概念,这些概念是由每个特殊感官所产生的对象;第二个层次既是感觉的又是理智的概念,这些概念与公共感官有关;第三个层次仅仅是理智概念,这些概念属于理智。[13] 第一层概念和第二层概念都是可以想象的概念,但第三层概念却超出想象的范围。第二层和第三层概念都是可理解的,但第一层概念却是混乱的,尽管它们也可以是明白的和可辨认的。[14]

存在本身与真理并不能藉感觉得到完全的理解。因为一个受造的存在者根本不可能具有与我们的人生相似的漫长而井然有序的梦,使它得以认识到它藉感官知觉到的一切不会是任何别的东西,而无非是种种纯粹的现象。因此,就需要有某种东西超越感觉范围,凭借这种东西,我们得以将真实无疑的东西与貌似真实的东西区分开来(qui distingue le vrai de l'apparent)。[15] 但推证科学的真理(la vérité des sciences démonstratives)却没有这样的疑惑,甚至必定有助于判断有关感性事物的真理。因为正如一些才华出众的古代和现代哲学家理据充分地说到的,即使我认为我看到的一切只是一场梦,在我的梦中正在思想着的我之为某种东西,以及我实际上以许多方式思想也必定总有一个理由,都是真实无疑的。[16]

古代柏拉图派曾经说过:可理解事物(des choses intelligibles)的存在,尤其是思想的我或被称作心灵或灵魂的"我"的存在,比感性事物(des choses sensibles)的存在有无可比拟的确定性;从严格的形而上学的意义上讲,只有理智实体(ces substances intelligibles)存在,感性事物只不过是这些可理解实体的现象而已,这样一种情况也并非不可能。他们的这些观点相当真实,非常值得我们认真思考。[17]反之,我们的粗枝大叶往往致使我们将感性事物误认为唯一真实的事物。我们还应当看到,如果我在梦里发现了一条推证真理(vérité démonstrative),无论是数学真理还是其他类型的推证真理(实际上,我是能够做这样的梦的),它与我清醒时发现的一样确定不移。这就告诉我们理智真理(la vérité intelligible)并不依赖于我们身外的感性事物和物质事物的真理或存在。

因此,关于存在和真理的这样一种概念是在"我"里面发现的,是在理智之中发现的,而不是在外在感觉中发现的,也不是在外在对象中发现的。

在理智中,我们还发现了表示肯定、否定、怀疑、意愿和活动的东西。但首先我们在那儿发现了推理的逻辑力量(la force des conséquences),此乃所谓自然之光(la lumière naturelle)的一部分内容。[18]例如,藉倒置词序,我们便能够由凡有智慧者都不会作恶(nul sage est vitieux)这样一个前提得出结论说:凡恶人都没有智慧(nul vitieux est sage)。[19] 另一方面，由凡有智慧者都值得赞赏这样一个前提，我们藉倒置词序却得不出凡值得赞赏者都有智慧这样的结论，而只能得出有些值得赞赏者有智慧的结论。尽管我们始终能够使特称肯定命题换位，但却不可能让特称否定命题换位。例如，如果有些聪明人是富人，我们便必定也能够得出有些富人聪明的结论。我们虽然能够说：有一些慈善家做事不公正，因为当有些慈善活动根本不依规则行事，这样的情况便发生了，但我们却不能由此推断出存在有一些公正的但不行善的人，因为慈善和理性规则并不同时蕴含在正义的概念之中。

凭借这种自然之光，我们还可以认识到数学公理(les Axiomes de Mathématique)；例如，如果从同一个量减去两个等数，余数也相等；同样，如果一个天平的两边相等，则这两边的任何一边都不会下斜；像这样一些情况，我们根本无需做任何实验就能预见到。算术、几何、力学以及其他推证科学(les autres sciences démonstratives)都是在这样的基础之上建立起来的；毫无疑问，感觉对于我们掌握有关感性事物的确定概念必不可少，而经验对于我们建立确定的事实也必不可少，甚至对于我们藉一种检验来证实所蕴含的推理也非常有用。但推证的力量(la force des démonstrations)却在于可理解的概念和真理，因为唯有藉此我们才能够得出具有必然性的结论。它们甚至还可以使我们以某些给定的假设在推测科学领域(les sciences conjecturales)推证性地确定盖然性的等级(le degré de la probabilité)，以至于我们可以在相互冲突的现象之间进行合理选择其盖然性更大的东西。[20] 但关于推理技巧(l'art de raisonner)的这一部分至今尚未得到充分的发展，达到其应有的层次。[21]

不过,现在让我们回到必然真理(Vérités necessaires)这个话题上,一个不争的事实是:我们是仅仅藉自然之光,而一点也不是藉感觉经验(par cette Lumière naturelle, et aullement par les expériences des Sens)来认识必然真理的。因为各种感觉虽然勉强能够帮助我们认识到存在的东西,但它们却不可能使我们认识到必然存在的东西或不可能成为另外样子的东西。

例如,虽然我们无数次地测试过每个重物都落向地心,而不是自由地悬挂在空中,但我们还是不能够确定这样一种现象是必然的,除非我们掌握了造成这样一种现象的理由。因此,我们无法确定,在一百里尤的高度或者在比我们所在之处更高的高度,[22] 这样的事情是否还会发生。有一些哲学家将地球说成一块磁铁,[23] 他们认为这块磁铁引力的影响并不会扩展很远,与通常的磁铁吸引一定距离之外的一根针差不多。我并不是在说他们的说法正确无误,而只是在强调我们不可能超出我们曾经获得的经验非常确定地向前推进,除非我们得到了理性的帮助。

正是由于这一理由,几何学家才始终坚持认为:在几何和算术中,那些仅仅藉归纳法或例证证明的东西永远得不到完全的证明。例如,经验告诉我们,奇数序列中的各个数连续不断地相加,其和便依序产生出了平方数,也就是说,便产生出了一个数自行相乘而得出的数。例如,1 加 3 等于 4,也就是 2^2;而 1 加 3 再加 5 等于 9,也就是 3^2;而 1 加 3、加 5 和加 7 等于 16,或 4^2;而 1 加 3、加 5、加 7,再加 9 等于 25,或 5^2;等等。为一目了然计,我们不妨将上述内容图示如下:[24]

$$\begin{array}{cccc} 1 & 1 & 1 & 1 \\ \dfrac{3}{4} & \dfrac{3}{5} & \dfrac{3}{5} & \dfrac{3}{5} \\ & \dfrac{5}{9} & \dfrac{5}{7} & \dfrac{5}{7} \\ & & \dfrac{7}{16} & \dfrac{7}{9} \\ & & & \dfrac{9}{25} \\ 2 & 3 & 4 & 5 \\ \times & \times & \times & \times \\ \dfrac{2}{4} & \dfrac{3}{9} & \dfrac{4}{16} & \dfrac{5}{25} \end{array}$$

然而,如果有谁这样千百万次地试验下去,将这样的计算向前推进得很远,他就可以理由充分地断定这种情况会永远真实不误,但只要他尚未掌握很早以前即为数学家所发现的推证理由(la raison démonstrative),他便永远不可能绝对地断定事情一定如此。归纳法的不确定性(l'incertitude des inductions)的基础正在于此,[25] 一些人甚至变本加厉,以至于一位英国人竟致力于论证我们能够避免死亡。因为他说下述结论并不可靠:我的父亲、我的祖父,我的曾祖父都已经死了,而我们所知道的生活在我们之前的所有其他人也都已经死了;所以我们也将死去。因为他们的死对我们并无任何影响。这一证明的关键之点在于:我们与他们极其相似,致使他们死亡的各种原因在我们身上也同样存在。倘若抛开同样的理由不论,我们之间的相似性本身并不足以得出具有全然确定性的结论。

其实,有一些实验在通常环境下也能够获得无数次的成功,但在一些特殊情况下,我们却发现这样的实验并不成功。例如,即使我们千百万次表明如果我们把铁块放到水里,它会沉到水底,我们也依然不能担保这样的情况会始终发生。在《圣经》中,先知以利沙使铁块漂浮到水面上,[26] 即使不诉诸他的这一奇迹,我们知道一把铁壶也可以造得非常中空,以至于它能漂浮在水面上,甚至还能够承载许多东西,那些由铜和马口铁制造的船只就是这样。甚至像几何学这样的抽象科学(les Sciences abstraites)提供了一些例证,在通常情况下发生的事情却并不发生。例如,我们发现相互连续接近的两条线最后相交,许多人不假思索地发誓说,不会出现别的情况。但几何学却提供了被称作渐近线这种特别的线段:当无限延伸时,它们虽然相互之间不断地接近,但却永远不相交。

　　这一考察还表明:存在有一种我们与生俱来的光(une Lumière née avec nous)。因为既然感觉和归纳法永远不可能使我们得到那些充分普遍或绝对必然的真理,而只能让我们得到特殊例证中所存在、所发现的东西,既然我们获得了超越动物的特权,那我们便可以得出结论说:我们在某种程度上已经从存在于我们自身的东西得出了这些真理。因此,人们可以用苏格拉底的方式藉提出简单的问题来引导一个孩子掌握这些真理,而对与问他的问题相关的真理的一切,你根本无需告诉他任何东西,也无需让他进行任何实验。[27] 在数目方面和其他类似的问题上这样一种方法最容易奏效。

　　但我也同意,在我们现在的状态下,外在感官对于我们思考问题还是必要的,倘若我们没有外在感官,我们便不可能思想。但对某些事物必要的东西却未必构成它的本质。空气对于我们的生活来说是必不可少的,但我们的生命却不同于空气。各种感觉给我们提供了进行推理的质料,而我们所具有的思想不会如此抽象,以至于有些东西竟然不混杂有来自感觉的某种东西。但推理所要求的却不只是可以感觉到的东西。[28]

至于第二个问题,即是否存在有非物质实体(des substances immatérielles),我们为了回答它而首先就必须对之作出解释。[29]迄今为止,物质一向被理解为用来意指仅仅包括纯粹被动和惰性概念的东西,诸如广延和不可入性(l'étendue et l'impénétrabilité),[30]这些东西需要从某种别的事物那里获得其确定的形式或活动。因此,当我们说存在有某些非物质的实体时,我们的意思必定是说,存在有一些实体,它们还包含有其他一些概念,也就是说,包含有知觉以及活动或变化的原则(la perception et le principe de l'action ou du changement),这些概念无论藉广延还是藉不可入性都不可能得到解释。[31]当这些存在者具有感觉时,它们便被称作灵魂,而当其能够推理时,它们便被称作精神。因此,如果有谁说,力和知觉对于物质是本质的,他就是将物质视为既包含形式也包含质料的完全的有形实体(la substance corporelle accomplie),或者说视为与各种器官连接在一起的灵魂。[32]这就等于说,他曾经说过到处都存在有灵魂。事情虽然确实如此,但与非物质实体学说却一点也不矛盾。因为这并不要求这些灵魂从物质中解脱出来,而只是要求其不仅仅为物质,要求其为某种不为物质所经受或遭受分解之类的变化所导致的产生或毁灭,因为它们并不是由各个部分组合而成的。[33]

不过,我们也必须承认,有某种实体是脱离物质的(substance séparée de la matière)。[34]为把这一点讲清楚,我们只需要考察一下存在有无限多可能的秩序,所有的物质都可能已经接受进了这一特殊的业已现实呈现出来的变化序列之中。因为,很显然,星辰想必一直以完全不同的方式运动,因为空间和时间对每一种运动和图形(de mouvemens et figures)都毫无差别。

因此,致使万物存在,致使它们以它们现在所是的样子存在而不是以另外的样子存在的理由或普遍的决定性原因,便必定与物质无关。甚至物质的存在也依赖于这一理由或这一原因,因为在物质概念中我们发现不了任何东西能够对其存在提供一个理由。

万物的终极理由(cette dernière raison des choses)由于自然所有部分相互关联对于所有的事物都是共同的,从而是普遍的;既然如此,这一终极理由便是我们所谓的上帝,上帝必定是一个无限的和绝对完满的实体(une substance infinite et absolument parfaite)。[35] 我倾向于相信,所有有限的非物质实体(toutes les substances immaterielles finies),按照古代教父的意见,就连保护神或天使(les Genies ou Anges)[36] 都同身体器官结合在一起,与物质共存,甚至到处都可以发现灵魂或能动的形式。[37] 为了构成一个完全的实体(une substance accomplie),[38] 也少不了物质,因为在物质中,到处都可以发现力和活动。而且,力的规律也依赖于一些不可思议的形而上学原则,或者说依赖于某些理智概念,而根本不可能仅仅依据物质的或数学的概念得到解释,也根本不可能藉隶属于想象权限中的东西(qui soyent de la jurisdiction de l'imagination)得到解释。

知觉也同样不可能藉任何力学得到解释,无论它是哪一类力学,亦复如此。[39] 因此,我们能够得出结论说:在受造的事物中到处都存在有某种非物质的东西,在我们身上尤其如此;在我们身上这种力往往伴随有相当清楚的知觉,甚至正是藉着我前面讲到的那种光,才使得我们像一个微型的上帝(diminutif à la Divinité),[40]这不仅是由于我们具有关于秩序的知识(la connaissance de l'ordre),而且也由于我们自己能够仿效上帝在整个宇宙的作为(à l'imitation de celle que Dieu donne à l'univers),在力所能及的范围内用这种秩序来规范事物。我们的优点和完满性正在于此,我们的幸福就在于我们从中获得快乐。

既然无论何时,只要我们洞察任何事物的根基(le fond de quelques choses),我们便能从中发现最美妙的秩序(le plus bel ordre),则我们便可望超过我们曾经指望的任何东西,凡是理解各门科学的人没有谁不知道这一点。因此,我们能够得出结论说,所有其他事物无不如此,不仅非物质的实体始终存在,而且,它们的生命、发展和变化也受到控制,引向一个确定的目标,甚至越来越接近这一目标,就像渐近线那样。即使有些时候,我们也可能倒退,就像曲线下降那样,但前进的趋势必定最终占上风,获得胜利。

理性的自然之光(la lumière naturelle de la raison)并不足以使我们认识到细节,而我们的经验依然有太大的局限,从而发现不了这一秩序的规律。同时,当我们因信仰而留意到这种情况时,启示之光(la lumière revelée)便引导我们去发现这一规律。尽管如此,我们还是为思想留有余地:在未来,我们藉经验本身或许能够知道得更清楚一些,而且还有神灵,神灵已经以这样一种方式比我们知道得更多了。

同时,哲学家和诗人由于缺乏这样一种知识,曾经诉诸灵魂转世或极乐世界的虚构(les fictions de la Métempsychose ou des champs Elysés),[41] 以提供一些可能具有普遍吸引力的观念(quelques idées don't le populaire puisse ester frappé)。但对事物完满性的考察,或对与之相当的事物的考察,对上帝至高无上的能力、智慧和善(de la souveraine puissance, sagesse, et bonté de Dieu)的考察,使我们认识到上帝能将一切做得最好,也就是说,上帝能够造出最伟大的秩序(le plus grand ordre),[42] 这就足以让所有通情达理的人满意,从而使我们确信:就我们倾向于遵循秩序或理性而言(à suivre l'ordre ou la raison),我们将得到更大程度的满足。

注释

1　莱布尼茨这封致普鲁士王后索菲·夏洛特的信写于 1702 年。无论就其内容看,还是就其形式看,它针对的都是托兰德和洛克的经验主义和唯物主义以及与之相关的自然神论。

托兰德(John Toland,1670—1722),作为一位自然神论者,无论在宗教神学方面,还是在哲学方面,都极其接近洛克。洛克不仅是英国经验主义的主要代表人物,也是自然神论的一位代表人物。他在自然神论方面的主要著作则是他于 1695 年出版的《基督宗教之合理性》。如果说洛克是自然神论的理论先驱的话,视洛克为自己导师的托兰德则被视为"第一位真正的自然神论者"(奥尔森:《基督教神学思想史》,吴瑞诚、徐成德译,周学信校订,北京大学出版社 2003 年版,第 571 页)。在洛克出版了他的《基督宗教之合理性》一年后,托兰德出版了他的代表作《基督宗教并不神秘》(1696 年)。因此,托兰德的《基督宗教并不神秘》所接受的影响与其说是洛克的《基督宗教之合理性》,毋宁说是洛克的《人类理解论》。"洛克关于知识就在于观念契合的观点构成了他的各种论证的出发点"(索利:《英国哲学史》,段德智译,陈修斋校,商务印书馆 2017 年版,第 135 页)。托兰德的《基督宗教并不神秘》问世后,不仅遭到了宗教当局的反对,还遭到爱尔兰国会的谴责。但 1701 年,他在《自由的英国》一文中,为汉诺威家族对英国王位的权利进行了辩护,使他得以时来运转,参加英国官方组织的赴汉诺威访问的使团,于 1701 年 8 月—1702 年 7 月期间访问汉诺威和柏林宫廷,并借机宣传他自己的经验主义和唯物主义。此外,他在这期间不仅拜访了索菲·夏洛特王后,而且还同索菲·夏洛特的母亲进行了通信,提出了两个重大问题,这就是:"在我们的思想中是否存在某些事物不来自感觉,在自然中是否存在有非物质的事物"。索菲·夏洛特想知道莱布尼茨对托兰德在与她母亲的通信中所提出的这两个问题的看法,于是,她将托兰德的信转给莱布尼茨供他批评(玛利亚·罗莎·安托内萨:《莱布尼茨传》,宋斌译,中国人民大学出版社 2015 年版,第 377—379 页)。莱布尼茨在这封致索菲·夏洛特的信中针对托兰德和洛克的观点畅谈了自己的看法。

本文原载格尔哈特所编《莱布尼茨哲学著作集》第 6 卷,其标题为:"莱布尼茨致普鲁士王后索菲·夏洛特:该信论及不依赖感觉与物质的东西"。莱姆克将其英译并收入其所编辑的《莱布尼茨:哲学论文与书信集》中,将其标题修改为:"论不依赖感觉与物质的东西:致普鲁士王后索菲·夏洛特的信"。

本文据 Leibniz: *Philosophical Papers and Letters*, translated and edited by Leroy E. Loemker, D. Reidel Publishing Company, 1969, pp. 547 – 553 和 G. W. Leibniz, *Die philosophischen Schriften* 6, Herausgegeben von C. I. Gerhardt, Hildesheim: Georg Olms Verlag, 2008, pp. 499 – 508 译出。

2 奥斯纳布吕克(Osnabrück)为德国下萨克森州的一座城市,濒临哈塞河。

3 莱布尼茨在这封信中着重讨论的这两个问题无论对于他的认识论体系的构建和阐释还是对于他的形而上学体系的构建和阐释的确都如他自己所说,意义"极其重大"。其中,"在我们的思想中是否存在有一些并非来自感觉的东西"既涉及实体的可知性也涉及认识的起源。莱布尼茨在回应托兰德和洛克的有关观点时,不仅对概念作出了类型学考察,断言存在有来自特殊感官的"纯粹感觉"和来自"公共感官"的"感觉—理智"观念以及来自我们的心灵和理智的"纯粹理智概念",而且还讨论和阐释了"必然真理"、"偶然真理"("概率论")和"天赋观念"说以及认知客体(知觉现象)与认知主体(非物质实体,心灵)的区别和统一。在讨论"在自然中是否存在有一些并非物质的东西"这个问题时,莱布尼茨从"物质"的"被动性"入手,不仅讨论和阐释了他的"有形实体"学说,而且还进一步讨论了他的"无形实体"(即上帝)学说,不仅讨论和阐释了"自然之光"与"启示之光"的区别及其关系,而且还论及动力因(机械论)与目的因、自然的物理界(秩序)和神恩的道德界(幸福)的统一。

4 法文单词 sens 既可以用作感觉,也可以用作感官。本文取感觉义,但在许多场合,取感官义也未尝不可。

5 当莱布尼茨说"感性性质(les qualités sensibles)其实是些隐蔽性质(des qualités occultes)"时,他所谓"感性性质"所意指的其实是感性性质的内在本性,而非感性性质的"外在感觉"或现象。从他论述这一观点的语境看,莱布尼茨所谓感性性质似乎是人们所谓"第一性质",而他所谓"感性事物"则大体相当于人们所谓"第二性质"。洛克在《人类理解论》里谈到"物体中的两种性质"时,断言:物体的第一性质"不论在什么情形之下,都是和物体完全不能分离的;物体不论经历了什么变化,外面加于它的力量不论多大,它仍然永远保有这些性质。……总而言之,所谓凝性、广袤、形相、运动、静止、数目等等性质,我叫它们作物体的原始性质或第一性质,而且我们可以看到它们能在我们心中产生出简单的观念来。""第二种性质,正确说来,并不是物像本身所具有的东西,而是能借其第一性质在我们心中产生各种感觉的那些能力。类如颜色、声音、滋味等等,都是借物体中微细部分的体积、形相、组织和运动,表现于心中的;这一类观念我叫作第二性质"(参阅洛克:《人类理解论》上册,关文运译,商务印书馆1981年版,第100—101页)。莱布尼茨对此作出的唯一却非常重要的修正在于:"当能力是可理解的并能被清楚地解释时,它当被算在第一性的性质之内;但当它只是可感觉的并给人一种混乱的观念时,应该把它放在第二性的性质里面"(莱布尼茨:《人类理智新论》上册,陈修斋译,商务印书馆1982年版,第105页)。

需要提请读者注意的是:"隐秘的质"(occult qualities)是西方中世纪自然哲学中的一个重要术语。其根本思想在于将事物的"共相"、"形式"或"本性"视为隐藏在事物属性的背后却又决定或制约着事物属性的"质",从而用事物的这样一种"隐秘的质"来解释事物所具有的种种属性。依照这一学说,当人们说某物具有某种属性时,我们只要跟着说某物之所以具有这样一种属性,乃是因为该物内部具有这种"隐秘的质",我们的认识任务就算完成了。例如,倘若有人问:为何这个物体会发热,你只要回答说:这个物体之所以发热,乃是因为它内部有"发热"的"隐秘的质"的缘故,就万事大吉了。在莱布尼茨看来,中世纪"隐秘的质"试图解决的无非是事物及其属性存在的原因或理由问题,他的充足理由原则既然关涉的是万物及其属性存在的终极原因或理由,则自然也就处置了事物的种种属性的存在,甚至也处置了事物机械装置及其机械运动的原因或理由问题。莱布尼茨在本文中就是在这一意义上使用"隐秘的质"这一概念的。我们之所以用"隐蔽性质"而不用"隐秘的质"只不过是为了防止人们将莱布尼茨所理解的"隐秘的质"与中世纪经院哲学家所使用的"隐秘的质"混为一谈罢了。此外,鉴于中世纪经院哲学家的"隐秘的质"往往在"隐德莱希"、"实体形式"或"形式因"等意义上加以使用,莱布尼茨的"隐蔽性质"具有比洛克的第一性质更深层次的本体论意涵,如"形式"、"力"和"原初的力"等。

6 识别黄金是莱布尼茨比较经常使用的一个例证。例如,在《对知识、真理和观念的默思》(1684年)中,莱布尼茨就把"化验师所具有的有关黄金的概念"说成是"清楚概念",断言:"这种概念能够使他们藉充分的标志和观察将黄金与所有别的物体区别开来"(见前文)。在《人类理智新论》中,莱布尼茨在谈到"区分两种混乱观念"时,再次提到了识别黄金这个例子。他写道:"我们并不是把能作区别或区别着对象的一切观念叫作清楚的,而是把那些被很好地区别开的,也就是本身是清楚的、并且区别着对象中那些由分析或定义给与它的,使它得以认识的标志的观念叫作清楚的;否则我们就把它们叫作混乱的。而在这种意义下,那种支配着观念的混乱,既然是我们本性的一种缺陷,是可以免受责备的;……可是,当具有清楚的观念是很重要的,并且是我力所能及的时候,这种混乱也可以是当受责备的,例如我如果没有来做一做可以识别真金的标志的必要试验,把赝品当作真金,就会是这样"(参阅莱布尼茨:《人类理智新论》上册,陈修斋译,商务印书馆1982年版,第267—268页)。

7 莱布尼茨在这里想要强调的是理性观念和感觉影像(现象)的区别。在《人类理智新论》中,莱布尼茨在回应洛克"狭隘经验论"时将这一点阐述得非常清楚。

在《人类理解论》里,洛克提出了"感觉观念常为判断所改变"的观点。他举例说,尽管我们眼睛看到的只是一个"平面的球形",但由于我们习知立体在我们心中所造成的现象,而且习知物体的各种可感形相,于是,我们的判断就会借着日常的习惯,立刻把所见的现象变回它们的原因,将一个平面圆形判定为一个立体。为了证实他的这一观点,他举出莫利纽克斯曾经使用过的一个例子。莫利纽克斯(William Molyneux,1656—

1698)是一位对哲学感兴趣的英国数学家,他曾经给洛克写过一封信,谈到这样一个问题:"假如一个成年的生盲,一向可依其触觉来分辨同金属、同体积(差不多)的一个立方体和球形,并且在触摸到它们时,能说出哪一个是立方形,哪一个是球形。再假定我们以一个立方形同一个球形置在桌上,并且能使那个盲人得到视觉。我们就问,他在以手摸它们以前,是不是可以凭着视觉分辨出,指示出,哪一个是圆球,哪一个是立方体?"他给出的答案是否定的。洛克由此得出的结论是:"我所以要引证这一段文字,乃是要使读者借此机会想一想,自己虽然常以为自己无需乎经验、进步和后得的意念,实则他是处处离不了经验的"(参阅洛克:《人类理解论》上册,关文运译,商务印书馆1981年版,第111—112页)。

莱布尼茨则认为:"我相信,假定那盲人知道他所看到的两个东西的形状是立方体和圆球,他是能够加以辨别,并且不用手摸就说出哪个是圆球哪个是立方体的。"一如莱布尼茨自己所强调的,这里的问题在于如何正确理解他在这句话中谈到的那个理论前提,即"假定那盲人知道……"。他解释说:"我是在其中提出了一个条件的,这条件也可以看作是包含在那问题之中的,这就是:这里所涉及的仅仅是辨别,而那盲人是知道他要来辨别的那两个有形状的物体是在那里的,并且他所看到的每一个现象因此就是那立方体或那圆球的现象。在这种情况下,我觉得那已不再是盲人的盲人,用理性的原则,结合着触觉以前提供给他的感性知识,毫无疑问是能够把它们加以辨别的。"在莱布尼茨看来,问题的症结在于"必须区别影像和精确的观念":"后者是在于由定义形成的。确实,好好考察一下一个天生盲人的观念来了解他对形状的描述,将是一件很令人好奇也非常有教益的事情。因为他能够达到这一点,并且他甚至能够懂得光学理论,只要这光学理论是依靠清楚的和数学的观念的,虽然他不可能达到设想那有混乱的光亮的东西,就是说,光和各种颜色的影像。就是因为这样,有一个天生盲人,听了光学的课以后,也似乎很能理解,而当有人问他认为光是怎么样的时,他回答说他想象着这该是某种和糖一样令人适意的东西"(参阅莱布尼茨:《人类理智新论》上册,陈修斋译,商务印书馆1982年版,第113—115页)。

    8 在《对知识、真理和观念的默思》(1684年)中,莱布尼茨在阐述"清楚观念"时,就曾论及"公共感官"问题。他写道:"对于那些为许多感官所共有的对象,如数目、大小、图形,我们通常有这样一类的概念。"此后,在《人类理智新论》中,莱布尼茨针对洛克将广延观念或形状观念以及运动和静止观念说成是来自不同感官的简单观念的说法,不仅将这些观念说成是"纯粹理智观念",而且还将公共感官理解成心灵本身。他写道:"被说成来自不止一种感官的这些观念,如空间、形状、运动、静止的观念,毋宁是来自共同感官,即心灵本身。因为它们是纯粹理智的观念,但和外界有关而且是感官使我们觉察到的"(莱布尼茨:《人类理智新论》上册,陈修斋译,商务印书馆1982年版,第103页)。亚里士多德在《灵魂论》中,提出过"共同感官"或"共通感官"以及"共通感觉"概念。按照他的说法,所谓感觉仅限于"五项"(视、听、嗅、味和触),则共同感官或共通感觉当区别于一般意义上的感觉。他写道:"对于我们凭相应的这个或那个专项(各别)感觉所识得的共通可感觉事物,不可能另有一个特殊的感觉器官,这样共通感觉到的事物,我指运动、休止、形状(图案),量度(大小)、数目、单元(合一)"(亚里士多德:《灵魂论》,425a14—17)。佛教法相宗也有"五根"(色、声、香、味、触)、"五尘"(为五根所缘之境界,亦称"五境")和"五识"(见识、闻识、嗅识、味识和触识)的说法。此外,在"五识"之上有第六识,这就是"意识",相应的意识客体曰"法尘",相应的意识器官曰"意根"(意根所在为"心所")。莱布尼茨的"公共感官"既有别于洛克的"感觉论",也有别于亚里士多德的"共同感官"说和法相宗的"意根"说,但相形之下,似乎更接近亚里士多德的"共同感官"说和法相宗的"意根"说。

9 例如,选择数目和形状作为例证意义重大,因为莱布尼茨从一开始就将其当作基本范畴加以使用,将其视为数量和性质的从属形式,数学,尤其是几何学和组合术都是以此作为基础向前扩展的。

10 莱布尼茨对想象与感觉的区分本身标志着他对洛克的背离。因为他强调的是想象对于公共感官的依赖,从而也就强调了想象同反思和理智的密切关联。也许正因为如此,莱布尼茨对"想象力"常常给予非常积极的评价。例如,他在《人类理智新论》中谈到"普遍字符"的积极功能时,写道:"代数要成为发明的技术还差得很远,因为它本身也还需要一种更一般的技术;而我们甚至可以说,那种普遍语文即关于符号的技术对此是一种了不起的帮助,因为它有助于解放想象力"(莱布尼茨:《人类理智新论》下册,陈修斋译,商务印书馆1982年版,第587页)。他还曾指出:"我主张为了对在我们之上的精灵的完满性有所设想,也想象一下那种超过我们自己的身体器官的完满性是很有帮助的。正是在这场合,最活跃和最丰富的想象力,以及我用依据意大利语来说……就是最异想天开的遐想,将会最适时地把我们提高到超出我们之上"(同上书,第337—338页)。

11　莱布尼茨在这里讨论的内容实际上涉及洛克的反省观念。洛克虽然断言我们的一切知识都来自"经验",但他所谓经验却分为两种:一种叫作"感觉",另一种叫作"反省"。他在《人类理解论》中写道:"经验在供给理解以观念时,还有另一个源泉,因为我们在运用理解以考察它所获得的那些观念时,我们还知觉到自己有各种心理活动。我们的心灵在反省这些心理作用,考究这些心理作用时,它们便供给理解以另一套观念,而且所供给的那些观念是不能由反面得到的。属于这一类的观念,有知觉、思想、怀疑、信仰、推论、认识、意欲,以及人心的一切作用"(参阅洛克:《人类理解论》上册,关文运译,商务印书馆1981年版,第69页)。莱布尼茨对洛克"反省"学说的考察不仅旨在指出洛克所谓"反省的简单观念"的非简单性,而且更重要的还旨在从洛克的"反省"学说转向"天赋观念"说以及与此相关的"实体"概念和"上帝"概念。例如,莱布尼茨在《人类理智新论》中,针对洛克的"反省"学说,诘问道:"所谓反省不是别的,就是对于我们心里的东西的一种注意,感觉并不给予我们那种我们原来已有的东西。既然如此,还能否认在我们心灵中有许多天赋的东西吗?因为可以说我们就是天赋于我们自身之中的。又难道能否认在我们心中有存在、统一、实体、绵延、变化、行为、知觉、快乐以及其他许许多多我们的理智观念的对象吗?这些对象既然直接而且永远呈现于我们的理智之中……,那么为什么因为我们说这些观念和一切依赖于这些观念的东西都是我们天赋的,就感到惊讶呢?"(莱布尼茨:《人类理智新论》上册,陈修斋译,商务印书馆1982年版,第6页。)后来,在《单子论》第30节中,莱布尼茨进一步将"反省"改称为"反思",断言:"凭着关于必然真理的知识,凭着关于这些真理的抽象概念,我们还可以提升到具有反思活动(Actes reflexifs)。这些活动使我们思想到所谓'我',使我们省察到这个或那个在'我们'之中。而且,当思想我们自身时,我们也就思想到存在、实体、单纯实体、复合实体和非物质实体,并且藉设想在我们身上是有限的、在上帝身上则是无限的而思想到上帝本身。这些反思活动给我们的推理提供了主要对象。"

12　"理智中的任何东西没有不是来自感觉的,只有理智本身除外,或者说只有进行理智活动者除外",莱布尼茨的这句名言可以说是他的独具一格的理性主义认识论的纲领性表达式。他的这一表达式既继承了笛卡尔和斯宾诺莎的近代西方理性主义精髓,又借鉴了洛克所代表的英国经验主义的内容,既区别于洛克所代表的英国经验主义传统,又区别于笛卡尔和斯宾诺莎所代表的大陆理性主义传统。后来,莱布尼茨在《人类理智新论》里批判洛克的白板说时又重申了他的这些观点。他写道:"凡是在灵魂中的,没有不是来自感觉的。但灵魂本身和它的那些情性除外"(莱布尼茨:《人类理智新论》上册,陈修斋译,商务印书馆1982年版,第82页)。

13 在《对知识、真理和观念的默思》(1684年)一文中,莱布尼茨依照二分法对观念(知识)进行了如下的分类:(1)观念二分为"模糊的"和"明白的";(2)明白的观念二分为"混乱的"和"清楚的";(3)清楚的观念二分为"不完全的"或"符号的"以及"完全的"和"直觉的"。因此,倘若按照观念完满性的程度,我们又不妨将其区分为下述四个等级:(1)模糊观念→(2)明白观念→(3)清楚观念→(4)完全观念(直觉观念)。

在本文中,莱布尼茨在考察观念时侧重得更多的是认识的来源和途径问题。依照这样的理路,他将观念区分为下述三种:(1)纯粹感觉观念;(2)感觉—理智观念;(3)纯粹理智观念。其认识器官则相应地为"特殊感官"、"公共感官"和"理智"。如果套用法相宗的术语,我们不妨将莱布尼茨的这一观念分类方法概括为"三识"和"三根"。图示如下:

识—根 { 纯粹感觉观念:特殊观念
感觉—理智观念:公共感言
纯粹理智观念:理智

倘若将莱布尼茨的这两种观念分类作一番比较,我们便可以看出,它们之间还是存在有一些对应关系,也就是说,莱布尼茨的观念三层次说与他的观念四种类说具有明显的对应关系:其中与"纯粹感觉观念"对应的是"模糊观念",与"感觉—理智观念"对应的基本上是"明白观念";而与"纯粹理智观念"对应的则是"清楚观念"和"完全观念"。

14 大约在这个时候,莱布尼茨发展了他的统觉理论。这很可能与他阅读考斯特所翻译的洛克《人类理解论》法文版有关。在考斯特的这个法文译本中,考斯特将洛克的"知觉"(perceive)译成了"统觉"(s'appercevoir)。法文版于1700年出版后,莱布尼茨如饥似渴地阅读了这一版本,想必注意到了考斯特的这一译法。统觉或反思乃理智的基础。因为倘若没有统觉,在知觉的内容中便不会有任何知觉,从而也就没有发现在心灵里运作的普遍理性原则的根据。而记忆对于莱布尼茨来说则是意识的先决条件,而统觉则是意识连续性中所蕴含的一种本质关系。后来,莱布尼茨在《人类理智新论》里,在与洛克讨论"反省"概念时进一步阐述了他的"统觉"概念(陈修斋先生将其译作"察觉")。他写道:"我毋宁更喜欢对知觉和统觉加以区别。例如,我们统觉到的光或颜色的知觉是由我们统觉不到的一些微知觉构成的,又如一种噪音,我们对它是有知觉的,但是没有注意,只要稍微增加一点就变得可统觉的了"(参阅莱布尼茨:《人类理智新论》上册,陈修斋译,商务印书馆1982年版,第110—111页)。后来,莱布尼茨在其《以理性为基础的自然的与神恩的原则》第4节中,又进一步明确指出:"最好是在知觉和统觉之间作出区别:知觉是单子表象外在事物的内在状态,而统觉则是对这种内在状态的意识或反思的知识,它并不是赋予所有灵魂的,也不永远赋予某个给定的灵魂。"基于这样一种看法,莱布尼茨批评了笛卡尔派将统觉与知觉混为一谈的做法。他接着写道:"正是由于缺少这种区别,笛卡尔主义者,如同一般人忽视觉察不到的物体一样,由于忽视我们觉察不到的那些知觉而铸成错误。这也致使这些笛卡尔主义者相信,唯有精神才是单子,禽兽之中根本没有灵魂,更不用说有其他生命原则了。而且,他们一方面由于否认禽兽具有感觉而与普通意见大相径庭,另一方面,他们又因其将长期的昏迷与严格意义上的死亡混为一谈,而过分地迎合了普通民众的偏见;其实,长期的昏迷因各种知觉极度混乱所致,而严格意义上的死亡则意味着所有的知觉全然丧失。"如果说,在莱布尼茨看来,笛卡尔派的错误在于混淆知觉和统觉,以致根本不理解"微知觉"的话,在康德看来,莱布尼茨的错误则在于混淆了"经验统觉"和"先验统觉",以致根本不理解"先验统觉"。康德认为,统觉不仅如莱布尼茨所指出的具有一种经验的意义或心理学意义,而且还具有一种纯粹认识论意义上的先验意义;这种先验统觉是一种比经验性的自我意识更高层次的先验自我意识,是一种"纯粹统觉"或"本源统觉"。这种先验统觉之所以被康德称作"本源统觉",旨在强调任何种类的综合统一,不管是概念的综合统一和想象的综合统一,还是知觉的综合统一,都离不开这种先验统觉,或者说都根源于这种先验统觉。

15 与"貌似真实的"相对应的英文单词为apparent,相对应的法文单词为apparent。英文单词apparent的基本含义除"清楚的"和"明显的"外,还另有"表面上的"和"貌似真实的"等。法文单词apparent的基本含义除"明显的"和"清楚的"外,还另有"表面的"、"假象的"和"没有根据的"等。

16 莱布尼茨在这里意指的很可能是笛卡尔一类的哲学家。我们知道,笛卡尔作为近代西方哲学的奠基人之一,为了找到哲学确定性的基础,提出过"怀疑一切"的口号,断言:"如果我要想在科学上建立一些牢固的、经久的东西,就必须在我的一生中有一次严肃地把我从前接受到心中的一切意见一齐去掉,重新开始从根本做起。"但他在"怀疑一切"中,有一个东西是他所不能怀疑的,这就是他的"怀疑"活动本身,也就是他的"思"本身。笛卡尔由此得出结论说:"等我一旦注意到,当我愿意像这样想着一切都是假的的时候,这个在想这件事的'我'必然应当是某种东西,并且觉察到'我思想,所以我存在'这条真理是这样确实,这样可靠,连怀疑派的任何一种最狂妄的界定都不能使它发生动摇,于是我就立刻断定,我可以毫无疑虑地接受这条真理,把它当作我所研求的哲学的第一条原理"(北京大学哲学系外国哲学史教研室编译:《西方哲学原著选读》上卷,商务印书馆1981年版,第365—366、368—369页)。

17 柏拉图曾从实存论的角度,将事物区分为三种:(1)非存在;(2)可感事物;(3)存在。与之对应的是认识论领域的三层次:(1)"无知";(2)"意见";(3)"知识"。不仅如此,他还进一步对"可感领域"(意见)和"可知领域"(知识)进行了更细致的考察。例如,他将"可感领域"(意见)进一步二分为"影像"和"自然物",并且断言:我们对影像只有"幻想"(意见),对自然物则有"信念"(意见)。他将"可知领域"(知识)二分为"数学对象"和"本原",并且断言:我们对"数学对象"具有"数学推理",而对"本原"则有"理智"(柏拉图:《理想国》,509D—511E)。由此,我们便可以看到两个相互对应的序列:一个是就实在性而言的,这一序列按实在性升次幂排列:"影像"→"自然物"→"数学对象"→"本原"。另一个是就认识的明晰性和真理性而言的,这一序列按真理性升次幂排列:"幻想"→"信念"→"数学推理"(理性)→"理智"。这显然将"理性"和"理智"认识放到了高于感性认识的地位,并且将其视为"知识"和"真理"的化身。就此而言,尽管莱布尼茨在认识论方面与笛卡尔和斯宾诺莎存在有诸多重大差异,但在理性认识高于感性认识这一西方近代理性派认识论的这一根本问题上,他依然站在笛卡尔和斯宾诺莎一边。莱布尼茨之所以成为近代西方理性主义的一个重要代表人物,其根本的理据正在于此。

18 "自然之光"的基本含义为"理性"或"理性之光"。"理性之光"之所以被说成是"自然之光",乃是因为使用"自然之光"的思想家认为我们人的理性是"天赋的",是由"自然"赋予我们的。这是近代西方哲学家笛卡尔经常使用的一个概念。按照笛卡尔的解释,"自然之光"主要有以下几个含义:(1)自然之光是上帝赋予我们的一种认识能力,我们必须在不违背上帝启示时才能相信和运用自然之光;(2)自然之光真实无误。自然之光既然是上帝赋予我们的一种认识能力,便决不会向我们"显示任何不真实的对象"。(3)自然之光应当成为我们理解事物、判断事物、论证事物的根据。例如,笛卡尔在对上帝存在进行本体论证明时,就运用自然之光来阐释上帝观念的最实在性和最完满性。他在谈到自然之光能够使我们认识到上帝的实在性时,写道:"凭自然的光明显然可以看出,在动力的、总的原因里一定至少和在它的结果里有更多的实在性:因为结果如果不从它的原因里,那么能从哪里取得它的实在性呢?"而在谈到自然之光能够使我们认识到上帝具有超过受造物的完满性时,他又写道:"自然的光明使我明显地看出,观念在我心里就像一些绘画或者一些图像一样,它们,不错,有可能很容易减少它们之所本的那些东西的完满性,可是决不能包含什么更伟大或者更完满的东西"(笛卡尔:《第一哲学沉思集》,庞景仁译,商务印书馆 1986 年版,第 40、42 页)。

19 "凡有智慧者都不会作恶"原本是苏格拉底使用过的一个著名命题。他的这一命题的理论前提是"美德即知识"或"美德即智慧"。在《美诺篇》中苏格拉底提出并论证过这一命题及其理论前提(参阅柏拉图:《美诺篇》,87C—D;88C—89A)。但"美德即知识"或"美德即智慧"这个理论前提还有一个更进一步的理论前提,这就是"知行合一"。苏格拉底说:"聪明人不会相信有人会有意犯罪,或有意地不断做卑劣邪恶之事。他们完全知道任何卑劣邪恶之事都是无意做出的"(《普罗泰戈拉篇》,345E)。此之谓也。亚里士多德将苏格拉底的这一观点概括为:"如果人们不相信一件事是最好的事,他们就不会去做这件事;如果他们这样做了,那只是出于无知"(亚里士多德:《尼各马可伦理学》,1145b 25)。其实,我国大哲王阳明也说过:"知是行的主意,行是知的功夫。知是行之始,行是知之成。若会得时,只说一个知,已自有行在。只说一个行,已自有知在"(《传习录》上)。真可谓"东圣西圣,其揆一也"。真正说来,"美德即知识"或"美德即智慧"以及"知行合一"论作为一种价值判断或应然判断自有其合理之处,但倘若用作一种事实判断,则未免有失片面。亚里士多德在批评苏格拉底时就指出:"他在把德性看作知识时,取消了灵魂的非理性部分,因而也取消了激情和性格"(亚里士多德:《大伦理学》,第 1 卷,第 1 章)。应该说,亚里士多德的这一批评是颇中肯綮的。

20 通常认为盖然性是那种具有可能性但又不具有必然性的性质。洛克在《人类理解论》中讨论过盖然性或概然性问题。他的盖然性学说具有明显的经验论特征。他在《人类理解论》中写道:所谓盖然性就是"根据可以错误的证明而见到的一种契合",而所谓解证则是"用恒常地在一块儿联系着的明显不变的证明作为媒介,来指示出两个观念间的契合或相违来"。他还明确地宣布盖然性有"两种根据":"一种是与自己的经验的相契","一种是别人经验所给的证据"。而且,鉴于"经验和证据"之间的冲突程度不同,便产生了盖然性的"无数等级",从而也就产生了我们同意的无数等级,如"信仰"、"猜度"、"猜想"、"怀疑"、"游移"、"疑心"和"不信"等等(参阅洛克:《人类理解论》下册,关文运译,商务印书馆1981年版,第651—661页)。在本文中,莱布尼茨似乎侧重于强调"推证的力量"。后来,莱布尼茨在《人类理智新论》里,针对洛克将盖然性归结为"经验"和经验到的"现象"的做法,宣称:"我宁愿主张它始终是基于似然性或基于与真实性的相符合;而旁人的见证也是这样一回事,就所涉及范围内的事实来说,这事对他惯常是真的。"在讨论"同意的各种等级"时,莱布尼茨则进一步强调了我们不仅应当考虑到各种不同的"意见",而且还要进一步考虑到"促使他们采取某种重要意见的理由";此外,莱布尼茨还较为认真地讨论了"类比"在判断中的积极作用(参阅莱布尼茨:《人类理智新论》下册,陈修斋译,商务印书馆1982年版,第542、546、564—567页)。

21 莱布尼茨这里说的与概率论有关。在讨论同意的等级时,莱布尼茨作为法学博士自然地谈到法学问题上的"证据"、"推定"、"猜测和征候",但他却并没有就此止步,而是进而谈到"概率"问题,即"我们当代的数学家们已开始来估计赌博中输赢的机会"问题。他还枚举梅莱、帕斯卡尔和惠更斯等来阐述这一问题。梅莱(Antoine Gombault, Chevalier de Mérè, 约1610—1684)曾著《论消遣:梅莱爵士与其夫人的谈话》(1677年出版)。按照莱布尼茨的说法,梅莱是一位"心灵深入透辟"的哲学家和赌徒,因此,"给这种计算提供了机会,提出了一个赌家要赢或输总共得把骰子掷多少次或多少点的问题,以便知道如果在某某情况下中止时值得下多少赌注。他以此曾引使他的朋友帕斯卡尔先生对这些事作了点考察。这问题曾轰动一时,并引起惠更斯先生写作了他的论文《论赌博游戏的推理》(1657年),其他一些学者也参加了进来"(参阅莱布尼茨:《人类理智新论》下册,陈修斋译,商务印书馆1982年版,第552—553页)。

但是在莱布尼茨看来,概率论虽然由于梅莱爵士、帕斯卡尔和惠更斯的努力,已初见规模,但其"推理技巧"依然很不成熟,尚需发展。他的这一看法颇为实际,也颇富洞见。事实上,在后莱布尼茨时代,概率论一直受到关注并一直在不断发展和完善。经过伯努利(Jakob Bernoulli, 1655—1705)、贝叶斯(Thomas Bayes, 1702—1761)、拉普拉斯(Pierre-Simon Laplace, 1749—1827)、约翰·文(John Venn, 1834—1923)、凯恩斯

(J. M. Keynes,1883—1946)、理查德·冯·米泽斯(Richard von Mises,1883—1953)、布罗德(C. D. Broad,1887—1971)、卡尔纳普(Rudolf Carnap,1891—1970)、布雷思韦特(Richard Bevin Braithwaite,1900—1990)、拉姆齐(Frank P. Ramsey,1903—1930)、布鲁诺·德费奈蒂(Bruno de Finetti,1906—1985)和尼尔(W. C. Kneale)等学者的不懈努力,概率论的"推理技巧"得到了惊人的发展,或许远远超过了莱布尼茨的预期。尽管如此,莱布尼茨在这里似乎充当了现代概率论的先知。

22　"里尤"对应的法文单词为 lieue,对应的英文单词为 league。倘若照英文本译出,当译作"里格"。里尤或里格为旧时长度单位,大约相当于3英里、3海里或4公里。

23　莱布尼茨的这个说法与吉尔伯特有关。吉尔伯特(William Gilbert of Colchester,1540—1605)是英国伊丽莎白女王的御医、英国皇家学会物理学家。他是近代磁力学的奠基人。吉尔伯特在近代科学史上的最为重大的贡献在于他在很大程度上突破了古代科学中"工匠传统"与"学术传统"、机械技术与人文科学二分的藩篱,将"实验"的方法引入自然科学研究。吉尔伯特按照马里古特(Petrus Peregrinus de Maricourt)的办法,制成球状磁石,取名为"小地球",在球面上用罗盘针和粉笔划出了磁子午线。他证明诺曼所发现的下倾现象也在这种球状磁石上表现出来,在球面上罗盘磁针也会下倾。他发现两极装上铁帽的磁石,磁力大大增加,他还研究了某一给定的铁块同磁石的大小和它的吸引力的关系,发现这是一种正比关系。吉尔伯特根据他所发现的这些磁力现象,建立了一个理论体系。他设想整个地球是一块巨大的磁石,上面为一层水、岩石和泥土覆盖着。他认为磁石的磁力会产生运动和变化。他认为地球的磁力一直伸到天上并使宇宙合为一体。在吉尔伯特看来,引力无非就是磁力。但我们不敢确定,莱布尼茨下面的说法,即"他们认为这块磁铁引力的影响并不会扩展很远,与通常的磁铁吸引一定距离之外的一根针差不多"是否与吉尔伯特有关。

24　下述图标为法文版中的内容(G. W. Leibniz, *Die philosophischen Schriften* 6, Herausgegeben von C. I. Gerhardt, Hildesheim: Georg Olms Verlag,2008, p. 504),英文版中并无此项内容。此外,"为一目了然计,我们不妨将上述内容图示如下"也系汉译者所加,即使法文版中也无此项内容。专此说明。

25　莱布尼茨的这个说法所针对的,与其说是洛克,毋宁说是英国经验主义的始祖弗兰西斯·培根。洛克的《人类理解论》具有明显的不可知论印记。他写道:"知识的等级就分为直觉和解证两种;任何思想如果缺乏了这两种中任何一种,则我们不论怎样确信它,它总不是知识,只是信仰或意见,至少在一切概括的真理方面,我们是可以这样说的。"他甚至还明确地宣称:"我们没有物体的科学……在物理的事物方面,人类的勤劳不论怎么可以促进有用的实验的哲学,而科学的知识终究是可望而不可及的"(参阅洛克:《人类理解论》上册,关文运译,商务印书馆1981年版,第527、548页)。对之,莱布尼茨只是补充说:(1)不仅有直觉真理和推理真理(必然真理),而且还有事实真理(偶然真理);(2)"现象间的联系,它保证着关于在我们之外的感性事物的事实的真理,是通过理性的真理得到证实的"(参阅莱布尼茨:《人类理智新论》上册,陈修斋译,商务印书馆1982年版,第429页)。与洛克不同,培根坚信"知识就是力量",相信人不仅能够"解释自然",而且还能"命令自然"。而人之所以能够做到这一步,就在于人能够在实验的基础上,通过"真正的归纳","深入到自然的内部深处",掌握事物的"形式",掌握事物的"结构和运动",掌握事物的"隐形结构"和"隐形性质","达到最普遍的公理"(参阅北京大学哲学系外国哲学史教研室编译:《十六—十八世纪西欧各国哲学》,商务印书馆1975年版,第8—10、45页)。莱布尼茨在这里从理性主义的立场,强调经验归纳的"不确定性"和经验知识的非普遍性和非必然性,其针对的不是别的,显然正是培根所执着的那类经验主义归纳理想。

26 《列王纪下》上说:"先知门徒对以利沙说:'看哪,我们同你所住的地方过于窄小。求你容我们往约旦河去,各人从那里取一根木料,建造房屋居住。'他说:'你们去罢。'有一人说:'求你与仆人同去。'回答说:'我可以去。'于是以利沙与他们同去。到了约旦河,就砍伐树木。有一人砍树的时候,斧头掉在水里,他就呼叫说:'哀哉,我主啊,这斧子是借的。'神人问说:'掉在哪里了?'他将那地方指给以利沙看。以利沙砍了一根木头,抛在水里,斧头就漂上来了。以利沙说:'拿起来吧!'那人就伸手,拿起来了。"《列王纪下》6:1—7。

27 在《美诺篇》里,柏拉图论及苏格拉底与美诺的一个童奴的对话,说明这个从未受到过几何学教育的童奴竟然在苏格拉底的提示下,完全正确地道出了正方形面积加倍的有关几何学知识。用柏拉图(苏格拉底)的原话说就是:这个故事的目的旨在告诉人们,这个小童奴讲出的这种几何学知识"不是来自于传授,而是来自于提问。他会为自己恢复这种知识"(柏拉图:《美诺篇》,85D)。很显然,这个故事所体现的内容,对于苏格拉底来说,就是他的"助产术",而对于柏拉图来说,就是他的"回忆说"。

28　由此看来,莱布尼茨首先是位理性主义哲学家,其次也是位在其认识论中也赋予感觉经验一定理论地位的理性主义哲学家。就第一个方面而言,莱布尼茨明显区别于英国经验主义哲学家,就第二个方面而言,莱布尼茨也明显地区别于笛卡尔和斯宾诺莎。参阅葛力:《莱布尼茨温和的认识论思想》,《中国社会科学院研究生院学报》1995年第6期。

29　是否存在有非物质实体这个问题,对于笛卡尔来说是个不言而喻的东西。既然他主张二元论,主张在物质实体之外另存在有非物质的实体即心灵,他之主张非物质实体就是一件再明显不过的事实了。因此,莱布尼茨提出这样一个问题,显然是针对洛克而来的。我们知道,在实体学说方面,洛克不仅有二元论的倾向,而且也有不可知论的倾向。就其具有二元论倾向而言,洛克与笛卡尔有相似之处。但就其具有不可知论而言,洛克与笛卡尔显然有别。也正是基于这一点,洛克在《人类理解论》里提出了"物质能否思维"这样一个问题。他写道:"我们虽然有'物质'和'思想'两个观念,可是我们恐怕永不能知道,纯粹'物质的东西'是否也在思想。离了上天默示,则我们不能只凭思维自己的观念来发现,'全能者'是否给了某些组织适当的物质以一种知觉和思想的能力,是否在那样组织的物质上,赋予一种能思想的、非物质的实体。因为在我们的意念范围内,我们不但容易存想,上帝可以凭其意旨在赋与物质上以有思想能力的另一种实体,而且可以存想,他可以任意在物质本身赋予一种思想能力"(参阅洛克:《人类理解论》下册,关文运译,商务印书馆1981年版,第531页)。在本文中,莱布尼茨不仅将洛克的话题"物质能否思维"转换成"是否存在有非物质实体",而且还采取了与洛克迥然不同的立场:一方面,莱布尼茨是个可知论者,另一方面,莱布尼茨是个一元论者。莱布尼茨的立场极其鲜明,这就是:存在有非物质实体,既存在有与物质相关联的非物质实体(有形实体),也存在有完全脱离物质的非物质实体(上帝)。后来,莱布尼茨在《人类理智新论》里从"初级物质"与"次级物质"、"原初的力"与"派生的力"以及"实体的可知世界"与"感觉的现象"的关系的角度和高度对非物质实体与物质的关系做了更为透彻的说明。莱布尼茨写道:"必须考虑到,物质,作为一种完全的东西(也就是和初级物质相对立的次级物质,初级物质是某种纯粹被动的东西,并因此是不完全的)来看,只是一种堆集,或作为由堆集所产生的结果的东西,而一切实在的堆集都得假定有一些单纯的实体或实在的单元,而当我们又考虑到那属于这些实在单元的本性的东西,即知觉及随知觉而来的东西时,我们就可以说转移到实体的可知世界之中了,反之在此之前我们是只处在感觉的现象之中的。……原初的力构成了实体本身,而派生的力……只是一些存在的样式,是当从实体派生出来的,而不是从物质派生出来的"(参阅莱布尼茨:《人类理智新论》下册,陈修斋译,商务印书馆1982年版,第434—435页)。

30 随着近代实验科学的兴起,微粒哲学以及与之相关的"两种性质"学说逐步定格为近代自然哲学或近代物质哲学的主流形态。按照这种学说,广延性和不可入性构成了物质的基本规定性。为了阐释物质的这些特性,伽利略(1564—1642)提出物体具有"自然属性"与"非自然属性"的观点。笛卡尔(1596—1650)将实在区分为"精神"实体和"物质"实体,并将"物质"实体的本质属性规定为"广延"。波义耳(1627—1691)提出了物体具有"第一类属性"和"第二类属性"的观点。牛顿(1643—1727)在《自然哲学的数学原理》一著中从数学的角度对伽利略、笛卡尔和波义耳的微粒理论作了概括,并将万有引力说引入了微粒哲学。但莱布尼茨和惠更斯等思想家则认为,物理学或自然哲学不应该仅仅描述自然现象,而且还应该进一步分析这些自然现象的成因,进而与形而上学相结合。

31 早在1671年,莱布尼茨在致阿尔诺的一封信中就明确指出:"我看到,几何学或位置哲学(philosophiam de loco)是达到运动和物体哲学(philosophiam de motu seu corpore)的一个步骤,而运动哲学又是达到心灵科学(scientiam de mente)的一个步骤"(G. W. Leibniz, *Die philosophischen Schriften* 1, Herausgegeben von C. I. Gerhardt, Hildesheim: Georg Olms Verlag, 2008, p. 71)。这既可以视为莱布尼茨形而上学生成的基本理路,也可以视为莱布尼茨非物质实体学说的历史起点和逻辑起点。30多年过去了,莱布尼茨对广延与非物质实体关系的看法似乎并无任何实质性的改变。

32 有形实体学说是莱布尼茨自然哲学的一项基本内容。其基本观点在于:(1)莱布尼茨从质型论的角度阐述了有形实体的基本构成,也就是说,在他看来,有形实体有两个基本构件,其中一个是有形实体的质料,这就是他所谓"物质团块"或"次级物质",另一个是有形实体的形式,这就是有形实体的"灵魂",或者说,是有形实体的原初的能动的和受动的力。此乃整个自然"惊人的奥秘"。(2)有形实体虽然由物质团块与形式、灵魂或力组合而成,但在其中起主导作用的或构成有形实体"原则"和"实在性"的则是形式、灵魂或原初的力。(3)"物质团块"是有形实体的一个基本成分,但撇开它的"形式"而就其自身看,它则是一台"自然机器"或"有机机器"。此乃"自然机器"与"人工机器"的根本区别。(4)有形实体的物质团块可以设想为"包含有许多实体的一种堆集",这样一种堆集并非一种"纯粹现象",并非"许多实体的一种纯粹的堆集",而是一种有良好基础的现象。其基础即在于在这个有形实体的物质团块"之中"存在有一个"单一的杰出的实体",亦即一个单一的杰出的单子,而这个单一的杰出的单子其实也就是莱布尼茨所说的"主导单子"。

33 莱布尼茨之所以反对德谟克里特的原子论以及笛卡尔的物质实体的本质属性在于广延的机械论和二元论,最根本的就在于他认为以广延为其基本属性的物质具有无限可分性,是一种自身即可以产生和毁灭的东西,从而不可能构成事物的最后的单元或实体。也正因为如此,莱布尼茨坚持认为,真正的单元既不应该是"物理的点",也不应该是"数学的点",而应该是没有任何部分的"形而上学的点",亦即他所谓"单子"。他在《单子论》第1节里,把这一点讲得很清楚。他写道:"我们在这里将要讨论的单子,不是任何别的东西,只是一种构成复合物的单纯实体,所谓单纯,就是没有部分的意思。"

34 在《人类理解论》里,洛克虽然把实体说成是"不知其为何物之物",并对"物质是否能够思维"持怀疑态度,但他还是把上帝或"全能的神灵"明确地说成是"思维实体"(参阅洛克:《人类理解论》下册,关文运译,商务印书馆1981年版,第531页)。莱布尼茨在回应洛克的这些观点时,不仅阐释了他的有形实体学说,而且提到了"最高实体"或"最高实体的纯粹而普遍的现实活动"(参阅莱布尼茨:《人类理智新论》下册,陈修斋译,商务印书馆1982年版,第434—435、437页)。按照莱布尼茨的看法,完全脱离物质而存在的实体只有一个,就是上帝。

35 莱布尼茨在这里显然旨在对上帝存在作出证明。莱布尼茨对上帝的存在做出过多种证明。罗素将莱布尼茨的证明概括为四种,这就是:"本体论证明,宇宙论证明,从永恒真理作出的证明和从前定和谐作出的证明"(参阅罗素:《对莱布尼茨哲学的批评性解释》,段德智、张传有、陈家琪译,陈修斋、段德智校,商务印书馆2000年版,第209页。)雷谢尔则将莱布尼茨的证明概括为五种,这就是:"本体论证明,宇宙论证明,从永恒真理作出的证明,从设计作出的证明以及模态证明"(参阅 Nicholas Rescher, *The Philosophy of Leibniz*, Prentice-Hall, 1967, pp. 148, 151)。莱布尼茨在这里阐述的实际上是一种关于上帝存在的宇宙论证明。但鉴于莱布尼茨将上帝理解为"万物的终极理由",我们也不妨将这一证明说成是基于充足理由律的关于上帝存在的证明。

36 "保护神或天使"对应的法文为 les Genies ou Anges。其中,法文单词 Genie(其复数形式为 Genies)基本含义虽然也有"恶神"和"妖怪",但其更基本的含义为"保护神"、"(掌握着人的命运的)善神"和"精灵"等。故而,我们依据上下文将其译作"保护神"。莱姆克将其英译作 genie(其复数形式为 genii)。英文单词 genie 的基本含义为"神怪"、"妖怪"和"魔仆",尽管我们也不能说这样一种译法有什么大错,但似乎有"望形生义"之嫌。

37 据托马斯·阿奎那《神学大全》第 1 集第 4 卷《论天使》,尽管古代教父在天使是否"同身体器官结合在一起,并且伴随有物质"这个问题上观点并非铁板一块(否则就不会有"几个天使能否同时存在于同一个场所"之争),但确实有不少神父主张天使是"同身体器官结合在一起,并且伴随有物质"的。例如,大马士革的约翰(约 675—约 749)在《论正统信仰》的第 2 卷第 3 章中说:"天使被说成是无形的和非物质的,这是就其与我们相比而言的;但是,与上帝相比,天使则是有形体和质料的。"格列高利(约公元 540—604)在《道德论》第 16 卷中断言天使有手,他写道:"若非大能者的手保护它们,一切事物都将趋向虚无。"狄奥尼修斯(约 5 世纪)在《天国等级》第 15 章中说,天使是通过形体器官来彰显其精神能力,例如天使藉眼睛便可以彰显他的知识。奥古斯丁(354—430)在《〈创世记〉文字注》中断言与天使本性一致的魔鬼具有与之结合的形体。他写道:"魔鬼被称作太空动物,因为它们的本性与天体的本性相似。"他在《上帝之城》第 16 卷第 29 章中还说道:"天使以显现的形体出现在亚伯拉罕面前。"参阅托马斯·阿奎那:《神学大全》第 1 集第 4—5 卷,段德智、方永译,商务印书馆 2013 年版,第 4、17、21、24、27—28、33 页。

38 莱布尼茨所谓"完全的实体",其所意指的实际上是那种由质料(物质)与形式(灵魂)相结合而构成的实体(或称次级物质)。在《论自然本身,或论受造物的内在的力与活动》(1688 年)一文中,莱布尼茨明确指出:"物质可以被理解为不是次级的就是原初的;次级物质虽然实际上是一种完全的实体,但却并不是纯粹受动的。原初物质虽然是纯粹受动的,但却不是一种完全的实体,在它之中必须添加上一种灵魂或与灵魂类似的形式,即第一隐德莱希,也就是一种努力,一种原初的活动的力,其本身即是上帝的命令植于其中的内在规律"(G. W. Leibniz, *Die philosophischen Schriften* 4, Herausgegeben von C. I. Gerhardt, Hildesheim: Georg Olms Verlag, 2008, p. 512)。莱布尼茨在本文中之所以强调"力的规律也依赖于一些不可思议的形而上学原则,或者说依赖于某些理智概念",此之谓也。

39　英国经验主义哲学家往往用力学或机械论来解释知觉。例如,洛克在《人类理解论》里,就特别强调了知觉的"被动性"。在他看来,知觉与思想的最大区别即在于它的"被动性"。他解释说:"有些人概括地称知觉为思想。不过按照英文的本义说来,所谓思想应该是指人心运用观念时的一种自动的作用;而且在这里人心在考察事物时,它的注意一定是有几分要自动的……这里所以谈思想是自动的,乃是因为在赤裸裸的知觉中,人心大部分是被动的,而且它所知觉的亦是它所不能不知觉的。"他还强调说:"人心只有在接受印象时,才能发生知觉"(参阅洛克:《人类理解论》上册,关文运译,商务印书馆 1981 年版,第 109 页)。其实,在强调我们认识的"被动性"或"机械性"方面,相较于洛克,霍布斯可谓有过之而无不及。在《论物体》一书中,他给感觉所下的定义即为:"感觉是一种心像(SENSE *is a phantasm*),由感觉器官向外的反作用及努力所造成,为继续存在或多或少一段时间的对象的一种向内的努力所引起"(参阅 Thomas Hobbes, *Concerning Body*, John Bohn, 1839, p. 391)。莱布尼茨坚决反对洛克和霍布斯在解释知觉现象中所表现出来的"外因论"和"机械论"。他在《单子论》第 17 节中明白无误地写道:"知觉以及依附知觉的东西,是不能用机械的理由予以说明的,也就是说,是不能用形状和运动予以说明的。倘若我们设想,有这么一台机器,其结构使得它能够思想和感觉,从而具有知觉,我们便可以设想,在保持同样比例的情况下将它放大,以至于我们可以走进去,就像走进一座磨房一样。在这种情况下,当我们审视这台机器内部的时候,我们就将会只发现一些零件在彼此互相推动,而永远找不出任何东西能够解释一个知觉。所以,我们应当在单纯实体中而不应当在复合物或这台机器中去寻找知觉。更何况在单纯实体中所能找到的也只有这个,也就是说,只有知觉和知觉的变化。各个单纯实体的所有内在活动也只能在于此。"其实,莱布尼茨并不完全否认我们从现象层面来审视我们的感觉和知觉,他想要强调的只是:尽管从现象层面看,我们可以把我们的各种知觉"归之于机械作用",但倘若从本体论层面,既然单子根本没有窗户,它压根儿就不可能接受任何外物的作用。我们知道,莱布尼茨与笛卡尔不同,不仅认为我们人有知觉,而且还认为即使动物和植物也有知觉。在谈到动植物的知觉活动时,他写道:"我仍旧把在植物和动物体内所发生的一切归之于机械作用,只是它们的最初形成除外。因此,我还是同意那被称为有感觉的植物的运动时处于机械作用,并且我不赞成问题在涉及解释植物和动物的现象的细节时求助于灵魂"(参阅莱布尼茨:《人类理智新论》上册,陈修斋译,商务印书馆 1982 年版,第 117 页)。莱布尼茨在这段话中所设置的机关在于"知觉的最初形成除外"。只要我们把握住这一机关,他在知觉问题上与洛克和霍布斯的对立便昭然若揭了。

40 莱布尼茨一贯突出和强调人与上帝或神的类似性,把人称作"小神"(une petite divinité)。早在 1686 年,莱布尼茨就在《形而上学谈》第 36 节中,称人的心灵"以受造物所能达到的最大限度接近上帝"。他写道:"一个单一的心灵,其价值抵得上整个世界。因为他不仅表象世界,而且也认识他自己,并且还能够像上帝那样支配他自己,以至于尽管所有的实体都表象整个宇宙,但除心灵外的别的实体表象的只是世界而非上帝,而心灵表象的则是上帝而非世界。心灵所具有的这种极其高贵的本性,使他们得以以受造物所能达到的最大限度接近上帝"(《莱布尼茨早期形而上学文集》,段德智、陈修斋、桑靖宇译,商务印书馆 2017 年版,第 66 页)。1687 年 10 月 9 日,莱布尼茨在其致阿尔诺的信中,更是明确地使用了"小神"或"小上帝"(de petits Dieus)的说法。莱布尼茨在谈到上帝在作为精神的人面前与在动物实体和物质实体面前所扮演的角色的差异时,写道:"上帝对于它们(指动物实体——引者注)是以一个工匠或机械师的身份对它们进行管理的,但对于精神,上帝却是以一个君主或立法者的身份来履行其职责的,君主或立法者的身份无限多地高于工匠或机械师的身份;上帝对于物质实体的关系,也就是他对于宇宙内每件事物的关系,也就是说,上帝乃万物的普遍造主。但对于各种精神,他却扮演了另外一种角色,各种精神都将其设想为具有意志和道德品质;因为他自己就是一个精神,而且他就像是我们当中的一员,和我们发生一种社会关系,从而成为我们的头。整个宇宙最高贵的部分就是这个至上君主治下的由各个精神所组成的这一普遍的社会或共和国,这一普遍的社会或共和国由许许多多的小神构成,受治于这个独一伟大的上帝"(同上书,第 252—253 页)。在《神正论》中,莱布尼茨还援引克劳狄安的诗句来解说人之为"小神"。他写道:"人在他自己的世界里或者在他以自己的方式管理的微观世界里,就像一个小上帝:他有时在那里创造奇迹,他的艺术也常常在模仿自然"(参阅莱布尼茨:《神正论》,段德智译,商务印书馆 2016 年版,第 326—327 页)。在《单子论》第 83 节中,他又重申了这一立场,强调"每个心灵在它自己的范围内颇像一个小小的神"。

41 灵魂转世说无论在西方还是在东方都是一个相当流行的学说。西方的毕达哥拉斯和柏拉图就都曾讨论过灵魂转世说。毕达哥拉斯(Pythagoras,鼎盛年为公元前 532 年或前 531 年)不仅倡导灵魂转世说,断言灵魂能转移到不同种类的各种动物和植物身上,且按照一定的时期,生物会重新开始它们以前的生命,而且还自称是黑梅斯的一个儿子的第五次降生,黑梅斯的这个儿子曾由他父亲传给他一种能力,毕达哥拉斯也继承了这种能力,就是能够记得自己以前各代的全部情况(参阅莱昂·罗斑:《希腊思想》,陈修斋译,段德智修订,广西师范大学出版社 2003 年版,第 43、70 页)。柏拉图也极力倡导灵魂转世说,并将它作为其回忆说的理论前提。他在《美诺篇》中写道:"既然心灵是不死的,并且已经投生了好多次,既然它已经看到了阳间和阴间的一切东西,因此它获得了所有一切事物的知识。因此人的灵魂能够把它以前所得到的关于美德以及其他事物的知识回忆起来,是不足为奇的"(柏拉图:《美诺篇》,80C—D)。佛教所讲的"五道轮回"(即地狱、饿鬼、畜生、人、天的轮回转生)或"六道轮回"(即地狱、饿鬼、畜生、人、天、阿罗修的轮回转生)实际上就是一种灵魂转世说。我国道教有所谓"五道"说,讲的也是转世轮回。据《太上老君虚无自然本起经》,五道依次为"天神"、"人神"、"禽兽神"、"饿鬼"、"地狱人"。因其受外来佛教影响形成,故而与佛教"五道轮回"的说法极其接近。

与灵魂转世或轮回密切相关的是"极乐世界",因为各种宗教和哲学所宣扬的灵魂转世或轮回之所以能够得到认同和响应,最根本的就在于它们告诉人们只要行善去恶,就可以实现轮回,也就是实现希克所说的"人类生存从自我中心向实在中心的转变",从而进入极乐世界,过上永福的生活。希克所谓"宇宙乐观主义",即是谓此(参阅约翰·希克:《宗教之解释:人类对超越者的回应》,王志成译,四川人民出版社 1998 年版,第 43、68 页)。就宗教而言,基督宗教的"新天新地"和佛教的"西方净土"或"西方安乐世界"可以视为这种宇宙乐观主义或西方极乐世界的两个典型表达。

42 莱布尼茨在这里所说的"最伟大的秩序"其实也就是他所谓普遍和谐的秩序。主要包含两个方面的内容:一是上帝"在自然的两个领域之间,亦即在动力因与目的因之间,建立的完满的和谐",二是上帝所建立的"存在于自然的物理领域与神恩的道德领域之间的和谐,也就是存在于作为建造宇宙机器建筑师的上帝与作为精神神圣城邦君主的上帝之间的和谐"。请参阅莱布尼茨:《单子论》,第87—90节。

论天赋观念与同一性概念
——致托马斯·伯内特[1]

非常感谢先生写信告诉我日内瓦一些博学人士的一些信息,这些人士由于其声誉卓著而早已为我所知。已故佩吉神父(Père Pagi)的《年鉴》值得出版。我手头也已经有了雷先生的《上帝的智慧》以及格鲁的《神圣宇宙论》(la Cosmotheorie)。[2]这些著作都十分优秀。因为它们都深入到自然的细节(le detail de la nature),而不满足于泛泛而谈。[3]泛泛而谈的东西,倘若不是以推证的方式表达出来的,我是不太当回事的。

洛克的著作已经被翻译成了法文。这使得我得以重读他的著作,尤其是既然我过去只有英文版的老版本。而且老实说,我看到其中有许多内容我并不认同。我主张天赋观念说(les lumières innées),而反对他的白板说(tabula rasa)。[4]在我的心灵中,不仅有一种官能(une faculté),而且还有一种知识倾向(une disposition à la connaissance),[5]天赋的知识就是由这种倾向产生出来的。因为所有的必然真理(toutes les vérités necessaires)都是由这种内在的光(cette lumière interne)而非从感觉经验(des expériences des sens)获得其证据的(leur preuve),感觉经验只不过给我们提供出思想这些必然真理的机缘罢了,永远不可能对一种普遍必然性作出证明,而只能给我们提供出由例证得出的归纳知识以及其他一些未经实验证实的盖然性知识。[6] 洛克并未充分了解证明的本性。[7] 我还注意到他谈论实体时,有点漫不经心和鄙夷不屑,因为他从未真正洞察实体之所是,这也使他未能真正找到真假观念(les vrayes et fausses idées)之谜的谜底。[8]

关于自由,他的一些说法甚好,但他并未将这个概念解释清楚。[9] 他的有关同一性的言论,好像同一性只存在于自我意识(la Self-conscentiousness)之中似的,也并非完全正确。[10] 首先,我毋宁认为他所主张的并不是灵魂不朽(l'âme est immortelle)只有藉恩典才得以可能,也就是说,只有藉奇迹才得以可能,因为由他的这种观点,我们得不出比较妥当的结论。最后,有许多东西,我倒愿意以完全不同于洛克的方式予以表达。我常常发现,他的反省有点太过肤浅,而他的哲学也有点太迁就一些人的精神状态,这些人并不以探究真理为己任,而只相信那些华而不实的东西,从而也就是在自我贬低(se dégradent eux-même)。

但我们必须承认洛克的著作中也有许多好的思想,当他为真实可靠的意见辩护的时候,他的解释非常出色,可以说他的这部著作是他那个时代最杰出的哲学著作之一。[11]

现在,我就洛克为自己写了《辩护》这件事借机谈谈自己的这些看法。洛克的《辩护》虽然您已经告诉给我了,但我自己却并未亲眼看到。既然我并未听到任何不好的消息,我便可以猜想,他的身体依然健康。[12]

注释

1 本文摘自莱布尼茨 1703 年 12 月 3 日致伯内特的信。在这封信中,莱布尼茨着重批判了洛克的白板说和同一性学说,并在批判的基础上阐述了他自己的天赋观念说以及他的基于实体概念和灵魂不朽的同一性学说或人格同一性学说。

本文原载格尔哈特所编《莱布尼茨哲学著作集》第 3 卷第 289—292 页。原文为法文,其标题为《莱布尼茨致托马斯·伯内特(1703 年 12 月 3 日)》。阿里尤和嘉伯分别从中摘译了一部分内容,并将标题确定为《论重读洛克的机缘——摘自莱布尼茨致托马斯·伯内特(1703 年 12 月 3 日)》,收入其所编译的《莱布尼茨哲学论文集》(1989 年)中。汉译者依据文本内容对标题做了上述修改。

本文据 G. W. Leibniz: *Philosophical Essays*, edited and translated by Roger Ariew and Daniel Garber, Hachett Publishing Company, 1989, pp. 284 - 285 和 G. W. Leibniz, *Die philosophischen Schriften* 3, Herausgegeben von C. I. Gerhardt, Hildesheim: Georg Olms Verlag, 1965, pp. 291 - 292 译出;只是原文未分节,译文作了分节处理。

2 雷(John Ray,1627—1705),英国博物学家、植物学家。作为植物分类学的先行者,将混乱的生物间的关系整理成有秩序的体系。其自然神学观点影响了 18 世纪的宗教神学思想。1648 年自剑桥三一学院毕业后留校研究植物学 13 年。1660 年发表《剑桥植物名录》。后来到威尔士、康瓦尔以及欧洲大陆进行植物学考察和研究。1670 年发表《英国植物名录》。此后,又发表《植物研究的新方法》(1682 年)、《植物史》(1686—1704 年)、《鸟类及鱼类概要》(1713 年)、《四足动物概要》(1693 年)等。1691 年发表的《从创世工作看上帝的智慧》认为生物构造与功能相互协调,说明必定有无所不知的上帝存在。

格鲁(Nehemiah Grew,1641—1712),英国植物学家、医生和显微镜学家。植物解剖学奠基人之一。曾任英国皇家学会会员与联席秘书。其代表作为《植物解剖学入门》(1672 年)和《植物解剖学》(1682 年)。格鲁将植物解剖学研究工作视为对上帝智慧的揭示,曾于 1701 年出版《神圣宇宙论,或对作为上帝造物和智慧的发现》。

3 莱布尼茨在这里所说的"深入到自然的细节"实乃近代自然科学的典型特征。恩格斯在谈到近代自然科学与希腊科学的"本质差别"时,强调了这一点。他写道:"在希腊人那里——正是因为他们还没有进步到对自然界进行肢解、分析——自然界还被当作整体、从总体上来进行观察。自然现象的总的联系还没有从细节上加以证明,这种联系对希腊人来说是直观的结果。这正是希腊哲学的缺陷所在,由于这种缺陷,它后来不得不向其他的观点让步。"他还更加明确地指出:"只有这样一个本质的差别:在希腊人那里是天才的直觉的东西,在我们这里则是严格科学的以实验为依据的研究的结果,因而其形式更加明确得多"(恩格斯:《自然辩证法》,《马克思恩格斯选集》第 4 卷,人民出版社 1995 年版,第 287、271 页)。

4 与"天赋观念"对应的法文词组为 les lumières innées,其中法文单词 lumières 的基本含义为"光",但也有"观念"、"知识"、"认识"、"智慧"、"学问"、"孔"、"口"等含义。因此,倘若将 les lumières innées 译作"天赋之光"也未尝不可,而且,这样一种译法还有一个优点,这就是它突出了天赋观念的潜在性,与莱布尼茨的天赋观念潜在说似乎更为契合。但在西方哲学史上,天赋观念是一个传统的认识论术语,自柏拉图时代起一直延续至今。至近代,不仅理性主义哲学家笛卡尔主张天赋观念说,而且经验主义哲学家洛克为批判理性主义认识论也使用这个术语,并对之作出了系统的批判性考察。鉴于此,我们还是采取了"天赋观念"这样一种译法。

与白板说相对应的拉丁词组为 stabula rasa,其基本含义是说我们的心灵在经验前是一块上面什么都没有的空白的板。一如观念天赋说体现的是理性主义认识路线那样,白板说体现的则是经验主义认识论路线。在古希腊,亚里士多德就曾主张过白板说。他把我们的灵魂比作"蜡块",断言:"心灵所思维的东西,必须在心灵中,正如文字可以说是在一块还没有写什么东西的蜡板上一样;灵魂的情形完完全全就是这样"(亚里士多德:《灵魂论》,430a 1—3)。至近代,洛克继承和发展了亚里士多德的"白板说"。他断言:"我们可以假定人心如白纸似的,没有一切标记,没有一切观念"(洛克:《人类理解论》上册,关文运译,商务印书馆 1981 年版,第 68 页)。

正因为在西方认识论史上,柏拉图和亚里士多德分别是天赋说和白板说的倡导者,所以,当莱布尼茨谈到在认识起源问题上他与洛克的对立时,很自然地将源头上溯到柏拉图和亚里士多德。他写道:"我们的系统差别很大。他的系统和亚里士多德关系较密切,我的系统则比较接近柏拉图,虽然在许多地方我们双方离这两位古人都很远"(莱布尼茨:《人类理智新论》上册,陈修斋译,商务印书馆 1982 年版,第 2 页)。

5 洛克在《人类理解论》里,在讨论能力(power)时,曾将能力区分为两种:"自动的能力"和"被动的能力"。而"自动的能力"也被他称作"官能"(faculties)。按照洛克的观点,所谓官能,只不过是"人心中的知觉能力和选择能力的一个比较普通的名称或说法"(洛克:《人类理解论》上册,关文运译,商务印书馆 1981 年版,第 207 页)。在这个问题上,莱布尼茨采取了一种分析的立场。一方面,莱布尼茨认同洛克关于将能力分为两种的说法,但另一方面,他又对洛克的能力学说作出了一些值得关注的修正。首先,莱布尼茨从"活动"的角度来审视"能力",得出能力即为"变化可能性"的结论。他写道:"如果能力(puissance)相当于拉丁文的 potentia(潜能)一词,它是和 acte(活动)一词相对立的,而从能力到活动中的过渡就是变化。……因此可以说能力一般就是变化的可能性"(参阅莱布尼茨:《人类理智新论》上册,陈修斋译,商务印书馆 1982 年版,第 156 页)。其次,他提出了"完全意义"的"主动能力"概念,强调其除"简单的官能"外还有"倾向"的意涵。他写道:"主动的能力有时是在一种更完全的意义下来看的,这使它除了简单的官能之外还有倾向"(同上)。第三,莱布尼茨为彰显"主动能力"的"倾向"意涵,用"力"或"能动的力"的概念取代经院哲学家的"官能"概念,从而将其提升到形而上学的层面(即"原始的能动的力"层面)予以审视。他写道:"力(Force)这个词可能特殊地适用于它;而力或者是隐德莱希,或者是努力;因为隐德莱希在我看来毋宁适合于原始的能动的力,而那努力则适合于派生的力"(同上书,第 156—157 页)。事实上,莱布尼茨早在 1694 年,在《形而上学勘误与实体概念》一文中,就将这一点非常明确地表达出来了。他写道:"我现在就不妨说一说'力'(virium)的概念。'力',德语称之为 Kraft,法语称之为 la force,为了对力作出解释,我建立了称之为动力学(Dynamices)的专门科学,最有力地推动了我们对真实体概念的理解。能动的力(vis activa)与经院派所熟悉的能力(potentia)不同。因为经院哲学的能动的能力(potentia activa)或官能(facultas)不是别的,无非是一种接近活动的可能性,可以说是需要一种外在的刺激,方能够转化成活动(actum)。相形之下,能动的力则包含着某种活动或隐德莱希,从而处于活动的官能与活动本身的中途,包含着一种倾向或努力。因此,它是自行进入活动的,除障碍的排除外,根本无需任何帮助"(《莱布尼茨早期形而上学文集》,段德智、陈修斋、桑靖宇译,商务印书馆 2017 年版,第 278—279 页)。莱布尼茨在本文中谈到的"知识倾向",其所意指的当属于实体本身所固有的表象能力或知觉能力,从而区别于洛克所说的带有经院哲学意味的"官能"。

6 在莱布尼茨看来,存在有两种真理:必然真理和偶然真理。其中,必然真理又称作推理真理,偶然真理又称作事实真理。必然真理或推理真理以矛盾原则为其推理原则,而偶然真理或事实真理则以充足理由原则为其推理原则。不过,莱布尼茨在这里虽然讲的是必然真理,但其用意却不在必然真理本身,而在于探究必然真理的前提或根源,亦即必然真理的"证据"来源,也就是他所谓"内在的光"。而莱布尼茨所说的"内在的光"其实也就是作为直觉真理的"天赋观念"。由此看来,在莱布尼茨这里,也和在笛卡尔和斯宾诺莎那里一样,唯有直觉真理或天赋真理才是最高等级的真理。笛卡尔虽然将我们的观念区分为三类:"天赋的"、"外来的"和"虚构的",但他却只将"出自我的本性"的天赋观念视为真理或真理的来源(参阅笛卡尔:《第一哲学沉思集》,庞景仁译,商务印书馆1986年版,第37页)。斯宾诺莎虽然断言有三种知识:感性知识、理性知识和直觉知识,但他却强调唯有直觉知识才是绝对无误的知识(参阅斯宾诺莎:《伦理学》,贺麟译,商务印书馆1981年版,第73—76页)。莱布尼茨在《第一真理》(约写于1684—1686年间)一文中,明白无误地将直觉真理或天赋真理宣布为"第一真理"。

总之,在莱布尼茨这里,天赋真理(天赋观念)或直觉真理不仅构成第一真理,而且还构成"原初真理",而必然真理和偶然真理只不过是它的一种"派生真理"罢了。在《人类理智新论》里,莱布尼茨在与洛克讨论知识的等级时明确指出:"由直觉所认识的原始的真理,和派生的真理一样也有两种。它们或者是属于理性的真理之列,或者是属于事实的真理之列。理性的真理是必然的,事实的真理是偶然的"(莱布尼茨:《人类理智新论》上册,陈修斋译,商务印书馆1982年版,第290页)。由此,我们可以得出结论说:在莱布尼茨看来,由直觉所认识的原始的真理与这里所说的理性的真理与事实的真理之间有一种主从关系:其中由直觉所认识的真理为上位概念,而原初的理性真理与原初的事实真理则为其下位概念,而派生的理性真理和派生的事实真理则为一种低档次的真理(参阅段德智:《莱布尼茨哲学研究》,人民出版社2011年版,第290页)。

7 在《人类理解论》里,洛克在谈到"证明"和"推理"(推证)的知识时指出:"凡指示两个观念间的契合关系的那些中介观念,就叫作证明(证据);我们如果能用这个方法使人明白地、显然地看到契合或相违的本性,这就叫作推证"(参阅洛克:《人类理解论》下册,关文运译,商务印书馆1981年版,第522页)。莱布尼茨对此作出了两方面的纠正:(1)"现象间的联系"涉及的只是"感性事物的真实性",只是"感性事物的事实真理"。

(2)"现象间的联系"只有通过理性真理才能得到证实。他写道:"我认为在感觉对象方面的真正的标准,是现象间的联系,也就是在不同的地点和时间,在不同的人的经验中所发生者之间的联系,而人们本身,这些人对于另一些人来说,在这方面也就是很重要的现象,而现象间的联系,它保证着关于在我们之外的感性事物的事实真理,是通过理性真理得到证实的;正如光学上的现象通过几何学得到阐明一样"(参阅莱布尼茨:《人类理智新论》下册,陈修斋译,商务印书馆 1982 年版,第 429 页)。洛克认为,"在推证(推理)知识方面,理性每前进一步,必然伴有一种直觉的知识;我们每走一步,必须凭直觉认识此一个观念与下一个中介观念(它可以用作证明)间的契合或相违"(同上书,第 523 页)。莱布尼茨虽然有保留地赞同他的这一观点,但他却不仅将直觉知识理解为天赋观念,而且还将天赋观念视为理性真理和事实真理的根据和源头,从而在莱布尼茨这里边出现了一个"事实真理"→"理性真理"→"直觉真理"的真理序列。

8 由此看来,在莱布尼茨看来,"真假观念之谜"的谜底不是别的,正是"实体"本身。莱布尼茨在《论区别实在现象与想象现象的方法》一文中在论及这一方法时,虽然从"清楚的概念"和"清楚的知觉"入手,但最后还是归结到了"实体"。他的这样一种做法是耐人寻味的。

9 无论是洛克,还是莱布尼茨都非常重视自由问题。论述自由的一章不仅是《人类理解论》中篇幅最大的一章,也是《人类理智新论》中篇幅最大的一章。但他们对自由概念的理解却不尽一致。例如,洛克将自由理解成一种能力,断言:"所谓自由观念就是,一个主因有一种能力来按照自己心理的决定或思想,实现或停顿一种这样那样的特殊动作"(参阅洛克:《人类理解论》上册,关文运译,商务印书馆 1981 年版,第 208 页)。莱布尼茨则认为洛克的自由概念"非常含糊"。莱布尼茨将自由区分为"法权上的自由"、"事实上的自由"和"意志的自由"三种。他举例说,"照法权上的自由来说,一个奴隶是毫无自由的,但一个穷人则是和一个富人一样自由的"。"事实上的自由或者在于如一个人所应当的那样去意愿的能力,或者在于做一个人想做的事的能力。"洛克所说的自由其实就是"事实上的自由",就是一种"做事的自由"。莱布尼茨将意志的自由又区分为两种:"一种意义是当我们把它和心灵的不完善或心灵的受役使相对立时所说的,那是一种强制或束缚,但是内部的、如那种来自情感的强制或束缚那样。另一种意义是当我们把自由和必然相对立时所说的。"莱布尼茨强调说:"和必然性相对立的心灵的自由,是相关于赤裸裸的意志,作为与理智区别开的意志来说的。"这样一种自由意志活动具有一种偶然性,不具有"一种绝对的、和可以说是形而上学的必然性",而只具有一种"道德的必然性",也就是说,"它只是使意志倾向于什么而不是必然地逼使它怎样"(参阅莱布尼茨:《人类理智新论》上册,陈修斋译,商务印书馆 1982 年版,第 162—163 页)。

10 洛克在《人类理解论》里,将同一性理解为"时间和地点存在"方面的无变化。他写道:"同一性之所以成立,就是因为我们所认为有同一性的那些观念,在现在同以前存在时的情况完全一样,没有变化。"在谈到"人格"和"人格的同一性"时,洛克宣布:"意识构成人格的同一性","各种不同的实体,被同一的意识所连合(在这些实体入于意识中时)而成人格,正如各种不同的物体被同一的生命所连合而成动物似的。……人所以自己认识自己,既然是因为有同一的意识,因此,人格同一性就完全依靠于意识——不论这种意识是附着于单一的实体,抑或能在一系列繁多实体中继续下去"(洛克:《人类理解论》上册,关文运译,商务印书馆 1981 年版,第 302、310—311 页)。与洛克不同,莱布尼茨则赋予同一性以实体的意涵。针对洛克的同一性概念,莱布尼茨强调说:"除了时间和地点的区别之外,永远还必须有一种内在的区别原则,而虽然有同类的许多事物,却的确没有任何两件事物是完全一样的;因此,虽然在我们就事物本身不能对它们很好区别时,时间和地点(也就是外在关系)可为我们用来区别事物,但事物仍然是本身可以区别的。"正因为如此,莱布尼茨反对洛克将人格的同一性归因于人的身体及其组织结构的做法,而将其归因于人的灵魂。他写道:"这里有一个名称问题和事情本身的问题。就事情本身来说,同一个别实体的同一性,只有通过同一灵魂的保存才能得到保持"(莱布尼茨:《人类理智新论》上册,陈修斋译,商务印书馆 1982 年版,第 233—234、238 页)。

11 莱布尼茨在《人类理智新论》的"序"中劈头第一句话即为:"一位有名的英国人所著的《人类理解论》,是当代最美好、最受人推崇的作品之一"(同上书,第 1 页)。马克思也把洛克的《人类理解论》说成是"一部能够把当时的生活实践归结为一个体系并从理论上加以论证的书",阐述了一个"肯定的反形而上学体系","像一位久盼的客人一样"受到了人们"热烈的欢迎"(《马克思恩格斯全集》,第 2 卷,人民出版社 1965 年版,第 162 页)。

12 洛克的身体向来孱弱,长期的国外流亡生活使他的身体状况更加糟糕,哮喘病时有发作。实际上,在莱布尼茨致信伯内特时,洛克的健康状况正在日趋恶化。其后不久,洛克即于 1704 年 10 月 20 日去世。1705 年 2 月,荷兰《文坛新闻》发表有关消息。在得知洛克死讯后,莱布尼茨打消了其旨在批判洛克《人类理解论》的《人类理智新论》的出版计划,致使该书手稿长期积压下来,直到 1765 年,才为人发现和出版(参阅玛利亚·罗莎·安托内萨:《莱布尼茨传》,宋斌译,中国人民大学出版社 2015 年版,第 372—373 页)。

论有思想能力的物质

——致玛萨姆夫人[1]

我认为,在自然普通进程中,人们必定优先考虑的是自然的东西而非奇迹的东西,除写作《摩西哲学》的弗卢德一类的近乎狂热者(Demifanatiques)之外,[2]这一点是所有哲学家迄今为止一致赞同的。在我看来,正是这样一种优先考虑使得我坚持认为能思想的东西并非物质,而是一种单纯且独立的存在(un Estre simple et à part soy),[3]或者说是一种虽然独立但却与物质结合在一起的存在(ou un Estre independent joint à la matière)。[4]

诚然,声名卓著的洛克在其卓越的《人类理解论》及其反对已故伍斯特主教的作品中,曾极力主张:上帝能够赋予物质以思想能力(Dieu pourroit donner à la matière la force de penser),因为凡我们想到的事情,他都能够无一例外地使之发生。[5]不过,物质却只有借持续不断的奇迹才能够思想,因为在物质本身中,也就是在广延和不可入性中,没有任何东西能够演绎出思想,或者说没有任何东西能够构成思想的基础。[6]因此,我们能够说,灵魂本性的不朽(l'immortalité naturalle de l'âme)便得到了推证,而我们也只有借助奇迹才能够言说灵魂的毁灭:或是将思想能力赋予物质来言说灵魂的毁灭,或是主张区别于物体的思想实体的毁灭来言说灵魂的毁灭；在将思想能力赋予物质的情况下，这种思想能力就是借助奇迹获得并得以维持的，而灵魂也会因奇迹的中断而毁灭，藉主张思想实体的毁灭来言说灵魂的毁灭也同样是藉奇迹来言说灵魂的毁灭，只不过是藉一种新的奇迹来言说罢了。[7]

因此，我认为，上帝，在有思想能力的物质这个问题上（dans ce cas là de la matière pensante），必定不仅赋予物质以思想能力（donner la capacité de penser à la matière），而且还必须藉着同一个奇迹来持续不断地维持物质具有这种能力，因为这样一种能力没有任何根基，除非上帝赋予物质以新的本性。但倘若有谁说上帝将这种新的本性或思想的这种根本能力赋予了物质，此后又自行予以维系，那他实际上只不过是将一种能思想的灵魂赋予了物质，或是将一种仅仅在名号上与能思想的灵魂不同的某种别的东西赋予了物质。而且，既然这种根本的能力（cette force radicale）严格说来并非物质的变形（une modification de la matière），因为变形不可能由它们所限定的本性得到解释，而这种能力也同样不能够得到这样的解释，则它就是不依赖于物质的。[8]

注释

1　本文摘自莱布尼茨1704年6月30日致玛萨姆夫人的信。玛萨姆夫人（Lady Masham）是英国神学家和伦理哲学家卡德沃思的女儿。玛萨姆夫人是一个既与洛克也与莱布尼茨有交往的人物。洛克曾明确地表达过他对卡德沃思自由主义神学不断增长的同情。1691年，洛克在健康状况不佳的情况下，受邀住到位于奥梯斯的弗朗西斯爵士和玛萨姆夫人的府上。玛萨姆夫人也于1703年12月将她父亲的一本著作寄给莱布尼茨。随后，他与莱布尼茨建立了通信联系。他们的通信不仅包含了对卡德沃思这部著作同情的讨论,而且也包含了对莱布尼茨哲学系统同情的讨论。事实上,在洛克晚年,莱布尼茨一直试图通过玛萨姆夫人与洛克展开对话,但由于洛克健康状况严重恶化,终究未能如愿(参阅玛利亚·罗莎·安托内萨:《莱布尼茨传》,宋斌译,中国人民大学出版社2015年版,第372—374页)。

本信原载格尔哈特所编《莱布尼茨哲学著作集》第3卷第352—357页。原文为法文,其标题为《莱布尼茨致玛萨姆夫人》。阿里尤和嘉伯从中摘译了其中第355—356页的内容,并将标题确定为《摘自莱布尼茨致玛萨姆夫人的信:论有思想能力的物质》,收入其所编译的《莱布尼茨哲学论文集》(1989年)中。汉译者依据文本内容对标题做了上述修改。

本文据 G. W. Leibniz: *Philosophical Essays*, edited and translated by Roger Ariew and Daniel Garber, Hachett Publishing Company, 1989, pp. 290 - 291 和 G. W. Leibniz, *Die philosophischen Schriften* 3, Herausgegeben von C. I. Gerhardt, Hildesheim: Georg Olms Verlag, 1965, pp. 355 - 356 译出;只是原文未分节,译文作了分节处理。

2 弗卢德(Robert Fludd,1574—1637)是一位英国医学家和神秘哲学家,深受炼丹术士西奥弗拉斯特斯·帕拉斯塞斯(Paracelsus,1493—1541)以及琼-巴普蒂斯特·范·海尔蒙特(Van Helmont,1577—1644)神秘主义思想的影响,极力宣扬万物有灵论。他采用《创世记》关于上帝创造人类始祖亚当的记载、犹太神秘哲学以及炼金术、占星术、交感术和手相术的一般传统,把人和世界并列对比,认为两者都是上帝的形象。他还试图采用对比人心与日光的方法来理解和阐释人体的正常机能和失调。其主要著作为1638年出版的《摩西哲学》(Philosophia Mosaica)。莱布尼茨在《动力学样本》(1695年)一书中就曾在考察马勒伯朗士等笛卡尔派人士的偶因论哲学时,将弗卢德作为救急神神秘主义的理论先驱加以批判,断言:"我不能苟同当今时代一些杰出人士的意见,这些人士虽然看到了物质的流行概念不够充分和全面,但却招来救急神,从事物本身中撤走所有活动的力,这有点像弗卢德在其《摩西哲学》一书中所说的那样"(*Leibniz: Philosophical Papers and Letters*, translated and edited by Leroy E. Loemker, D. Reidel Publishing Company, 1969, p. 441)。其后,在《论自然本身》(1698年)中,莱布尼茨又进一步指出:"让我们更细心一点地考察一下那些否认受造物具有一种真正和固有活动的人士的意见,例如,在很久以前,《摩西哲学》一书的作者罗伯特·弗卢德就持这样一种意见,现在一些笛卡尔派人士也相信并非事物本身在活动,而是上帝当着事物的面在按照事物的适宜性原则活动,以至于种种事物都不过是'偶因',而非'原因',它们只是接受一些东西,而永远不能完成或产生任何东西"(G. W. Leibniz, *Die philosophischen Schriften* 4, Herausgegeben von C. I. Gerhardt, Hildesheim: Georg Olms Verlag, 2008, p. 509)。

3 "一种单纯且独立的存在"意指的是一种实体或实体性存在。其中,"单纯"意即"没有部分"或"非物质","独立"意即"自主"、"自足",也就是既不依赖物质,也不依赖除上帝外的其他实体或实体性存在。文中,与"一种单纯且独立的存在"对应的法文短语为 un Estre simple et à part soy,但阿里尤和嘉伯却将其译作 a being, simple and apart by itself,似乎有不够严谨或精确之处(其中, simple 为形容词,而 apart 则为副词)。

4 "一种虽然独立但却与物质结合在一起的存在"与"一种单纯且独立的存在"意义虽然相近但却不尽相同。其中,"一种单纯且独立的存在"讲的是一般实体或实体一般,统摄无形实体(上帝)和有形实体,而"一种虽然独立但却与物质结合在一起的存在"讲的却是一种特殊实体,即有形实体,亦即与物质结合在一起的实体。而"与物质结合在一起"中的"物质"也有两层意思:(1)原初物质,即原初的被动的力;(2)派生物质,即派生的被动的力。正因为如此,莱布尼茨在这两个短语之间用了一个法文单词 ou。法文单词 ou 虽然也有"即"、"就是"的含义,但它同时却也有"或"、"或者"的含义。依据上下文,法文单词 ou 在这里所具有的显然是"或"、"或者"的含义,而非"即"、"就是"的含义。由此看来,阿里尤和嘉伯将其译作 that is(G. W. Leibniz: *Philosophical Essays*, edited and translated by Roger Ariew and Daniel Garber, Hachett Publishing Company, 1989, p. 290),显然有误。

5 洛克在《人类理解论》里从狭隘经验论和不可知论的立场出发,强调"在我们的意念范围内,我们不但容易存想,上帝可以凭其意旨在赋予物质以有思想能力的另一种实体,而且可以存想,他可以任意在物质本身赋予一种思想能力。……因为我虽然证明,要假设物质(物质就其本性而论是没有感觉和思想的)就是永久的原始的'思维实体'那乃是一种矛盾,可是我们如果说,那个原始的永久的'思维实体',或全能的神灵可以任意造一套无知觉的物质,并且给它以某程度的感觉、知觉和思想,那并不是一种矛盾"(洛克:《人类理解论》下册,关文运译,商务印书馆1981年版,第 531 页)。莱布尼茨在其 1699 年 1 月致托马斯·伯内特的信中,就批评洛克目光短浅,"并未察觉到""思想与物质"的"不可兼容性"(见前文)。

6 尽管莱布尼茨和洛克一样,都主张上帝的全能,在对物质与思想本性的认识方面也都有其时代的局限性,但相较于洛克,莱布尼茨则更多地表现出了一种反对神秘主义的理性主义精神。究其根源,最根本的还在于他们认识论立场方面的差异。我们知道,洛克虽然反对极端信仰主义,强调信仰虽然可以超乎理性,但不可以反乎理性,但他却因其狭隘的经验论和不可知论而为神秘主义洞开了大门。与洛克不同,莱布尼茨的理性主义哲学虽然具有独断论的色彩,但他在"信仰与理性一致"的旗帜下,声讨了一切形式的神秘主义。毋庸讳言,莱布尼茨和洛克一样,也承认上帝的全能,但他把上帝对最好世界的创造完全奠放在理性主义的基础之上,奠放在对无数"可能世界"的"自由选择"的基础之上。在《神正论》里,莱布尼茨在阐述"信仰与理性一致"的原理时,明确指出:"物理的必然性是以道德的必然性为基础的,也就是说,是以有智慧的人做出的与其智慧相称的选择为基础的。正是这种物理的必然性造成了自然界的秩序,进而产生出那些运动规则以及其他一些普遍规则,上帝也乐于把这些规则放进他所创造的事物之中。毫无疑问,上帝赋予事物这些规则或规律决不是没有理由的,他选择什么并不是出自任性或突发奇想,仿佛是纯粹偶然的或者是出于一种完全纯粹的无差别"(莱布尼茨:《神正论》,段德智译,商务印书馆 2016 年版,第 96 页)。也正是从这样一种理性主义立场出发,莱布尼茨毫不犹豫地否定了洛克的"任性"的上帝。他接着写道:"由此看来,很清楚,上帝通过实施一个奇迹,便能够使他的受造物摆脱他已经为它们制定的种种规律,并在它们身上产生出它们的本性产生不出来的东西。当它们出现了比经由它们的本性能够获得的更为高级的完满性和能力时,经院哲学家便将这种能力称作'顺从能力',即那种该事物经由顺从能够给予它所不曾具有的东西的上帝的命令而获得的能力。然而,这些经院哲学家通常给出的有关例证在我看来是不可能的"(同上书,第 96 页)。

7 莱布尼茨的这些话表明,他和洛克一样认为,物质就其自然本性而言不可能具有思想能力,莱布尼茨超越洛克的地方在于,他由此顺理成章地得出了具有思想能力的灵魂是非物质的结论以及灵魂不朽的结论。因为按照莱布尼茨的理解,倘若具有思想能力的灵魂是物质的,既然物质都是具有部分的,而具有部分的东西又都是可以分解的,也就是说都是可以毁灭的,则灵魂的不朽就需要藉奇迹来保证。相反,倘若具有思想能力的灵魂是非物质的,非物质的灵魂是没有任何部分的,从而是不可分解的和不可毁灭的,灵魂的不朽也就因此得到了论证。显然,莱布尼茨的这些说法不仅具有反对神秘主义的意义,而且还明显地具有一种深刻得多的本体论意义和伦理学意义。因为在这里,莱布尼茨对灵魂非物质性和灵魂不朽的论证在一定意义上也是对实体非物质性和实体不灭的论证,从而也就是对其实体学说的一种构建和阐述。对之,我们只要认真读一下《单子论》的第1—6节,便一目了然了。而且,灵魂不朽问题在西方思想史上一直是一个至关紧要的问题,康德在《实践理性批判》中之所以将其规定为实践理性的第二个"公设",也正是基于这样一种考虑。应该说,莱布尼茨对此也是有深刻体认的。他在《人类理智新论》中写道:"灵魂的非物质性这一真理无疑是重要的。因为对宗教和道德来说,尤其是在我们这个时代(现在许多人对于单单的天启和奇迹是几乎不尊重的),指出灵魂就自然本性说是不死的,而如果他不是这样则是一种奇迹,比之于主张我们的灵魂就自然本性说是应该死的,但由于一种奇迹的恩惠,仅仅基于上帝的恩许,它才不死,要有无限地更大的好处"(莱布尼茨:《人类理智新论》上册,陈修斋译,商务印书馆1982年版,第26—27页)。

  8 在强调上帝的全能也不能改变真理本性和理性权威方面,莱布尼茨与卡德沃思相当接近。在卡德沃思看来,全能本身也不能改变真理的本性。真理不是被制造出来的,而是存在着的。"神的一致和全能本身对于神的理智并没有任何统治权;因为如果上帝仅仅凭意志来理解,那他就一点也不能理解。"参阅 W. R. 索利:《英国哲学史》,段德智译,陈修斋校,商务印书馆2017年版,第86页。

评巴克莱的《原理》[1]

这部书中有许多正确的与我自己的观点极其接近的内容。[2]但表述得却似是而非,自相矛盾。[3]

因为大可不必说物质是虚无,只要说物质是现象,就像彩虹一样,也就够了;物质虽然并非实体,但却是实体的产物。[4]

空间也并不比时间有更多的实在性,空间无他,无非是事物共存的秩序,一如时间是以前曾经存在过的事物的秩序。[5]

真正的实体是单子,也就是说,是各种感知者。[6]但这位作者应当再向前迈出一步,达到构成万物的无限多的单子,并进而达到它们的前定和谐。

更有甚者,或者说徒劳无益的是,他反对抽象观念,将观念限制在想象的范围之内,谴责算术和几何学的精确性。[7]

最糟糕的还在于他反对广延的无限可分性,即使他反对无穷小量也可能有点道理,亦复如此。[8]

注释

1　这个评论写于1714—1715年冬。莱布尼茨直接写在乔治·巴克莱的《人类知识原理》(都柏林1710年版)的最后一页上面。巴克莱

(George Berkeley,1685—1753)是一位著名的爱尔兰哲学家,是英国近代经验主义的代表人物之一。长期担任爱尔兰克罗因地区的主教。曾著有《视觉新论》(1709年)、《海拉和菲伦诺对话三篇》(1713年)、《论运动》(1721年)、《阿尔西弗朗》(1732年)、《视觉论辩释》(1733年)、《分析者:对一个异教徒数学家的讲话》(1734年)和《西里斯》(1744年)等。但《人类知识原理》(1710年)无疑是他最重要的认识论著作。因为正是在这一部著作中,巴克莱系统阐释了他的哲学原理:"存在就是被感知"。

本文据 G. W. Leibniz: *Philosophical Essays*, edited and translated by Roger Ariew and Daniel Garber, Hachett Publishing Company, 1989, p. 307 译出。

2 莱布尼茨的这种说法是相当坦诚的,对于巴克莱来说也是相当公平的。因为不仅在一些认识论的枝节问题上,莱布尼茨与巴克莱有一些共同的语言,而且在认识论的一些根本问题上也是如此,例如,他们两个对"存在就是被感知"的立场就相当接近。我们知道,"存在就是被感知"(esse is percipi)正是巴克莱认识论的基本原理(参阅巴克莱:《人类知识原理》,关文运译,商务印书馆 2010 年版,第 23 页)。在一个意义上,我们可以说,巴克莱的《人类知识原理》所要阐述的归根到底就是这样一条原理。然而,殊不知巴克莱的这一人类知识原理早在 38 年前就由莱布尼茨明白无误地提出并予以阐述过。莱布尼茨早在旅居巴黎早期,即 1672 年,就曾经指出:"我似乎已经发现,存在无他,无非是被感知。不过,倘若不是为我们所感知,那至少也是被万物的造主所感知,为其所感知的也无非是那些使其高兴的东西,或者说是那些和谐一致的东西"(*Gottfried Wilhelm Leibniz: Sämtliche Schriften und Briefe*, Ⅵ, iii [Reihe 6, Bd. 3], Berlin: Akademie Verlag, 1981, p.56)。正因为如此,亚当斯将莱布尼茨的早期现象主义视为巴克莱"存在就是被感知"学说的著名预言。他写道:"莱布尼茨的早期现象主义与巴克莱的(感性事物的)存在就是被感知著名学说的著名预言密切相关。莱布尼茨一生,从其青年到其老年,写过一系列著述,将存在等同于被知觉或可知觉的东西,而且还往往将其与现存的东西即是最好的东西或者说即是最和谐的东西的观念关联在一起"(Robert Merrihew Adams, *Leibniz: Determinist, Theist, Idealist*, Oxford University Press, 1944, p. 235)。

3 莱布尼茨对巴克莱的认识论思想及其表述也颇有微词。他在 1715 年 3 月致德斯·博塞斯(Des Bosses)的一封信中有过抱怨。他写道:"爱尔兰的一位思想家虽然攻击物体的实在性,但他似乎并未提出任何合适的理由,他对他自己的观点的解释也不充分。我怀疑他是那号希望以其似是而非的观点博得名声的人(esse ex eo hominum genere, qui per Paradoxa cognosei volunt)"(G. W. Leibniz, *Die philosophischen Schriften* 2, Herausgegeben von C. I. Gerhardt, Hildesheim: Georg Olms Verlag, 1978, p. 492)。不过,即使从本文后面的文字看,莱布尼茨对巴克莱哲学的不满并非只限于语言表达,而是在一些重大的哲学或认识论问题上,譬如在物质观、时空观、实体观和抽象观念观等方面,都与之存在有相当严重的分歧。一如威尔森(Margaret Wilson)在其论文《莱布尼茨与巴克莱的现象主义》中所指出的,他们之间的差异是非常基本和非常重要的(*Essays on the Philosophy of George Berkeley*, ed. by Ernest Sosa, Dordrecht: Reidel, 1987, pp. 3 - 22)。

4 在物质观问题上,莱布尼茨与巴克莱既有相同之处也有相异之处。他们的共同之处在于他们两个都否认物质实体的存在。

但巴克莱在反对唯物主义物质观的道路上向前走得太远,以至于得出了"物质是虚无"的观点。他写道:"如果您觉得合适,您就可以照别人用虚无(nothing)一词的意义来应用物质一词,并把物质和虚无两个名词互相掉换"(同上书,第 62 页)。巴克莱"物质是虚无"中的"物质"意义相当含混,既可以作为我们的感官感觉到的物质事物,也可以视为我们的感官感觉不到的物质实体,但无论如何都有可能导致自相矛盾和思想混乱。倘若将"物质"理解为我们的感官感觉到的物质事物,那岂不是与他并不否认我们感官所感觉到的物质事物存在的诺言抵牾。倘若将"物质"理解为我们的感官感觉不到的物质实体,这岂不是与他的"存在就是被感知"相冲突。诚然,从狭隘的经验论立场出发,或者说从巴克莱的"存在就是被感知"的认识论原则出发,我们是既不可以对物质实体的存在说"是"也不可以对其存在说"非"的,也就是说,我们既不可能获得"积极"的物质实体概念,也不可能获得"消极"的物质实体概念。但巴克莱却一方面否定了洛克的"积极"的物质实体概念(这是就洛克承认物质实体的存在而言的),另一方面又以其"物质是虚无"的命题一笔否定了"消极"的物质实体概念,这岂不是自相矛盾吗?

更何况物质实体的不存在也并不意味着物质是虚无。因为按照莱布尼茨的理解,物质虽然并非实体,但却是一种"有良好基础的现象",至少,物质或物体作为"有良好基础的现象"并非"虚无"。况且,"物质"有"原初物质"和"次级物质"之分,原初物质是实体层面的东西,而次级物质作为有形物质无非是原初物质派生出来的产物。从这个意义上,我们甚至可以说,莱布尼茨的有形实体其实就是"物质实体",只是这样一种"物质实体"主要的内在规定性不是广延和运动,而是实体的形式或原初的能动的力而已。这是莱布尼茨的物质学说和实体学说区别于英国经验主义哲学家洛克和巴克莱的根本之点,也是莱布尼茨的物质学说和实体学说区别于大陆理性主义哲学家笛卡尔和斯宾诺莎的根本之点。

5 在西方近代哲学史上,空间概念是一个非常基本的概念,是一个与物质概念密切相关的概念。自17世纪末,随着《自然科学的数学原理》(1687年)的出版,牛顿的绝对空间观点相当盛行。与莱布尼茨一样,巴克莱在《人类知识原理》中,不仅批判了牛顿的绝对空间观,断言:"在人心之外,并无所谓绝对空间"(同上书,第82页),而且还提出了一种相对的空间观,断言:他所谓相对空间,就是相对于人的感官知觉和作为感觉对象的物体而存在的空间,"如果我的身体也消灭了,则无所谓运动,也就无所谓空间"(同上书,第83页)。巴克莱的空间观不仅具有明显的主观唯心主义性质,而且还具有明显的宗教神学性质。因为他宣布"实在的空间就是上帝"(同上书,第83页)。莱布尼茨虽然也主张相对空间观,但他由于把空间视为相对于物体之间的关系而存在的东西,断言空间"无非是事物存在的一种秩序"(参阅《莱布尼茨与克拉克论战书信集》,陈修斋译,商务印书馆1996年版,第62页),从而既避免了巴克莱空间观的主观唯心主义倾向,也摆脱了巴克莱空间观的宗教神学性质。

6 莱布尼茨不仅在反对物质实体存在方面与巴克莱既有所同也有所异,而且在主张精神实体存在方面也既有所同也有所异。提请读者注意的是,巴克莱无论是反对物质实体的存在还是主张精神实体的存在似乎都与他的"存在就是被感知"这一人类知识原理直接相关。因为既然"存在就是被感知",既然我们根本感知不到物质实体,则我们便没有任何理由来肯定物质实体的存在。另一方面,既然"存在就是被感知",则存在便势必与一种"感知活动"密切相关,从而与一种实施这样一种"感知活动"的"感知者"密切相关。因为倘若没有一个"感知者",那就势必没有任何"感知活动",从而也就势必没有"被感知者"的"存在"。而这一实施"感知活动"的"感知者"既然因其感知活动而成了感性事物存在的创造者和支撑者,既然物质实体不可能存在,则这种"感知者"也就只能是一种"精神实体"了。在《人类知识原理》中,巴克莱常常将他所谓精神实体称作"灵魂"和"精神",有时甚至径直将其称作"实体"。他写道:"灵魂、精神和实体三个名词""实在也指一种实在的事物,可是那种事物,既非观念,也不与观念相似,它乃是能感知观念、能意欲、能对观念进行推论的。……至于灵魂或精神,则是一个能动的东西,他的存在并不在于被感知,乃在于能感知观念,并且在于能思想"(巴克莱:《人类知识原理》,关文运译,商务印书馆2010年版,第95页)。

相映成趣的是,在这里,莱布尼茨与巴克莱一样,也将"知觉者"称作"实体"("真正的实体"),而且,与巴克莱一样,也用"感知"、"意欲"和"思想"来描述实体的本质规定性。所不同的只是,莱布尼茨用更为简洁、更为一般的术语"知觉"和"欲望"来概括实体的属性,用莱布尼茨自己的话来说,他是在用"一般意义上的知觉和欲望"来概括实体的本质属性的。正因为如此,莱布尼茨所谓"知觉者"并不限于人的灵魂或上帝,甚至也不限于灵魂(因其还包括具有"纯朴知觉"的"单纯实体")。因为莱布尼茨所谓知觉不仅包括"理性"(思想)、"感觉"、"记忆"和"想象",而且还包括"微知觉"。他所谓"欲望",不仅包含自觉意欲(意志)和动物意欲,而且还包含本能。这就是说,莱布尼茨"实体"概念的"内涵"和"外延"与巴克莱的大不相同(参阅莱布尼茨:《单子论》,第12—30节)。

7 巴克莱之所以反对抽象观念也与他的"存在就是被感知"的人类认识原理密切相关。因为既然存在就是被感知,既然凡抽象观念都是我们感知不到的,则它们便都是不存在的或虚构的。例如,我们能够感知到一个白人存在或一个黑人存在,但我们却感知不到一个既不是白人,也不是黑人以及其他颜色人种的人存在。而这个既不意指白人也不意指黑人以及其他所有颜色人种的"人"的概念就是一个抽象观念。再如,我们可以感知到一个直角三角形的三角形存在,也可以感知到一个钝角三角形存在和一个锐角三角形存在,但我们却永远感知不到一个既非直角又非钝角和锐角的三角形存在。而这种既非直角又非钝角和锐角的三角形即是一个抽象观念。诚然,巴克莱并不否认一般观念的存在,但他所理解的一般观念是一种"图像式的观念",依然是一个可感知的具体观念而非我们感知不到的抽象观念。例如,在他那里,"广延"观念就是一个一般观念。因为我们既可以用他来意指一平方米的图像,也可以用它来意指四平方米的图像,但我们却不可能"设想到一个既非线又非面又非体,既非大又非小,既非黑又非白,亦非红亦非任何其他固定的颜色的抽象的一般的广延观念"(巴克莱:《人类知识原理》,关文运译,商务印书馆2010年版,第10页)。正因为如此,莱布尼茨批评巴克莱"将观念限制在想象的范围之内,谴责算术和几何学的精确性"。毋庸讳言,莱布尼茨与巴克莱一样,也反对那种与具体事物毫无关联且完全与之对立的"抽象观念",例如,他也明确反对过笛卡尔的数学式的"广延"观念,但却不仅承认而且强调科学的抽象观念的存在,而且还承认和强调这种抽象观念在人类认识中的巨大作用,强调倘若没有科学的抽象观念或一般观念,我们便不可能获得任何普遍必然的知识。

8 物质无限可分思想不仅是莱布尼茨实体学说的一项重要理论前提,而且还是其中国盒式的自然有机主义和前定和谐体系的重要理论前提(参阅段德智:《莱布尼茨物质无限可分思想的学术背景与哲学意义——兼论我国古代学者惠施等人"尺捶"之辩的本体论意义》,《武汉大学学报》2017年第2期)。正因为如此,莱布尼茨对巴克莱否定物质无限可分性的立场特别敏感。巴克莱反对物质无限可分的主要理据应该说还是他的"存在就是被感知"这一认识论基本原理。因为既然我们永远感知不到"无限"这样一个抽象概念,则我们便根本无从谈论"无限可分"。在巴克莱看来,尽管"在全部几何学中,人们始终都假设了""有限广延的无限可分割性"这项原则,但这项原则却不过是一种我们根本知觉不到的抽象观念,这就必定使我们陷入自相矛盾的境地。他强调说:"可以作为思想对象的每个特殊的有限的广延,只是在人心中存在着的一个观念,因此,它的每一部分都是可以被人感知到的。因此,我如果在所考察的有限广延中见不到无数的部分,则它们确实是不包含在其中的。不过显而易见,在我的感官所感知的或心中所造作的任何特殊的线、面、立体中,我并不能分辨出无数的部分,因此,我就断言,那些部分并不包含在它们里面。我们看到的广延很明显是我自己心中的观念,而且我也同样分明不能把任何观念分化成无数别的观念,也就是说,它们不是可以无限分割的。"巴克莱由此得出的结论是:"我们如果说有限的广延或分量可以包含着无数的部分,那就是一种极其明显的矛盾"(巴克莱:《人类知识原理》,关文运译,商务印书馆2010年版,第87—88页)。巴克莱在批判"无限性的思辨风气"时,否定物质的无限可分虽然有极端经验主义的肤浅性和偏狭性,但他却因此而根本否定了"实无限"的合理性,从而为人们后来抛弃无穷小量,推动后世数学家形成并提出"潜无限"概念起到了促进作用。也许正是在这个意义上,莱布尼茨说"他反对无穷小量也可能有点道理"。

索 引

（依汉语拼音字母为序）

阿波罗尼奥斯 Apollonius 221, 233,357,365

阿尔诺 Arnauld 61,82,134,158, 164,175,206,231,238,256,270, 272,273,282,283,293,304,306, 322,331,351,452,456

阿里阿德涅线团 a filum meditandi 75,168,178

阿里奥斯多 Ludovicus Ariostus 340,348

阿基米德 Archimedes 58, 70, 178,221,232,233,239,243,253, 301,302,304,305,366

阿奎那 Aquinas 6,33,42,68,90, 91, 125, 126, 132, 136, 140, 143, 185, 243, 253, 267, 278, 280, 281, 328,329,353,354,373,388,393, 454

安瑟尔谟 Anselm 185,194,277, 278,294,362,373,374,381,393

巴克莱 Berkeley 6, 10, 12, 14, 101,109,128,146,147,364,474—479

白板说 la Tabula rasa,tabulam rasam 4, 5, 19, 20, 35, 44, 52, 132, 212, 213, 283, 359, 389, 413, 444, 459, 461,462

被动的自然 natura naturata 191

本特利 Bentley 383,396

必然存在 l'existence des necessitez 131,167,195,278,352,373,431

必然真理 Vérités necessaries 5, 8, 24, 26—29, 55, 67, 68, 71, 72, 77,80—90,98,99,181,242,251, 252, 289—292, 295, 299, 306, 308—311, 319, 321, 322, 325—327,330,372,398,413,422,431, 438,443,450,459,463,464

毕达哥拉斯 Pythagoras 227,238, 239,290,457

柏拉图 Plato 3—6,12,15,17—19,22,25—33,36,38,42,44,56, 97,102,107,108,125,128,130—132, 138, 139, 149, 169, 173, 175, 178,182,183,186,187,194,204,

214,215,226,239,257,272,281,
296,308,341,359,366,367,389,
413,422,446,447,450,451,457,462
伯内特 Burnett 63,377,385,386,
459—461,466,471
波菲利 Porphyrio 227,238,239
不可共存性 incompatibilitas 190
不可入性 l'impenetrabilité 233,
413,434,452,468

《沉思》 la meditation 361
抽象观念 abstract ideas 14,374,
474,476,478,479
抽象科学 les Sciences abstraites 433
纯粹理智知识 sientia simplicis 81,
287,293—295
纯粹数学科学 des sciences mathematiques pures 427
次级物质 la matière seconde 354,
384,398,451,452,454,477
存在者 ens 9,45,51,56,172,
190,191,248,250,267,278,294,
331,338,343—345,428,434

达斯坡底乌斯 Dasypodius 270
当下的不快 eine gegenwörtige unruhigkeit 399
道德的确定性 certitudinem moralem
184,341,350
道德真理 des vérités morales 361
德谟克里特 Democritus 4,19,20,
36,37,77,88,141,222,234,236,
258,260,348,369,453

笛卡尔 Descartes 1—3,6,10—
14,16—19,21,22,29,39,40,42,
44,45,49,54,55,57,59—61,63,
68,73—78,81,85,89,92,101,
102,104,107,115—117,127—
130,133,135,136,141,148,156—
158,161,163,164,168,169,171,
172,175—187,190,191,194,205,
212,213,222,223,226,227,230,
231,233,234,236,238,254,257—
260,262,263,266,272—275,
277—283,288,293,294,296,297,
305,324—326,328,346,352,354,
356,364,365,368,369,373,374,
381,389,392,393,397,412,416,
423,443,445—447,451—453,
456,462,464,470,471,477,479
第一原则 principe primitif 286,
357
第一哲学 la première philosophie
9—12,16,17,31,75,127—130,
141,157,168,175,177,178,183,
185,194,205,212,236,305,354,
374,447,464
第一真理 vérités premiers 8,67,
69,72,80,83,140,170,176,181,
184,185,241,243,245,247—249,
251,253,255,257,259,261,292,
296,304—306,309,321,327,464
定义之链 catenam definitionum 75,
219,231
发现艺术 l'art d'inventer 169,

180

非物质实体　des substances immaterielles　55,164,237,382,434,435,438,443,451,452

弗卢德　Fludd　236,468,470

傅歇　Foucher　71,141,165,173,175,185,215,273,344,351

盖然性　probabilitatem, probabel　341,350,405,430,447,448,460

盖然性的等级　le degré de la probabilité　350,430

感觉经验　les expériences des sens　13,24,27,28,64,66,78,177,183,214,416,422,431,451,459

感觉灵魂　anima sentiens　226,227,229

感觉性质　les qualités sensibles　64,140,141,225,231,274,275,284,361,369,424,425,427

感性事物　des choses sensibles　31,142,152,183,212,214,283,425,428—430,439,450,464,465,475,477

感性性质　les qualités sensibles　63,353,439

格鲁　Grew　290,459,461

个体实体　substantias individuales　68,70,71,74,81,82,132,182,244,245,250,251,253,254,288,290—292,296,303,304,308,309,313,314,318,319,353,367,368

个体性原则　de principio individuationis　3,48,226,248,254,414

《各国书讯》　Bibliothèque universelle　399,414

《工具篇》　Organon　223,236

公共感官　sens commun　426—428,438,441,442,444

公共福利　usui publico　151,158

公共理由　rationi communi　340

共存假说　the hypothesis of concomitance　69,246

古代柏拉图派　l'ancienne Académie　171,182,429

观念的联合　Verbündnifsz der Ideen　363,400—403,416

光明之父　ein Pater des Lichts　410

哈里发　Calife　171,184

合成无限　un infini composé　360

赫尔库勒的图像　figura Herculis　7,23,43

赫尔利努斯　Herlinus　270

后天证明　a posteriori par les expériences　358

回忆说　la reminiscence　4,15,25—29,44,125,132,186,359,367,389,451,457

惠更斯　Huygens　161,175,360,362,370,384,397,448,452

混合数学　les mathématiques mixtes　427

霍布斯　Hobbes　6,12,13,16—20,22,34—37,39,42,59,66,79,81,88,93,101,122,129,132—

134,139,143,151,156—164,178,
179,197,204—208,212,240,268,
278,279,288,297,324,326,416,
455,456

机缘　occasione5,23—25,27—29,
50,163,209,214,215,288,389,
422,459,461

积极无限　l'infini positif　360

《基督宗教并不神秘》　Christianisme
nonmystérieux　94,377,379,386—
388,391,437

极乐世界　des champs Elysés　437,
457

《几何原本》　Στοιχεῖα　232,270,
287,365,366

伽利略　Galilaeus　168,169,179,
223,234—236,452

伽森狄　Gassendi　13,168,178,
179,223,236,254,412

假设真理　les vérités hypothétiques
71—73,75,90,99,141,165,176,
393

简单观念　idée simple　35,274—
276,281,292,347,378,388—390,
392,394,442,443

《教育论》　sur l'éducation, Some
Thoughts Concerning Education　356,
364

近程能力　facultatem propinquam
19,20,209

救急神　God ex machine　246,257,
258,297,470

居间知识　scientia media　310,318,
323,334

绝对普遍真理　vérités générales ab-
solues　73,74,167

绝对完满的实体　une substance
abosolument parfaite　435

康林　Conring　3,75,141,218,
228,229,231,237,240

考斯特　Coste　400,412,415,444

可共存　compatibiles　189,190,
192,193,196,329,334

可理解事物　des choses intelligibles
429

《莱比锡学术年鉴》　Acta Erudito-
rum of Leipzig　377,380,381,
391

勒克莱尔　Leclerc　399,413

雷　Ray　159,161,204,237,261,
273,296,333,362,374,397,449,
453,459,461

理性法学　Jurisprudentiae rationalis
152

理性实体　substantiarum rationalium
343

理智实体　ces substances intelligibles
429

理智真理　la vérité intelligible　429

连续体的组合　de compositione con-
tinui　3,226

灵魂不朽　l'immortalité de l'âme　238,
460,461,472,473

灵魂转世　la Métempsychose　26,
27,436,457

《论狂信》 handelt vom Enthusiasmo 363,404

《论生灭》 de generatione et corruptione 223,236

《论天》 de coelo 223,236

《论同一性和差异性》 der Identität und Diversität 376,399

罗贝瓦尔 De Roberval 169,180,181

《罗马法典》 Pandectis, Romano corpore 152,153,159

洛克 Locke 1,4,6,10,12,14,17,18,20—22,25—29,35—37,39,42,44—46,49,51,52,59,63—66,85,86,93—97,101,107,109,124,128—130,133—137,139,140,142—144,146,157,159,208,212,213,232,273—276,279,283,293,305,345—347,350,356,358—375,377—384,386—396,399—405,407,410,412—422,437—444,447—451,453,455,456,459—472,476,477

马勒伯朗士 Malebranche 7,61,175,186,187,215,256—258,272—274,279,282—284,296,470

名义定义 Definitionem nominalem, definition nominale 231,256,265,268,276,278,279,361,372,425,426

明白的观念 une idée Claire 64,275,380,444

明白的知识 clara cognitio 50,61,62,180,263,264,391

明白、清楚的概念 de notion Claire et distincte 377

《摩西哲学》 Philosophia Mosaica 468,470

内在的光 innerlichen Lichts 7,33,407,411,459,464

内在感官 un sens interne 426,427

内在光明 das innerliche Licht 410,411

内在知觉 le sentiment intérieur 380

能动的实体原则 principe substantial actif 385

能动的自然 natura naturans 191

能动原则 les pricipes actif 385

牛顿 Newton 63,76,104,141,145,162,233—235,240,258,290,360,375,380,383,384,387,392,396,452,477

欧几里得 Euclid 169,221,232,233,270,287,357,365,366,373

偶然真理 Contingenti Vertate 8,67—69,71,72,77—90,99,120,121,181,233,238,242,251,252,285,287—292,294—296,299,306,308—312,319,321,322,325—328,330,422,438,450,463,464

帕斯卡尔 Pascal 175,233,270,273,282,448

培根 Bacon 2,10,12,13,57,59,93,101,139,157,168,179,223,

230,231,235,236,280,364,415,450

普罗克洛斯　Proclus　357,366

启示之光　la lumière revelée　94,95,436,439

清楚的观念　une idée distincte　63—65,214,215,275,372,379—382,427,440,444

清楚的概念　distincta notio, distinctum conceptum　62,63,264,338,377,379,392,426,465

清楚的知觉　distinctam perceptionem　40,41,48,281,338,422,436,465

清楚明白的标准　clari et distincti criteria　269

确定性　détermination　60,75,88,96,136,152,175,184,219,236,252,305,318,327,334,341,349—351,366,405,407,417,418,429,432,445,450

《人类理解论》　l'Essai de l'entendement de l'homme　10,14,17,44,51,85,93,94,128—130,133,134,136,137,139,140,142—144,146,212,273,279,293,305,345—347,350,356,363—365,367—372,374—378,382,383,386—391,393—396,399,412—419,421,422,437,439—441,443,444,447,448,450,451,453,455,462—468,471

上帝的协助　de concursu Dei　3,226,237

《上帝的智慧》　The Wisdom of God　459

《神圣宇宙论》　la Cosmothéorie　459

实体概念　la notion de la substance　146,250,344,368,377,378,380,388,390,392,394,461,463,476

实体形式　formas substantiales　224,229,259,343,440

实在定义　definition reale, definition reelle　231,253,256,268,278,279,361,372

实在观念　les idées réele　140,358

实在现象　phaenomena realia　51,338,341,349,465

事实真理　les Vérités de Fait　8,26—29,71—73,75,85,86,90,99,141,142,176,181,185,218,229,231—234,238,240,249,280,291,292,299,306,308,309,321,327,344,350,422,450,464,465

斯宾诺莎　Spinoza　1,6,10,12,13,42,49,59—61,63,68,73,78,79,81,88,92,110,122,127,128,133,135,136,139,141,143,157,177,189,193—196,211—214,277,281,288,293,297,305,324,326,354,366,417,418,423,443,446,451,464,477

斯蒂林弗利特　Stillingfleet　377,386,387,395,412,416,422

思维艺术　l'art de penser　206,231,270,273,282,358

思想活动　cogitandi actu　19,20,50,179,209,212—214,216

思想能力　cogitandi facultate, la

capacité de penser 19—21,50,
209,211—213,217,377,386,393,
416,451,468—472

天赋观念 les lumières innées 1,
6,15—30,35,43—46,52,56,99—
102,107,108,115,116,119,129,
186,212,272,273,277,283,305,
356,364,365,389,390,413,422,
438,443,459,461,462,464,465

天赋说 einpflangtzungen angenommen 19,21,51,389,413,462

同一律 l'Axiome de l'identicité 67,
72,166,176,181,241,305,357

同一真理 veritatibus identicis 8,
81,85,252,286,292,325,350

统一原则 le principe de l'unité
384,385

推测科学 les sciences conjecturales
430

推理技巧 l'art de raisonner 430,
448,449

推证科学 des sciences demonstratives 428,430

推证真理 vérité demonstrative 85,
91,429

托兰德 Toland 94,95,386—388,
391,437,438

外在的名称 denominations extrinsecae 8,67,68,242—244,306,
343

外在感觉 des sens externs 346,
413,424,429,439

外在感官 des sens externe 426,
427,433

完满的存在者 Ens Perfectissimum
189,193,281

完满性 perfectionem 47,65,75,
168,183,189,190,194,245,267,
281,298,299,317,321,325,333,
336,337,374,401,436,437,442,
444,447,472

完满知识 perfectam scientiam 268

完全的普遍性 une parfaite generalité
427

完全的实体 une substance accomplie
435,454

完全观念 ideis adaequalis 361,
444

微型的上帝 diminutif à la Divinité
436

维埃特 Viète 223,235

无限序列 Seriebus infinites 247,
360

无形实体 substantia incorporeal 188,
226,227,262,398,439,471

夏洛特 Charlotte 94,351,424,
437,438

先天证明 a priori par des demonstrationes 358

现实存在 actu extiterit 73,79,
81,136,141,166,167,176,195,
201,234,247,248,250,261,268,
280,288,291,293,297,312,318—
320,322,338,348,393

想象现象 phaenomena imaginariis
51,338,465

形而上学的确定性 certitudinem

Metaphysicam 341

形而上学的质料　materiam Metaphysicam　344,353

形而上学理由　des raisons Métaphysiques　384

《修辞学》　Rhetoricam　223,236

虚空　de vide　162,246,258,359,360,369,370

《学术年鉴》　Acta Eruditorum　240,271,358,367,389

亚里士多德　Aristotle　2—5,9,11,19,20,30—33,35,36,38,41,42,44,52,56,67,104,111,126,130—133,136,139,141,145,154,161,163,169,178,179,216,223,226,227,229,234—236,238,239,242,249,250,259,260,263,296,307,323,328,353,354,359,369,413,422,442,447,462

印度哲学家　des Philosophes Indiens　378,379,391

扬场　della Crasca　362,375

隐蔽性质　des qualités occultes　425,426,439,440

永恒真理　Veritates aeternas　54,55,73,89,90,99,144,167,272,298,302,306,453

有形实体　substance corporelle　48,69,180,182—185,246,248,254,353,355,367,384—386,394,395,398,434,438,451—453,471,477

原初的被动的力　une Puissance passive primitive　353,385,397,398,471

原初的力　la force primitive　38,74,174,180,184,187,188,385,397,440,451—453

原初物质　la matière première　384,398,454,471,476,477

《人类知识原理》　A Treatise Concerning the Principles of Human Knowledge　10,14,128,147,364,474,475,477—479 远程能力　facultatem remotam　19,209

真观念　les idées vrayes　59,60,139,211,212,277,348,358,417,418

《真理的探求》　De la Recherche de la vérité　173,175,256,272,282

《政治学》　Civilia　223,236

知觉等级　ce degré de perception　385

直接启示　eine unmittelbahre Offenbahrung　406,407

直觉知识　scientia visions　21,50,51,53,62,63,81,85,135,136,232,266,276,277,287,291,293—295,305,310,318,322,323,327,334,349,350,464,465

终极理由　cette dernière raison　8,89,252,352,435,454

终极支撑　le dernier support　379

自然法　naturae jure　7,152,153,159,160

自然理性　die natürliche Vernunfft　97,406,410

自然启示　eine natürliche Offenbahrung　405

自然之光　la lumière naturelle　94，95，413，429—431，436，439，446，447

自然状态　statu naturali　152，158，159，410

自我意识　la Self-conscentiousness　40，41，43，48，54，112，117—119，136，147，148，368，414，445，460

自由意志　liberum arbitrium　82，205，251，279，298，302，306，315，466

最完满的存在者　Entis perfectissimi　190，267，294

编译者后记

1.《认识论文集》为编译者所主持的国家社会科学基金重大项目"《莱布尼茨文集》的翻译与研究"的一项重要成果,为我们所翻译的《莱布尼茨文集》第 5 卷。

2. 本文集收录了莱布尼茨 1670—1715 年间著述的 19 篇阐述其认识论思想的短著和书信。其中有关书信的题目为译者依据其内容所加。

3. 本文集之所以能够如此迅速出版,首先得益于商务印书馆总编辑陈小文先生的关心和大力支持,也得益于王振华先生的认真编辑和发奋工作,在本译著即将付梓之际,特向他们致以衷心的谢意。

段淑云硕士曾审读过初稿,纠正过文中的少数错别字。在这里,也向她致以谢意。

4. 本文集所收录的 19 篇短著和书信,除 1 篇外,其他全部为首译。鉴于莱布尼茨认识论的代表作为他的《人类理智新论》,为了帮助读者对莱布尼茨的认识论思想有一个更加全面、系统和统一的了解和理解,在本文集的"编译者前言"以及相关注释中都兼顾到了莱布尼茨这部认识论专著的有关内容。希望读者注意到我们的这份用心,并能够在阅读本文集时注意参照阅读莱布尼茨的这一认识论专著。

  5. 本文集的译文若有错谬之处,望读者批评指正。

段德智

2018 年 8 月 30 日

于武昌珞珈山南麓

2022 年 5 月改定

图书在版编目(CIP)数据

认识论文集/(德)莱布尼茨著;段德智编译. —北京:商务印书馆,2022(2023.7重印)
(莱布尼茨文集)
ISBN 978-7-100-21371-4

Ⅰ.①认… Ⅱ.①莱… ②段… Ⅲ.①莱布尼兹(Leibniz,Gottfried Wilhelm Von 1646-1716)—哲学思想—文集 Ⅳ.①B516.22-53

中国版本图书馆 CIP 数据核字(2022)第 115606 号

权利保留,侵权必究。

莱布尼茨文集
第 5 卷
认识论文集
段德智 编译

商 务 印 书 馆 出 版
(北京王府井大街 36 号 邮政编码 100710)
商 务 印 书 馆 发 行
北京通州皇家印刷厂印刷
ISBN 978-7-100-21371-4

2022 年 10 月第 1 版　　开本 710×1000　1/16
2023 年 7 月北京第 2 次印刷　印张 31
定价:160.00 元